長編み３目の玉編み
（束に編む）
P.132

長編み５目の玉編み
P.133

長編み５目の玉編み
（束に編む）
P.133

中長編み５目の
パプコーン編み
P.134

中長編み５目の
パプコーン編み（束に編む）
P.134

長編み５目の
パプコーン編み
P.135

裏側から編む長編み５目の
パプコーン編み
P.135

長編み５目の
パプコーン編み（束に編む）
P.136

中長編み１目交差
P.137

長編み１目交差
P.137

長々編み１目交差
P.138

変わり長編み左上１目交差
P.139

変わり長編み右上１目交差
P.139

変わり長編み
１目と２目の左
P.140

変わり長編み
１目と２目の右上交差
P.140

長編みのクロス編み
P.141

ロール編み（３回）
P.141

Ｙ字編み
P.142

逆Ｙ字編み
P.142

細編みの表引き上げ編み
P.143

細編みの裏引き上げ編み
P.143

中長編みの表引き上げ編み
P.144

中長編みの裏引き上げ編み
P.144

長編みの表引き上げ編み
P.145

長編みの裏引き上げ編み
P.145

ねじり細編み
P.146

細編み

変わりバック細編み
P.147

細編みのうね編み
P.147

細編みのすじ編み
（往復に編む）
P.148

細編みのすじ編み
（輪に編む）
P.148

中長編みのすじ編み
（輪に編む）
P.149

長編みのすじ編み
（輪に編む）
P.149

細編みリング編み
P.150

鎖３目の引き抜きピコット
（細編みから編み出す場合）
P.151

鎖３目の引き抜きピコット
（長編みから編み出す場合）
P.151

鎖３目の引き抜きピコット
（鎖編みから編み出す場合）
P.152

鎖５目の引き抜きピコット
P.152

鎖３目の細編みピコット
P.153

かぎ針編み

これならできる！ みんなの教科書

きほんの基本

監修 川路ゆみこ

高橋書店

contents

6 作品 コースター
7 作品 アクセサリー（チョーカー、ピアス、ブレスレット）
8 作品 ナチュラルバッグ
9 作品 方眼編みのスヌード
10 作品 ハンドウォーマー
11 作品 モチーフつなぎのショール
12 作品 花のつけ衿

1 基本の編み方をマスターしよう

14 これがかぎ針編みの編み図と編み地！
15 編み図の読み取り方の極意
16 かぎ針編みに必要なものを用意する
17 まずは針と糸を手に入れよう
18 針と糸
19 針の太さと糸の太さ

編んでみよう
20 細編みのコースター
21 長編みのコースター

編み始め
22 糸の引き出し方　糸のかけ方　針の持ち方
23 ●糸のかけ方の別バージョン

鎖編みを編む
24 作り目をする
24 ●作り目の別バージョン
25 ●鎖目のゆるさ、きつさ

細編みを編む
26 作り目を編む～細編みの編み方
30 ▶ここまでのおさらい　細編みはこれでカンペキ！

編み終わったら…
31 糸の留め方／糸始末の仕方
31 ●糸の通し方

32 長編みを編む
35 ▶ここまでのおさらい　長編みはこれでカンペキ！
36 中長編み・長々編みを編む
37 ●編み目の高さ
38 Study 鎖目をよく知ろう
鎖目をいろいろな角度から見る／
鎖目の数え方／鎖目の拾い方
40 Study「目に編み入れる」と「束に編み入れる」
41 こんな編み地も編めますよ！（方眼編み、ネット編み）

円の編み地と編み図
42 細編みの円形コースター
43 長編みの円形コースター

細編みで円を編む
44 輪（「わ」）の作り目～細編みの編み方
48 ●鎖編みの作り目
49 ▶ここまでのおさらい　輪の引きしめ方はこれでカンペキ！

50 長編みで円を編む
52 だ円を編む
53 筒を編む
53 ●細編みのときは（筒のつなぎ方）
54 Study 糸が足りなくなったら
54 ●ゲージをとってみよう

2 モチーフを編んでつなげよう

56 モチーフを編む
58 ●モチーフのとめ方

59 Study こんな編み地も編めますよ！
長編み３目の玉編み２目一度のモチーフ／
変わり中長編み６目の玉編みのモチーフ／
長編み３目の玉編みのモチーフ

モチーフをつなぐ
60 引き抜き編みで束に拾ってつなぐ
62 引き抜き編みで鎖目に編み入れてつなぐ
63 引き抜き編みで針を入れ替えてつなぐ
64 編み終わってから巻きかがりでつなぐ
65 ●モチーフの枚数が増えたとき

66 立体モチーフを編む
66 ●立体モチーフを図解する！
71 ●立体をもっとかわいく！
72 ●葉のつけ方／葉のいろいろなパターン

73 Study 作品に見るモチーフのつなぎ方

74 Study モチーフつなぎのいろいろ
四角形／六角形／輪につなぐ／斜行／
はちの巣形／底とマチがあるとき

3 かぎ針編みがもっと上手になる！MOREテクニック

「MOREテクニック」に入る前にこれだけは覚えておこう
76 「はぎ」と「とじ」
77 目と段からの拾い方

配色糸の替え方
78 ボーダーを編む
80 ストライプを編む

82 市松模様を編む
84 ●ボーダーの段数に注意！

はぎ方
85 引き抜きはぎ
86 すくいはぎ
88 鎖と引き抜きはぎ
89 かがりはぎ
90 コの字はぎ

とじ方
91 かがりとじ
92 引き抜きとじ
94 鎖と引き抜きとじ

4 飾りと仕上げでもっとかわいく！美しく！

96 縁編みをする
縁編みとは？／縁編みをしてみましょう
縁編みのいろいろ

98 ビーズを編み入れる

100 コードを編む
引き抜き編みコード／鎖とピコットのコード／
鎖と長編みのコード／二重鎖のコード／完成！

102 ボタンホール・ボタンループを編む
細編みのボタンホール／細編みのボタンループ
103 ●とじ針でもできるループ

104 装飾品を編む
くるみボタン／編み玉／ヘアゴム／タッセル／
フリンジ／ポンポン
106 ●シュシュが編めます

108 仕上げをする
アイロンをかける
108 ●洗濯をするときに確かめたいマーク

109 練習編み地を作品に
コースター（7点）／リストウォーマー／
ミニポーチ／ピンクッション

5 編み目記号大事典

基本の編み目
114 鎖編み
114 引き抜き編み
115 細編み
115 中長編み
116 長編み
116 長々編み
117 三つ巻き長編み
117 四つ巻き長編み

増し目
118 細編み２目編み入れる
118 細編み３目編み入れる
119 中長編み２目編み入れる
119 中長編み２目編み入れる（束に編む）
120 中長編み３目編み入れる
120 中長編み３目編み入れる（束に編む）
121 長編み２目編み入れる
121 長編み２目編み入れる（束に編む）
122 長編み３目編み入れる
122 長編み３目編み入れる（束に編む）
123 長編み５目編み入れる
123 長編み５目編み入れる（束に編む）
124 長編み４目＋中央に鎖１目
124 長編み４目＋中央に鎖１目（束に編む）

減らし目
125 細編み２目一度
125 細編み３目一度
126 中長編み２目一度
126 中長編み３目一度
127 長編み２目一度
127 長編み３目一度

玉編み
128 中長編み２目の玉編み
128 中長編み２目の玉編み（束に編む）
129 長編み２目の玉編み
129 長編み２目の玉編み（束に編む）
130 中長編み３目の玉編み
130 中長編み３目の玉編み（束に編む）
131 変わり中長編み３目の玉編み
131 変わり中長編み３目の玉編み（束に編む）

132　長編み３目の玉編み
132　長編み３目の玉編み（束に編む）
133　長編み５目の玉編み
133　長編み５目の玉編み（束に編む）

パプコーン編み

134　中長編み５目のパプコーン編み
134　中長編み５目のパプコーン編み（束に編む）
135　長編み５目のパプコーン編み
135　裏側から編む長編み５目のパプコーン編み
136　長編み５目のパプコーン編み（束に編む）
136　Column1　玉編み・パプコーン編みをかわいく編むには

交差編み

137　中長編み１目交差
137　長編み１目交差
138　長々編み１目交差
138　Column2　引き上げ編みで複雑な模様も作れます
139　変わり長編み左上１目交差
139　変わり長編み右上１目交差
140　変わり長編み１目と２目の左上交差
140　変わり長編み１目と２目の右上交差

クロス編み／ロール編み

141　長編みのクロス編み
141　ロール編み（３回）

Ｙ字編み

142　Ｙ字編み
142　逆Ｙ字編み

引き上げ編み

143　細編みの表引き上げ編み
143　細編みの裏引き上げ編み
144　中長編みの表引き上げ編み
144　中長編みの裏引き上げ編み
145　長編みの表引き上げ編み
145　長編みの裏引き上げ編み

細編みのバリエーション

146　ねじり細編み
146　バック細編み
147　変わりバック細編み
147　細編みのうね編み
148　細編みのすじ編み（往復に編む）
148　細編みのすじ編み（輪に編む）
149　中長編みのすじ編み（輪に編む）
149　長編みのすじ編み（輪に編む）

リング編み

150　細編みリング編み
150　Column3　リング編みは手の動かし方がポイント

ピコット

151　鎖３目の引き抜きピコット（細編みから編み出す場合）
151　鎖３目の引き抜きピコット（長編みから編み出す場合）
152　鎖３目の引き抜きピコット（鎖編みから編み出す場合）
152　鎖５目の引き抜きピコット
153　鎖３目の細編みピコット
153　Column4　ピコットを使ったブレードいろいろ

154　Study　未完成の編み目
155　Study　端で増し目をする
156　Study　端で減らし目をする

6　口絵作品の作り方

158　「コースター」作り方
159　「ナチュラルバッグ」作り方
160　「アクセサリー」作り方
162　「ハンドウォーマー」作り方
164　「方眼編みのスヌード」作り方
165　「モチーフつなぎのショール」作り方
166　「花のつけ衿」作り方

169　モチーフ＆ブレードいろいろ
172　index

※P.2〜5、109〜112のキャンディーとマカロンは参考作品です。

コースター

シンプルだけどたくさん編みたいコースター。
基本の編み方を組み合わせた模様編みで
簡単に楽しく編むことができます。

作り方　158ページ

円形

四角形

アクセサリー

ナチュラルな着こなしにぴったりのアクセサリー。
配色を変えるときりっとした表情に。
色遊びもまた、かぎ針編みの楽しみのひとつです。

作り方　160～161ページ

チョーカー

ピアス

ブレスレット

糸色を替えると……

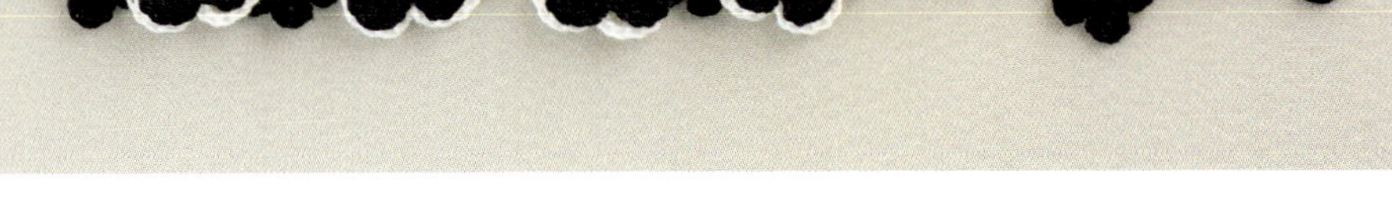

ナチュラルバッグ

簡単な編み方なのに表情が豊かなバッグ。
持ち手が一体になっているので、糸を切らずに編めます。
透かし模様もアクセントに。

作り方　159ページ

方眼編みのスヌード

まったく雰囲気の異なる２本のスヌード。
同じ編み方で、長さと糸を替えました。
まっすぐ編みは空き時間に編むのにぴったりです。

作り方　164ページ

ハンドウォーマー

ビーズの編み込みや花モチーフの飾りで
楽しくかわいい仕上がりに。
親指部分も意外に簡単に編めます。

作り方　162～163ページ

モチーフつなぎのショール

花モチーフを81枚編みつないだショールです。
モチーフとモチーフの間の空間も
実際にはおってみると模様の一部になります。

作り方　165ページ

花のつけ衿

大小さまざまなモチーフを土台にとじつけています。
写真のようにつけるほか、
つなぎ目を前にしてつけてもかわいいシルエットに。

作り方　166～168ページ

1 基本の編み方をマスターしよう

ここで学ぶこと

- **編み図と編み地の見方**
- **かぎ針編みに必要な用具**
- **編み始め方**（糸の引き出し方、針の持ち方、糸のかけ方）
- **鎖編み**（作り目）
- **細編み**
- **編み終わったときの始末の仕方**
- **長編み**
- **中長編み**
- **長々編み**
- **鎖目の数え方、拾い方**
- **目に編み入れる＆束に編み入れる**
- **方眼編み、ネット編み**
- **円の編み方**（細編み、長編み）
- **だ円の編み方**
- **筒の編み方**
- **糸の足し方**

これがかぎ針編みの編み図と編み地！

「編みもの」が難しそうと感じるのは、「編み図」のせいかもしれません。そこで、編み図と編み地をじっくり見てみましょう。編み図どおりに編んでいくことで指定された編み地になるしくみがわかれば、どんな編み図だって読みこなせるようになります。

◎比べてみよう！

これは **細編み**（P.26）

編み図（編み目記号図）

編むための設計図。編み目記号が集まってできている

編み地

設計図に従って編み上がったもの

◎重ねてみよう！

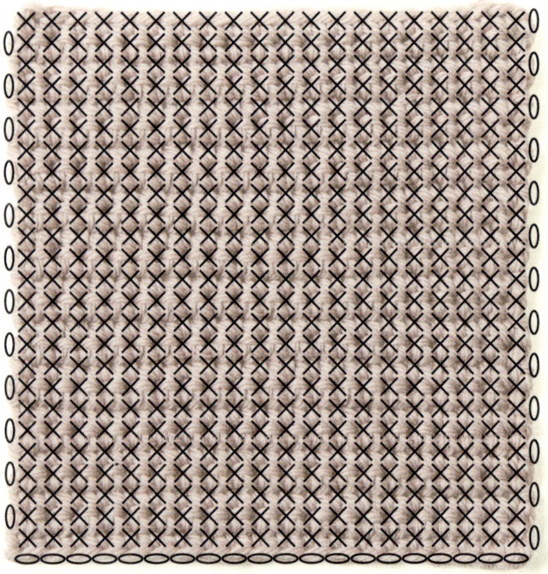

ここからわかること 記号と編み目がぴったり重なる

鎖編みの記号の上には鎖編みの編み目が、細編みの記号の上には細編みの編み目が重なっています。記号で示されたように編むと、そのとおりに編めていくことがわかりますね。

◎ほかの編み方では…

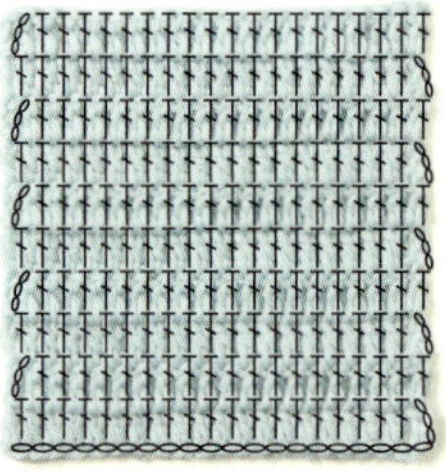

長編み（P.32）

長編みが並んだ四角い編み地です

ネット編み（P.41）

鎖編みがネット（網）のように並ぶ編み地です

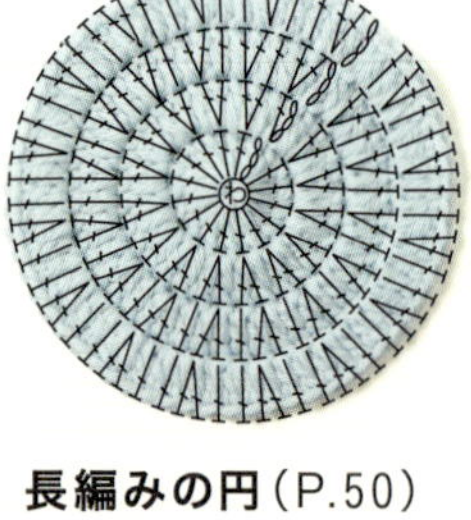

長編みの円（P.50）

長編みをくるくる編んで円形の編み地に

編み図の読み取り方の極意

◎平編み

段ごとに表、裏、表、裏と編み地を裏返しながら、上へ上へと編み進めます

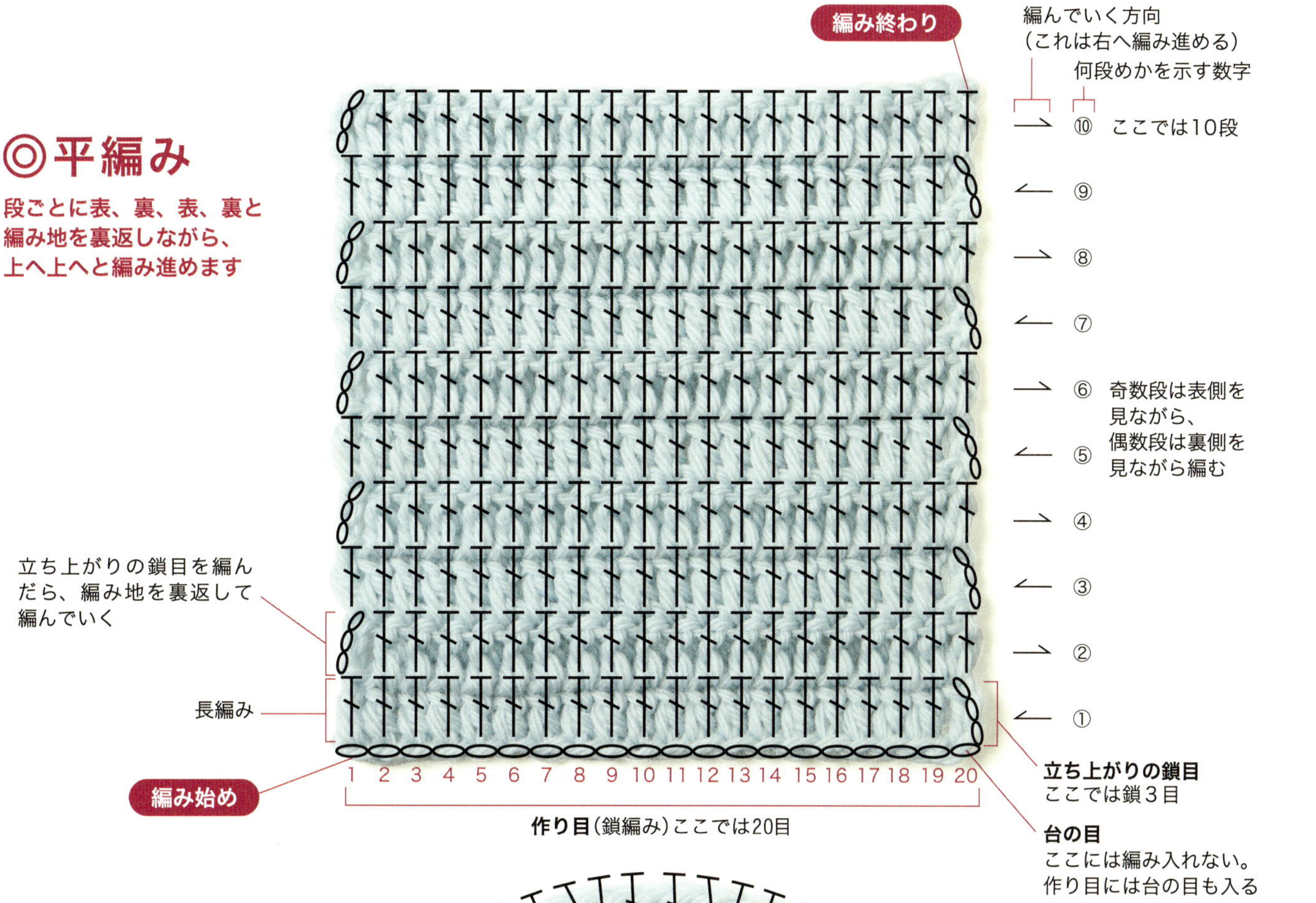

編み終わり
編んでいく方向
（これは右へ編み進める）
何段めかを示す数字
⑩ ここでは10段
⑨
⑧
⑦
⑥ 奇数段は表側を見ながら、偶数段は裏側を見ながら編む
⑤
④
③
②
①
立ち上がりの鎖目を編んだら、編み地を裏返して編んでいく
長編み
編み始め
1 2 3 4 5 6 7 8 9 10 11 12 13 14 15 16 17 18 19 20
作り目（鎖編み）ここでは20目
立ち上がりの鎖目
ここでは鎖３目
台の目
ここには編み入れない。
作り目には台の目も入る

◎円編み

わの中心から編み始め、編み地の表側だけを見て、放射状に外へ外へと編み進めます

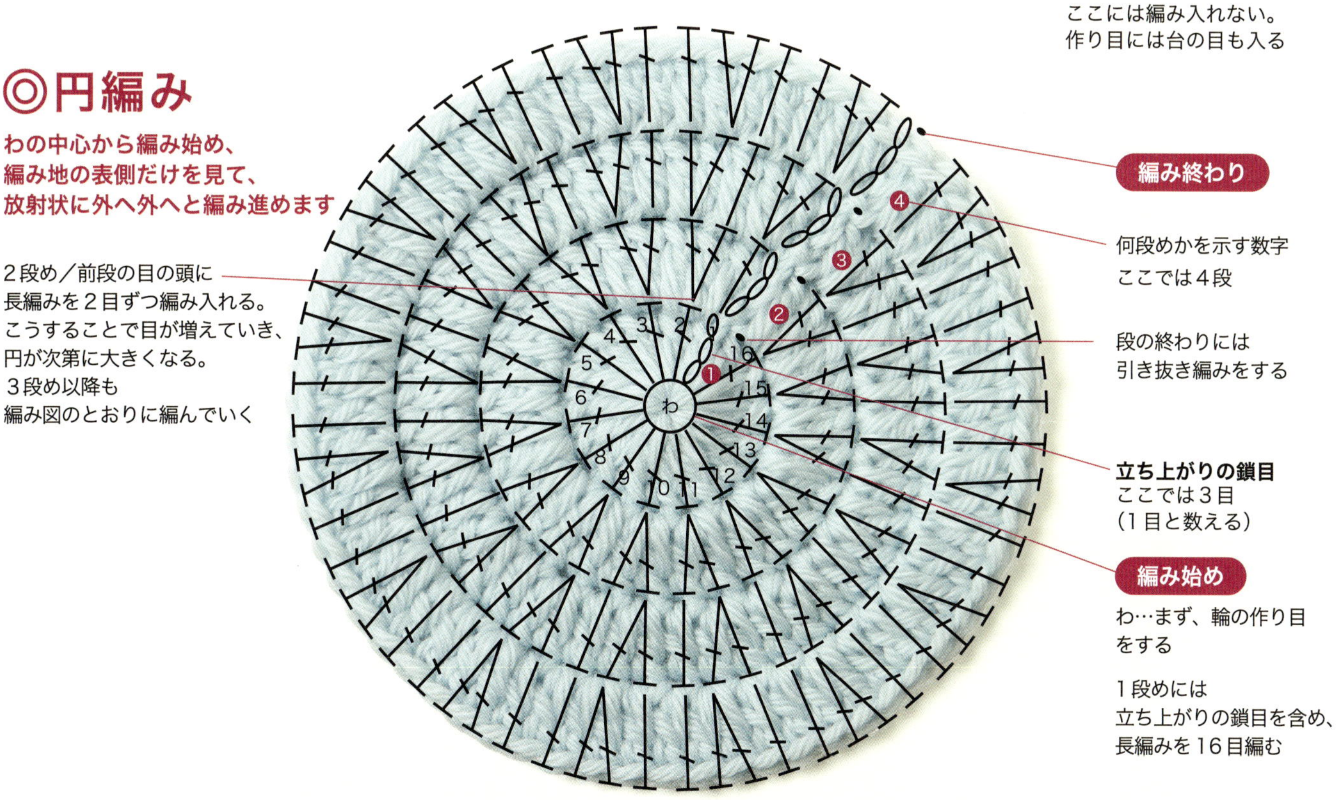

２段め／前段の目の頭に長編みを２目ずつ編み入れる。
こうすることで目が増えていき、円が次第に大きくなる。
３段め以降も編み図のとおりに編んでいく
編み終わり
何段めかを示す数字
ここでは４段
段の終わりには引き抜き編みをする
立ち上がりの鎖目
ここでは３目
（１目と数える）
編み始め
わ…まず、輪の作り目をする
１段めには立ち上がりの鎖目を含め、長編みを16目編む
わ
1 2 3 4 5 6 7 8 9 10 11 12 13 14 15 16

かぎ針編みに必要なものを用意する

❶糸　編みたいものによって、適切な素材、太さのものを用意します

❷かぎ針　使用する糸に合った号数のものを選びます

❸とじ針　糸端の始末のほか、編み地をとじたりはいだりするのに使います

❹はさみ　糸を切るときに使います。先の細いものが使いやすいです

❺段数リング　立ち上がりの目がわかりにくいときなどに、目印として使います

❻まち針　編み地をとじたりはいだりするとき、アイロンをかけるときなどに使います

◎仕上げるときは

編み地にアイロンを当て、きれいな形に整えるときれいに仕上がります。（アイロンのかけ方P.108）

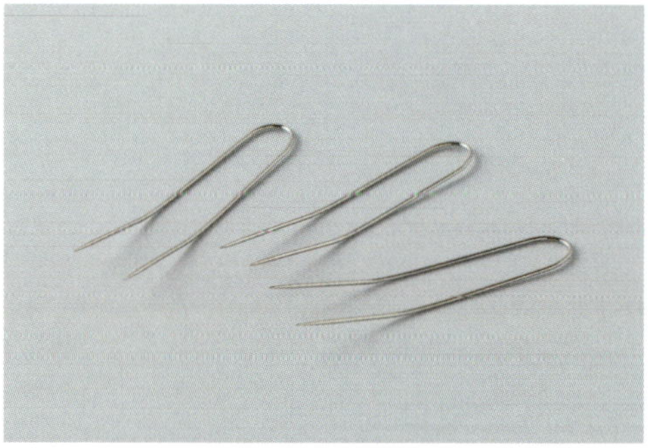

左・アイロンはスチームがついているものを。蒸気の力で整えます。右・アイロン用仕上げピン。編み地を固定するのに便利です

まずは針と糸を手に入れよう

1 編みたいものの号数と それに合う毛糸の太さを調べよう

この糸で編みたいというものがある場合、ラベルを見て、針の適応号数を調べます。多くの糸には下記のように糸に巻かれているラベルにその情報が載っていますが、こうしたものがない場合は「並太」「中細」などという糸の太さの名前（P.18）から、P.19の表を参考に、合う針の号数を探しましょう。作品集などを見て編む場合は、指示された糸と針を使います。

2 糸に巻いてあるラベルに注目！

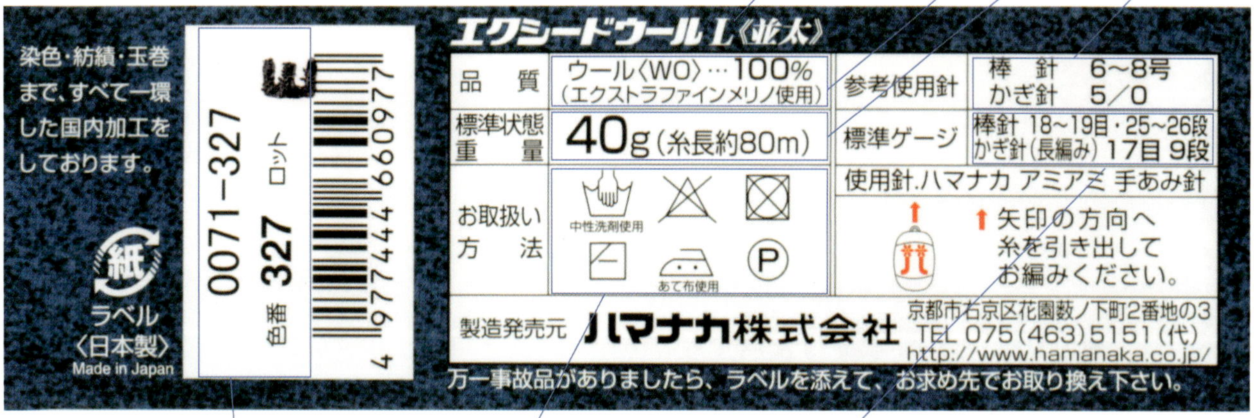

❶糸の名称　❷糸の素材、品質
❸適合使用針　❹1玉の重さと糸の長さ
❺ゲージ（P.54参照）：棒針の場合、特に指示がなければメリヤス編みでのもの
❻お手入れの注意点
❼色番号とロット：色番号が同じでもロット（染色する際の釜）が違うと、色の濃淡が異なることがあります

一般に糸にはラベルが巻かれています。ここにはその糸の情報が詰まっています。適合使用針の欄の下に標準ゲージとあるのは、10㎝四方の面積に編める目数と段数。慣れてくればそのように加減して編めるようになりますが、慣れないうちにそれよりも多くなるときは1サイズ大きい号数の針を、少なくなるときは1サイズ小さい号数の針を選ぶとよいでしょう。

3 店頭で買う

糸や針は手芸用品店で購入します。以前は個人経営の店舗も多く見られましたが最近では減少し、大型店やチェーン店が多くなっています。店頭では実物を手にとって確かめられます。糸はシーズンごとにラインナップが見直され、廃番になるとその後追加購入ができなくなることもあるので、担当者と情報交換をするとよいでしょう。

4 ネットで買う

品数の揃った店舗が近くにない場合や、買いものに行く時間がない場合など、ネット購入することもあるでしょう。店頭価格より安くなっているものがあったり、共同購入や福袋などで安く入手できることもあります。ただ、糸の色や材質などはモニターでは確かめにくいもの。返品や交換のシステムがしっかりしていたり、電話問い合わせ可能なサイトがおすすめです。

針と糸

◎針

針にはかぎ針のほか、ジャンボかぎ針、レース針があります。編む糸によって太さを使い分けます。
素材は金属、プラスチック、竹、木などがあり、針だけのもの、グリップがついているものがあります。
使い心地が異なるので、好みのものを選ぶとよいでしょう。

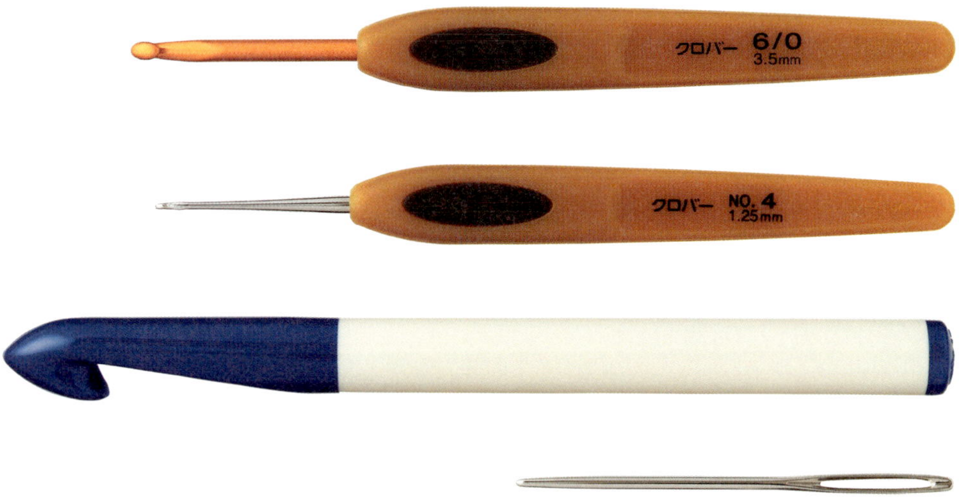

クロバー 6/0 3.5mm
クロバー NO.4 1.25mm

かぎ針

号数が大きくなるほど太くなります。軸の両側にかぎがついている「両かぎ針」もあります。

レース針

号数が大きくなるほど細くなります。

ジャンボかぎ針

かぎ針よりも太い針。太い糸を編むときや細い糸でもざっくりと編みたい場合に使います。太さは号数でなく、ミリで表します。

とじ針

糸端の始末や編み地のとじ・はぎをするときに使います。糸端が割れないよう針先が丸くなっています。長さや太さを何種類か揃えておくと便利です。

◎糸

糸には極細から超極太までの太さと、いろいろな素材のものがあります。用途によって選びましょう。
まっすぐな糸のほか、途中にループがあるものなどの変わり糸もありますが、かぎ針編みの場合、
変わり糸は初心者には編みにくいことも。

太さ（実物大）

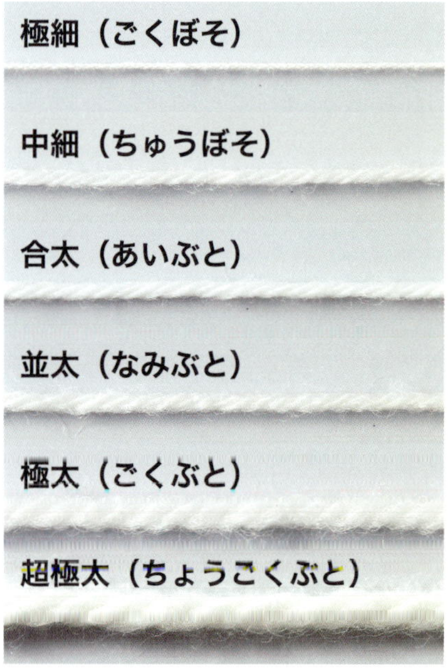

極細（ごくぼそ）
中細（ちゅうぼそ）
合太（あいぶと）
並太（なみぶと）
極太（ごくぶと）
超極太（ちょうごくぶと）

素材

ウール

コットン

レース

リネン

針の太さと糸の太さ

◎かぎ針

号数	針先（実物大）	糸
10/0		超極太・極太
9/0		極太
8/0		極太
7.5/0		極太
7/0		並太
6/0		並太
5/0		並太
4/0		合太・中細
3/0		中細
2/0		極細

◎ジャンボかぎ針

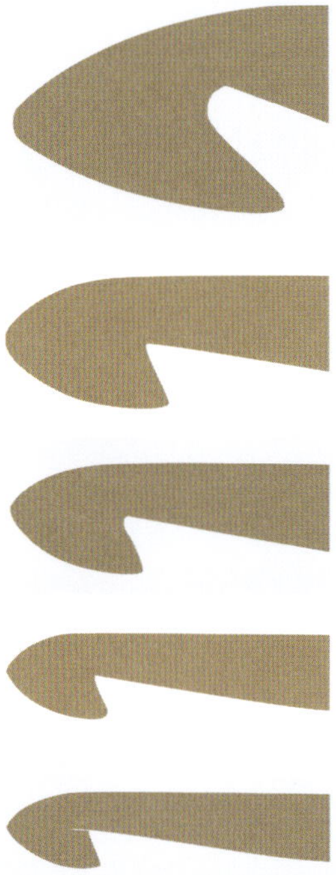

号数	針先（実物大）	糸
20mm		超極太
12mm		超極太
10mm		超極太
8mm		超極太
7mm		超極太

◎レース針

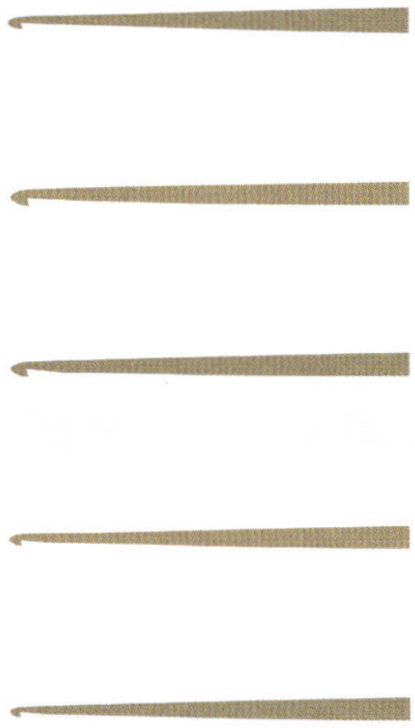

号数	針先（実物大）	糸
0		レース糸
2		レース糸
4		レース糸
6		レース糸
8		レース糸

編んでみよう

かぎ針を持つのは初めてという人も、まずはここから。いちばん基本の編み方だけでできるコースターを編んでみましょう。

◎細編みのコースター

【編み方は P.26〜】

いちばん基本の鎖編みと細編みだけで編める正方形のコースターです。目が小さいので、数えながらゆっくりと編んでみましょう。

裏

鎖編みを20目編み、鎖１目で立ち上がり、編み地を表、裏に返すことをくり返しながら往復に編み、全部で25段編みます。初めてさんは、編んだところを塗りつぶしていくとどこまで編んだかを把握しながら編むことができます。この編み図をコピーして手元に置いてみましょう。

編み図

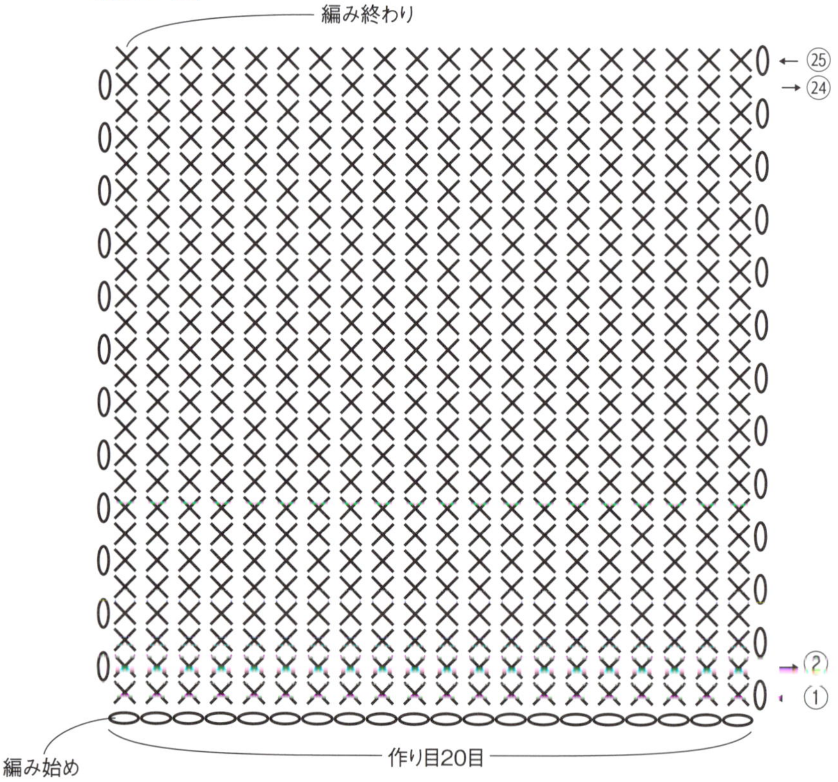

○ 鎖編み
× 細編み

◎長編みのコースター

【編み方は P.32～】

鎖編みと長編みだけで編めるコースターです。長編みは1段の高さが高いので、細編みに比べて短時間で編み進めることができます。

裏

鎖編みを20目編み、鎖3目で立ち上がり、編み地を表、裏に返すことをくり返しながら往復に編み、全部で10段編みます。細編みの場合と同様に、この編み図をコピーして手元に置き、編んだところを塗りつぶしながら編み進めてみましょう。

編み図

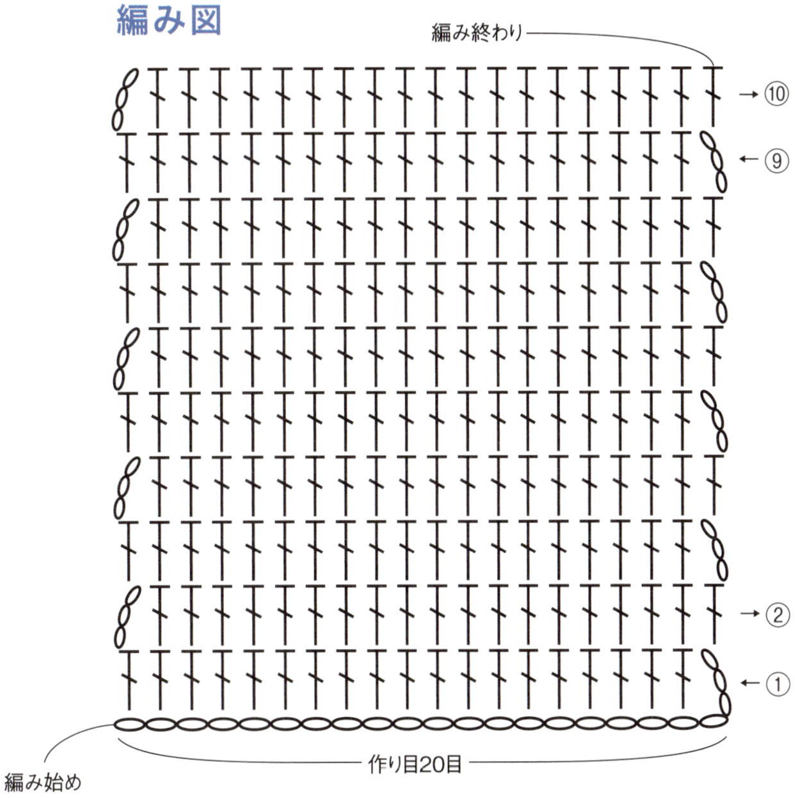

編み終わり
→ ⑩
← ⑨
→ ②
← ①
作り目20目
編み始め

鎖編み
長編み

編み始め

いよいよ糸と針を手に、編み始めます。レッスンのように1つ1つ進めていけば、必ず正しい方法で編み進めていくことができますよ。

◎糸の引き出し方

糸玉によって、内側から引き出した方がよいものと、外側から引き出した方がよいものがあります。内側から引き出すとコロコロと転がっていくことが防げます。

内側から引き出す ほとんどの糸玉がこのタイプ。糸玉の内側に入っている糸端を探して引き出します。このタイプのものも外側に糸端がありますが、そちらから使い始めると、編んでいるときに転がってしまいます。

外側から引き出す レース糸やコットン糸の一部には、外側からしか引き出せないものも。転がって糸を汚してしまわないよう、ビニール袋に糸玉を入れ、糸を出して口を輪ゴムでとめておくと便利です。

◎糸のかけ方

自己流でかけると、編んでいるときにうまく糸を押さえられないことも。紹介している方法を身につけておけば、糸をうまく固定しながら安心して編み進められます。

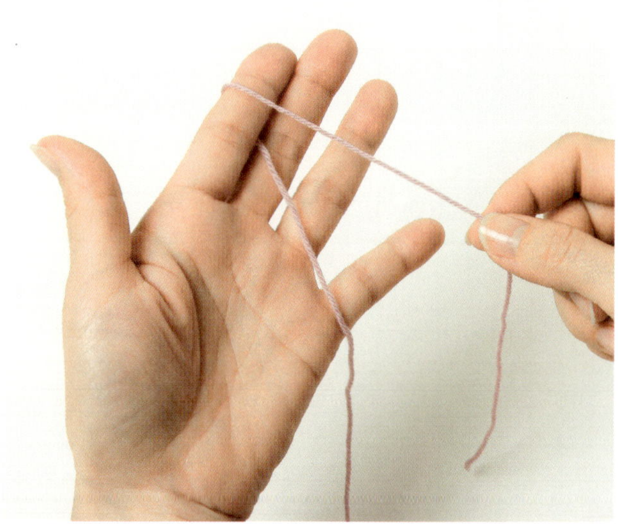

1 糸端を右手に持ち、左手の人さし指の下を右側から通して、左側へ出します。

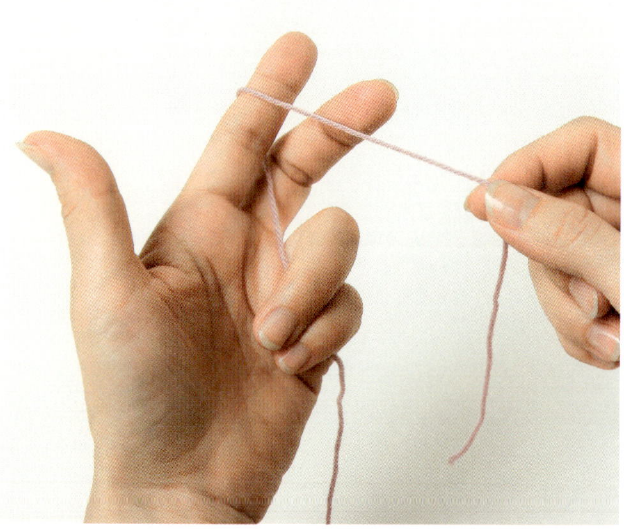

2 そのままの状態で、左手の薬指と小指を曲げ、糸玉から伸びている糸を軽く押さえます。こうすることで編んでいる途中、糸を安定させることができます。

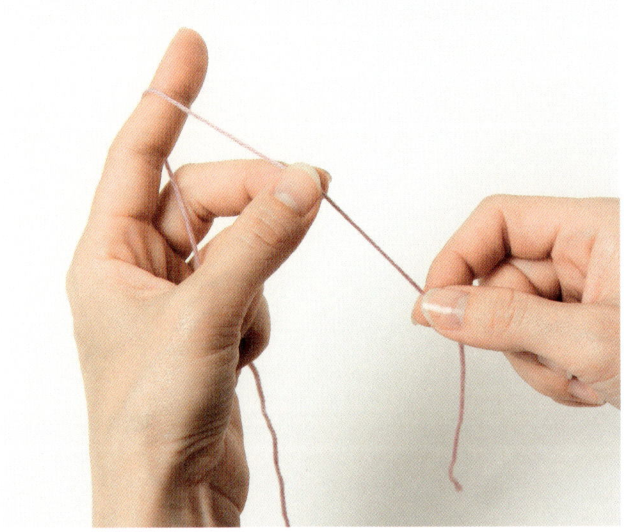

3 人さし指を立てて糸を張り、親指と中指で糸端から10cmくらいのところをしっかりと持ちます。

◎針の持ち方

初めてかぎ針を持つときは、どのように持ったらよいのか迷うところ。写真を見て、正しい持ち方を覚えましょう。

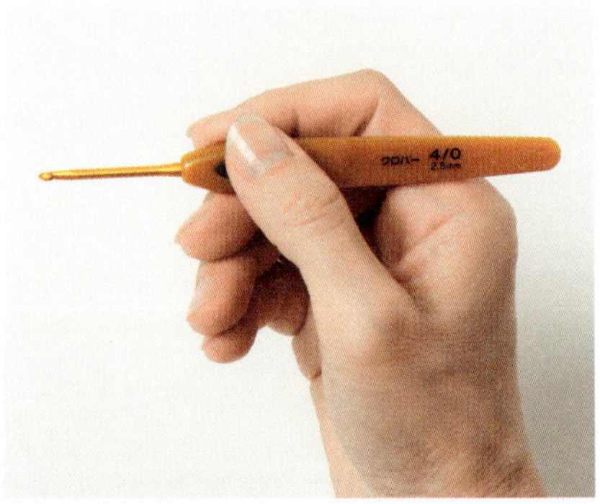

針先から3～4cmのところを右手の親指と人さし指で持ち、中指を添えます。グリップつきの針の中には、親指を当てる位置にパッドがついているものもあります。

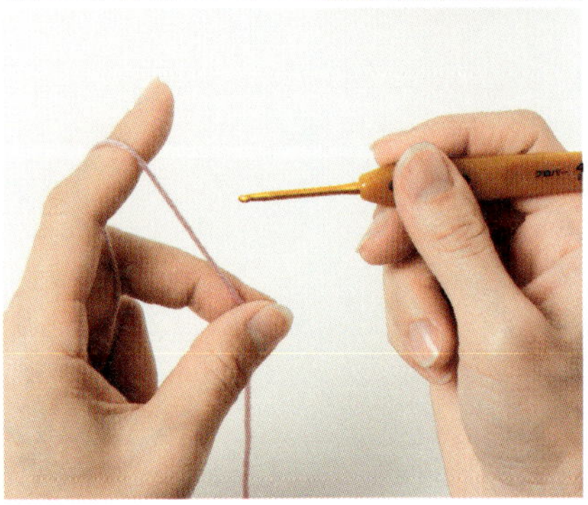

糸を持つ左手と針を持つ右手のポジショニングは、写真のようになります。これが糸と針の正しい持ち方です。実際に持ってみて、写真と見比べてみてください。

糸のかけ方の別バージョン

編んでいるとき、糸をもっとしっかり固定しておきたいときは、下のようなやり方を。

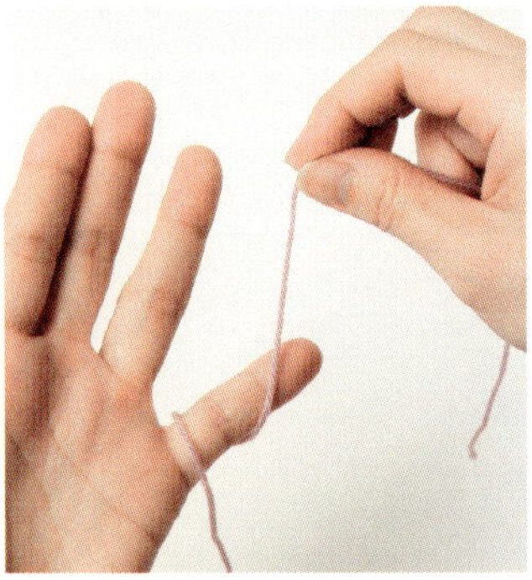

1 糸端を右手に持ち、左手の小指に1回糸を巻きます。

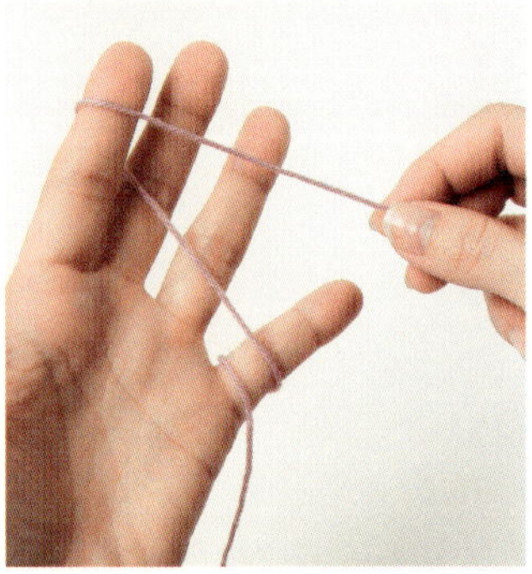

2 そのまま糸を引き、左手の人さし指の下を右側から通し、左側から出します。

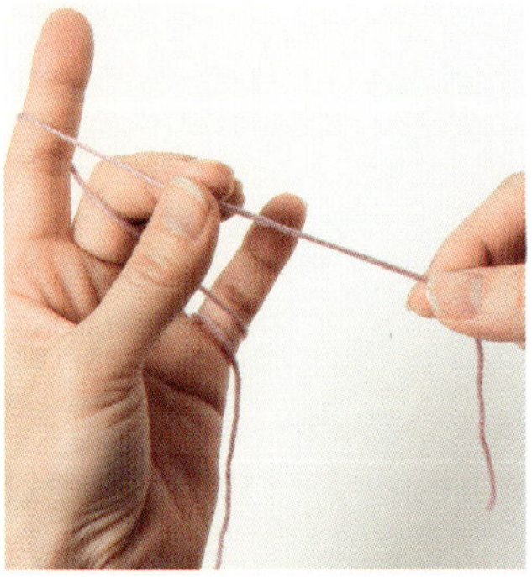

3 左手の人さし指を立てて糸を張り、左手の親指と中指で糸端から10cmくらいのところを押さえます。

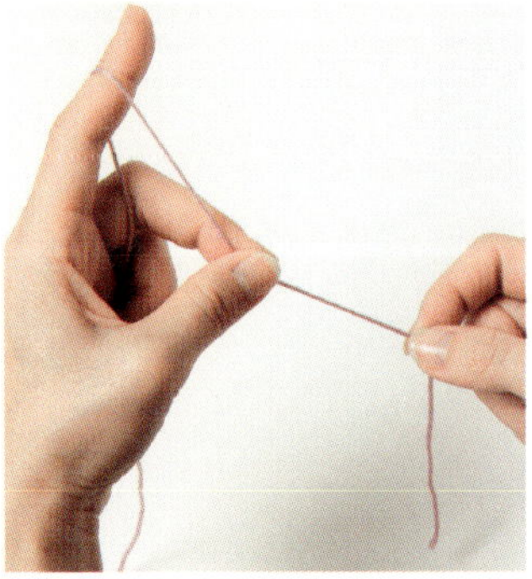

4 左手の薬指と小指を曲げて糸を押さえます。最初に紹介した方法と見た目には同じですが、糸がさらにしっかり固定されています。

鎖編みを編む

糸と針を正しく持てるようになったら最初の目を編むところから始めてみましょう。最初の目が編めたら、あとはそれをくり返すだけです。

◎作り目をする

作り目とは、編み地の「土台となる部分」のこと。最初の１目の針の動かし方をマスターすれば、次からはその動きをくり返すだけです。これで鎖編みも完成！

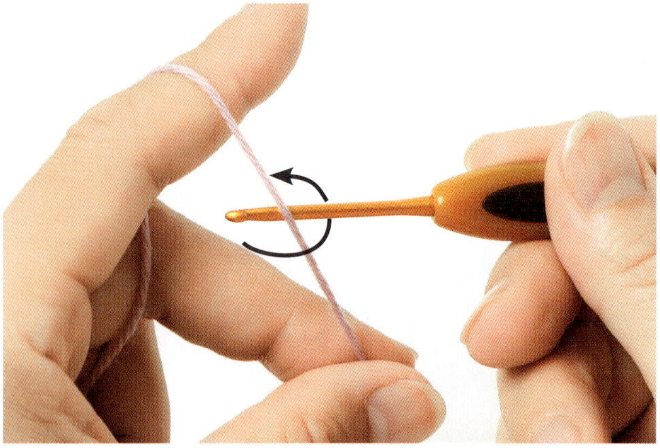

1 人さし指から親指と中指にかけてまっすぐに伸びている糸の向こう側にかぎ針の先を当て、矢印のように針を回転させます。

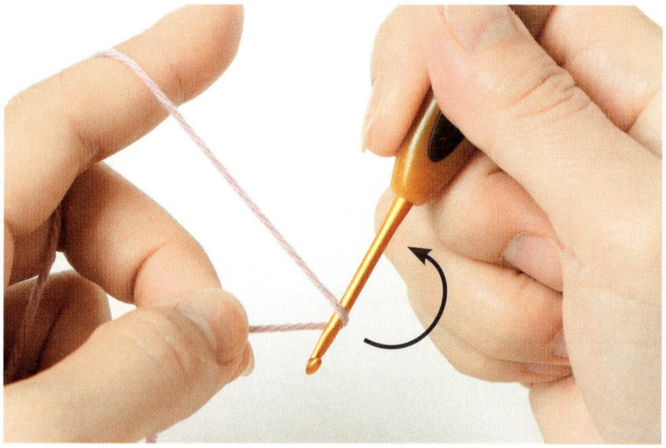

2 回転させるとき、針を手前右斜め下まで引き寄せ、その状態のまま上に上げていきます。

3 針には写真のように糸が巻きついています。初めてのときは難しい動作ですが、同じ形になるまで何度もやってみましょう。

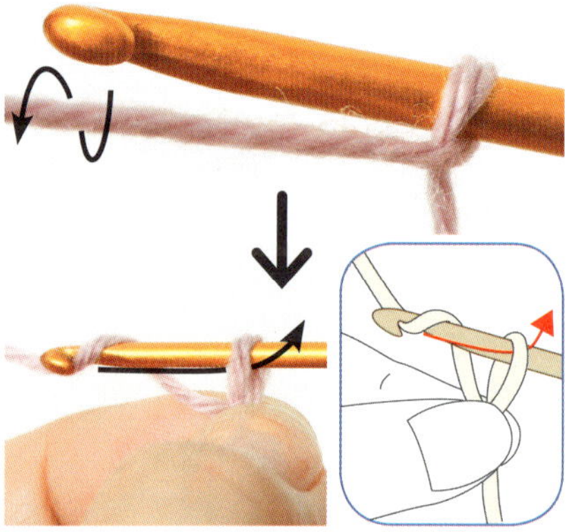

4 矢印のように針を動かし、輪の根元を親指と中指でしっかり押さえて、針先に糸をかけ、矢印のように引き出します。

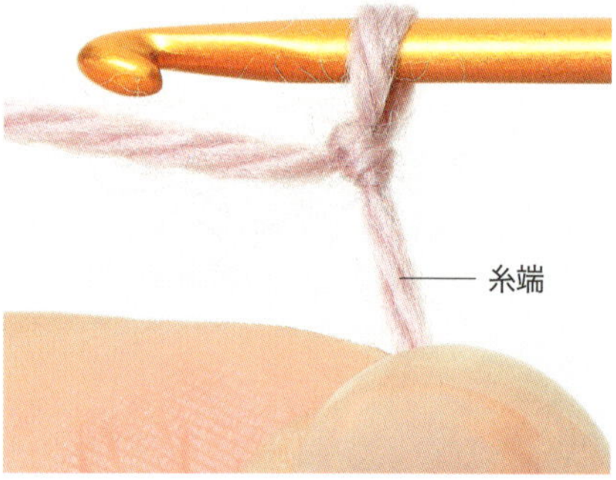

5 糸端を引いて、輪を引きしめると最初の目ができます。この目は「作り目」に数えません。

作り目の別バージョン

作り目をする最初の１～４がどうにも難しくて次に進めないという人は、下の方法を試してみましょう。

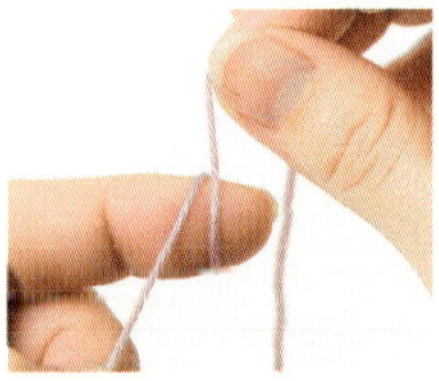

1 左手の人さし指に糸を巻きつけます。

2 巻いた糸を指からはずします。

3 はずしたときに右手に持っていた糸を輪の中に押し込みます。

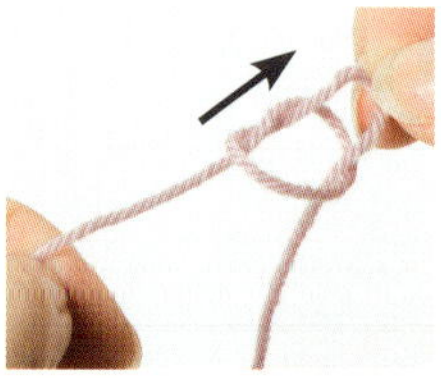

4 押し込んだ糸を写真のように持ち、輪の中から引き出します。

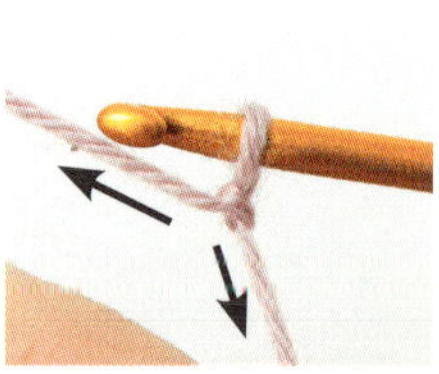

5 引き出した輪の中に針を入れ、両方の糸をそれぞれ矢印の方向に引っ張ります。

6 **4**の矢印と同じように針を動かして針先に糸をかけ、矢印のように糸を引き出します。

7 引き出した状態。これが「鎖編みの目」または「鎖目」とよばれるものです。「鎖の作り目」はここから数え始めます。

8 もう一度**6**～**7**の動きをくり返し、鎖編み（鎖目）をもう1目編みます。

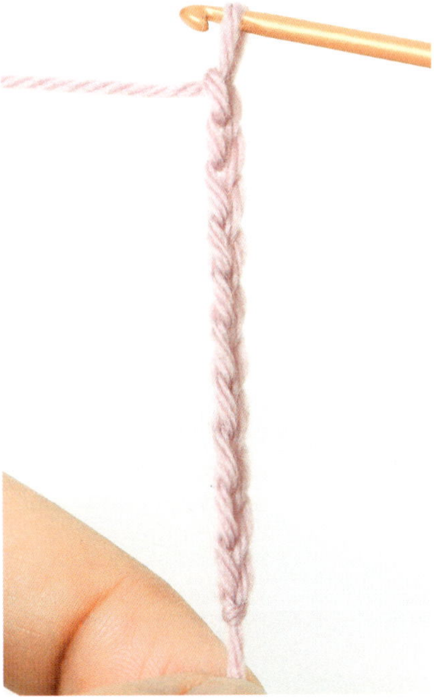

9 編み図で「鎖の作り目」が何目必要かを確かめて、指示どおりの数の鎖編み（鎖目）を編みます。

10 鎖編みを10目編んだところです。目の数え方は写真のとおりです。

鎖目のゆるさ、きつさ

力の入れ加減で鎖目がきつくなったりゆるくなったりします。いちばん上の目が適正です。

適正

ゆるい

きつい

不揃い

細編みを編む

いよいよ細編みのコースターを編みます。鎖編みを必要な数だけ編んで、細編みの編み地の土台の作り目を編み、その上に細編みを編みます。

◎作り目を編む

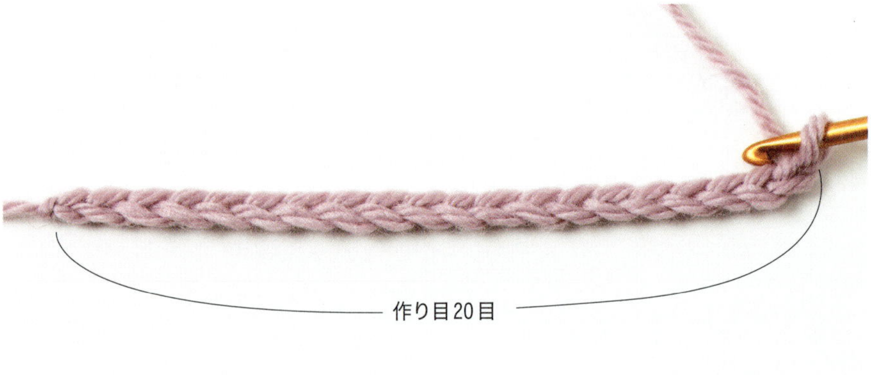

1 編み図（P.20）から、鎖編み20目が作り目であることがわかります。指示に従い、まずは鎖編みを20目編みます。

＊編むときは鎖目が縦に並んでいきますが、これから編んでいく編み地と作り目の関係がわかりやすいように、ここでは横に置いています。

◎立ち上がりの目を編む

2 1段めのスタートとなる「立ち上がりの目」を編みます。針先に糸をかけ矢印のように引き出して、鎖1目編みます。

◎細編み1目を編む

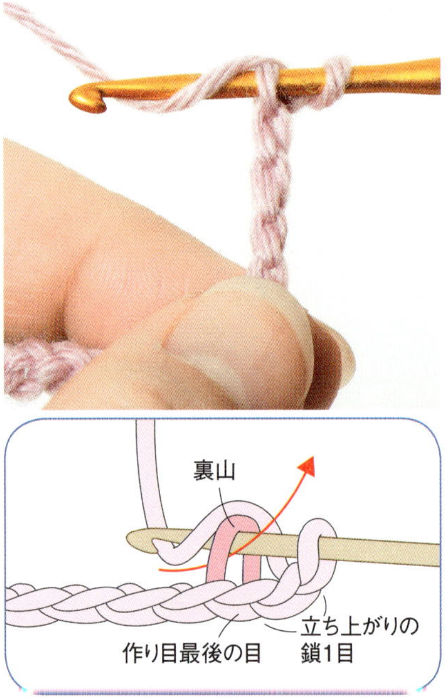

3 作り目の最後の目の裏山（P.39参照）に針を入れ、針先に糸をかけて矢印のように引き出します。

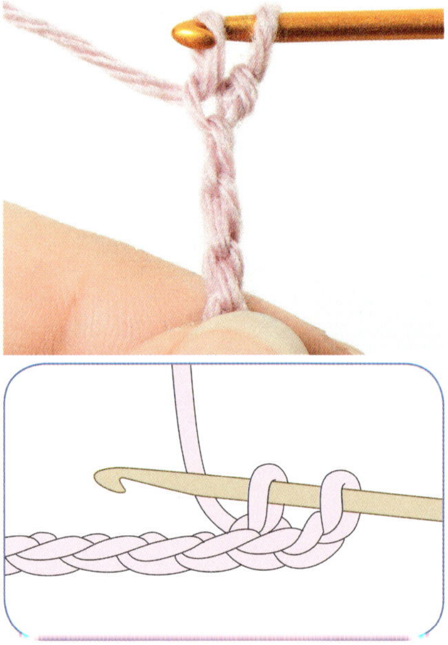

4 糸を引き出したところです。針には2本の糸がかかっています。

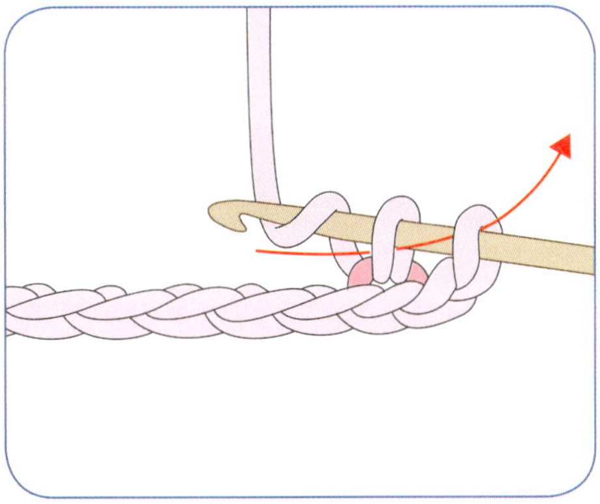

5 もう一度針先に糸をかけ、矢印のように引き出します。

6 引き出したところです。これで細編み１目が編めました。

◎細編みの２目めを編む

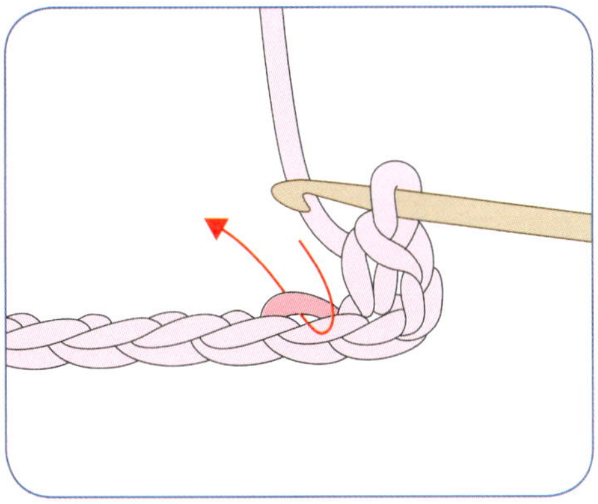

7 細編み１目が編めた隣りの目の裏山（写真・イラストの矢印のところ）に針を入れます。

8 針先に糸をかけ、矢印のように糸を引き出します。

9 糸を引き出したところです。針には２本の糸がかかった状態です。

10 針先に糸をかけ、矢印のように引き出します。

11 細編みが２目編めました。

◎1段めの編み終わり

12 3～6をくり返して、細編み2目めの隣りの目の裏山（矢印の位置）に細編みを編みます。

13 同様に3～6をくり返して細編みを作り目の上に編んでいきます。

14 1段めの最後の細編みは、矢印の位置に針を入れて編みます。

15 最後の作り目の裏山に針を入れ、針先に糸をかけ、矢印のように引き出し、さらに針先に糸をかけて引き出します。

16 最後の作り目まで細編みが編めました。1段めに細編み20目を編み終えることができました。

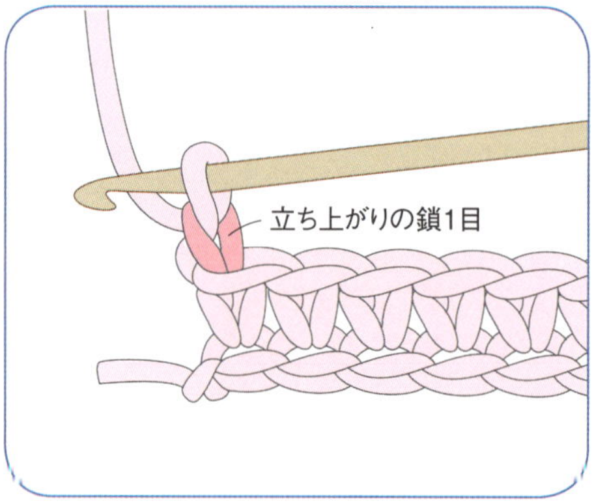

17 そのままの状態で、2段めのスタートとなる立ち上がりの鎖1目を編みます。

ココが大事！

編み地をまわす

立ち上がりの鎖1目を編んだら、矢印の方向に編み地を回転させ、2段めの編み始めが右側になるようにします。

◎2段めを編む

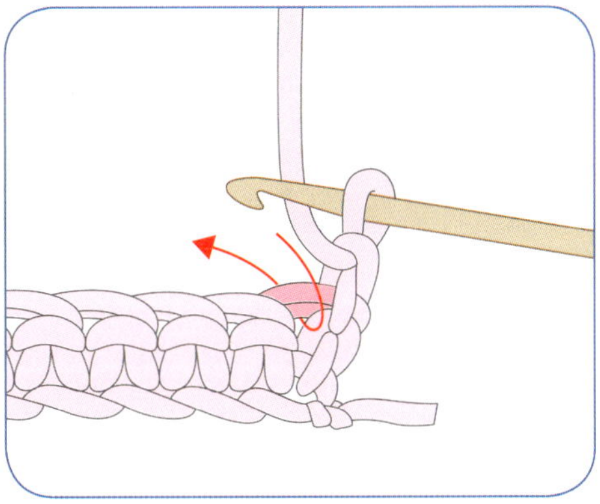

18 2段めは、1段めで編んだ細編みの頭の鎖2本を拾って編みます。1目めは立ち上がりの鎖の足元に針を入れ、細編みを編みます。

19 2段めの細編みが1目編めました。これをくり返して、2段めの左端まで編んでいきます。

20 2段め最後の目も、矢印のように1段めの細編みの頭の鎖2本を拾って編みます。

21 2段めの細編みが20目編めました。このあと、3段めの立ち上がりの鎖1目を編んで編み地を返し、3段めを編みます。

◎3段めを編む

22 3段めも1、2段めと同様に編み、最後は矢印の位置に細編みを編みます。

23 細編みのコースターの3段めまで編めました。同様にくり返して、25段編みます。

ここまでのおさらい

細編みはこれでカンペキ！

細編みには慣れましたか？くり返し編んでみたけれどまだ自信がないという人は、もう一度おさらいです。以下の３工程を確認してみましょう。

1 立ち上がりの鎖１目を編んだら、すぐ足元にある目の頭の鎖２本を拾って針を入れ、針先に糸をかけ、引き出します。見た目がこみ合っているため、１つ左の目を拾う間違いが多いところです。

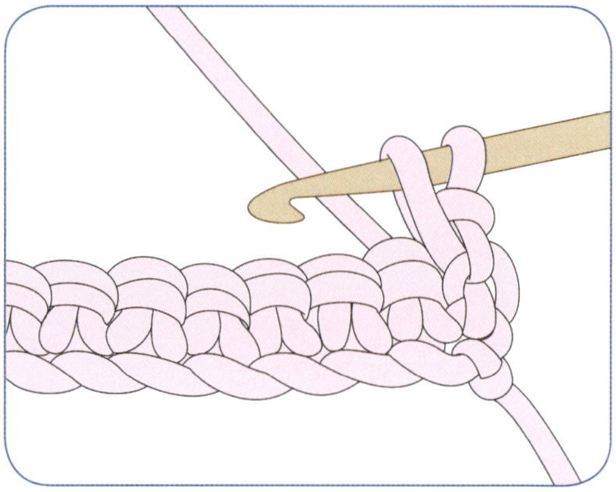

2 もう一度針先に糸をかけて引き出します。糸をかけて引き出すことを２回くり返す間に回数がわからなくなってしまわないようにしましょう。

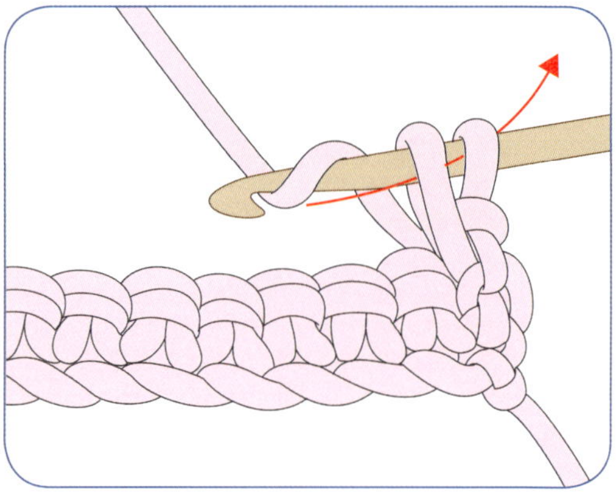

3 細編みが１目編めました。細編みの場合は立ち上がりの鎖目は１目と数えません。針先に糸をかけては引き出すという針の動かし方をこの段階で身につけておきましょう。

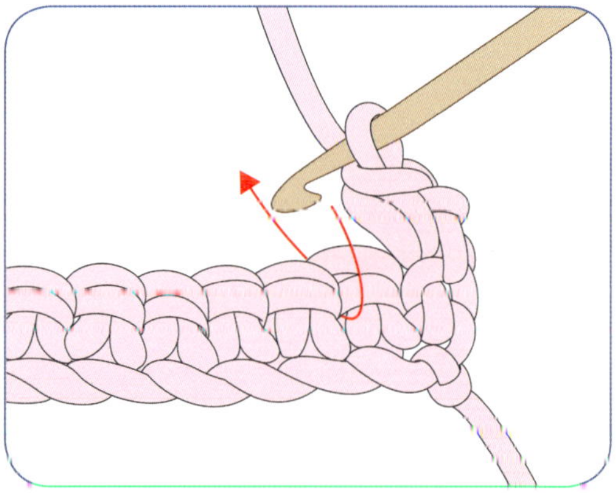

編み終わったら…

編み図のように最後の目まで編み終えたら、
糸始末をして、きれいな編み地に仕上げましょう。

◎糸の留め方

1 糸端を10cmくらい残して糸を切ります。慣れない間はそれより少し長めに切っておくと安心です。

2 針先に糸をかけ、矢印のように引き出します。

3 針先の糸をそのまま引き出し、糸端まですべてくぐらせます。

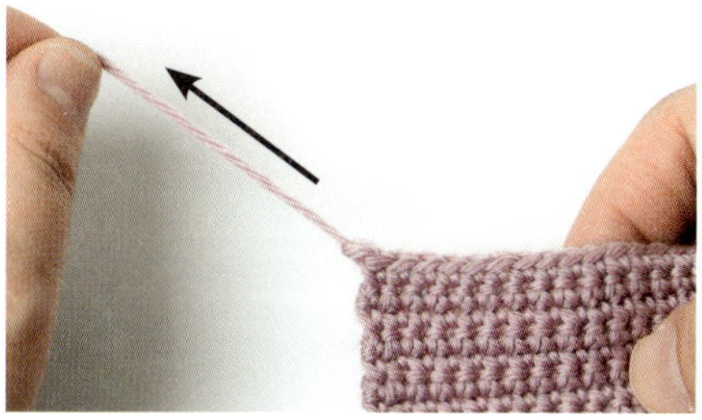

4 糸端を持って、矢印の方向に引きます。これで編んでいた糸がしっかりととまります。

◎糸始末の仕方

1 糸端をとじ針に通し、編み地の裏側にくぐらせます。表側に糸が出ないように注意しましょう。

2 1を引いて糸を切っても構いませんが、より強く仕上げたいときには、一度糸を引き出したあと、方向を変えて再びくぐらせます。

3 編み地ギリギリのところで糸を切ります。

糸の通し方

糸をとじ針に通すときは、以下の方法でおこなうとスムーズです。
針に通す部分ができるだけ平らになるようにします。

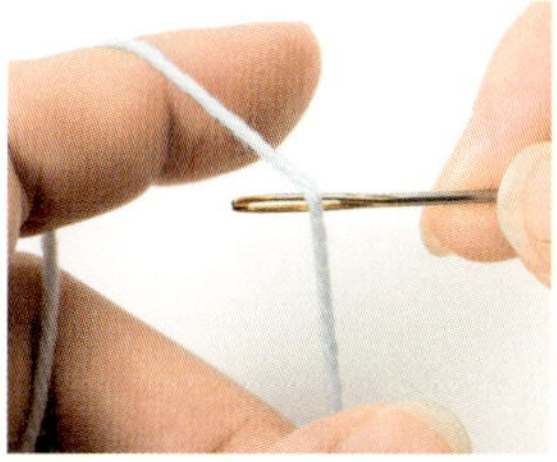

1 糸をピンと張るように持ち、とじ針の穴の部分を下から当てます。

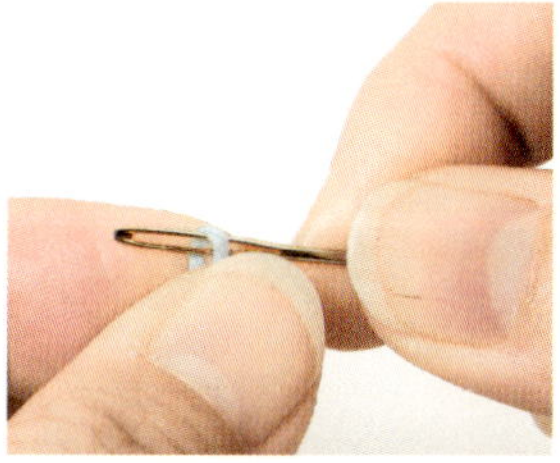

2 とじ針に糸をかけ、糸の根元をしっかり押さえて、上方向に力を入れながら針を抜きます。

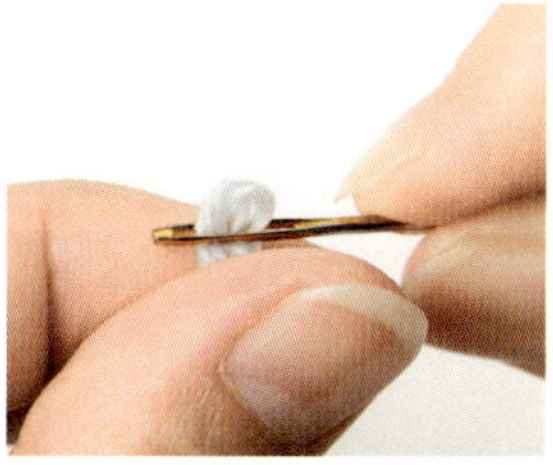

3 左指で持っている糸の先を平らに押さえながら、針穴に押し込みます。

4 押し込んだ輪を引き出し、糸端の方を穴から引き抜きます。これで穴に糸が通りました。

長編みを編む

続いて、長編みのコースターを編みましょう。
長編みも基本中の基本の編み方。ここでしっかりマスターしておきましょう。

◎作り目を編む

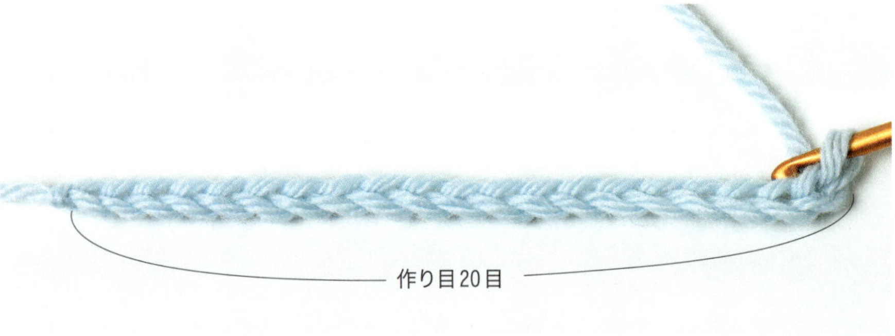

1 編み図（P.21）から、鎖編み20目が作り目であることがわかります。指示に従い、まずは鎖編みを20目編みます。

＊編むときは鎖目が縦に並んでいきますが、これから編んでいく編み地と作り目の関係がわかりやすいように、ここでは横に置いています。

◎1目めを編む

2 1段めのスタートとなる「立ち上がりの目」を編みます。長編みの場合は鎖3目を編みます。長編みのときはこれも1目と数えます。

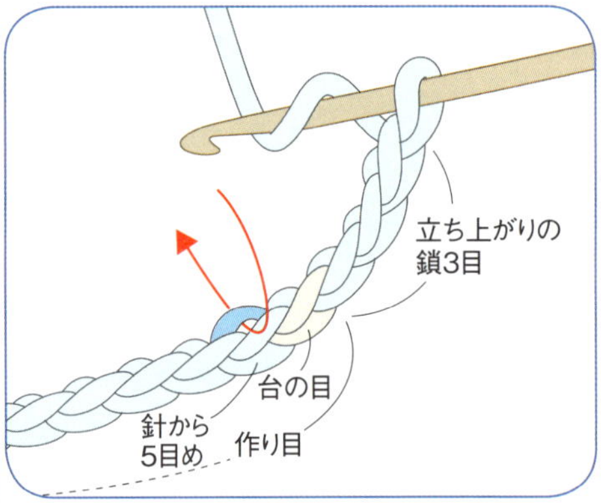

3 針先に糸をかけ、針にかかっている目から5目めの鎖の裏山に針を入れます。立ち上がりの目が3目、台の目（＝作り目の最終目。ここでは20目め）が1目あるために、針を入れるのが5目めになります。

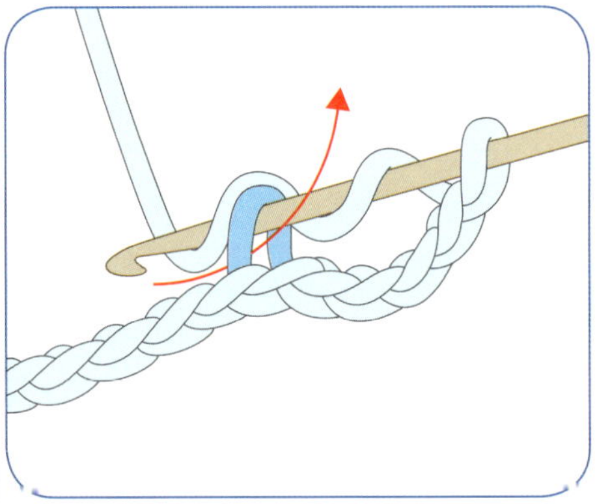

4 針を入れたら、針先に糸をかけ、矢印のように糸を引き出します。

5 糸を引き出したところです。

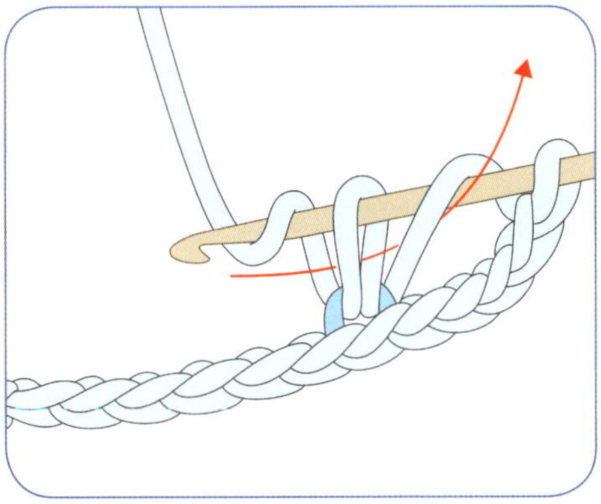

6 もう一度針先に糸をかけ、矢印のように糸を引き出します。

7 糸を引き出したところです。この形はのちに学ぶ「未完成の長編み」（P.154参照）でもあることを記憶にとどめておいてください。

8 さらにもう一度針先に糸をかけ、矢印のように糸を引き抜きます。

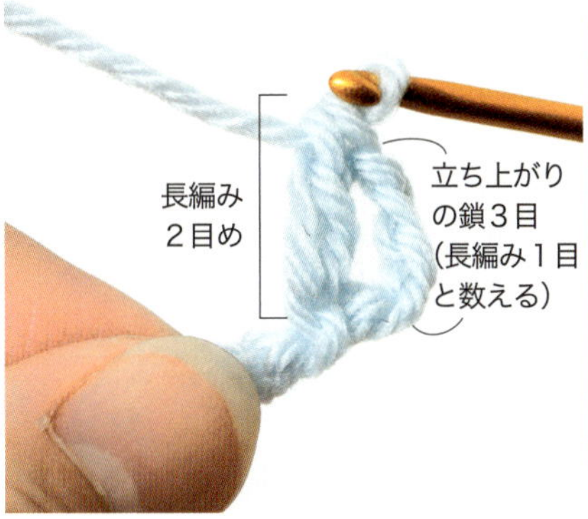

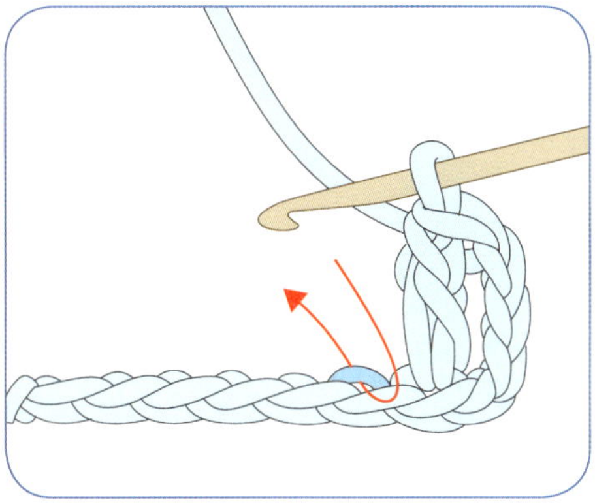

9 長編みが1目編めました。立ち上がりの鎖3目も1目と数えるので、1段めは2目編めたことになります。次は矢印の目に編みます。

◎長編みの2目以降を編む

10 9の矢印の目に針を入れ、3〜9をくり返して長編みを編み進めていきます。

11 1段め最後の長編みは、針先に糸をかけ、矢印のところに針を入れて編みます。

◎2段めを編む

12 1段めを左端まで編み終えたところです。立ち上がりの鎖3目＋長編み19目で合計20目が編めました。

13 1段めを端まで編み終えたら、引き続き2段めのスタートである立ち上がりの鎖3目を編みます。

14 編み地を手前にまわし、返します。返し方はP.28の**17**の細編みの場合と同じ方法です。

15 針先に糸をかけ、1段めの右から2目めの長編みの頭の鎖2本を拾って矢印のように針を入れます。

16 **3**～**9**をくり返してここに長編みを1目編みます。

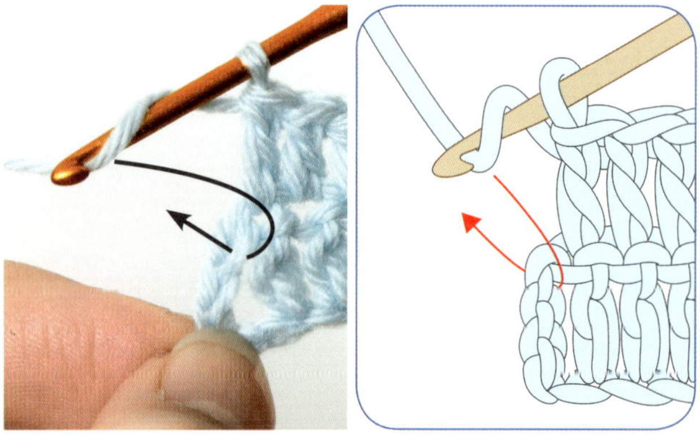

17 同様にくり返して2段めを長編みで左端まで編みます。最後の目は、前段の立ち上がりの鎖3目の裏山と外側半目に矢印のように針を入れ、長編みを編みます。

18 2段め最後の長編みを編み、長編みのコースターが2段編めました。これをくり返して10段編めば完成。編み終えたらP.31を参考に糸始末をします。

長編みはこれでカンペキ！

長編みには慣れましたか？　ずいぶん慣れてきた人も、
もう少し！の人も、もう一度おさらいしてみましょう。

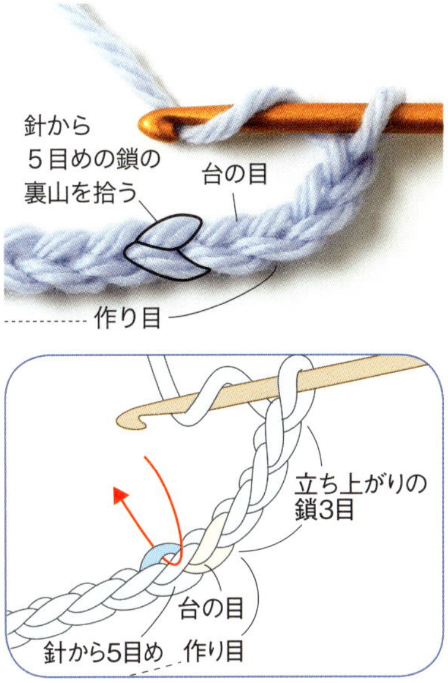

1 作り目を編んだあと、立ち上がりの鎖３目を編み、針先に糸をかけて針から５目めの鎖の裏山に針を入れます。

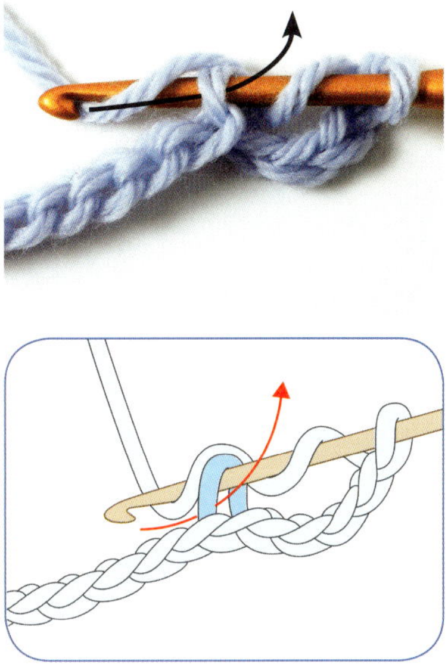

2 もう一度針先に糸をかけ、矢印のように糸を引き出します。

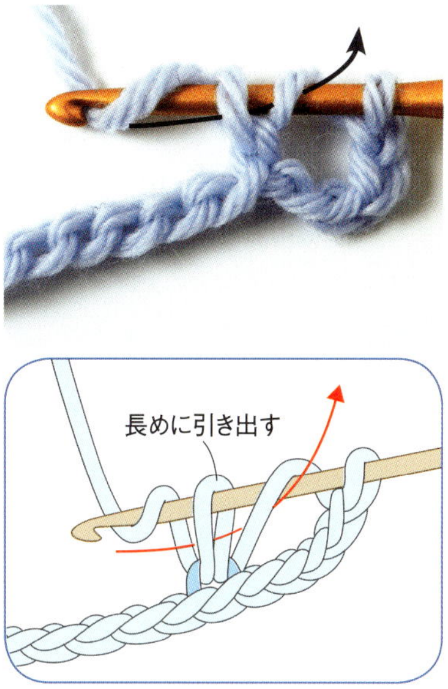

3 さらにもう一度針先に糸をかけ、矢印のように糸を引き出します。

コツ！ 糸を引き出すときは長めに

2で針先にかけた糸を引き出すときは、気持ち長めに引き出すようにします。意識せずに引き出した場合と比べて、長編みの足がゆったりと長めになり、編み進めていったときにきれいに並びます。

4 再び針先に糸をかけ、矢印のように針に残っている２本の糸をくぐらせて、引き抜きます。

5 長編みが編めました。立ち上がりの鎖３目と合わせて、この段には長編み２目を編んだことになります。

中長編み・長々編みを編む

細編み、長編みとともに基本の編み方である中長編み・長々編みを学びましょう。

◎中長編みを編む

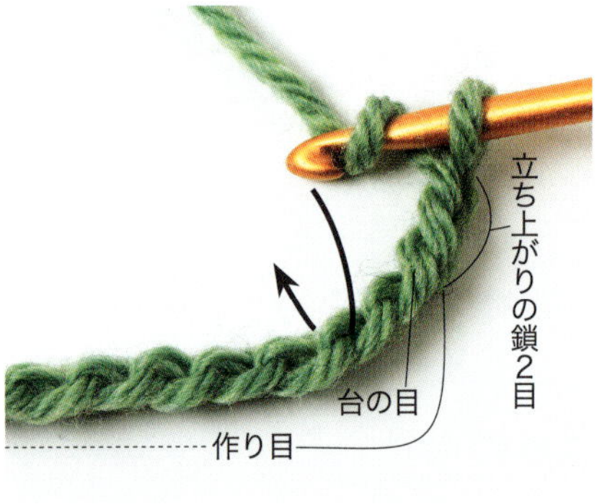

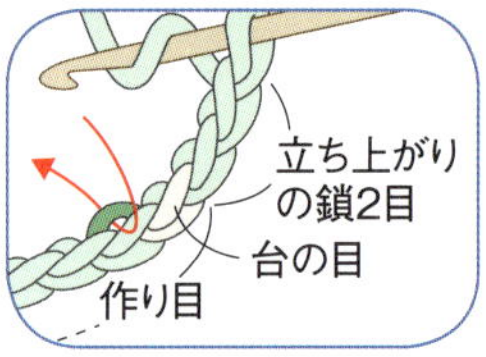

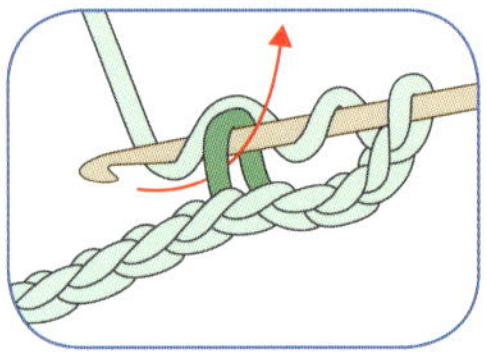

1 作り目に続いて、立ち上がりの鎖2目を編み、針先に糸をかけて矢印の位置に針を入れます。さらに針先に糸をかけ、矢印のように引き出します。

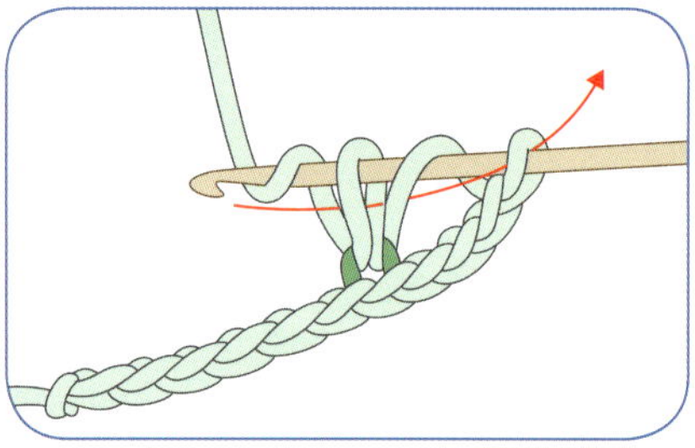

2 もう一度針先に糸をかけ、矢印のように針にかかっている糸をすべて引き抜きます。

3 中長編みが編めました。立ち上がりの鎖2目とともにこの段に2目編んだことになります。

◎長々編みを編む

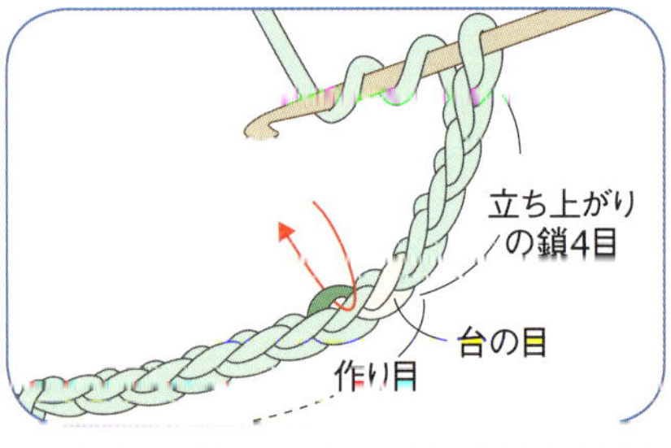

1 作り目に続き、立ち上がりの鎖4目を編み、針先に糸を2回巻きます。矢印の位置に針を入れます。

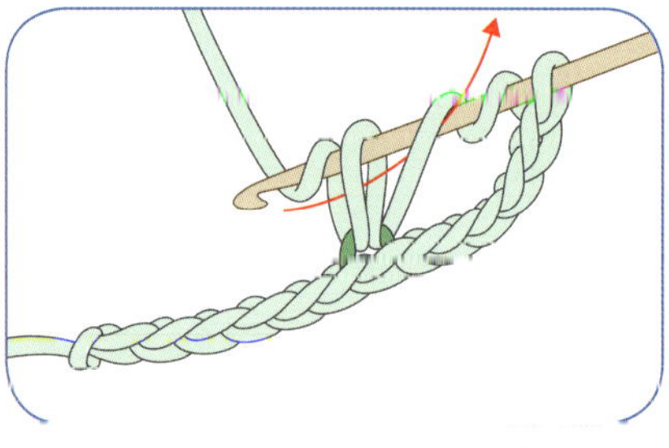

2 針先に糸をかけ、矢印のように糸を引き出します。

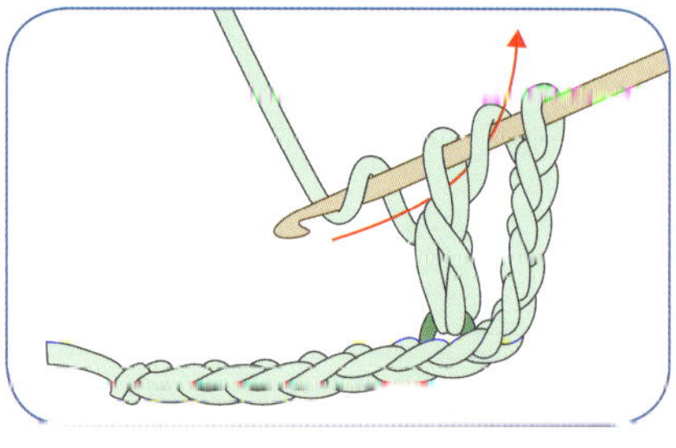

3 もう一度針先に糸をかけ、矢印のように引き出します。

編み目の高さ

それぞれの編み目の高さを意識して編んでいくと、編み目がきれいに揃います。

細編み
（鎖１つ分）

中長編み
（鎖２つ分）

長編み
（鎖３つ分）

長々編み
（鎖４つ分）

4 さらにもう一度針先に糸をかけ、矢印のように糸を引き出します。長編みを編むときよりも１回多く、糸をかけて引き出します。

5 糸を引き出し、長々編みが編めました。立ち上がりの鎖４目とともにこの段に２目編んだことになります。

かなり長めに糸を引き出す

長々編みは鎖４目分の高さがあります（上コラム参照）。そのため、手順**2**で長編みよりもさらに長めに糸を引き出すようにすることが大切です。

鎖目をよく知ろう

かぎ針のもっとも基本になるのが鎖編み。鎖編みの編み目 (鎖目) について学んでおきましょう。

鎖目をいろいろな角度から見る

・表

鎖編みの表側には、2本の糸が三つ編みのようになって連なっています。

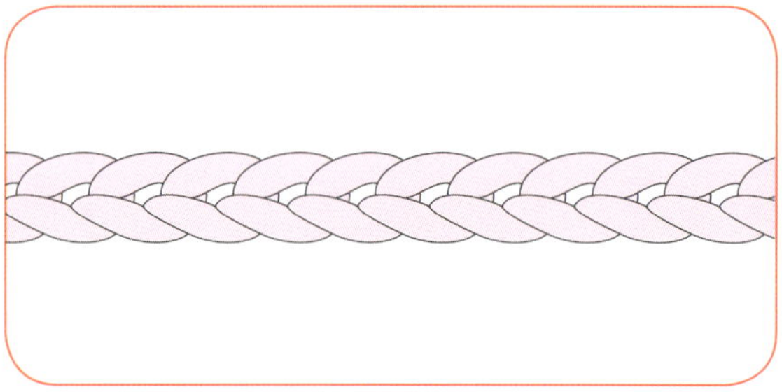

・裏

裏側には1目ずつぽこぽことしたふくらみができています。このふくらみが「裏山」とよばれるものです。

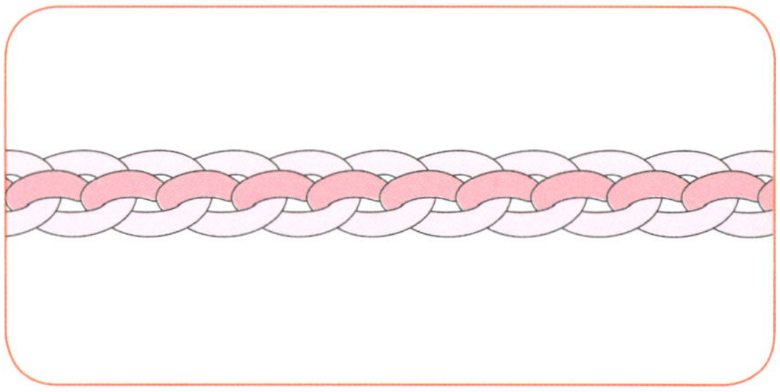

・横

「裏山」がまさに「山」のように連なっていることがよくわかります。

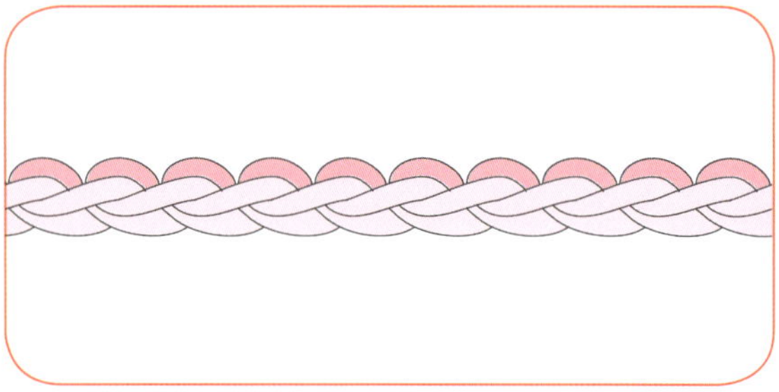

鎖目の数え方

鎖目は写真のように1目, 2目, 3目…と数えます。

鎖目の拾い方

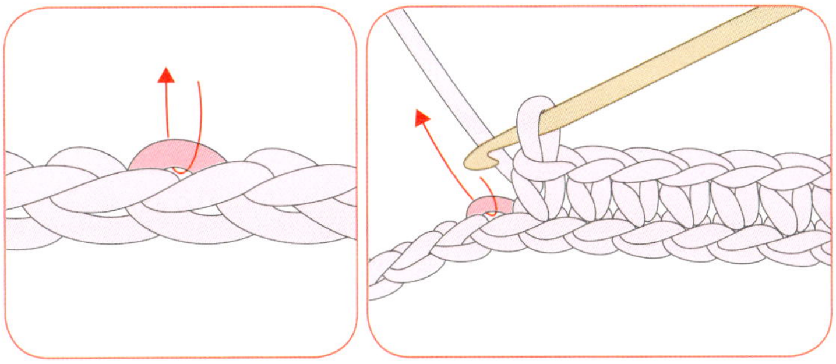

・裏山を拾う

細かい鎖編みの場合、拾いにくいこともありますが、作り目が崩れず、そのまま端として使えるので、縁編みをしない作品を編むときに向いています。

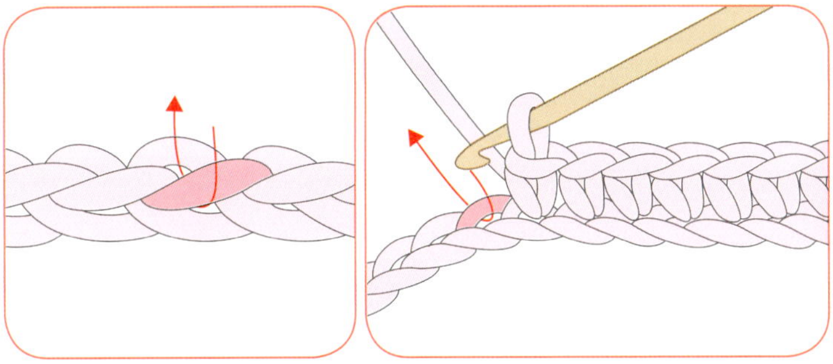

・半目を拾う

目を拾いやすいという利点はありますが、作り目が伸びて穴があいたように見えることも。

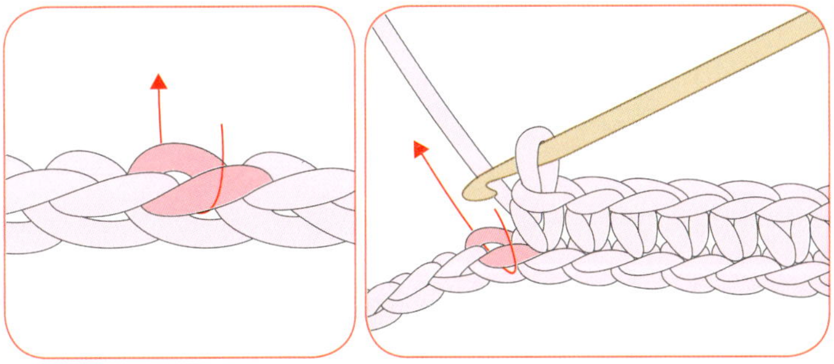

・半目と裏山を拾う

糸を２本拾うので安定感があります。端になった目も拾いやすいので、縁編みやとじ・はぎをする場合にも適しています。

「目に編み入れる」と「束に編み入れる」

かぎ針編みは、前の段の上に次の段を編み入れることによって編み地が大きくなっていきます。編み入れ方には以下の２種類があります。

目に編み入れる

前の段の鎖目の中に針を入れて編む方法。
編み目記号の根元はしっかりと固定されます。
編み記号は目の根元がくっついています。

1 鎖目の中に針を入れます。

2 そこに長編みを編むと、長編みの根元は前段の鎖目の中に入っています。

束《そく》に編み入れる

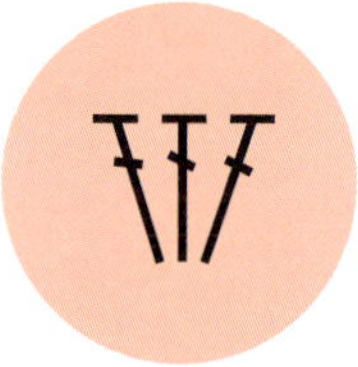

前段の鎖目をそっくり拾って、覆うようにして編みます。
編みやすいものの、編み目が動きやすくなります。
編み目記号は目の根元が離れています。

1 鎖目の下に針を入れます。

2 ここに長編みを編むと、長編みの根元は鎖目を編みくるんでいます。

こんな編み地も編めますよ！

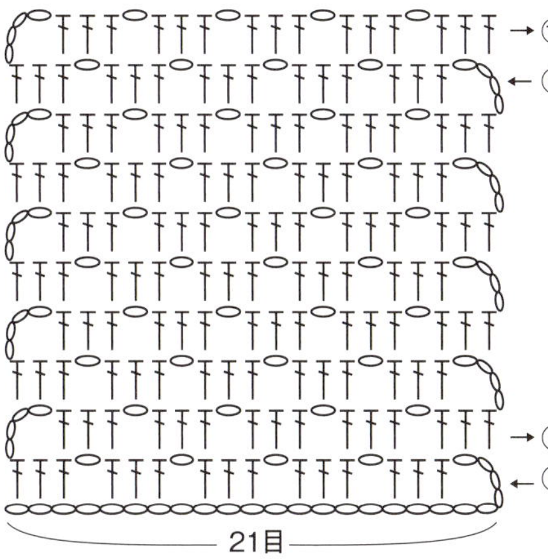

鎖編みと長編みを組み合わせると、マス目のような編み地（方眼編み）ができます。長編みを目に編み入れているところ、束に編み入れているところがあります。

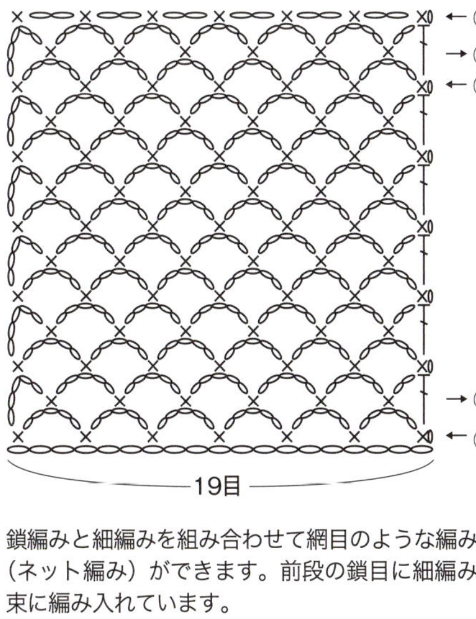

鎖編みと細編みを組み合わせて網目のような編み地（ネット編み）ができます。前段の鎖目に細編みを束に編み入れています。

円の編み地と編み図

今度は円形にチャレンジしてみましょう。形は違えども、編み方も上の段へと編み進むのも四角形と同じです。

◎細編みの円形コースター

【編み方は P.44～】

細編みで円に編んでいくコースターです。前段の上に目を増やしながら新しい段を編んでいくと、小さな円がだんだん大きくなっていきます。

輪の作り目に6目編み入れる、12段

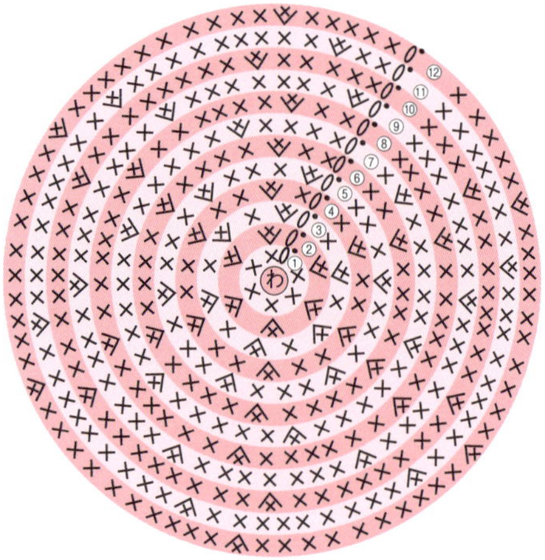

四角形のときは1段ごとに編み地を返して編んでいきましたが、円の場合は表側だけを見て編んでいきます。「わ」の中心から編み始め、1段めは6目、2段めから目数を増やしながら12段編みます。

段数	目数
12	72
11	66
10	60
9	54
8	48
7	42
6	36
5	30
4	24
3	18
2	12
1	6

○ 鎖編み
× 細編み
細編み2目編み入れる
● 引き抜き編み

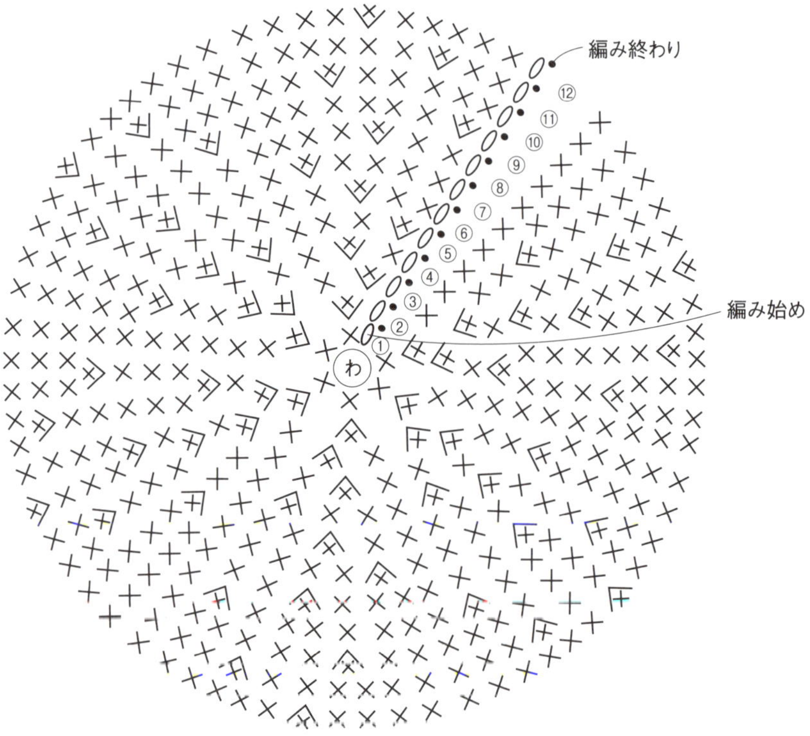

◎長編みの円形コースター

【編み方は P.50～】

長編みで円に編んでいくコースターです。
細編みの円形コースター同様、目を増やしながら段数を進めていきます。

輪の作り目に16目編み入れる、4段

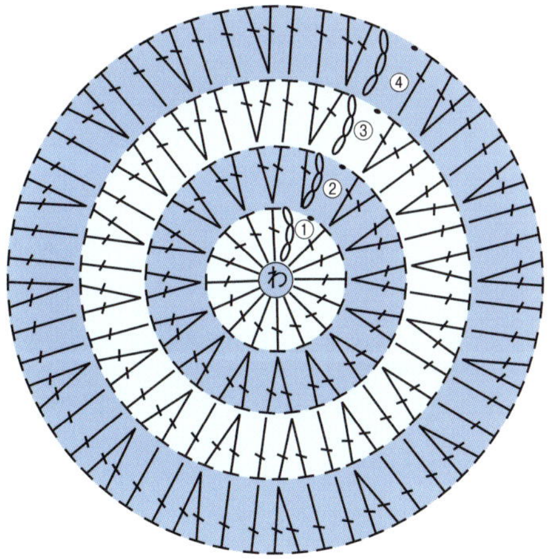

「わ」の中心から編み始め、1段めは16目、目数を増やしながら4段編みます。

段数	目数
4	64
3	48
2	32
1	16

- 鎖編み
- 長編み
- 長編み2目編み入れる
- 引き抜き編み

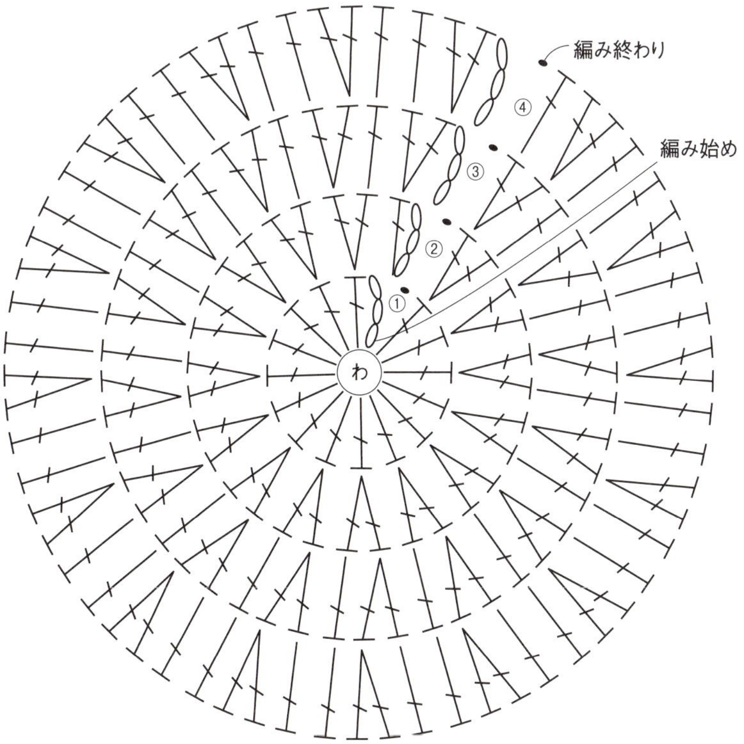

細編みで円を編む

円形を編むときは、四角形を編むときとは違った作り目から始めます。作り目〜細編みの編み方までを学んでいきましょう。

＊でき上がりの編み地と編み図はP.42

◎輪(「わ」)の作り目

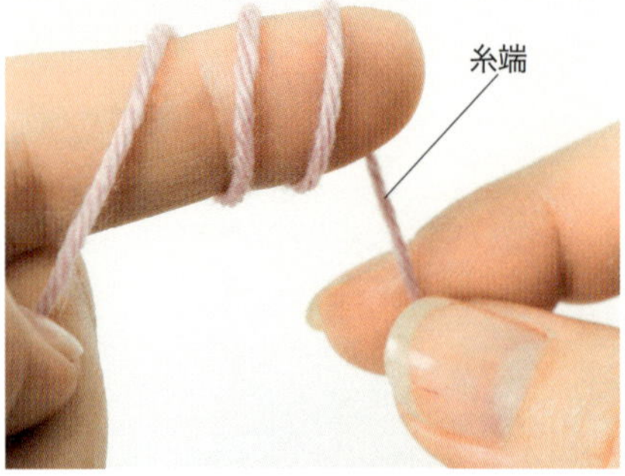

1 糸端を10cm程度残し、左手の人さし指に2回巻きつけます。

2 右手で糸輪を持って、そのままそっと指からはずします。

3 糸輪を左手に持ち替え、輪を親指と中指で押さえ、人さし指に糸玉につながる方の糸をかけて、輪の中に針先を入れます。

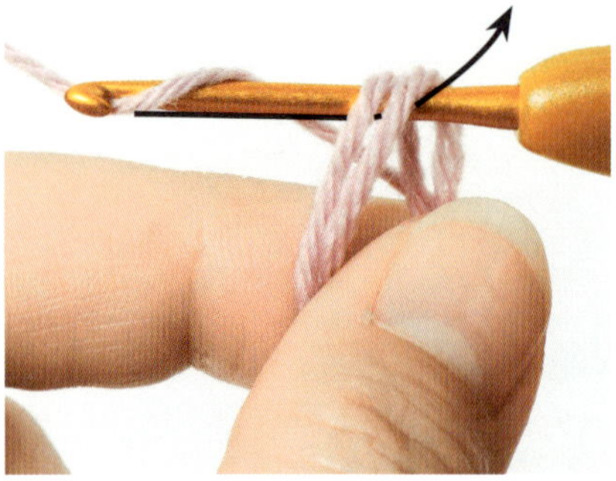

4 針先に糸をかけ、矢印のように引き出します。

5 糸を引き出したところです。

6 もう一度針先に糸をかけ、矢印のように引き出します。

◎1段め

7 引き出すと「わ」の作り目ができました。今、できた目は1目には数えません。

8 1段めに入ります。まず、立ち上がりの鎖1目を編みます。

9 細編みを1目編みます（編み方はP.26〜27を参照）。

◎輪を引きしめる

10 続けて「わ」の作り目に細編みをあと5目編みます。

11 針をはずし、糸端を矢印の方向に軽く引きます。輪になっている2本の糸のうち、引いたときにどちらが動くかをよく観察します。

12 動いた方の糸を矢印の方向に引きます。

13 さらに引くと、動かなかった方の糸が縮まっていきます。

14 縮まりきったら、糸端を矢印の方向に引きます。

15 もうひとつの輪が縮まりきるまで糸端を引きます。

◎1段めの終わり

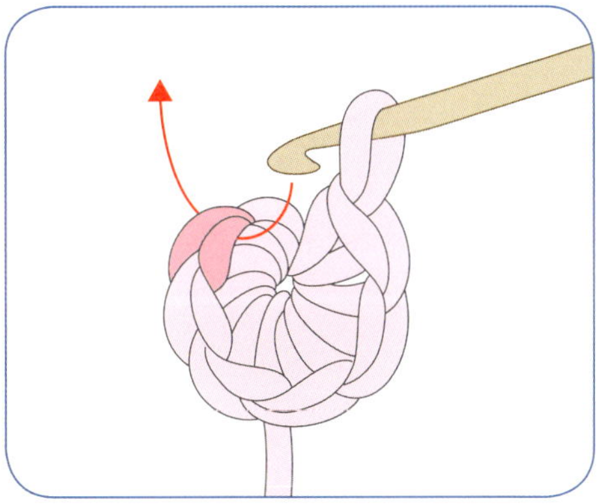

16 最初の細編みの頭の鎖2本を拾って、矢印のように針を入れます。

17 針先に糸をかけ、矢印のように引き抜きます。

◎２段めの編み始め（増し目をする）

18 １段めの終わりに引き抜き編みが編めました。

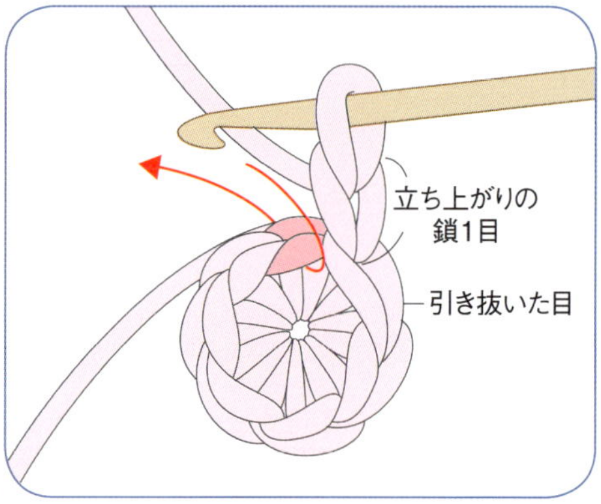

19 ２段めのスタートとなる立ち上がりの鎖１目を編み、前段の細編みの頭の鎖２本を拾い、矢印のように針を入れます。

20 針先に糸をかけて矢印のように引き出します。

21 もう一度針先に糸をかけて矢印のように引き出し、細編みを編みます。

22 最初の目に細編みを１目編み入れました。

23 同じ目に矢印のように針を入れ、細編みをもう１目編み入れます。この段の編み始めの目がわかりやすいように、最初の目の頭に段数リングをつけておきます。

24 前段の細編み１目に細編みを２目編み入れました。

25 編み図に従い、同様に２段めの細編みを計12目編みます。

◎2段めの編み終わり

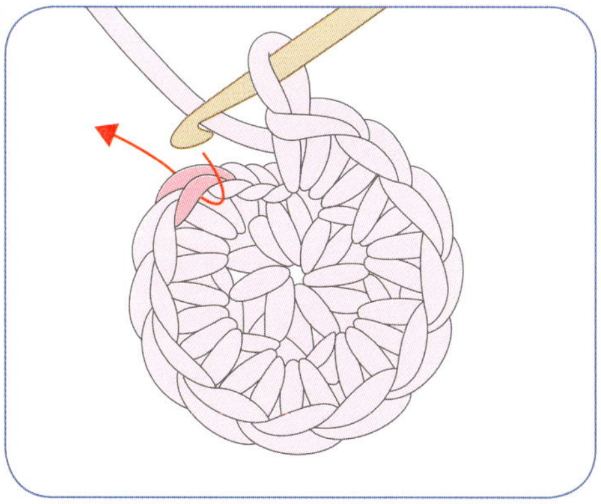

26 編み終わりは、この段の編み始めの細編みの頭の鎖２本に針を入れます（矢印の位置）。段数リングを入れた目です。

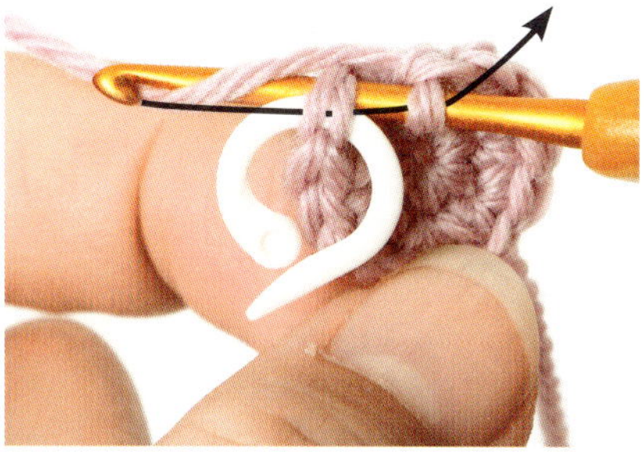

27 針先に糸をかけ、矢印のように引き抜きます。

◎3段めを編む

28 引き抜いたところです。

29 立ち上がりの鎖１目を編みます。

30 ３段めは１目おきに増し目をしていきます。最初の目には細編みを２目編みます。

31 １目めの細編みを編みました。

32 前段につけていた段数リングを、今編んだ３段めの最初の目の頭につけ替えます。

33 編み図に従い、計18目の細編みを編み、編み終わりは**26**〜**28**のように引き抜きます。同じようにくり返しながら12段編み、糸始末をして完成。

鎖編みの作り目

輪の作り目のほか、鎖編みを輪にした作り目もあります。輪の引きしめ作業がなく手軽ですが、中心にすき間ができます。作品のデザインによって選択されます。

1　編み図の指示に従って必要な数の鎖目を編みます。

2　最初の鎖目の鎖の半目（外側にある目）と裏山の２本を拾って針に糸をかけ、矢印のように引き抜きます。

3　糸を引き抜き、鎖編みの作り目ができました。

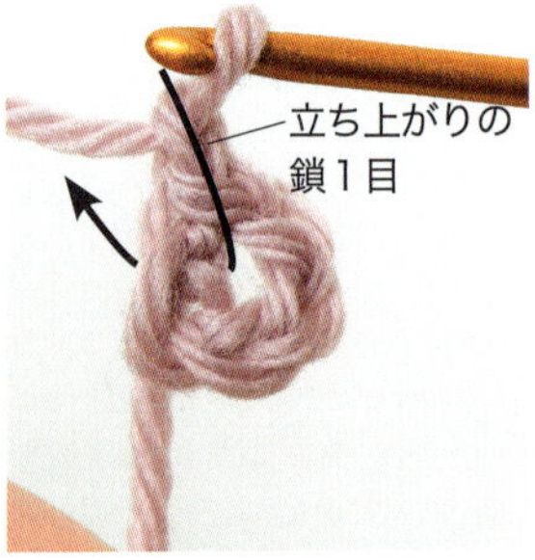

4　作り目のまわりに１段めを編んでいきます。まず立ち上がりの鎖１目を編みます。

5　**4**の矢印のように輪の中に針を入れ、針先に糸をかけ、矢印のように引き出します。

6　もう一度針先に糸をかけ、矢印のように引き抜きます。

7　細編みが１目が編めました。鎖編みの作り目を束に拾った細編みです。

8　段の最初の目がわからなくならないよう、段数リングをつけておくとよいでしょう。

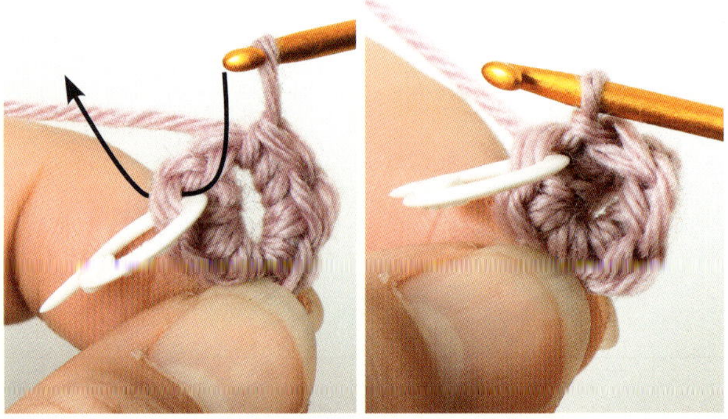

9　作り目に必要な数だけ細編みを編み入れ、段の終わりは、段数リングを入れた最初の細編みの頭の鎖２本を拾って引き抜き編みをします。

輪の引きしめ方はこれでカンペキ！

円形編みが苦手な人の多くは、輪の引きしめがうまくいかないようです。なかなかうまくいかなくても回数を重ねればコツもつかめてきます。もう一度おさらいをしてみましょう。

1 輪の作り目のまわりに必要な数だけ、細編みを編みます。

糸端

2 糸端を矢印の方向に引いてみて、輪になっている２本の糸のうち、どちらが動くかを確認します。

糸端

3 動いた方の糸を矢印の方向に引きます。

糸端を引くと
この輪が縮んでいく
糸端

4 どんどん引くと、輪が縮みます。完全に縮んだところで糸端を引くと出ていた糸がなくなり、作り目が引きしまります。

5 輪の作り目を引きしめ終えたところです。

6 最初の細編みの頭の鎖２本を矢印のように拾って、引き抜き編みで輪をつなぎます。

長編みで円を編む

長編みで円を編む場合も細編みで編んだときと要領は同じです。
1目の高さがあるぶん、早く編み上がります。

＊でき上がりの編み地と編み図はP.43

◎1段めを編む

1 輪の作り目（P.44参照）を編み、立ち上がりの鎖3目を編み、針先に糸をかけます。

2 長編み（P.32参照）を1目編みます。長編みの場合は立ち上がりの鎖3目も1目と数えるので、これで2目編んだことになります。

3 続いて、輪の作り目のまわりに必要な数の長編みを編みます。このコースターの場合は立ち上がりの鎖も含め、16目です。

4 必要な数の長編みを編み終えたら、細編みのときと同様に輪の作り目を引きしめます（P.45、49参照）。

5 引きしめ終えたところです。

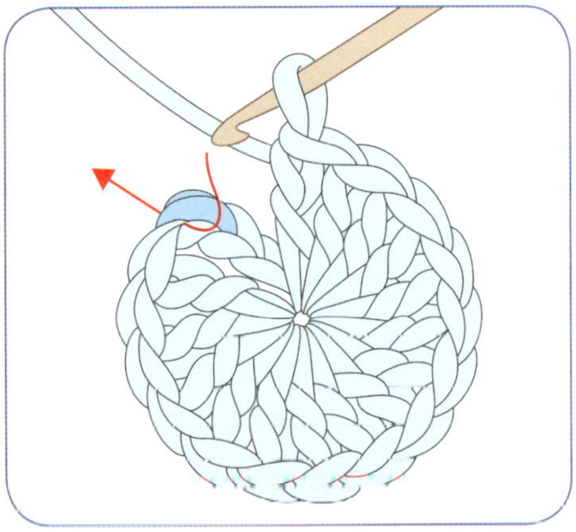

6 1段め最初の立ち上がりの鎖の3目めの半目と裏山の2本を拾い、矢印のように針を入れます。

◎1段めの終わり

7 針先に糸をかけ、矢印のように引き抜きます。

8 引き抜くと輪がつながり、1段めが編めました。

◎2段めの編み始め（増し目をする）

9 立ち上がりの鎖3目を編み、針先に糸をかけ、立ち上がりと同じ目（矢印の位置）に長編みを編みます。

10 同じ目に長編みが2目編めたところ。前段の1つの長編みに2目ずつ長編みを編み入れるので、隣りの目にも2目編み入れます。

11 同様にして前段の長編み1目につき、この段の長編みを2目ずつ編み入れていきます。

◎2段めの編み終わり

12 1段めの編み終わりと同様に、立ち上がりの鎖の3目めの裏山と半目の2本を拾い（矢印の位置）に引き抜き編みをします。

だ円を編む

最初に鎖目の作り目を編み、その両側に編み目を編み入れていきます。バッグの底などによく使われる編み方です。

◎長編み

だ円を編む要領を身につけるには、長編みの方がわかりやすく、編みやすいでしょう。

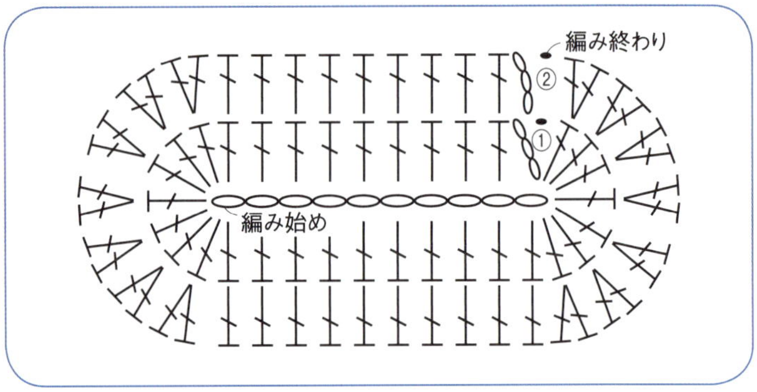

1 鎖の作り目を必要な数（ここでは10目）編みます。立ち上がりの鎖3目を編んで、作り目の鎖の裏山と半目の2本を拾って片側の端まで長編みを編みます。

2 端の鎖目には全部で9目の長編みを編み入れます。編み入れているときに自然にカーブができます。

3 **2**の状態を見やすいよう、編み地を反対の向きに変えてみました。このように編み進んだことになります。

4 反対側の端の鎖目には長編みを8目編み入れます。最初の立ち上がりの鎖が入るため、左側より1本少なくてOK。立ち上がりの鎖の3目めで引き抜き編みをしてつなぎます。

◎細編み

細編みのだ円も、長編みのだ円と同じ要領で編みます。両端のカーブに入る目数は、編み図を見て数えてみましょう。

鎖の作り目12目で編み始め、そのまわりに細編みを4段編んでだ円にしたものです。

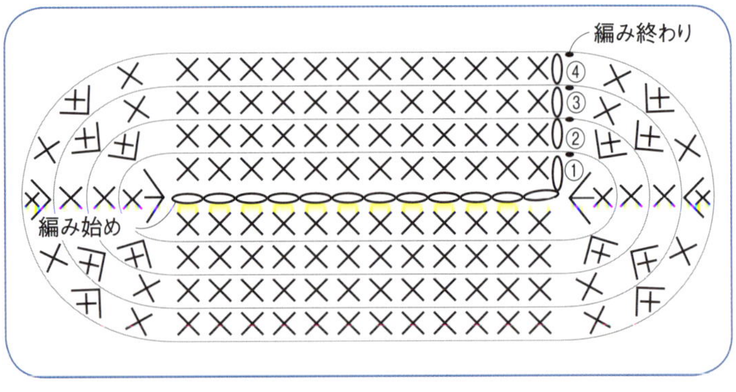

筒を編む

ミトンや帽子を編む場合などによく使われる方法で、表側だけを見ながら上段へと編み進めていきます。

◎長編み

鎖の作り目を輪にしてつなげ、作り目にぐるぐると長編みを編んでいきます。

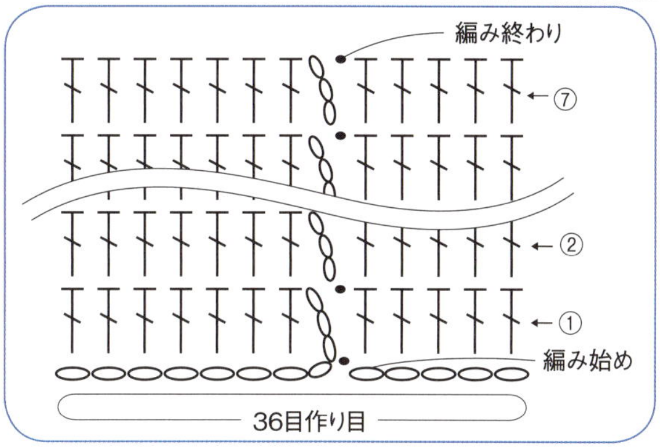

1 必要な数の鎖の作り目を編みます（ここでは36目）。最初の鎖目の裏山に矢印のように針を入れます。

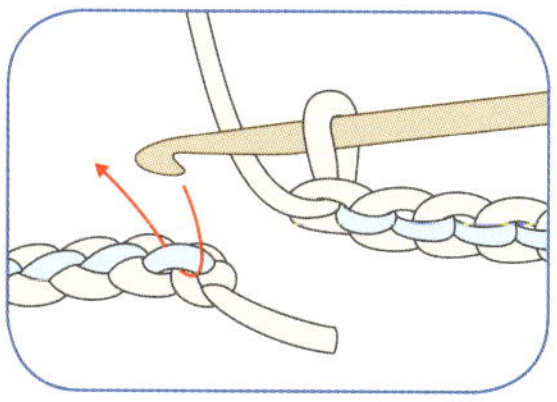

2 引き抜き編みをして輪をつなぎます。

ココが大事！ **輪をつなぐとき**
輪がねじれないように注意してつなぎましょう。

3 立ち上がりの鎖3目を編みます。

4 鎖の裏山を拾って長編みを編んでいきます。

5 長編みを1周編んだら、立ち上がりの鎖の3目めの半目と裏山の2本を拾って、矢印のように針を入れます。

6 引き抜き編みをして輪をつなぎます。次の段からも同様に編み、7段編みます。

＊作品は白糸で編んでいますが、プロセスをわかりやすくするため水色で編んでいます。

細編みのときは

細編みで筒に編む場合も、長編みの場合と同じ要領ですが、つなぐ際、針を入れる位置に注意を。

最初の細編みの頭の鎖2本を拾って針を入れますが、実際の編み地では、細編みの頭とその前の立ち上がりの鎖の見分けがつきにくくなっています。自信がない人は最初の細編みの頭（矢印の位置）に段数リングをつけておくとよいでしょう。

糸が足りなくなったら

編んでいるときに糸が足りなくなったときは、
以下の方法で新しい糸に編みつなぐことができます。

細編み

1 細編みの最後の糸を引き抜くときに、新しい糸を針先にかけます。矢印のように糸を引き抜きます。

2 糸を引き抜くと、新しい糸が針にかかります。

3 引き続いて細編みを編むと、この目から新しい糸で編まれていることがわかります。

長編み

1 長編みの最後の糸を引き抜くとき（この状態が「未完成の長編み」・P.33、154参照）に、新しい糸を針先にかけます。矢印のように糸を引き抜きます。

2 糸を引き抜くと、新しい糸が針にかかります。

3 引き続いて長編みを編むと、この目から新しい糸で編まれていることがわかります。

ゲージをとってみよう

編みものをするとき、同じ目数、段数を編んでも、編む人の力加減によって、でき上がった編み地の目のきつさや大きさに違いが出てきます。かぎ針編みで小物作品を作るのにはあまり支障はありませんが、標準的な編み方を知っておきたい場合に「ゲージ」が表示されることがあります。「ゲージ」とは10cm×10cmの編み地の中に何目何段編めていればよいかを表すものです。右の写真のようにゲージ用スケールを当てるか、普通の定規で10cm四方の大きさを測ってみて、そこに何目何段編まれているかを確認します。ウエアなどを編むときには正確に測る必要がありますが、小物など厳密なサイズが必要なければ、目数、段数が多すぎればややゆるめに、少なすぎればややきつめに編むという目安でよいでしょう。

細編みや長編みなどの場合

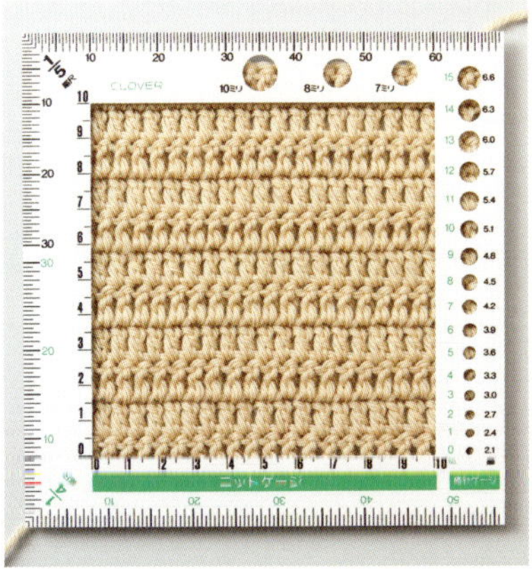

模様編みの場合

2

モチーフを編んでつなげよう

ここで学ぶこと

- **モチーフの編み方**
- **モチーフのつなぎ方**
  引き抜き編みで束に拾ってつなぐ
  引き抜き編みで鎖目に編み入れてつなぐ
  引き抜き編みで針を入れ替えてつなぐ
  編み終わってから巻きかがりでつなぐ
- **立体モチーフの編み方**（花、葉）
- **モチーフの枚数が多いときのつなぎ方**

モチーフを編む

人気のモチーフ編みに挑戦してみましょう。
基本の編み方だけでかわいいモチーフが編めますよ。

編み地

花びらが12枚ある円形のモチーフです。編み方の流れを覚えれば、異なる編み図のモチーフも、それに従って編むことができます。

編み図

輪の中心から編み始め、3段編むモチーフです。反時計まわりに編み進みます。慣れないうちは編み終えたところに鉛筆で印を入れながら、編んでいくとよいでしょう。

◎1段めを編む

1 輪の作り目（P.44参照）を編みます。

2 1段めの立ち上がりとなる、鎖3目を編みます。

3 鎖1目と長編みを1目編みます。

4 長編みを編んだあと、間の鎖１目を編むことを11回くり返し、１段めの最後まで編みます。

5 編み地から針をはずし、輪を引きしめます（P.45参照）。

6 立ち上がりの鎖の３目めの半目と裏山の２本に針を入れます。

◎２段めを編む

7 ここに引き抜き編みをして、１段めを終えます。

8 ２段めの立ち上がりの鎖３目を編みます。

9 未完成の長編み（P.154参照）を編み、針先に糸をかけて、矢印のように引き抜きます。

10 立ち上がりの鎖３目と長編み１目の玉編みができました。

11 間の鎖３目を編み、続いて長編み２目の玉編み（P.129参照）を編みます。

12 長編み２目の玉編み＋鎖３目を残りの11回くり返し、２段めの終わりまで編みます。

◎3段めを編む

13 最初の立ち上がりの鎖の3目めの半目と裏山の2目を拾って、引き抜き編みを編みます。これで2段めが編み終わりました。

14 立ち上がりの鎖1目と細編みを1目編み、間の鎖7目を編み、長編み2目の玉編みの頭に細編みを編みます。

15 鎖7目＋細編みをあと10回くり返して編み、最後の鎖7目を編んだら、最初に編んだ細編みの頭に引き抜き編みを編み、完成。

モチーフのとめ方

ここでは、よりきれいな目で終える
モチーフのとめ方を覚えましょう。

1 モチーフを最後まで編み終えたら糸端を約20cm残して糸を切り、かぎ針を上に上げて、糸端を引き出します。

2 糸端をとじ針に通し、最初の長編みの目の頭の鎖2本に手前から針を入れます。

3 糸を引きます。

4 とじ針を糸端が出ている根元の鎖目の中に入れます。

5 鎖の形が左右と同じ大きさになるように糸を引きます。

6 これで編み始めと編み終わりが同じ大きさの鎖目でつながりました。糸端は編み地の裏側で始末します（P.31 参照）。

こんな編み地も編めますよ！

編み方はやや複雑になりますが、１段１段
ていねいに見ていけば難しいものではありません。

長編み3目の玉編み2目一度のモチーフ

玉編み２目一度が並んでいるモチーフ。未完成の長編みを３目ずつ２つ編んで、最後に針にかかっている糸を引き抜いて編みます。

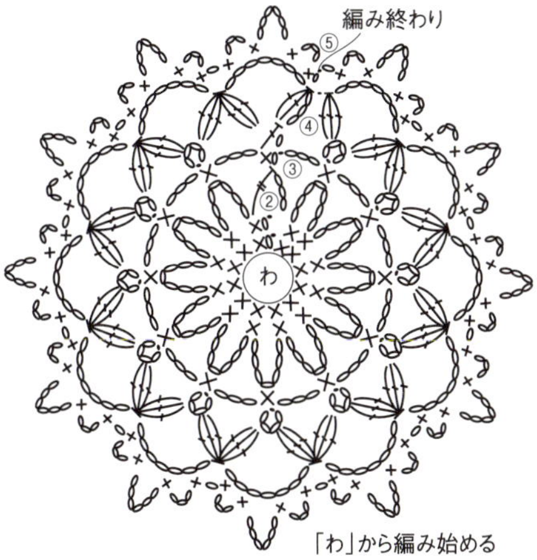

変わり中長編み6目の玉編みのモチーフ

変わり中長編み６目の玉編みがふっくらとしてかわいいモチーフです。P.131・下の玉編みを６目にして編みます。

長編み3目の玉編みのモチーフ

２段めと６段めの長編み３目の玉編みがアクセント。４段めの長編みの足をまっすぐに編むときれいに仕上がります。

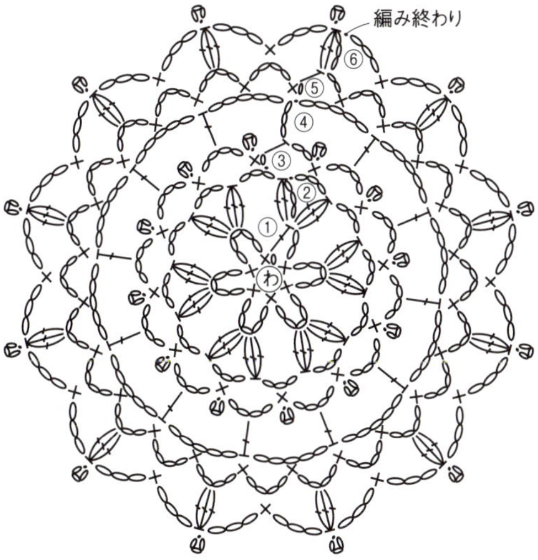

モチーフをつなぐ

モチーフのつなぎ方には編みながらつなぐ方法と
1枚1枚編んだものをあとからつなぐ方法があります。

◎引き抜き編みで束に拾ってつなぐ

つなぐ位置まで編み、相手のモチーフの鎖目を束に拾って
引き抜き編みでつなぐ方法です。

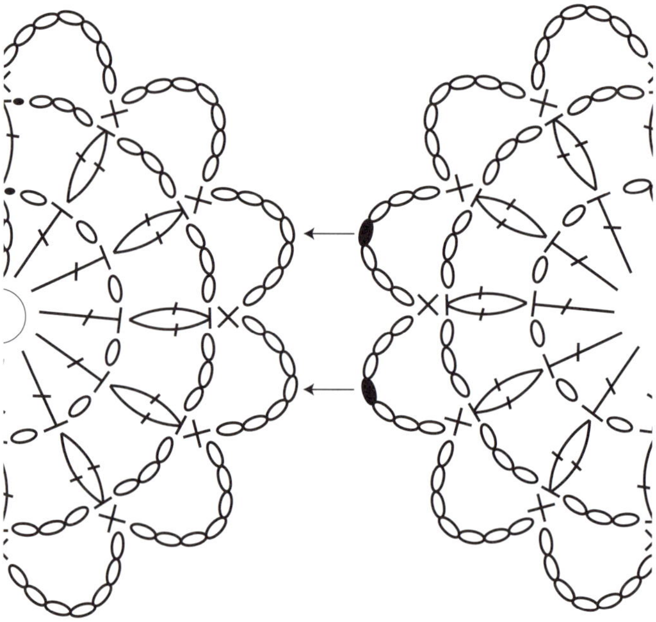

編み図の●印の位置で1枚めのモチーフ（ベージュ）と2枚めのモチーフ（ブルー）が束に編んだ引き抜き編みでつながっています。

1 2枚めのモチーフをつなぐ位置の手前まで編みます。編み図では、つなぐ位置が●で示されています。

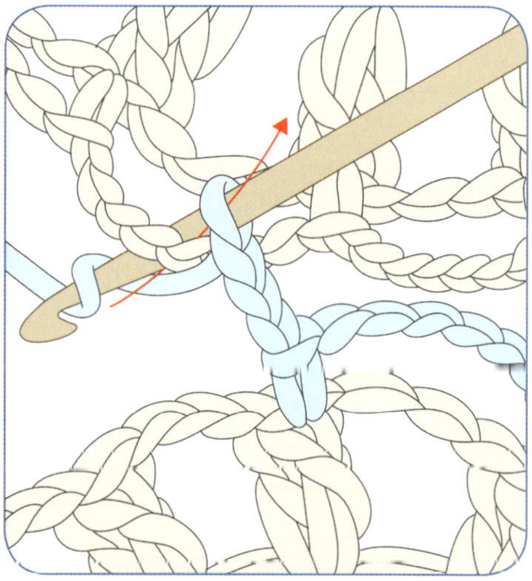

2 1枚めのモチーフの鎖目を束に拾って針先に糸をかけ、矢印のように糸を引き抜きます。

3 引き抜くと、1枚めのモチーフと2枚めのモチーフがつながりました。

4 続けて鎖3目を編みます。

5 細編みを編みます。

6 もう一度鎖3目を編み、次のつなぐ位置の鎖目を束に拾って針先に糸をかけ、矢印のように引き出します。

7 2カ所で、2枚のモチーフがつながりました。

8 鎖3目、細編み1目を編んでつなげた鎖の山を編み終えたら、2枚めのモチーフの続きを編んでいきます。

完成

2枚めのモチーフを編みながら、2枚つながりました。つなぎ目が動くため、伸縮性を持たせたいときによく使われる方法です。

◎引き抜き編みで鎖目に編み入れてつなぐ

つなぐ相手の鎖目の目の中に針を入れてつなぐ方法です。

1 モチーフをつなぐ位置の手前まで編み、1枚めのモチーフのつなぐ目の中に針を入れます。

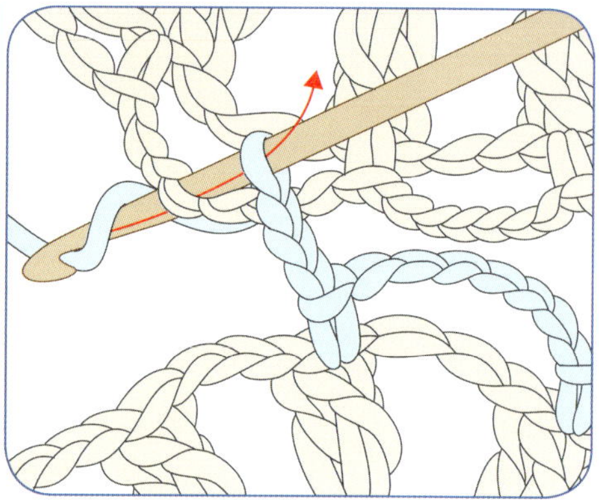

2 針先に糸をかけ、矢印のように引き抜きます。

3 引き抜くと1枚めのモチーフと2枚めのモチーフがつながりました。

4 2枚めのモチーフの続きを編みます。

5 2枚のモチーフが2カ所でつながったところです。

完成

引き抜き編みで鎖目に編み入れて、モチーフが2枚つながりました。つなぎ目をしっかり固定させたいときによく使われる方法です。

◎引き抜き編みで針を入れ替えてつなぐ

引き抜き編みをするときに、いったん針を入れ替えるつなぎ方です。

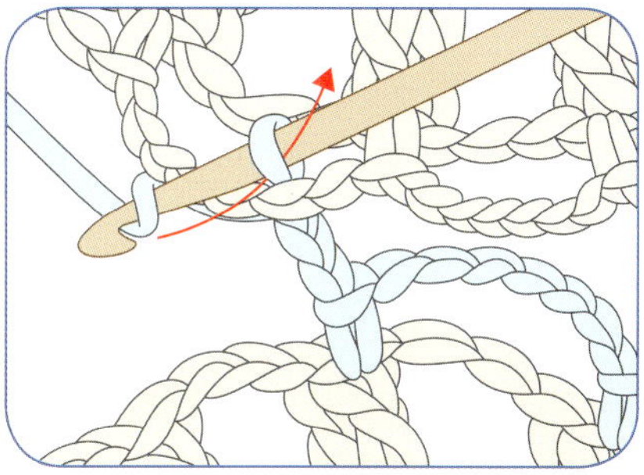

1 2枚めのモチーフをつなぐ手前まで編み、いったん針から糸をはずし、1枚めの鎖目の裏側から針を当て、再び針に糸を戻します。

2 針先に糸をかけ、矢印のように引き抜きます。

3 1枚めのモチーフと2枚めのモチーフがつながりました。

4 鎖3目を編みます。

5 細編み1目を編み、2カ所めも同様にしてつなぎ、2枚めのモチーフの続きを編みます。

完成

引き抜き編みで針を入れ替えて、2枚のモチーフがつながりました。つなぎ目を平らに仕上げたいときによく使われる方法です。

◎編み終わってから巻きかがりでつなぐ

すべてのモチーフを編み終わってから、接している辺をかがってつなぎます。

1 ここでは４枚のモチーフをつなぎます。４枚とも表を上にし、まず右上のモチーフの端から針を入れます。

2 編み地の端に並ぶ鎖目の内側の半目同士に針を入れます。

3 糸を引き出します。

4 次の目も同様に、鎖の内側の半目同士を拾って針を入れます。

5 これをくり返して、上下２枚のモチーフをつないでいきます。

6 右側の上下のモチーフをつなぎ終えたら、左下、左上のモチーフの鎖の内側の半目同士を拾って針を入れます。

7 同様に、左端までかがっていきます。

8 かがり終わりは、下のモチーフの端の目に再度針を入れます。

9 糸端は最後にまとめて始末をするので、そのまま残しておきます。

10 次に、向かって右下と左下のモチーフの端から、同じように鎖の内側の半目同士に針を入れ、つないでいきます。

11 4枚がつながるところは糸が交差するように、左上のモチーフの鎖の内側半目と右側のモチーフの鎖の内側半目に針を入れます。

12 同様につないでいきます。

13 4枚が巻きかがりでつながりました。すべてつなぎ終わってから、糸端を編み地の裏側で始末します（P.31参照）。

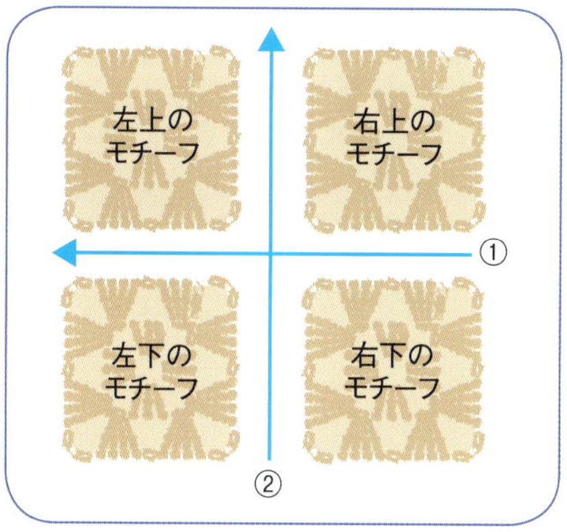

ここでは①②の順でつなぎましたが、辺をもれなくつなぐことができれば、つないでいく順は自由です。

モチーフの枚数が増えたとき

編みながらつなぐ場合も、つなぐ順番に決まりはありません。
つなぎもれがないように編めばOKです。

モチーフを編みながらつなぐ場合、新たにつなぐモチーフの最終段で、編み図の指示どおりにつなぎます。このケースでも、左のようにつないでも右のようにつないでも構いません。編みつなぐ順番は少し異なりますが、編む方向を意識していけば大丈夫！

立体モチーフを編む

基本の編み方を覚えておけば、
編み図違いのものも編めるようになります。

編み地

5枚の花びらが二重になったモチーフを編みます。2枚めの花びらの編み方がポイントです。

編み図

輪の作り目から編み始め、4段編みます。1段めが内側のモチーフの花びらの土台、2段めが上の花びら、3段めが外側の花びらの土台、4段めが外側の花びらになります。

立体モチーフを図解する！

編み図全体を見ると難しそうですが、
わかりやすいよう編み図を分解してみました。

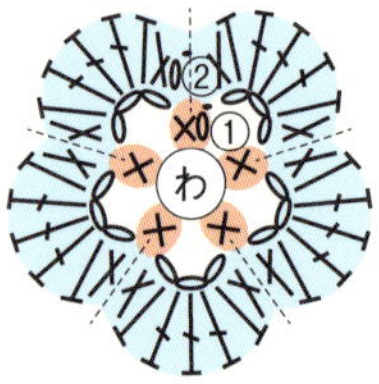

1　内側の花びらは、編み図のこの部分です。

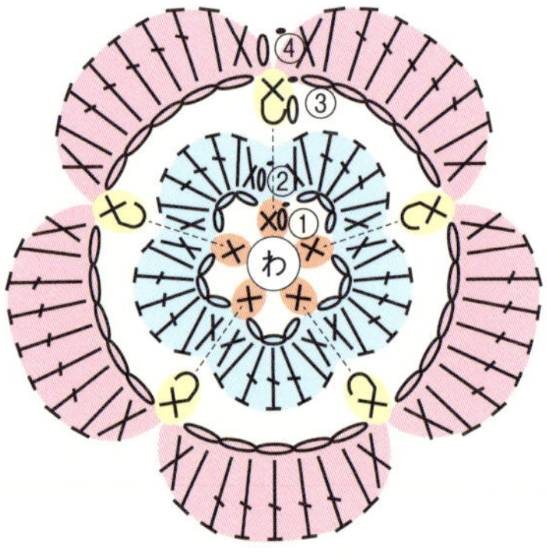

2　ピンクの部分が外側の花びらの編み図。1段めの細編みに引き上げ編みをして、花びらを編みます。

3　わかりやすいよう、内側の花びらと外側の花びらを別糸で編みました。外側の花びらが1段めの細編みに引き上げ編みされている様子がよくわかります。

◎1段めを編む

1 輪の作り目（P.44参照）を編みます。

2 立ち上がりの鎖を編みます。

3 細編みを１目編みます。

4 内側の花びらの土台になる鎖３目を編みます。

5 細編みを１目編みます。これで土台の１つめができました。

6 同様にして土台を５つ編みます。編み終わりは、最初の細編みの頭の鎖２本を拾って矢印のように針を入れ、針先に糸をかけて引き抜きます。

7 １段めが編み終わりました。この後、中心の輪を引きしめます。

◎2段めを編む

8 前段で編んだ土台に内側の花びらを編んでいきます。まず、立ち上がりの鎖１目を編みます。

9 花びらの１目めの細編みを編みます。

10 花びらの２目めの中長編みを編みます。

11 花びら3～5目めの長編みを編みます。

12 長編みが3目編めたところです。

13 花びら6目めの中長編みを編み、最後の目の細編みを編みます。

14 内側の花びら2枚が編めたところです。

15 同様にくり返し、花びらを5枚編みます。

16 最後の目は、最初に編んだ細編みの頭の鎖2本を拾って針を入れ、引き抜きます。

◎3段めを編む

17 ここからは外側の花びらの土台に入ります。まず、立ち上がりの鎖1目を編みます。

18 そのままモチーフを裏に返し、矢印のように針を入れます。

19 そのままモチーフの裏を見て、写真のように針を入れます。内側の花びらの土台の起点の1段めの細編みを束にすくって針を入れているところです。

20 針先に糸をかけます。

21 糸を引き出したところ。

22 もう一度糸をかけて引き出し、細編みを編みます。

23 細編みの裏引き上げ編みが１目編めました。

24 外側の花びらの土台となる鎖５目を編みます。

25 １段めの次の細編みを束に拾って針を入れます。

表から見たところ **25**の工程を表側（今は裏側になっている）から見たところです。細編みの手前に針が入っています。

26 針先に糸をかけ、細編みを編みます。

27 細編みが編めました。同様にして３段めを編みます。

28 外側の花びらの土台３つと鎖５目が編めました。

29 ３段めの最後は、最初に編んだ細編みの頭の鎖２本を拾って針を入れ、引き抜きます。

30 ３段めを引き抜いたところ。これは裏側から見たところです。

◎４段めを編む

31 ここからは外側の花びらを編みます。まず、立ち上がりの１目を編みます。

32 花びら最初の目の細編みを編みます。

33 花びら２目めの中長編みを編みます。

34 花びら３〜７目めの長編みを編みます。

35 花びら８目めの中長編み、最後の目の細編みを編み、外側の花びらが１枚編めました。

36 同様にくり返して花びら５枚を編みます。

37 4段め最後の目は、最初に編んだ細編みの頭の鎖2本を拾って針を入れ、矢印のように引き抜きます。

38 編み終えたら糸端を引き出し、編み地の裏側で糸始末をします（P.31参照）。

39 立体モチーフが完成しました。

立体をもっとかわいく！

編み上がった花のモチーフをかわいく仕上げる葉の編み方を学びましょう。

編み地

編み図

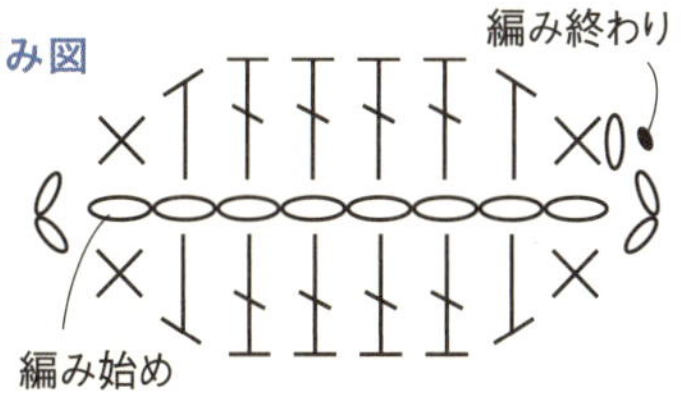

葉の編み方

1 葉の中心部分となる作り目の鎖目を8目編みます。

2 立ち上がりの鎖1目、細編み1目、中長編み1目、長編み1目を編みます。

3 続いて長編み3目、中長編み1目、細編み1目を編みます。

4 わきの部分の鎖2目を編み、編む側が上にくるように、編み地をまわします。

5 細編み1目、中長編み1目、長編み4目、中長編み1目、細編み1目と編みます。

6 鎖2目を編み、最後は、最初の立ち上がりの鎖目の頭2本に針を入れ、引き抜き編みをします。

7 葉が編み上がりました。葉の多くは、このような要領で編みます。

8 糸端はモチーフに編みつけるときに使うので、このまま始末をしないでおきます。

葉のつけ方

花モチーフに葉のモチーフを組み合わせるときの方法について知っておきましょう。

1 花モチーフを裏返し、葉をつけたい位置に乗せ、葉の糸端で花モチーフと葉モチーフの糸を１本ずつ拾い、かがります。

2 花モチーフの際までかがります。

3 際までかがったら、表にひびかないように葉の反対側へ糸をくぐらせます。

4 同様にして葉の根元までかがります。

5 最後は同じ場所に糸を２～３回渡し、しっかりととめます。

6 編み地の裏側で糸端を始末し（P.31参照）、花モチーフに葉のモチーフがつけられました。

葉のいろいろなパターン

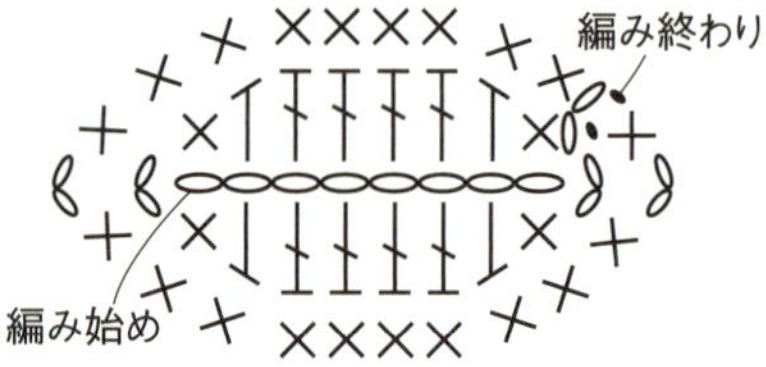

基本の葉のモチーフの周囲にもう一段細編みを編むと、縁取りがしっかりした葉になります。

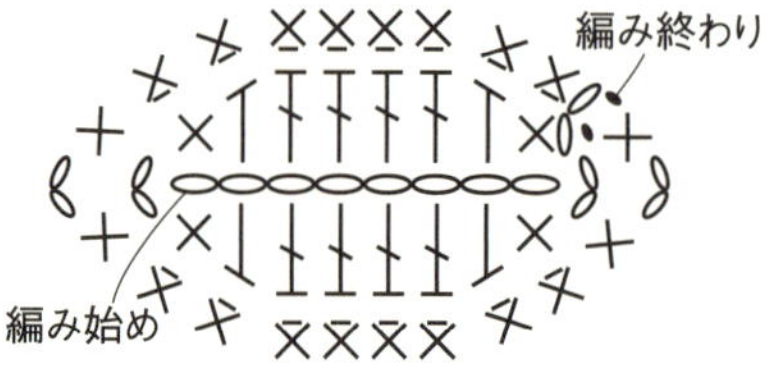

基本の葉のモチーフの周囲に細編みのすじ編みを１段編んだもの。細編みの足元にはっきりとしたすじができます。

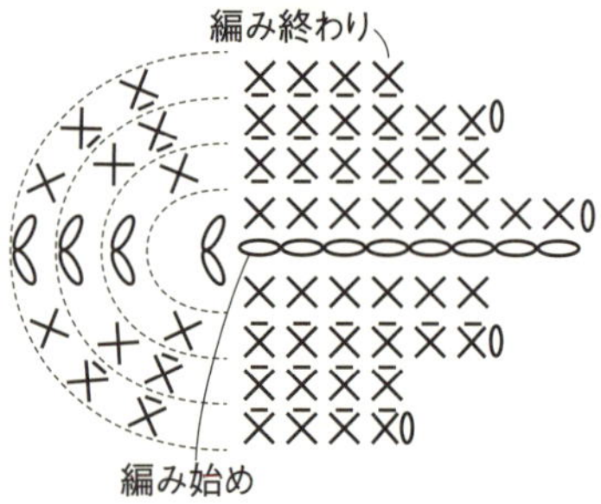

周囲をぐるりと編まずに、途中まで編んで引き返して編んだもの。ギザギザの形の葉になります。

作品（P.11モチーフつなぎのショール）に見るモチーフのつなぎ方

モチーフの枚数が増えたときの編み方、つなぎ方を
口絵作品で見てみましょう。

モチーフの編み方、つなぎ方

3
2
1
18
17
わ

まず、１のモチーフをわの中心から編みます。続いて２のモチーフをわの中心から編み始め、２段めの向かって右側にあるピコットを編むときに、１のピコットとの位置で引き抜き編みを編んでつなぎます。２列めは17～31のモチーフの上部のピコットを１段めのモチーフに編みつないでいきます。

モチーフ全体のつなぎ方

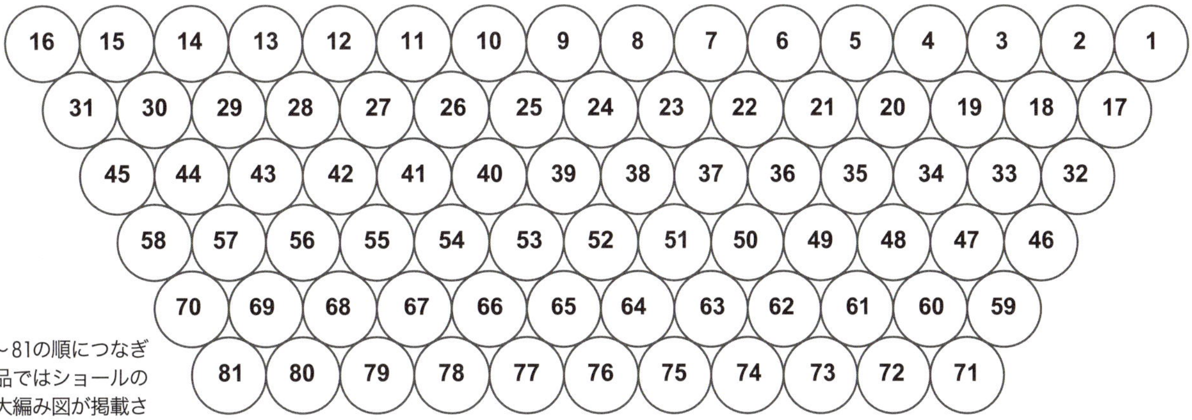
16 15 14 13 12 11 10 9 8 7 6 5 4 3 2 1
31 30 29 28 27 26 25 24 23 22 21 20 19 18 17
45 44 43 42 41 40 39 38 37 36 35 34 33 32
58 57 56 55 54 53 52 51 50 49 48 47 46
70 69 68 67 66 65 64 63 62 61 60 59
81 80 79 78 77 76 75 74 73 72 71

上の要領で1～81の順につなぎます。この作品ではショールの右上部分の拡大編み図が掲載されているので、それに従って右から左へ、上から下へと編みつなぎましたが、左から右へ、下から上へと編みつないでもOK。

モチーフつなぎのいろいろ

これらのつなぎ方はあくまでも一例です。
「いったいどこからどうつなげばいいの!?」という初心者さんはこれを参考にしてみてください。

四角形

どの角から編み始めても構いませんが、慣れないうちは上下左右、同じ方向に編みつなぐようにすると間違いがありません。

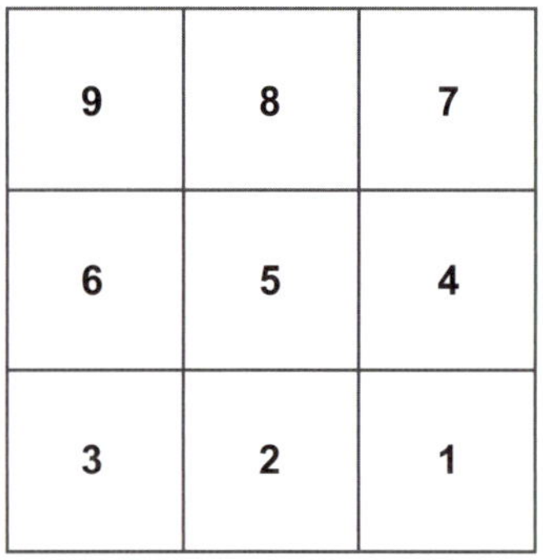
9
8
7
6
5
4
3
2
1

六角形

時計まわりでも反時計まわりでも、編みやすい方向に編みつないでいきます。ずっと同じ方向に編みつないでいくと間違いがありません。

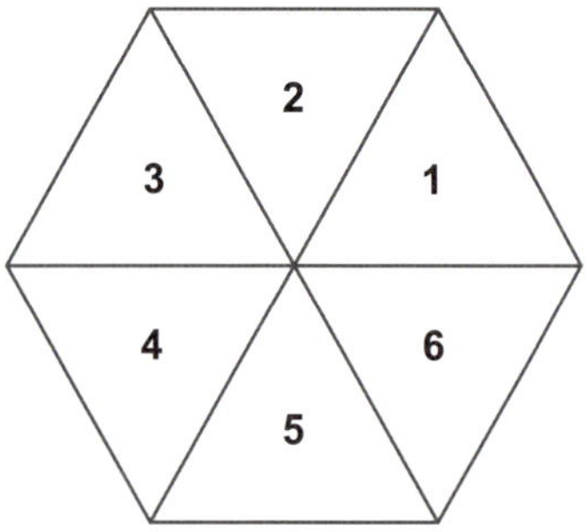
2
3
1
4
6
5

輪につなぐ

1段めを1周編み終えたら、2段めの最初のモチーフは斜め下に編みつなぎます。これをくり返していくと輪の形に編みつなぐことができます。

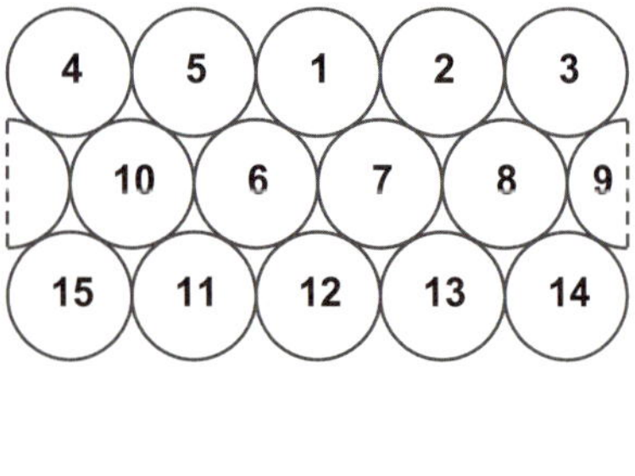
4
5
1
2
3
10
6
7
8
9
15
11
12
13
14

斜行

四隅のどこから編み始めても構いませんが、いつも同じ方向に編みつなぐようにしましょう。先に斜め方向に編んでもOKですが、慣れないうちは横方向に編んでから斜め方向に移動する方が確実です。

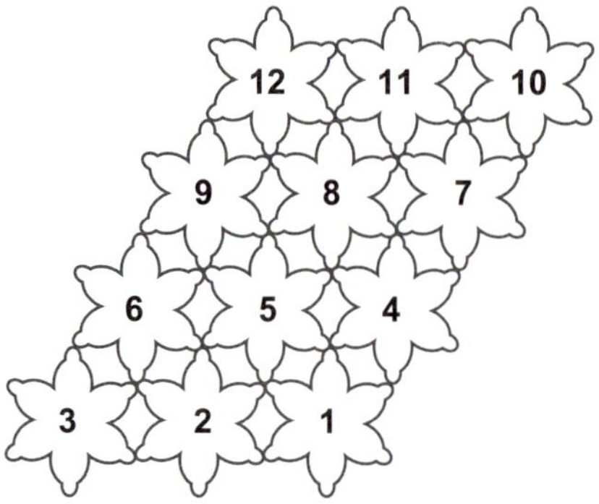
12
11
10
9
8
7
6
5
4
3
2
1

はちの巣形

飛び出しのあるところから編み始め、最初の4枚をつないでからは、縦方向に編みつないでいきます。

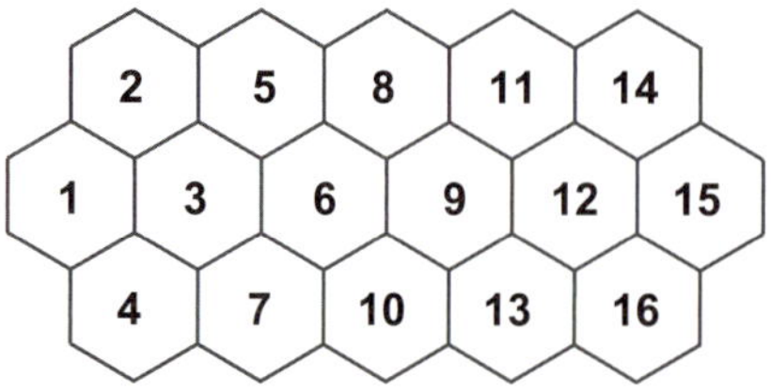
2
5
8
11
14
1
3
6
9
12
15
4
7
10
13
16

底とマチがあるとき

入れ口の上部から編み始め、下部、底へと編みつなぎ、最後に両側のマチ部分を編みつなぎます。

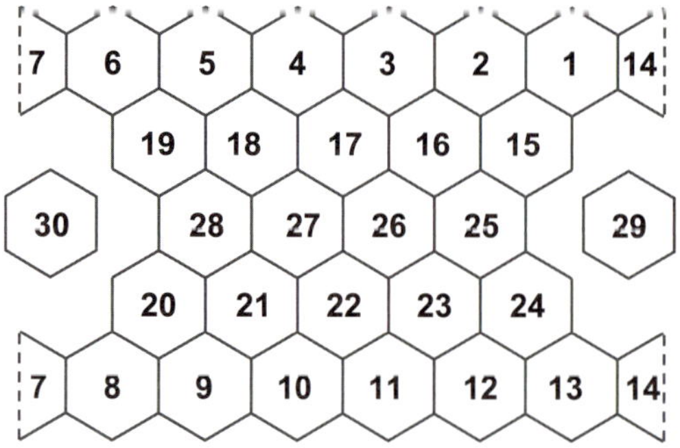
7
6
5
4
3
2
1
14
19
18
17
16
15
30
28
27
26
25
29
20
21
22
23
24
7
8
9
10
11
12
13
14

3

かぎ針編みがもっと上手になる！MOREテクニック

ここで学ぶこと

- **「はぎ」と「とじ」**
- **目と段からの拾い方**
- **配色糸の替え方**
  ボーダー／ストライプ／市松模様
- **はぎ方**
  引き抜きはぎ／すくいはぎ／鎖と引き抜きはぎ／かがりはぎ／コの字はぎ
- **とじ方**
  かがりとじ／引き抜きとじ／鎖と引き抜きとじ

「MOREテクニック」に入る前に これだけは覚えておこう

ここからはもう少し高度なテクニックを学んでいきます。
その前に、この段階で覚えておきたい「とじ」と「はぎ」とは何か、「目や段から拾う」とは何か、押さえておきましょう。

◎「はぎ」と「とじ」

編み地同士をつなぐ「はぎ」と「とじ」。
違いをはっきりさせてから、それぞれのつなぎ方を学びましょう。

ともに編み地をつなげるときに使う言葉ですが、編み地のどの部分をつなぎ合わせるかによって、「はぎ」ということばと「とじ」ということばを使い分けます。目立たないように編み地と同じ糸を使う場合もあれば、デザイン上あえて編み地とは異なる糸を使う場合もあります。

目と目をつなぐ「はぎ」

「目」と「目」をつなぐことをいいます。ウエアを編む場合は、肩を合わせるときに用います。

段と段をつなぐ「とじ」

「段」と「段」をつなぐことをいいます。ウエアを編む場合は、わきやそで下をつなぎ合わせるときに用います。

◎目と段からの拾い方

先に編んだ編み地に、さらに編み足す場合に、どこを拾って編むかは「目」を拾う場合、「段」を拾う場合で少し違います。

細編み

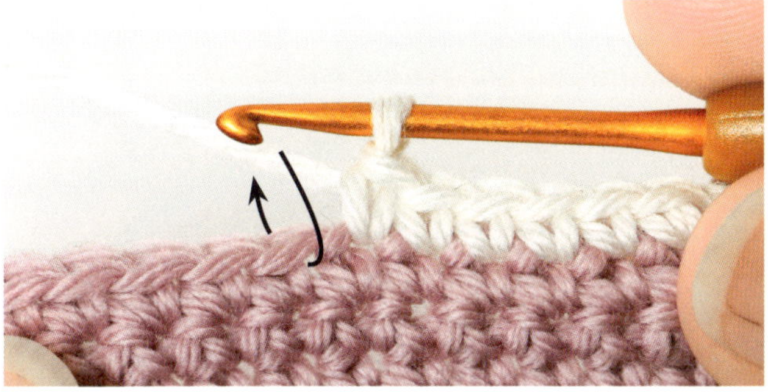

目から拾う 最終段の細編みの頭の鎖２本を拾って矢印のように針を入れ、編んでいきます。

段から拾う 端には立ち上がりの目と編み終わりの目の２種類の目があるため、すき間があるところ、ないところがあります。それぞれ矢印のように針を入れて、編んでいきます。

長編み

目から拾う 最終段の長編みの頭の鎖２本を拾って矢印のように針を入れ、編んでいきます。

段から拾う（目） 端には立ち上がりの鎖３目と長編みの２種類の目があり、それぞれ矢印のように目を割って針を入れ、編んでいきます。

段から拾う（束） 端には立ち上がりの鎖３目と長編みの２種類の目があり、それぞれ矢印のように目を束に拾って針を入れ、編んでいきます。

模様編み

目から拾う 前段の細編みの目の上は目を割って、鎖目の上は鎖目を束に拾って編んでいきます。

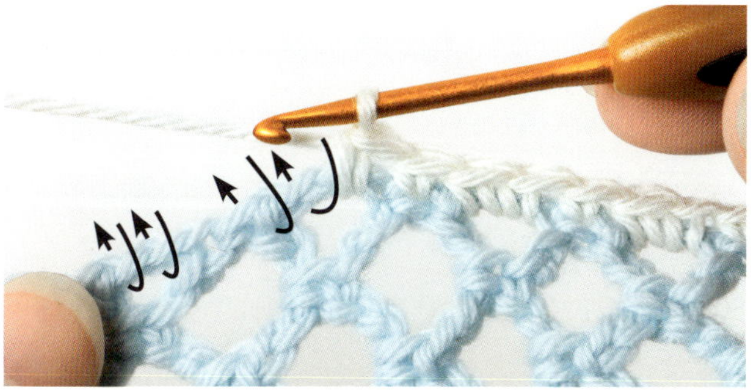

段から拾う 端には立ち上がりの目とそれ以外の編み目があり、それぞれ矢印のように目を拾ったり、束に拾ったりして針を入れ、編んでいきます。

配色糸の替え方

編んでいる途中で糸の色を替える方法です。
どんな位置で替えるときも、糸の替え方の基本は同じです。

◎ボーダーを編む

別糸を編んでいるときは前の糸を休ませておき、
元の糸で編むときは糸を引き上げて編み始めます。

編み地

表

裏

編み図

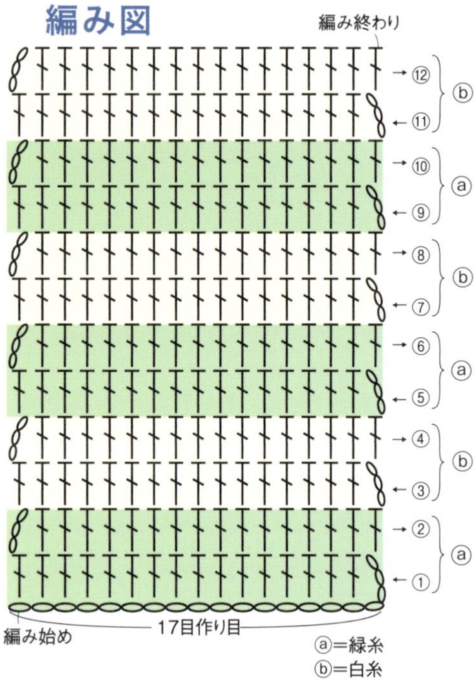

編み終わり
⑫
⑪
⑩
⑨
⑧
⑦
⑥
⑤
④
③
②
①
ⓑ
ⓐ
ⓑ
ⓐ
ⓑ
ⓐ
編み始め
17目作り目
ⓐ=緑糸
ⓑ=白糸

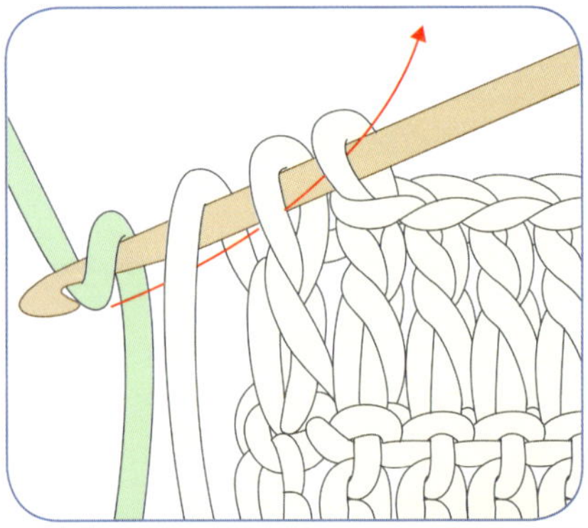

1 端は未完成の長編みを編み、最後の引き抜きで、白糸（ⓑ糸）を手前にかけ、緑糸（ⓐ糸）を針先にかけ、矢印のように引き抜きます。

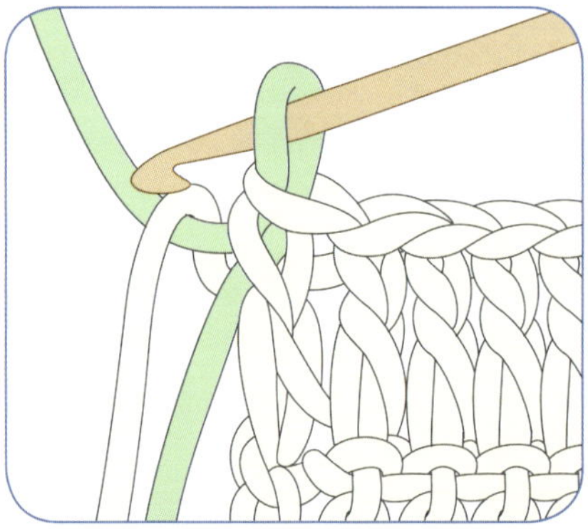

2 緑糸を引き抜いたところです。針にかかっている糸が替わりました。

3 立ち上がりの鎖３目を編み、編み地を返しました。

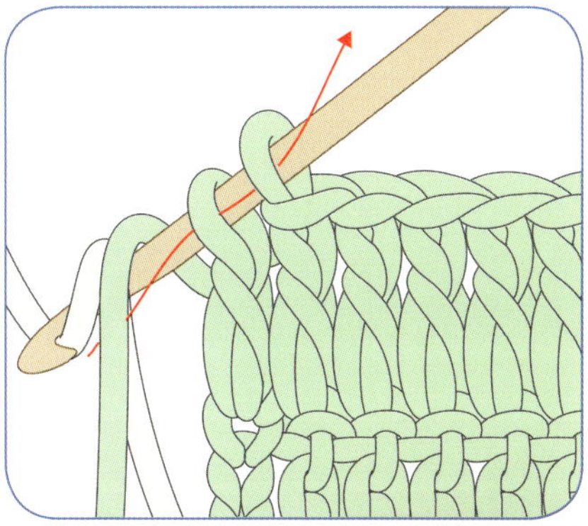

4 緑糸で長編みを２段編み、端まできたら未完成の長編みのあと、緑糸を手前にかけて休ませ、休ませていた白糸を針先にかけて矢印のように引き抜きます。

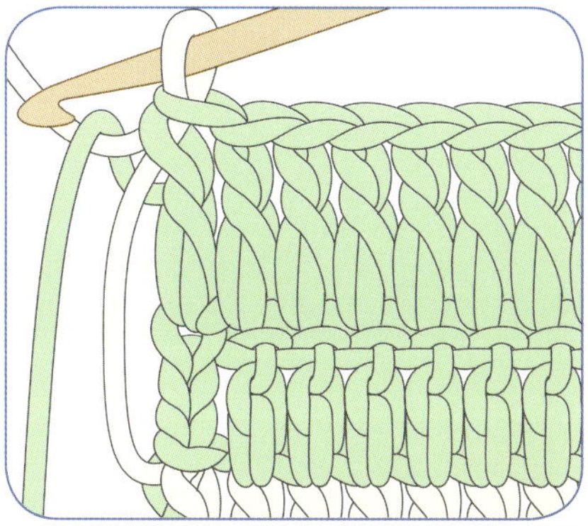

5 糸を引き抜いたところです。針にかかっている糸が再び白糸に替わりました。

6 立ち上がりの鎖３目を編み、編み地を返します。

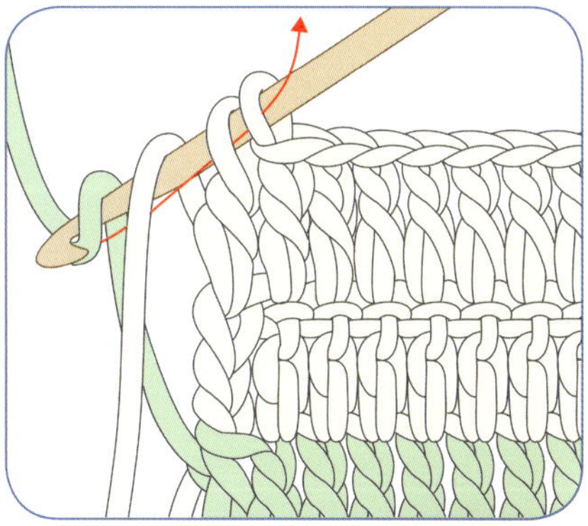

7 次の色替えのときも、白糸を手前にかけて休ませ、緑糸を針先にかけ、矢印のように引き抜きます。

8 糸を引き抜いたところです。休ませておいた糸が次に編まれるときに引き上げられています。

9 編み地の端です。糸が引き上げられている様子がよくわかります。

◎ストライプを編む

編み地の途中で糸替えをするので、
糸替えをした位置で休ませた糸が引き上げられています。

編み地

表

裏

編み図

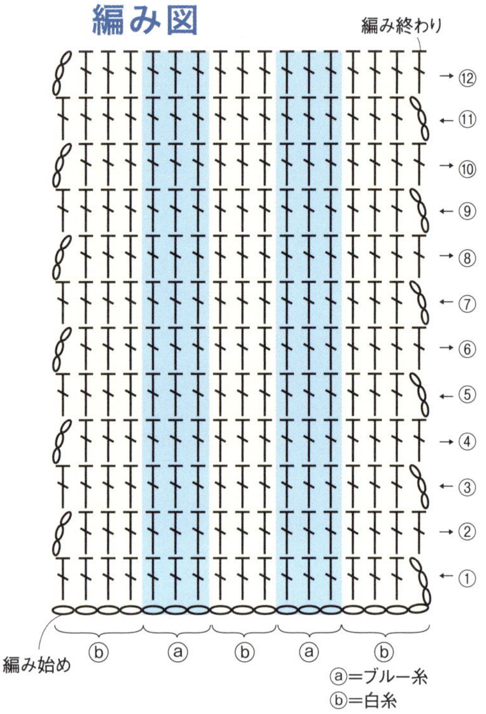
編み終わり
→⑫
←⑪
→⑩
←⑨
→⑧
←⑦
→⑥
←⑤
→④
←③
→②
←①
編み始め
ⓑ ⓐ ⓑ ⓐ ⓑ
ⓐ=ブルー糸
ⓑ=白糸

編み始める前に

ココが大事!

ストライプを編むときは、それぞれの場所でそれぞれの糸が編み上がっていきます。そのため、その位置で必要な編み糸はあらかじめ用意し、からまないように丸めておくとよいでしょう。

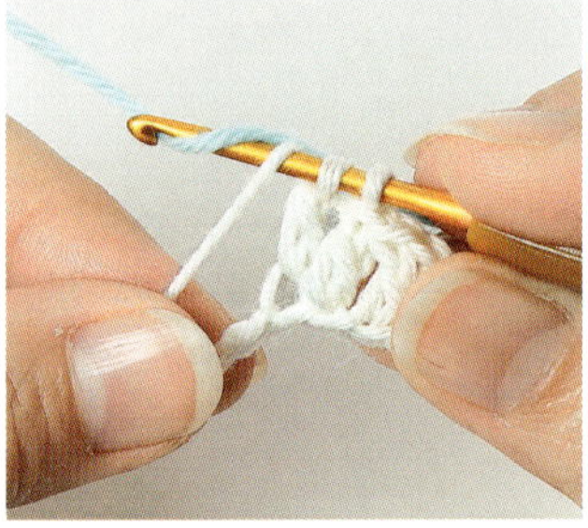

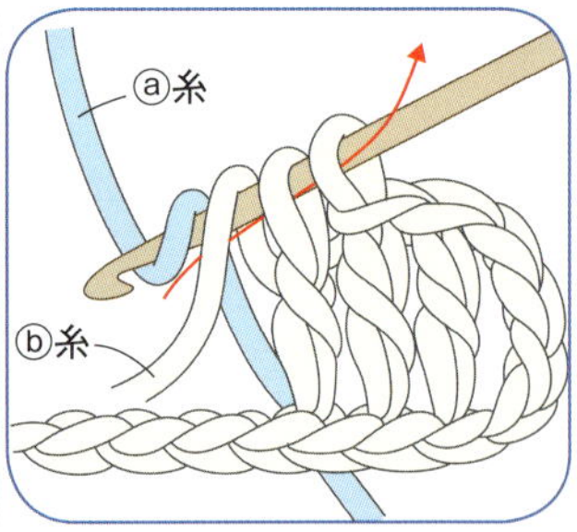
ⓐ糸
ⓑ糸

1 1段めの色替えをする手前で未完成の長編みを編み、休ませる白糸（ⓑ糸）を手前にして、ブルー糸（ⓐ糸）を針先にかけて、矢印のように糸を引き抜きます。

2 引き出したブルー糸で次に色替えをする手前で未完成の長編みを編み、休ませるブルー糸を手前にして、白糸を針先にかけ、矢印のように引き抜きます。

3 1段めが編めたところです。

4 2段めの色替えの手前で未完成の長編みを編み、休ませる白糸を手前にして、休ませていたブルー糸を引き上げて針先にかけ、矢印のように引き抜きます。

5 **4**で引き抜いたブルー糸で編み、休ませるブルー糸を手前にして、休ませていた白糸を引き上げて針先にかけ、矢印のように引き抜きます。

6 同様にくり返して、ストライプの編み地を2段編んだところです。休ませておいた糸が引き上げられているのがよくわかります。

市松模様を編む

渡す糸を編みくるんでいるので
同色の位置が離れていても、糸は表にも裏にも出ません。

編み地

編み図

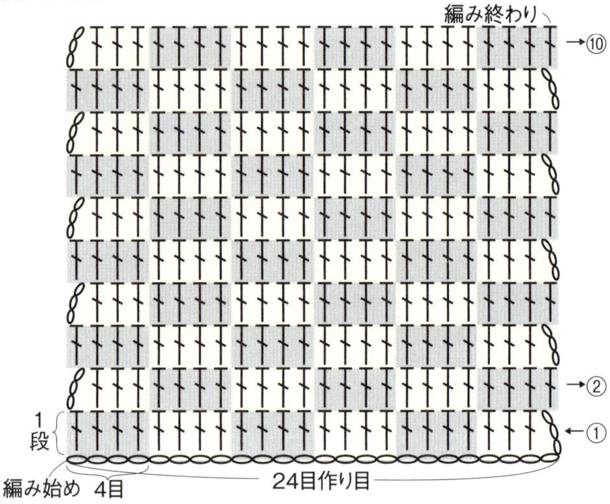
編み終わり
→⑩
→②
←①
1
段
編み始め 4目
24目作り目

◎1段め

1 色替えの手前で未完成の長編みを編み、白糸を左に伸ばしてグレー糸を針先にかけ、矢印のように引き抜きます。

2 針にグレー糸のループがかかりました。グレー糸は糸端を編みくるむので白糸と一緒に左へ伸ばし、針先に糸をかけます。

3 続いて長編みを編みます。

4 次の色替えの手前で未完成の長編みを編み、グレー糸を編みくるむため左に伸ばし、編みくるんできた白糸を針先にかけます。

5 **4**の矢印のように引き抜くと、針に白糸のループがかかりました。

6 白糸でグレー糸を編みくるみながら長編み３目と未完成の長編みを編み、針先にグレー糸をかけ、矢印のように引き抜きます。

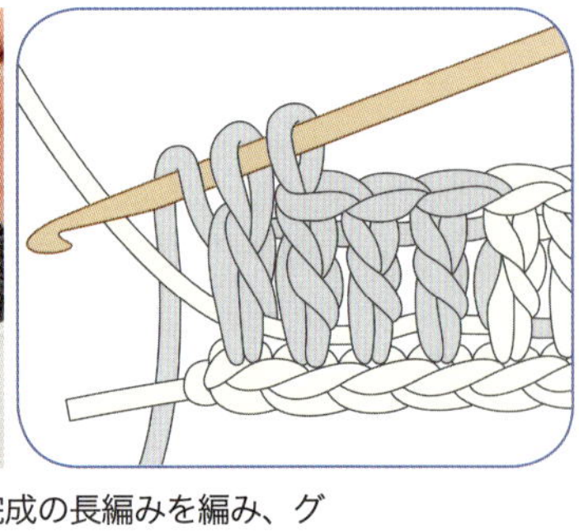

7 グレー糸で長編み３目と未完成の長編みを編み、グレー糸を手前から向こう側へ針にかけて休ませます。

8 休ませた糸を指で押さえて、針先に白糸をかけ、矢印のように引き抜きます。

9 針には白糸のループがかかり、次に編む白糸と休ませるグレー糸は写真のようになります。

10 1段めが編み終わったところです。

◎2段め

11 白糸で2段めの立ち上がりの鎖3目を編みます。

12 編み地を返し、2段めを編み始めます。

13 長編みを編みます。休ませるグレー糸は長編みの中に編みくるみます。

14 色替えの手前で未完成の長編みを編み、グレー糸を針先にかけ、矢印のように引き抜きます。

15 針にグレー糸のループがかかりました。同様に色替えをしながら、2段めを編み進めます。

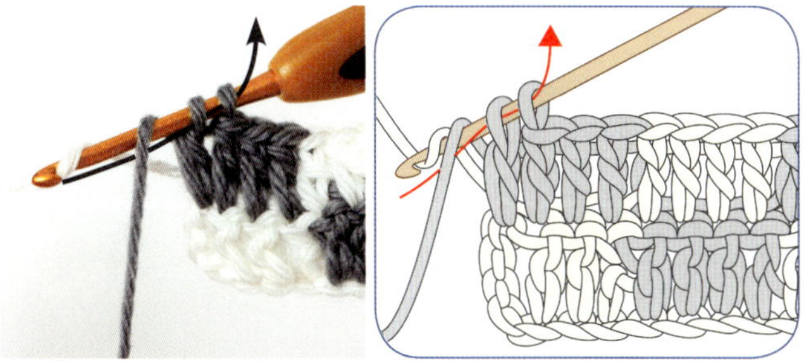

16 最後は未完成の長編みを編み、**7**とは逆に休ませるグレー糸を向こう側から手前に針にかけ、白糸を針先にかけて矢印のように引き抜きます。

◎3段め

17 針には白糸のループがかかり、次に編む白糸と休ませるグレー糸は写真のようになります。

18 2段めが編み終わったところです。

19 同様に色替えをしながら、3段めも編みます。10段編んで完成です。

ボーダーの段数に注意！

ボーダーを奇数段ずつ編むときは
偶数段のときとは編み方が異なるので注意しましょう。

奇数段のときは糸玉をくぐらせて休ませます

糸を休ませるときは、糸玉を輪にくぐらせて糸を引きしめておきます。

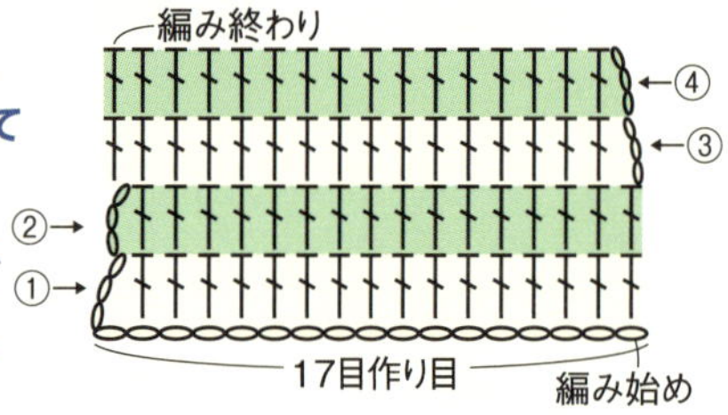

1　白糸で１段編み終えたところです。

2　針がかかったループを大きくし、その中に白糸の玉をくぐらせます。

3　糸玉から伸びた糸を引き、くぐらせた部分を引きしめます。

4　１段めの立ち上がりの鎖３目めの半目と裏山に針を入れ、新しい緑糸を引き出し、立ち上がりの鎖３目を編みます。

5　最後の目は未完成の長編みを編み、緑糸を手前にかけて休ませ、白糸を針先にかけて矢印のように引き抜きます。

6　白糸で立ち上がりの鎖３目を編み、３段めを編みます。最後は **2**～**3** のように糸玉をくぐらせて、糸を休ませます。

7　４段めは休ませておいた緑糸を引き上げ、立ち上がりの鎖３目めの裏山と半目に針を入れ、編み進めます。

はぎ方

目と目をつなぐ方法です。
編み地の性質によってはぎ方を使い分けるとよいでしょう。

◎引き抜きはぎ

はぎ代は厚いものの、あとから簡単にほどけるはぎ方。
はぎ糸はでき上がり寸法の５倍＋ 20㎝が目安です。

この２枚をはぎ合わせます

はぎ合わせることがあらかじめわかっているときは、編み終わりの糸を始末せず、必要分だけ残しておき、編み地を中表（内側に両方の編み地の表側がくる）に重ねます。

はぎ合わせ 完成

引き抜きはぎではぎ合わせ、編み地を開いたところです。はぎ目が伸びにくい方法です。

1 端の目の鎖の頭２本を拾って、手前から奥に向かって針を入れます。

2 針先に糸をかけ、矢印のように引き抜くと、針にとじ糸のループがかかります。

3 同様に鎖の頭の２目を拾って、矢印のように１目ずつ引き抜き編みを編みます。

4 端の目まで引き抜き編みを編み、もう一度針先に糸をかけて引き抜いて、引きしめます。

◎すくいはぎ

はぎ代は厚いものの、ぴったりとはぐことができます。
はぎ糸はでき上がり寸法の３倍＋ 15㎝が目安です。

この２枚をはぎ合わせます

両方の編み地を表にして、突き合わせにします。

はぎ合わせ 完成

とじ糸を引きしめながら、端まではぎ合わせました。とじ糸はほとんど見えません。

1 端の目の鎖の頭２本を拾って、手前から奥に向かって針を入れます。

2 糸を引き出したところです。

3 次の目は、手前の編み地の鎖の頭の２本を拾って、向こう側から手前に針を入れます。

4 糸を引き出したところです。

5 奥の編み地の、鎖の頭のすぐ下にある糸を２本すくって針を入れます。長編みの足ではないので注意！

6 糸を引き出し、手前の編み地の、鎖の頭のすぐ下にある糸を２本すくって針を入れます。

7 **5**、**6**をくり返し、矢印のように針を入れながら、はぎ合わせます。糸を引きしめると右の写真のようになります。

8 端まではぎ合わせ、最後は同じ目にもう一度針を入れます。

9 糸を引き出してはぎ終えます。

◎鎖と引き抜きはぎ

はぎ代が薄く、伸縮性のあるはぎ方です。
はぎ糸はでき上がり寸法の６倍＋ 20㎝が目安です。

この２枚をはぎ合わせます

編み地を中表に重ねます。

はぎ合わせ 完成

鎖と引き抜きはぎではぎ合わせ、編み地を開いたところ。ざっくりと短時間ではぎ合わせることができます。

1 端の目の鎖の頭２本を拾って手前から奥に向かって針を入れ、針先に糸をかけて引き抜くと、針にとじ糸のループがかかります。

2 鎖編みを２目編みます。

3 端から４目めの鎖の頭２目を拾って、手前から奥に向かって針を入れ、針先に糸をかけて矢印のように糸を引き抜きます。

4 鎖２目と矢印の位置に引き抜き編みを編むことをくり返して、端まではぎ合わせます。

◎かがりはぎ（鎖の内側同士をすくう）

糸を１本ずつ拾う方法、２本ずつ拾う方法があります。
はぎ糸はでき上がり寸法の３倍＋15㎝が目安です。

この２枚をはぎ合わせます

編み地を中表に重ねます。

はぎ合わせ 完成

かがりはぎではぎ合わせ、編み地を開いたところ。半目同士をすくうほか、鎖の頭２目同士をすくう方法も。

1 奥の編み地、手前の編み地とも端の目の鎖の内側の半目をすくい、奥から手前へ向けて針を入れます。

2 糸を引き出し、次の目も鎖の内側の半目同士に、奥から手前に向けて針を入れます。

3 同様に矢印のように拾いながら、はぎ合わせていきます。

4 端まではぎ合わせ、最後は同じ目にもう一度針を入れて糸を引き出します。

◎コの字はぎ

コの字を書くようにはぎ、はぎ代が薄く仕上がります。
はぎ糸はでき上がり寸法の２倍＋ 15㎝が目安です。

この２枚をはぎ合わせます

両方の編み地を表にして、突き合わせにします。

はぎ合わせ 完成

コの字はぎではぎ合わせたところです。糸を強く引きすぎるとつれてしまうので、注意しましょう。

1 端の目（手前は立ち上がりの鎖の３目め）の鎖の外側の半目同士をすくって、手前から奥に向けて針を入れます。

2 糸を引き出し、次の目は奥から手前に向けて、鎖の外側の半目同士をすくって針を入れます。

3 順番に手前から奥、奥から手前に針を入れ、はぎ合わせていきます。

4 端まではぎ合わせ、最後は同じ目にもう一度針を入れて糸を引き出します。

はぎ方

とじ方

段と段をつなぐ方法です。
編み地の性質によってはぎ方を使い分けるとよいでしょう。

◎かがりとじ

手早く仕上がりますが、とじ糸が目立たないように気をつけましょう。
とじ糸はでき上がり寸法の 2.5 倍＋ 15㎝が目安です。

この 2 枚をとじ合わせます

編み地を中表に重ねます。

とじ合わせ 完成

かがりとじで端までとじ合わせたものです。簡単でどんな編み地にも使えます。

1 奥の編み地の、立ち上がりの鎖の１目めの鎖の頭２本と、手前の編み地の長編みの足元の２目を拾って針を入れます。糸を引き出し、もう一度同じ目に同じように針を入れます。

2 奥の編み地の、立ち上がりの鎖の３目めの鎖の頭２本と、手前の編み地の長編みの頭の鎖２本を拾って針を入れます。

3 糸を引き出し、奥の編み地の長編みの足元の２目と、手前の編み地の立ち上がりの鎖の１目めの鎖の頭２本を拾って針を入れます。

4 端までとじ合わせ、最後は同じ目にもう一度針を入れて糸を引き出します。

◎引き抜きとじ

手早くしっかり仕上がります。
とじ糸はでき上がり寸法の５倍＋ 20㎝が目安です。

この２枚をとじ合わせます

編み地を中表に重ねます。

とじ合わせ 完成

引き抜きとじでとじ合わせて開いたものです。しっかりとじ合わせることができる方法です。

1 端の目の鎖の頭２本を拾って手前から奥へ針を入れます。

2 とじ糸を針先にかけ、矢印のように糸を引き出します。

3 糸を引き出したところです。

4 針先に糸をかけ、矢印のように引き抜きます。

5 引き抜いたところです。

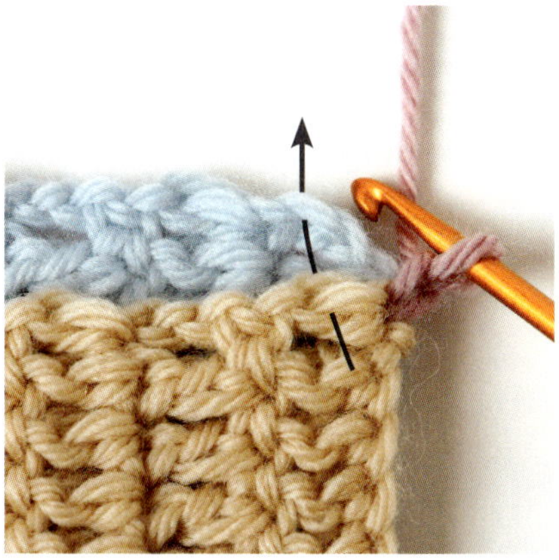

6 次は矢印の位置に手前から奥へ針を入れます。

7 針先に糸をかけ、矢印のように引き抜きます。

8 引き抜いたところです。次は矢印の位置に手前から奥へ針を入れます。

9 針先に糸をかけ、矢印のように引き抜きます。

10 引き抜いたところです。同様に矢印のように目を拾ってとじ進めていきます。

11 手前の編み地に引き抜き編みが連なっていきます。

12 端まで引き抜き編みをしながら、とじ合わせていきます。

◎鎖と引き抜きとじ

編み目の詰まったものにも透けたものにも使えます。
とじ糸はでき上がり寸法の 6 倍が目安です。

この 2 枚をとじ合わせます

編み地を中表に重ねます。

とじ合わせ 完成

鎖と引き抜きとじで端までとじ合わせ、開いたものです。とじる位置がわかりやすく、手早くとじることができます。

1 引き抜きとじ（P.92）の**1**～**3**の手順でとじ糸をつけ、鎖 2 目を編みます。

2 次は矢印の位置（段の境目）に針を入れます。

3 ここに引き抜き編みを編みます。以降は鎖 2 目、引き抜き編みをくり返していきます。

4 端まではぎ合わせたところです。

4

飾りと仕上げでもっとかわいく！美しく！

ここで学ぶこと

- 縁編み
- ビーズの編み入れ方
- コードの編み方
- ボタンホール＆ボタンループの編み方
- くるみボタンの編み方
- 編み玉の編み方
- ヘアゴムの編み入れ方（シュシュ）
- タッセル、フリンジ、ポンポンの作り方
- アイロン仕上げの仕方
- 練習用に編んだ編み地を作品に仕上げる

縁編みをする

編み地のまわりを縁編みで飾ると
ただの編み地がグレードアップします。

◎縁編みとは？

編み終わった編み地のまわりに、新たに編み地を編み足したもの。飾りとともに補強にもなります。

編み図のクリーム色を敷いている部分が縁編みです。四角い編み地のまわりをくるくると編み進めます。

縁編みをしてみましょう

P.97「段を拾っているもの」中央の写真・編み図（①〜③の部分）を例に紹介します。

1段め
細編みを１段編みます。

2段め
鎖３目で立ち上がり、鎖１目をはさんだ長編み１目交差を編んで、最後は長編みを編みます。

3段め
鎖１目で立ち上がり、まず細編みを１目編みます。長編み１目交差の間の鎖目を束に拾って、細編み・鎖３目・細編みを編みます。最後は細編み１目を編みます。

◎縁編みのいろいろ

縁編みの編み図をいくつか掲載しました。
オリジナル作品にも生かしてみましょう。

※編み図では編み始めから掲載しています。
写真は部分です。

目を拾っているもの

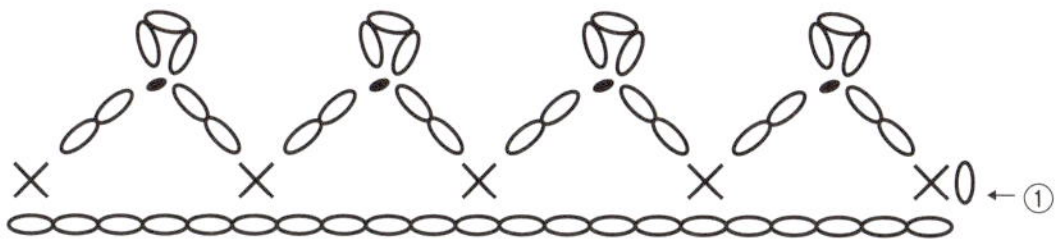

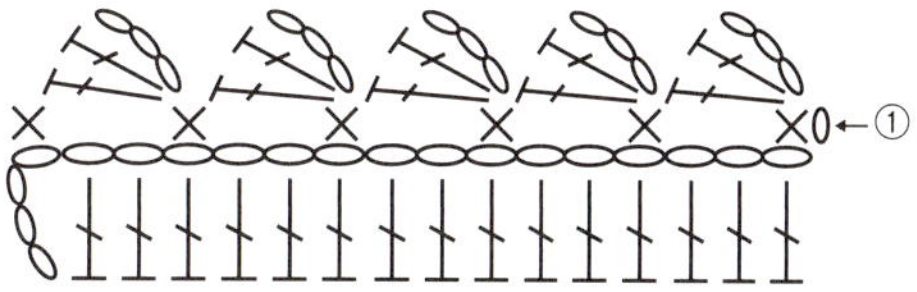

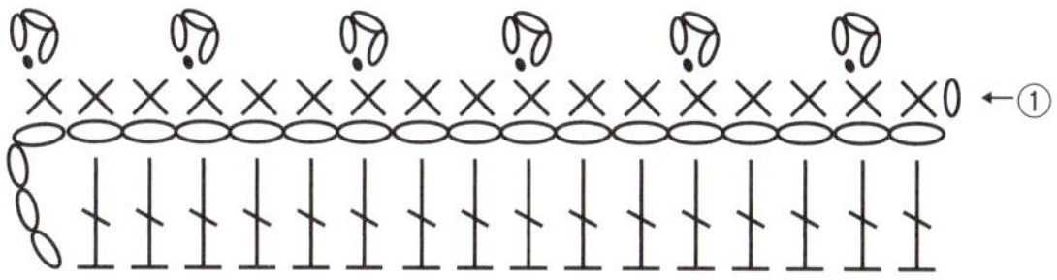

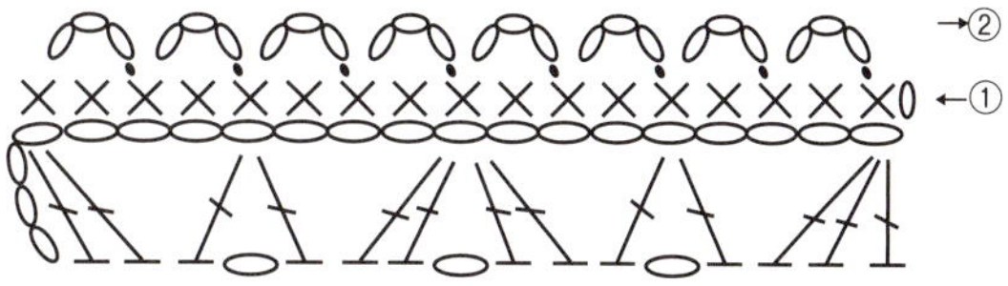

段を拾っているもの

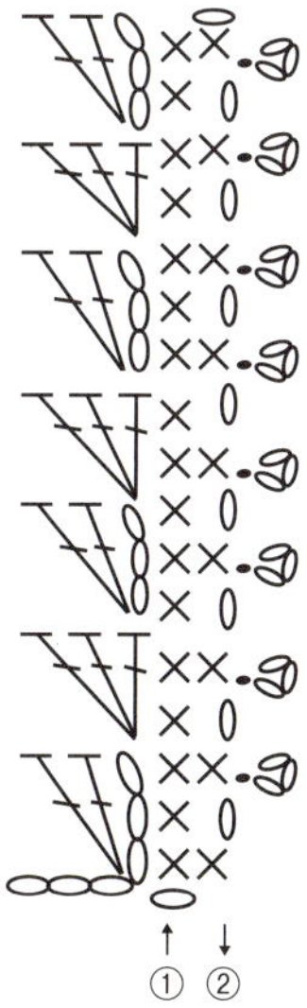

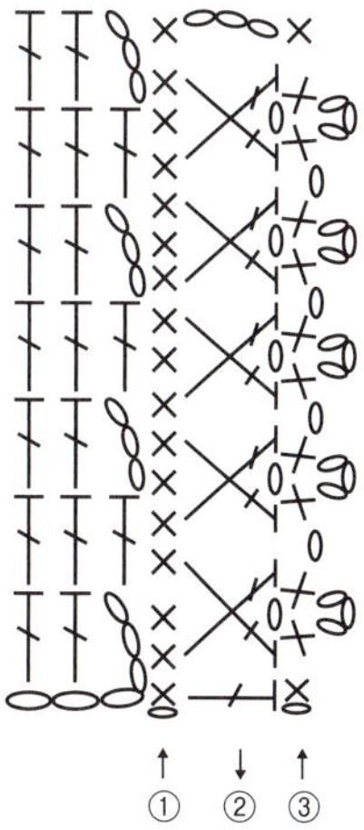

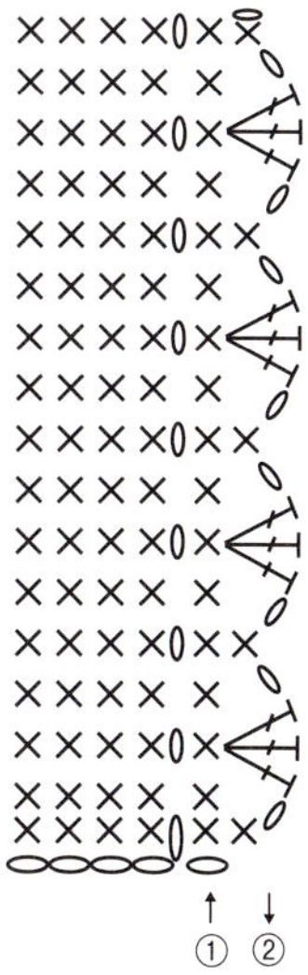

ビーズを編み入れる

ビーズを編み入れると
キラキラ、繊細な編み地ができます。

◎ビーズを糸に通す

コツ！ 穴の大きさに合った針を

ビーズを編み入れるときはまず、編み糸に必要な数のビーズを通しておきます。通し方はいろいろありますが、いちばん簡単なのはビーズ用の針に通し、編み糸に移す方法。ビーズの穴の大きさに合ったビーズ針を選びましょう。

◎鎖編みに編み入れる

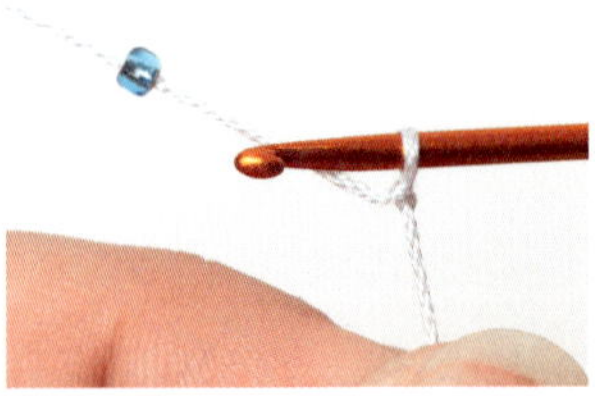

1 作り目を作り、ビーズを1つ、作り目のところまで移動させます。

2 針先に糸をかけ、矢印のように引き抜きます。

3 ビーズが鎖目の中に入りました。

4 同様にくり返すと、鎖目の裏山にビーズが編み入れられていきます。

◎細編みに編み入れる

1 編み入れる直前まで細編みを編みます。

2 未完成の細編み（P.154参照）を編み、最後の引き抜きをする直前にビーズを引き寄せます。

3 最後の引き抜きをすると、ビーズが編み地の裏側に入りました。

4 同様にくり返すと、編み地の裏側にビーズが編み入れられていきます。

◎長編みの上部に編み入れる

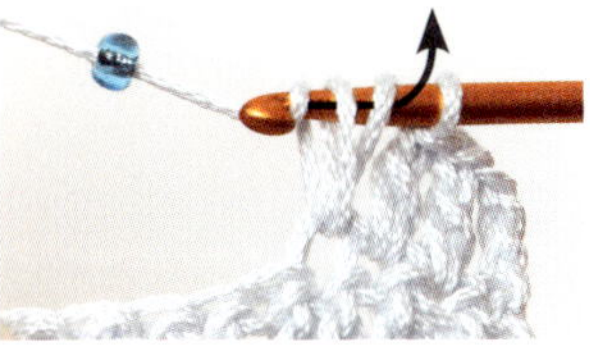

1 未完成の長編み（P.154参照）を編みます。

2 最後の引き抜きをする直前にビーズを引き寄せ、矢印のように引き抜きます。

3 ビーズが編み地の裏側で長編みの上部に編み入れられます。

4 同様にくり返すと、編み地の裏側にビーズが編み入れられていきます。

◎長編みの下部に編み入れる

1 長編みでループを２本引き出す直前（P.116上の２が終わったあと）にビーズを引き寄せます。

2 引き続き長編みを編みます。

3 ビーズが編み地の裏側で長編みの下部に編み入れられます。

4 同様にくり返すと、編み地の裏側にビーズが編み入れられていきます。

◎ブレードに編み入れる

1 ビーズを編み入れる位置まで編みます。

2 編み図で指示されたビーズの数だけ引き寄せ、針先に糸をかけて矢印のように引き抜きます。

3 引き抜くとビーズが編み入れられます。ここでは縁編みの外側にビーズ３個が並びました。

4 同様にくり返すと、ビーズを編み入れたブレードが編めます。

こんなふうに使っても！

ブレードを編めたら、
こんなふうに使ってみましょう。

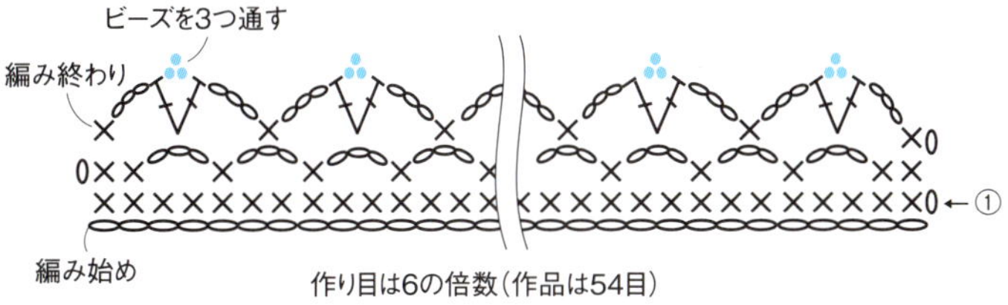
ビーズを3つ通す
編み終わり
①
編み始め
作り目は6の倍数（作品は54目）

手持ちのポーチの入り口につけたもの。模様の数は使いたいものの長さによって調節しましょう。

コードを編む

小物作品作りに便利なコード（ひも）の編み方をマスターしてみましょう。

◎引き抜き編みコード

鎖の裏山に引き抜き編みをするコード。巾着のひもなどに使えます。

1 でき上がりの長さ分の鎖編みをし、鎖の裏山に針を入れ、針先に糸をかけて矢印のように引き抜きます。

2 引き抜き編みをしたところです。

3 同様にくり返して端まで編みます。糸端は目立たないように始末します。

◎鎖とピコットのコード

ピコットがかわいらしく、ひも状のアクセサリーに使えます。

1 鎖編みを編み、続けてピコット用の鎖３目を編み、ひもの鎖目最後の裏山に針を入れます。

2 ここに引き抜き編みを編みます。

3 さらにひも部分の鎖編みを編みます。

4 次のピコットを編んだところです。

◎鎖と長編みのコード

鎖３目の立ち上がりと長編みをくり返すコード。平たくなるのでテープとしても使えます。

1 土台の鎖１目、立ち上がりの鎖３目を編みます。

2 土台の目の裏山に長編みを編みます。

3 ２段めの立ち上がりの鎖３目を編みます。

4 前段の立ち上がりの鎖３目めの裏山と半目を拾って長編みを編みます。

◎二重鎖のコード

がっちりと丈夫なコードになります。
ループをはずして鎖編みを編むことをくり返します。

1 土台の鎖１目を編みます。

2 **1** で編んだ鎖の裏山に針を入れ、針先に糸をかけ、矢印のように引き出します。

3 引き出したところです。

4 針先にかかっていたループをはずし、鎖１目を編みます。

5 **4** ではずしたループを針に戻します。

6 針先に糸をかけて矢印のように引き出します。

7 引き出したところです。

8 以降も **2**～**7** をくり返して、必要な長さを編みます。

◎完成！

４種類のコードを編み進めるとこのように。
編み図も参考にしてください。

引き抜き編みコード

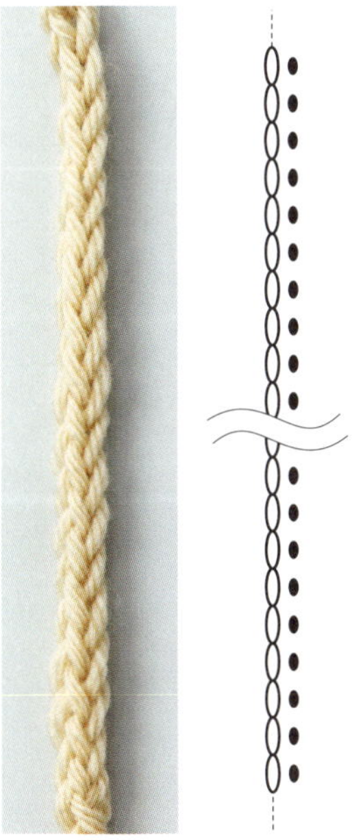

鎖とピコットのコード

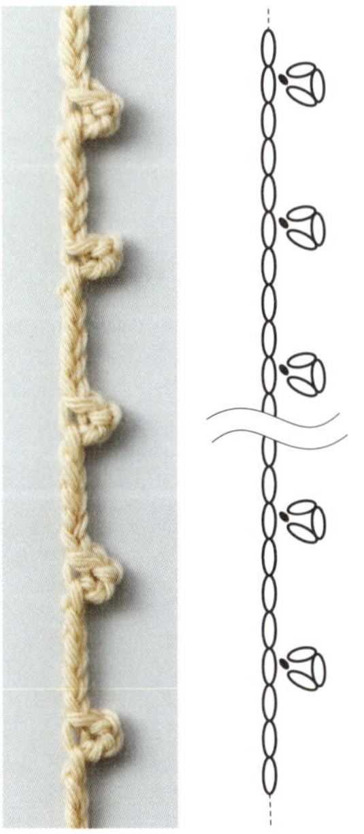

鎖と長編みのコード（左）
1段に３目編んだもの（右）

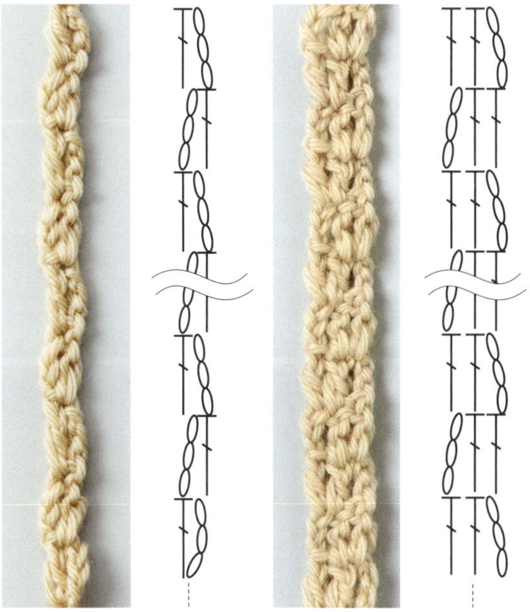

二重鎖のコード

ボタンホール・ボタンループを編む

◎細編みのボタンホール

鎖目の上に細編みを編むボタンホール。
穴が目立たず、編み地も薄く仕上がります。

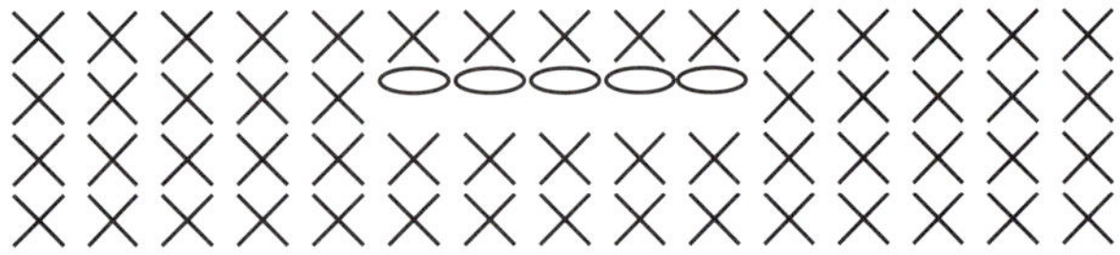

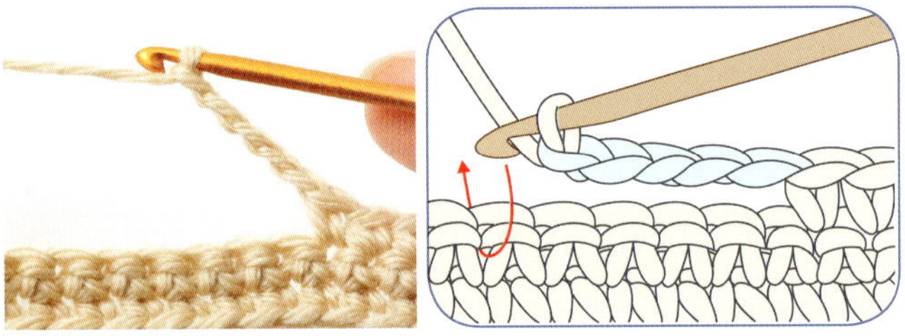

1 ボタンの直径分だけ鎖編みを編みます。

2 鎖目と同じ数だけ前段の目をとばし、針を入れ、細編みを編みます。

3 端まで細編みを編み、編み地を返して鎖目のところまで細編みを続けて編みます。

4 鎖目を束に拾って、細編みを編みます。

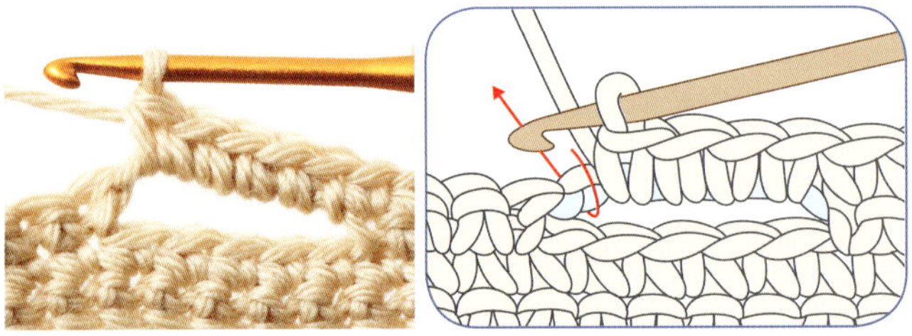

5 鎖目の端まで同様に、前段でとばした目数分束に拾った細編みを編みます。

6 鎖目の端まで細編みを編んだら、引き続き端まで細編みを編みます。

◎細編みのボタンループ

編み地の端に作るボタンループ。
鎖目の上に細編みを編みます。

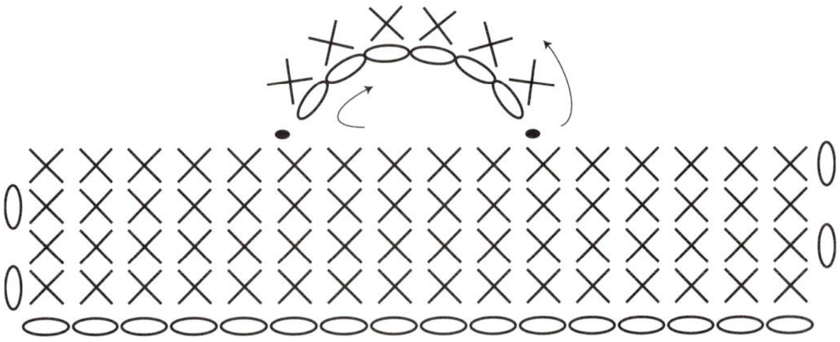

ボタンホールもボタンループも編んでいる途中または編み終えてから、簡単に作れます。

1 ボタンの直径分だけ鎖目を編みます。

2 針からループをはずし、ループの根元になる位置に針を入れます。

3 2ではずしたループに再び針を入れ、矢印のように糸を引き出します。

4 糸を引き出したところ。

5 針先に糸をかけ、矢印のように引き抜きます。

6 鎖目の上に細編みを６目編みます。

7 最後は矢印のように針を入れて引き抜き、引き続き残りの細編みを編みます。

とじ針でもできるループ

編み終えてからループをつける方法。
渡した糸にボタンホールステッチをします。

1 とじ針に糸を通し、ループの起点部分に針を入れます。

2 ループの終点部分に針を入れます。

3 糸を引き、ボタンの大きさに合わせてループを渡します。

4 もう一度起点部分に針を入れ、糸を引き出します。

5 二重になったループの長さを調整します。

6 ループにボタンホールステッチをします。まず、ループの下に針を当てます。

7 針先に糸を左から右へかけます。

8 針を抜き、糸を引きます。

9 ループの端までステッチをして、終点の目の細編みの頭の鎖２本に針を入れて引きしめます。

装飾品を編む

作品を作るときに役立つ装飾品の作り方を
覚えておきましょう。

◎くるみボタン

ボタンを編みくるんだもの。
編み地と一体感が出ます。

表

裏

1 編み図のとおりに増し目をしながら編みます。編み始めの糸端は中に入れて編み進めます。

2 5段めまで編み終えたらくるみボタン用のボタンを中に入れます。

3 編み図のとおりに減らし目をして、編み地をとじていきます。

4 最終段まで編み、最後は段の始めの細編みに引き抜き編みを編みます。糸端はとじつけるのに使うため、そのままにしておきます。

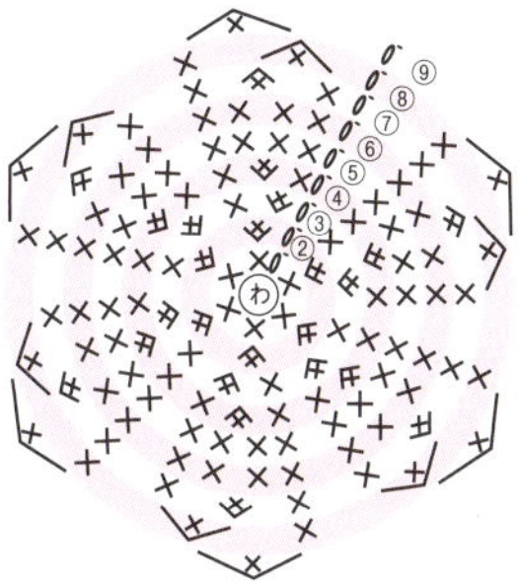

◎編み玉

増し目、減らし目をしながら編む球体のモチーフ。
中に入れる詰めもの（綿など）を用意しましょう。

1 編み図のとおりに６段編み、７段めの立ち上がりの１目、細編み１目を編みます。

2 ２目めは減らし目になります。まず未完成の細編みを１つ編みます。

3 未完成の細編みをもう１つ編みます。

4 針先に糸をかけ、矢印のように引き抜きます。

5 細編み２目一度が編め、１目減らすことができました。

6 編み図のとおりに減らし目をすると、球体の上部が少しずつすぼんでいるのがわかります。

7 ７段めまで編み終わりました。

8 ８段めを編み終えたところです。

9 中に綿などを詰め、９段めを編みます。

10 ９段めを編み終えると、入り口はほぼ閉じます。

11 糸端を20㎝くらい残して切り、とじ針に糸を通し、最後の段の鎖を拾って針を入れます。

12 糸を引き出します。

13 同じように針を入れて糸を引くことをくり返しながら、口をくくります。

14 いちばん最後は中心から針を出し、糸を引きしめます。糸端はそのまま残しておきます。

◎ヘアゴム

円形のヘアゴムへの編み入れ方を覚えましょう。
この編み方でシュシュを編むことができます。

1 ゴムの輪の中に針を入れ、針先に糸をかけます。

2 ゴムの下をくぐらせて針と糸を引き出します。

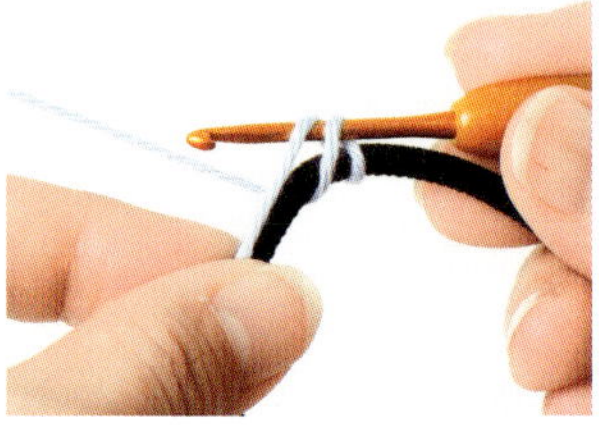

3 針先に糸端のほうの糸をかけます。

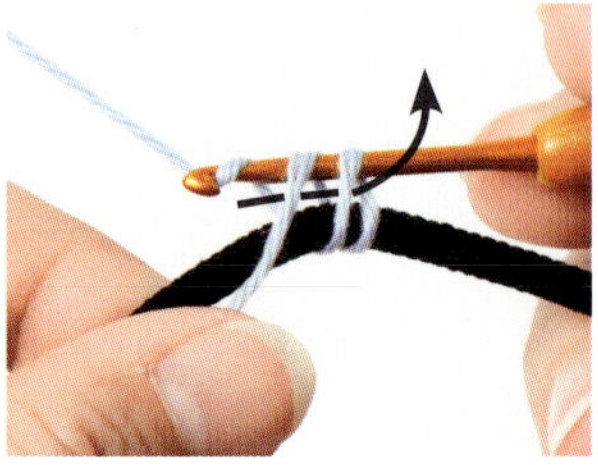

4 針先に糸玉につながったほうの糸をかけて、矢印のように引き出します。

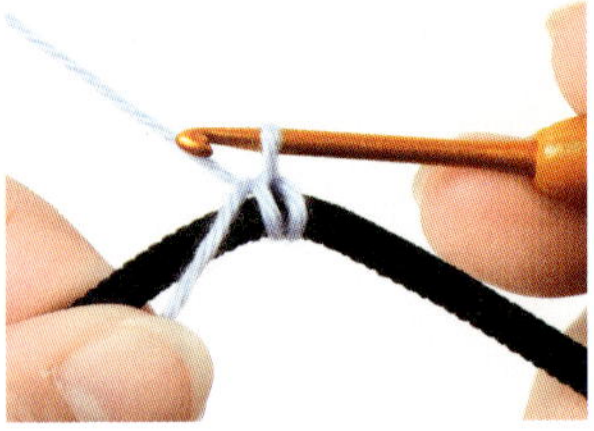

5 引き出したところです。

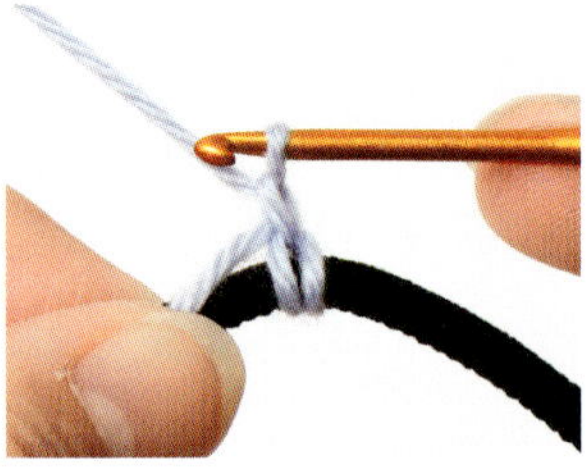

6 立ち上がりの鎖１目を編みます。

7 ゴムを束に拾って針先に糸をかけます。

8 糸を引き出します。

9 ゴムを束に拾い、細編みを編みます。

10 細編みが編めたところです。

11 束に拾う細編みをくり返します。

12 くり返し編んで１周編みます。

13 編み終わりは矢印の位置に針を入れ、引き抜き編みを編みます。

14 １段編み終わりました。シュシュを編むときは、引き続き２段めを編んでいきます。

シュシュが編めます

ゴムに１段めの細編みを66目編んだあと、フリル(大)を編み、同じ細編みの手前側にフリル（小）を編むと、二重フリルになります。

フリル(大) ⓧの位置に編みつける

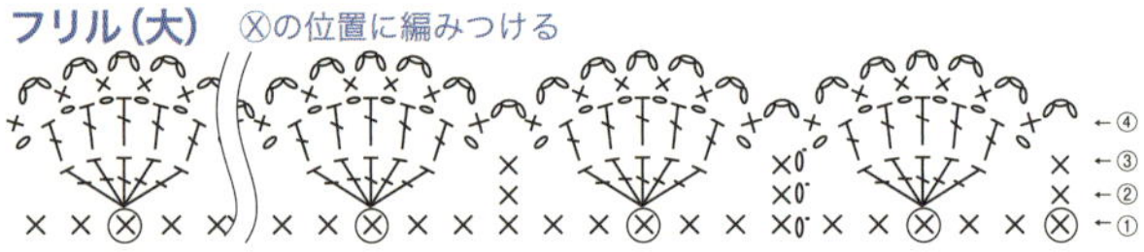

フリル(小) ⓧの位置でフリル（大）の手前に編みつける

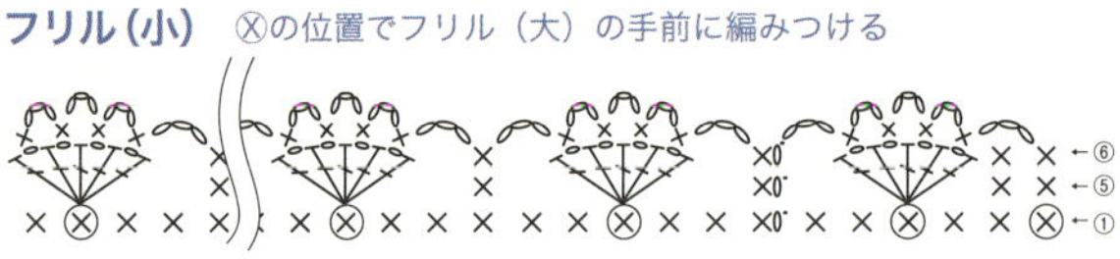

◎タッセル

雑貨の飾りとして使われる房です。
巻きつけた糸をしばって作ります。

1 でき上がりサイズより少し大きめの厚紙に糸を巻きます。このタッセルは80回巻いています。

2 輪に糸を通し、上部を写真のように結びます。

3 厚紙から糸をはずし、**2**で結んだ糸をもう一度しっかり結びます。

4 結び目にかぎ針を入れ、針先に糸をかけます。

5 必要な長さだけ引き抜き編みコード（P.100参照）を編み、ひもにします。

6 上から約1㎝のところを糸で固くしばります。

7 先を切り揃えてでき上がりです。

◎フリンジ

マフラーやストールの飾りとしておなじみ。
でき上がりサイズの2倍より長めの糸を必要本数用意。

1 編み地の裏側からかぎ針を入れ、半分に折った糸束の輪を引き出します。

2 引き出した輪に、糸束の端をくぐらせて結びます。

3 好みの間隔で糸束を結びつけていきます。

4 すべてつけ終えたら、長さを切り揃えます。

◎ポンポン

巻きつけた糸を結び、丸く仕上げます。
厚紙の中央に切り込みを入れておくと便利です。

1 でき上がりサイズより少し大きめの厚紙に糸を巻きつけます。

2 中央部分に糸を2回巻きつけて固くしばります。

3 厚紙から糸をはずし、両端の輪をはさみで切ります。

4 毛先を丸く切り揃えながら全体の形を丸く整えます。

仕上げをする

編み上がった作品はアイロンをかけてよりきれいに仕上げましょう。

◎アイロンをかける

1 アイロン台に作品を裏返して置き、まち針またはアイロン用仕上げピンで固定します。最初は四隅に、その中間、さらにその中間と針を打っていきます。

2 編み地から3cmくらい離した位置にアイロンをかざし、スチームを当てて形を整えます。完全に乾いてから針を抜きます。

アイロンの洗濯表示マークに注意しよう！

＊平成28年12月1日から新JIS規格になりました。

何回か使用して洗濯をする場合は、糸のラベルに記載されている洗濯マークの指示に従います。
作品を作るときはラベルはすぐに捨てず、大切に保管しておきましょう。

底面温度200℃（高温）を限度としてアイロン仕上げができます。

底面温度150℃（中温）を限度としてアイロン仕上げができます。

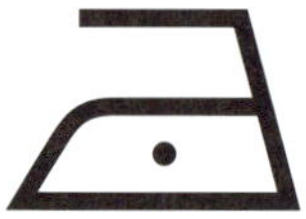

底面温度110℃（低温）を限度としてアイロン仕上げができます。

アイロン仕上げをしてはいけません。

洗濯をするときに確かめたいマーク

糸のラベルには洗濯方法も示されています。
確かめてから洗濯をしましょう。

液温は30℃を限度とし、洗濯機洗い、手洗いができます。

液温は40℃を限度とし、手洗いができます。

石油系溶剤によるドライクリーニングができます。

塩素系および酸素系漂白剤の使用はできません。

自然乾燥をさせるときは、日陰の平干しがおすすめです。

練習編み地を作品に

この本で作った練習編み地を作品に仕上げてみましょう。
せっかくですから、実際に作れるものにすると練習の励みになります。

細編み

P.26～

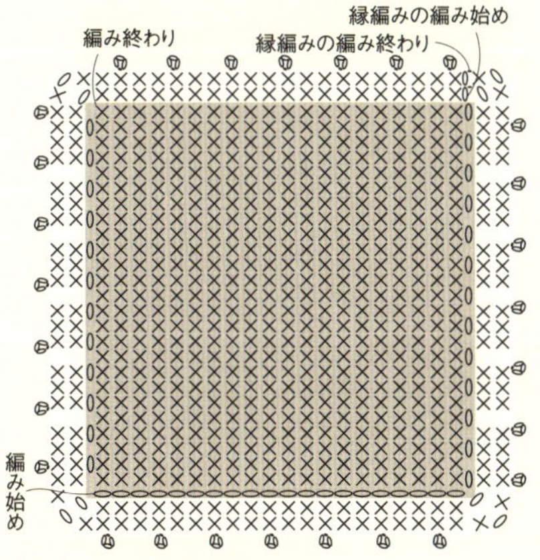

細編みのコースター

角のまわり方に注意しましょう

細編みのレッスンで編んだ編み地に縁編みをつけました。細編みを編んだときと同じ種類、色違いの糸で編みます。角を曲がる位置ではどの目に細編みが何目入っているか、編み図をよく見てみましょう。

長編み

P.32～

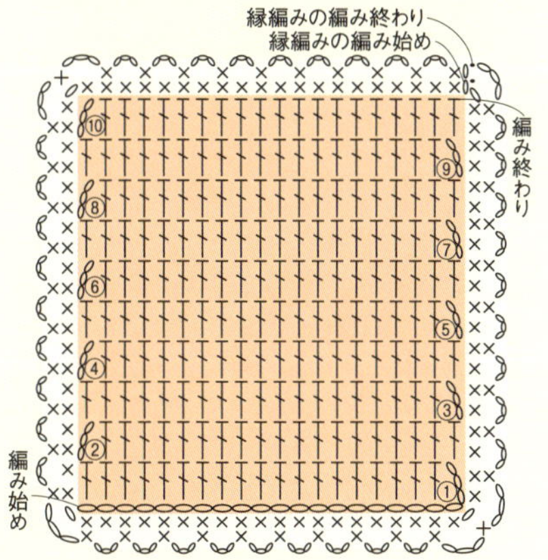

長編みのコースター

フリルの鎖目が揃うよう心がけて編みましょう

長編みのレッスンで編んだ編み地に縁編みをつけました。長編みを編んだときと同じ種類、色違いの糸で編みます。最後の段のフリルになる鎖３目の編み目がきれいに揃うように心がけてみましょう。

方眼編み

P.41

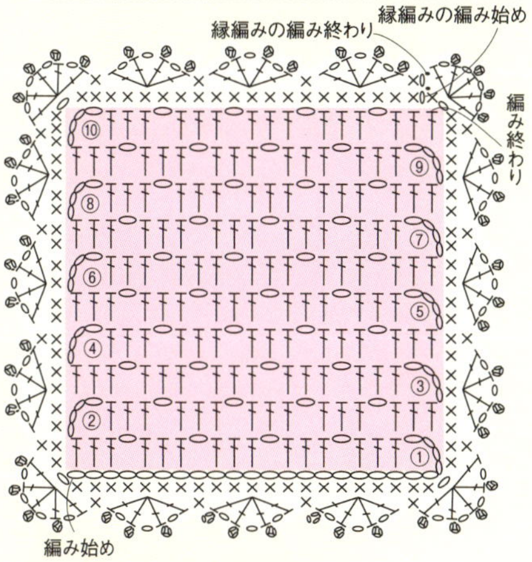

方眼編みのコースター

目と段の拾い方に注意しましょう

方眼編みのレッスンで編んだ編み地に縁編みをつけました。方眼編みを編んだときと同じ種類、色違いの糸で編みます。縁編みの１段めで段、目を拾うとき、それぞれの段、目にいくつ細編みを編んでいるか、編み図をよく見ながら編んでみましょう。

ネット編み
P.41

円の細編み
P.44～

円の長編み
P.50～

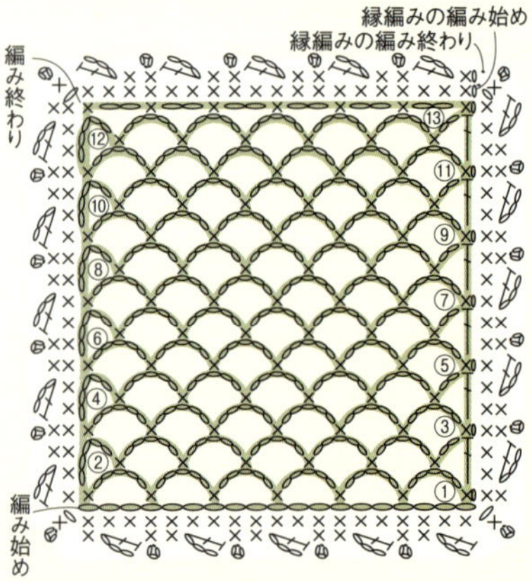

ネット編みのコースター

ピコットの形をしっかり整えましょう

ネット編みのレッスンで編んだ編み地に縁編みをつけました。ネット編みを編んだときと同じ種類、色違いの糸で編みます。方眼編み同様、目と段の拾い方に注意。ピコットと鎖３目のアーチを交互に編んでいます。ピコットが埋もれないよう、形をしっかり整えましょう。

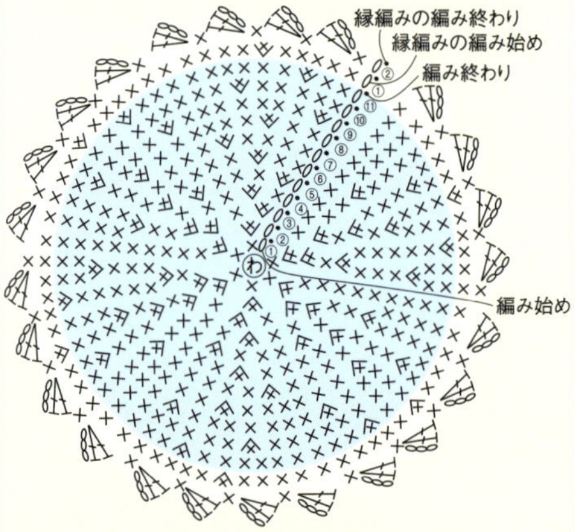

細編みの円形コースター

段の終わりの引き抜き編みの位置に気をつけましょう

細編みで円を編んだときのレッスン編み地に縁編みをつけました。円の編み地を編んだときと同じ種類、色違いの糸で編みます。縁編みも円形編み地のときと同様に、段の終わりの引き抜き編みの位置に注意。最初の目の細編みの頭に引き抜き編みを編みます。

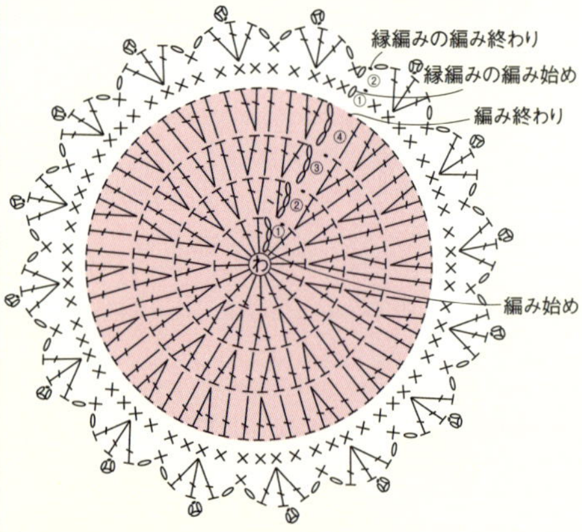

長編みの円形コースター

編み終わりは最初の目の細編みの頭に引き抜く

長編みで円を編んだときのレッスン編み地に縁編みをつけました。円の編み地を編んだときと同じ種類、色違いの糸で編みます。円の細編みの縁編みと同様、段の終わりの引き抜き編みの位置に注意しましょう。最初の目の細編みの頭に引き抜き編みを編みます。

だ円
P.52

筒＋立体花モチーフ
P.53＋P.66〜

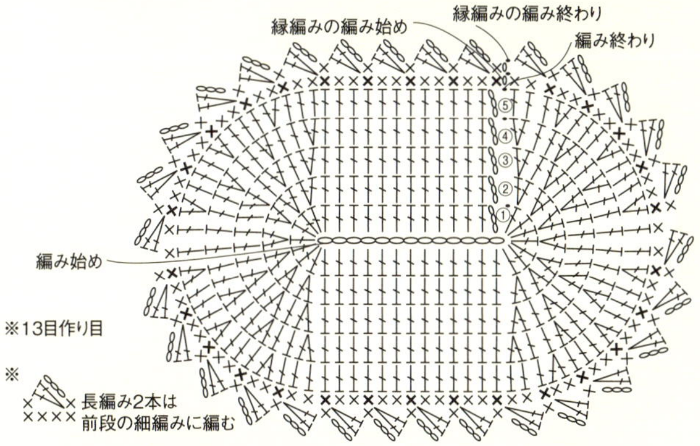

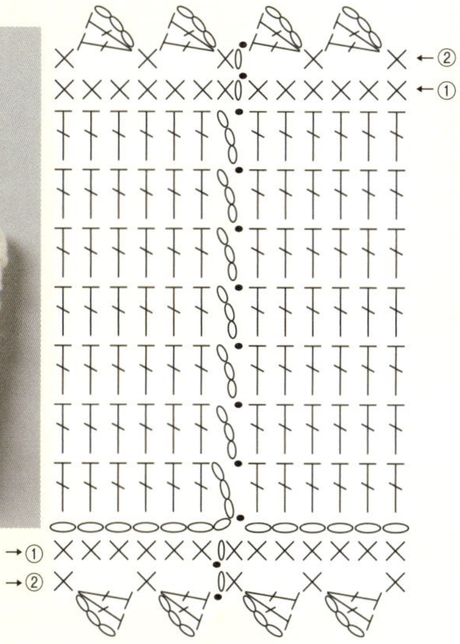

だ円のコースター

縁編みは引きつれないよう ふんわりと編みましょう

長編みでだ円を編んだときのレッスン編み地に数段プラスして、縁編みをつけました。だ円の編み地と同じ種類、同じ色の糸で編みます。同じ色の糸で縁編みをするとシンプルに仕上がります。縁編みの外側のアーチが引きつれないよう、ふんわりと編むのがコツです。

リストウオーマー

花の飾りをつけるので 台の編み地はシンプルに

筒型のレッスン編み地に縁編みをつけました。ここでは飾りをつけるため、縁編みもシンプルに編み地と同じ種類、同じ色の糸で編みました。リストウォーマーとして使えます。縁編みの段の終わりは、最初の立ち上がりの鎖目に引き抜き編みをします。

花と葉の編み方

花はピンクのモヘア糸で、編み図のように立体花モチーフ（P.66 参照）を編みます。葉はグリーンのモヘア糸で編み図のように 2 枚編みます。

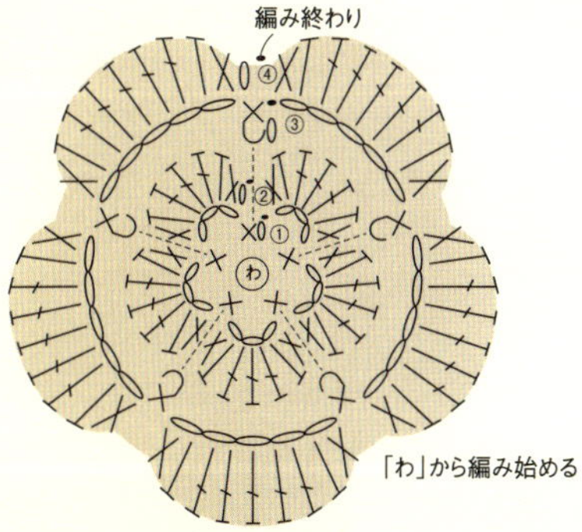

つけ方

花モチーフに葉をとじつけ（P.72 参照）、花芯部分にピンクのビーズを 3 個つけます。ピンクのモヘア糸で台の編み地にとじつけます。

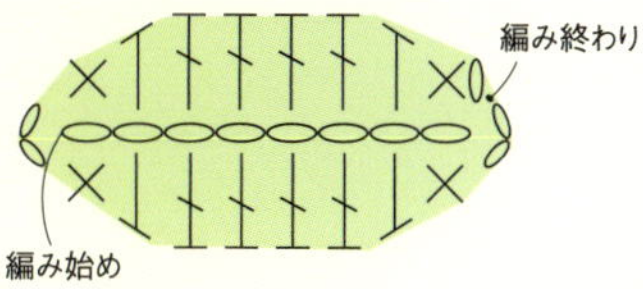

+

ボーダー+ストライプ
P.78~+P.80~

市松模様
P.82~

ミニポーチ

縁編みⒶ、縁編みⒷの2種の縁編みを編みます

ボーダーのレッスン編み地、ストライプのレッスン編み地と同じ種類、ボーダーの緑糸と共通の生成り糸とで縁編みを編みました。2枚を外表に重ねて上部が口になるように縁編みⒶを編みます。続いて左右のわきと底の縁編みⒷを1段めは緑糸で2段めは生成り糸で編みます。

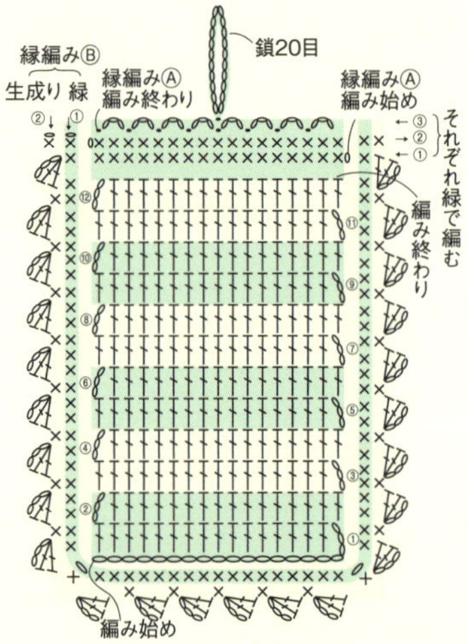

ループのつけ方

縁編みの上部中央に針を入れて緑糸を引き出してつけ、鎖20目を編みます。輪にして最後は引き抜き編みでとめ、目立たないように糸始末をします。

ボタンのつけ方

ボーダーの編み地の表側・11段めと12段めの間の中央部分にボタンをつけます。ボーダーの緑色で本体にとじつけ、鎖のループでとめます。

more arrangement

花モチーフ（編み図はP.66）を編み、とじつけると、市松模様とリバーシブルで使えます。

ピンクッション

2枚を合わせて綿を詰めます

市松模様のレッスン編み地で使ったグレー糸と生成り糸を使いました。市松模様の編み図でグレー1色でもう1枚編み地を編みます。2枚を外表に合わせ、生成り糸で縁編みを編みます。4辺めを編む途中で中に綿を入れ、ピンクッションとして使える作品になりました。

綿の入れ方

縁編みの4辺めを半分くらい編んだところで、中に綿を入れます。平らになるように整えたら、縁編みの続きを編んで全辺の口を閉めます。

5 編み目記号大事典

ここで学ぶこと

基本の編み目 ● 鎖編み／引き抜き編み／細編み／中長編み／長編み／長々編み／三つ巻き長編み／四つ巻き長編み

増し目 ● 細編み２目編み入れる／細編み３目編み入れる／中長編み２目編み入れる／中長編み２目編み入れる（束に編む）／中長編み３目編み入れる／中長編み３目編み入れる（束に編む）／長編み２目編み入れる／長編み２目編み入れる（束に編む）／長編み３目編み入れる／長編み３目編み入れる（束に編む）／長編み５目編み入れる／長編み５目編み入れる（束に編む）／長編み４目＋中央に鎖１目／長編み４目＋中央に鎖１目（束に編む）

減らし目 ● 細編み２目一度／細編み３目一度／中長編み２目一度／中長編み３目一度／長編み２目一度／長編み３目一度

玉編み ● 中長編み２目の玉編み／中長編み２目の玉編み（束に編む）／長編み２目の玉編み／長編み２目の玉編み（束に編む）／中長編み３目の玉編み／中長編み３目の玉編み（束に編む）／変わり中長編み３目の玉編み／変わり中長編み３目の玉編み（束に編む）／長編み３目の玉編み／長編み３目の玉編み（束に編む）／長編み５目の玉編み／長編み５目の玉編み（束に編む）

パプコーン編み ● 中長編み５目のパプコーン編み／中長編み５目のパプコーン編み（束に編む）／長編み５目のパプコーン編み／裏側から編む長編み５目のパプコーン編み／長編み５目のパプコーン編み（束に編む）

交差編み ● 中長編み１目交差／長編み１目交差／長々編み１目交差／変わり長編み左上１目交差／変わり長編み右上１目交差／変わり長編み１目と２目の左上交差／変わり長編み１目と２目の右上交差

クロス編み／ロール編み ● 長編みのクロス編み／ロール編み（３回）

Ｙ字編み ● Ｙ字編み／逆Ｙ字編み

引き上げ編み ● 細編みの表引き上げ編み／細編みの裏引き上げ編み／中長編みの表引き上げ編み／中長編みの裏引き上げ編み／長編みの表引き上げ編み／長編みの裏引き上げ編み

細編みのバリエーション ● ねじり細編み／バック細編み／変わりバック細編み／細編みのうね編み／細編みのすじ編み（往復に編む）／細編みのすじ編み（輪に編む）／中長編みのすじ編み（輪に編む）／長編みのすじ編み（輪に編む）

リング編み ● 細編みのリング編み

ピコット ● 鎖３目の引き抜きピコット（細編みから編み出す場合）
鎖３目の引き抜きピコット（長編みから編み出す場合）
鎖３目の引き抜きピコット（鎖編みから編み出す場合）
鎖５目の引き抜きピコット／鎖３目の細編みピコット

その他 ● 未完成の編み目／端で増し目をする／端で減らし目をする

基本の編み目

鎖《くさり》編《あ》み

※作り目の仕方にはいろいろな方法があります。P.24 で紹介した方法のほか、右の方法も。やりやすい方法で行ってください。

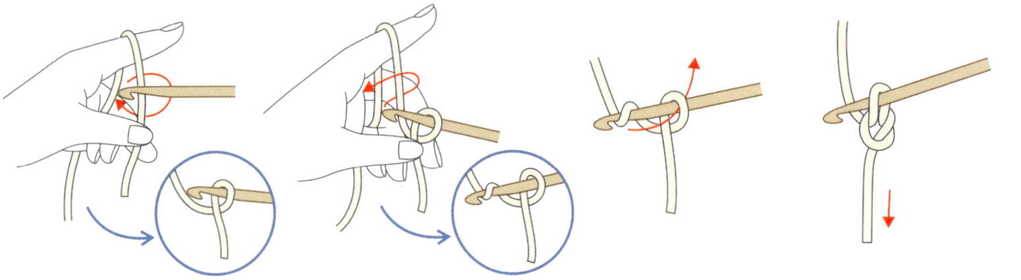

1 糸の手前に針先を当て、矢印のように回転させます。

2 糸の交差部分を押さえ、矢印のように針に糸をかけます。

3 針先にかけた糸を矢印のようにループから引き出します。

4 糸端を矢印の方向に引き、引きしめます。

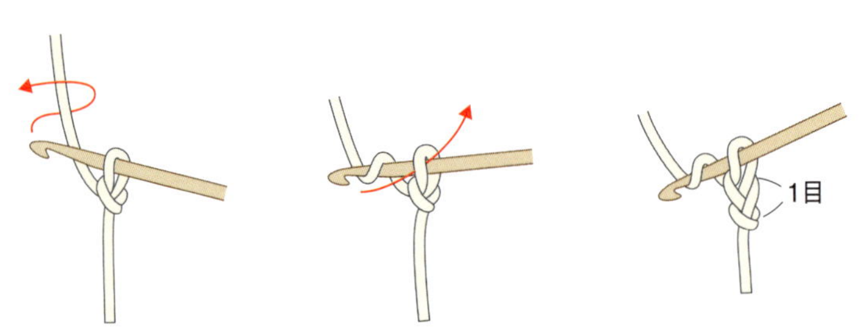

5 再び、針先に矢印のように糸をかけます。

6 かかった糸を引き出します。

7 鎖編みが１目編めました。

8 **5**、**6** をくり返して８目編めました。

引《ひ》き抜《ぬ》き編《あ》み

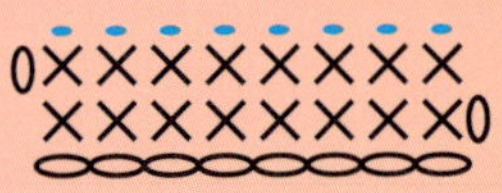

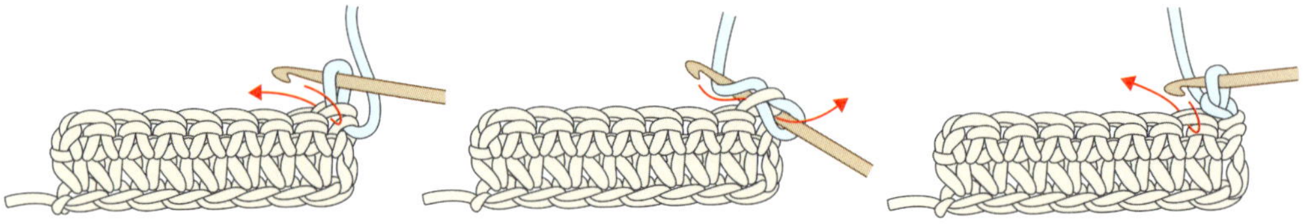

1 立ち上がりの鎖目は編まずに、矢印の位置（前段の端の目）に針を入れます。

2 針先に糸をかけ、矢印のようにループから引き抜きます。

3 次の目は隣りの鎖の頭に針を入れ、**2** と同様に編みます。

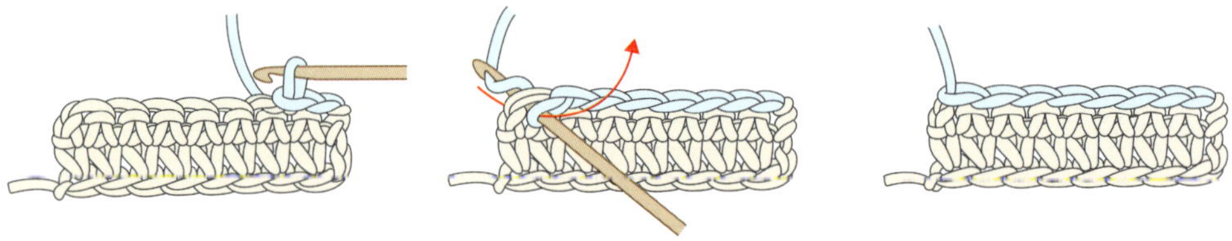

4 ２目めが編めました。

5 **1** ～ **2** をくり返し、その段の端まで編んでいきます。編み目が引きつれやすいので、ゆるめに引き抜くのがポイントです。

6 引き抜き編みが１段編めました。

細《こま》編《あ》み

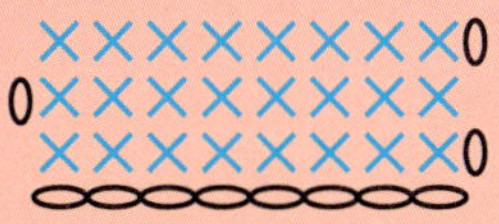

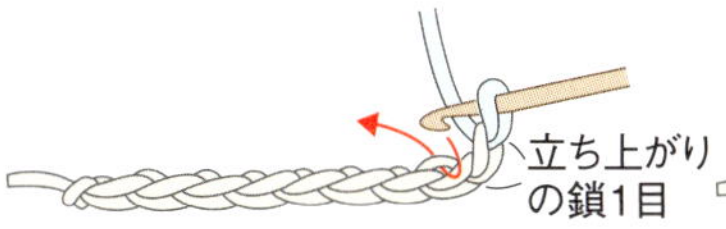

1 必要数の鎖の作り目を編み、立ち上がりの鎖１目を編みます。次に２目めの裏山（矢印の位置）に針を入れます。

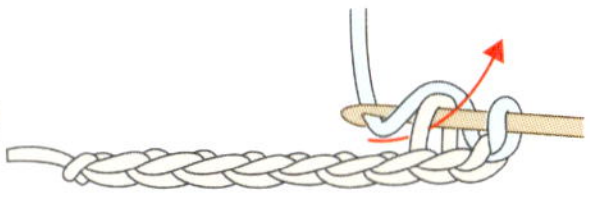

2 針先に糸をかけ、矢印のように引き出します。

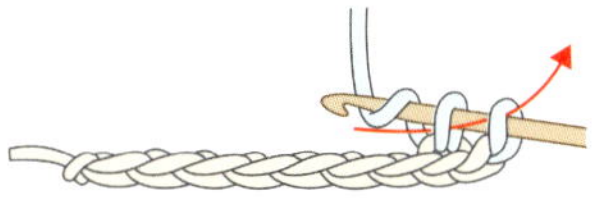

3 もう一度針先に糸をかけ、針にかかっている２ループから一度に引き抜きます。

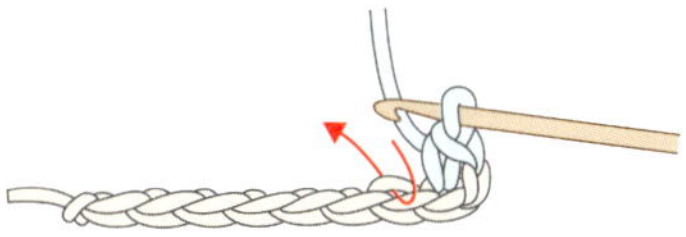

4 細編みが１目編めました。次の目は隣りの裏山に同様に編みます。

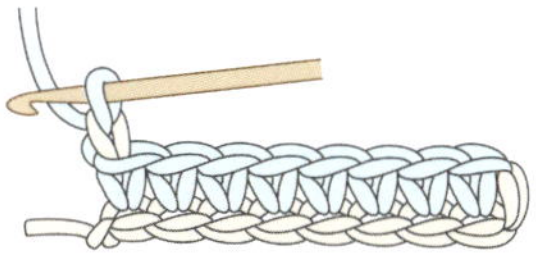

5 **1**～**4**をくり返し、端まで編んでいき、２段めの立ち上がりの鎖１目を編みます。

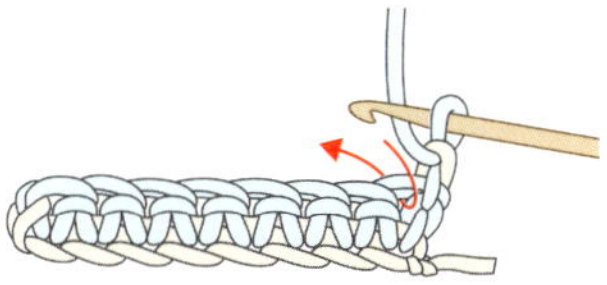

6 編み地を返して矢印の位置に針を入れます。立ち上がりの目と同じ位置です。左隣りの目に入れないように注意しましょう。

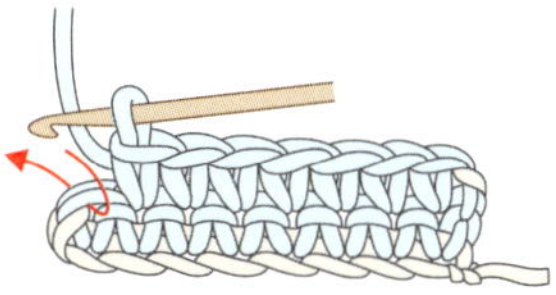

7 端まで編んだら、最後の目も前段の細編みの頭の鎖２本を拾って針を入れます。

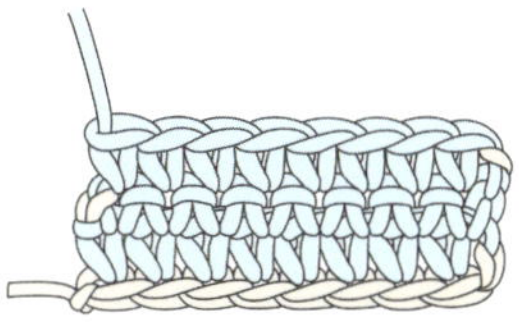

8 **5**～**7**をくり返し、３段めも編めました。

中《ちゅう》長《なが》編《あ》み

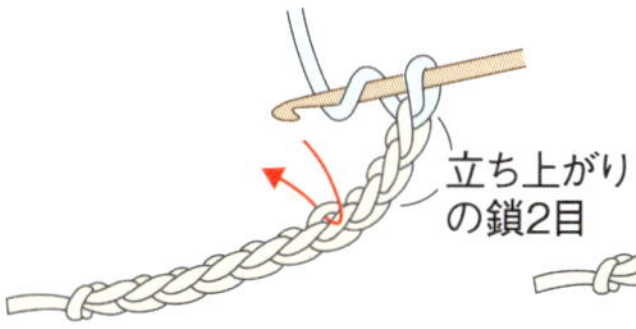

1 必要数の鎖の作り目を編み、立ち上がりの鎖２目を編み、針先に糸をかけて４目めの裏山（矢印の位置）に針を入れます。

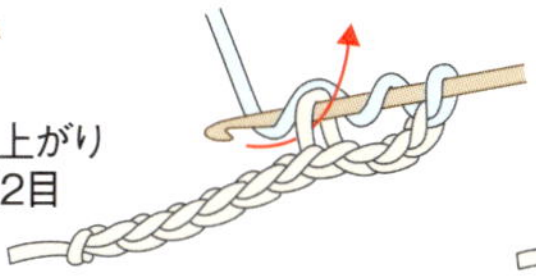

2 針先に糸をかけ、矢印のように引き出します。

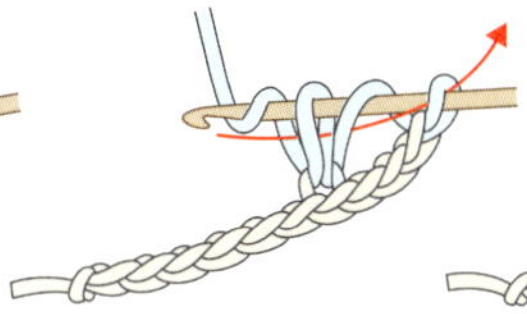

3 もう一度針先に糸をかけ、針にかかっている３ループから一度に引き抜きます。

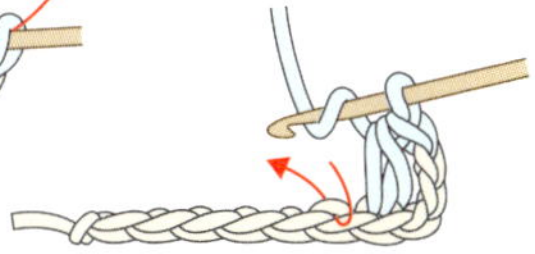

4 中長編みが１目編めました。次の目は隣りの裏山に同様に編みます。

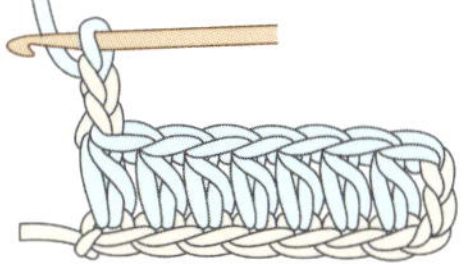

5 **2**～**4**をくり返し、１段めの端まで編み、２段めの立ち上がりの鎖２目を編みます。

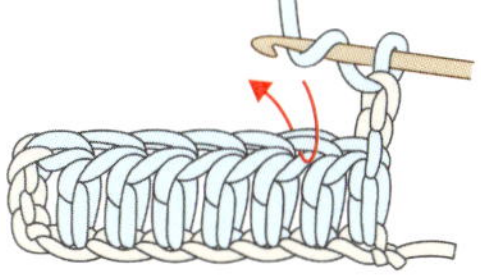

6 編み地を返して、２目めは立ち上がりの鎖が編まれた目の隣りの目に編みます。

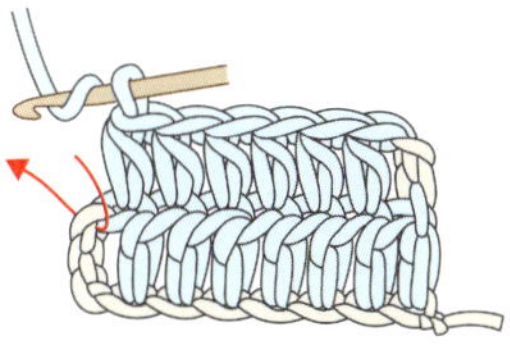

7 端まで編み、最後は前段の立ち上がりの鎖２目めの裏山と外側半目の２本を拾います。

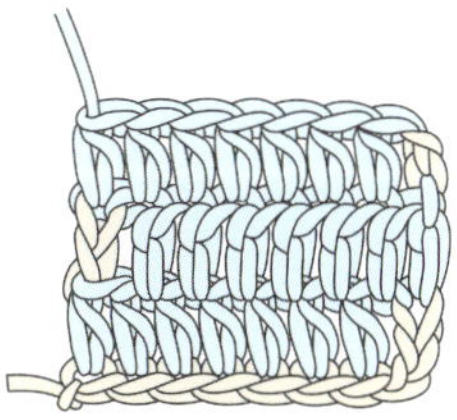

8 **5**～**7**をくり返し、３段めまで編めました。

長《なが》編《あ》み

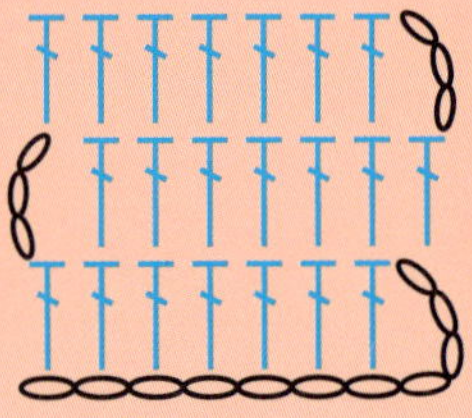

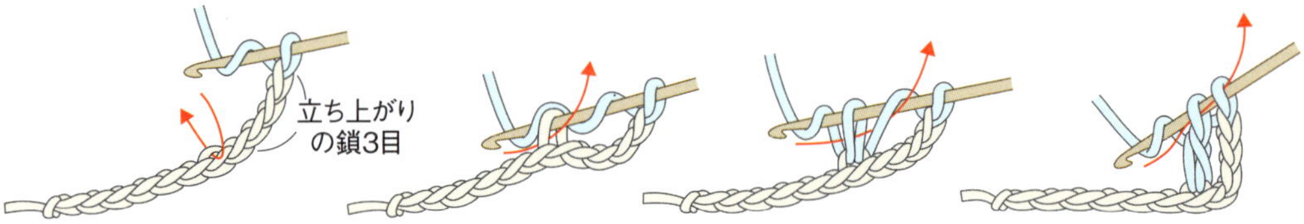

1 作り目に続き立ち上がりの鎖３目を編み、針先に糸をかけ５目めの裏山に針を入れます。

2 針先に糸をかけ、矢印のように引き出します。

3 もう一度針先に糸をかけ、矢印のように２ループから引き出します。

4 さらにもう一度針先に糸をかけ、針に残っている２ループから一度に引き抜きます。

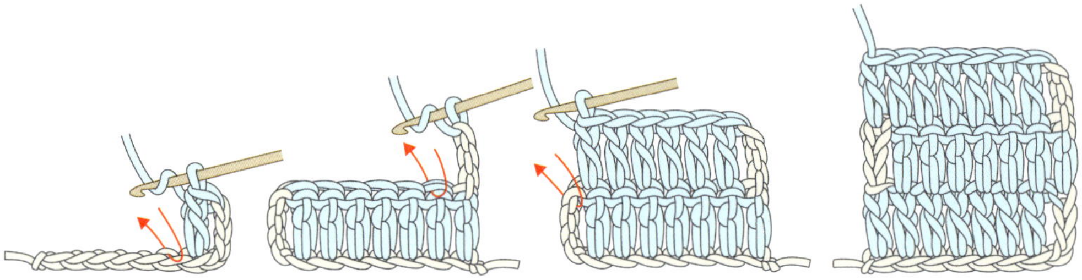

5 長編みが１目編めました。次の目は隣りの裏山に同様に編みます。

6 端まで編み、次段の立ち上がりの鎖３目を編んで編み地を返し、同様に編みます。

7 端まで編み、最後は前段の立ち上がりの鎖３目めの裏山と外側半目の２本を拾って編みます。

8 同様にくり返し、３段めまで編めました。

長《なが》々《なが》編《あ》み

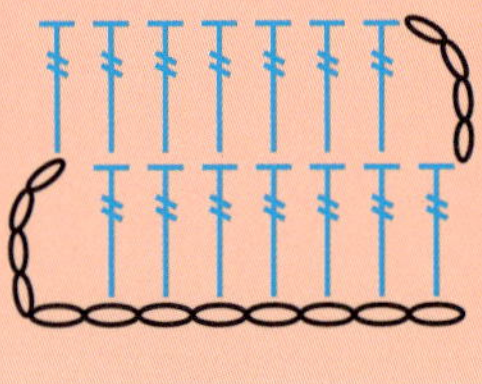

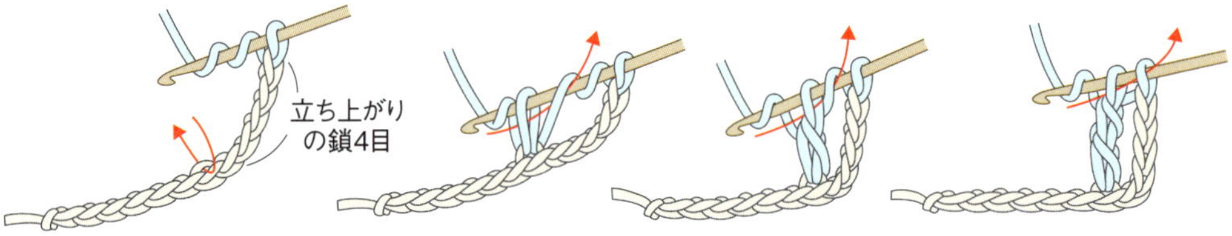

1 作り目に続き立ち上がりの鎖４目を編み、針先に２回糸をかけ６目めの裏山に針を入れ糸を引き出します。

2 針先に糸をかけ、矢印のように２ループから引き出します。

3 もう一度針先に糸をかけ、矢印のように２ループから引き出します。

4 さらにもう一度針先に糸をかけ、針に残っている２ループから一度に引き抜きます。

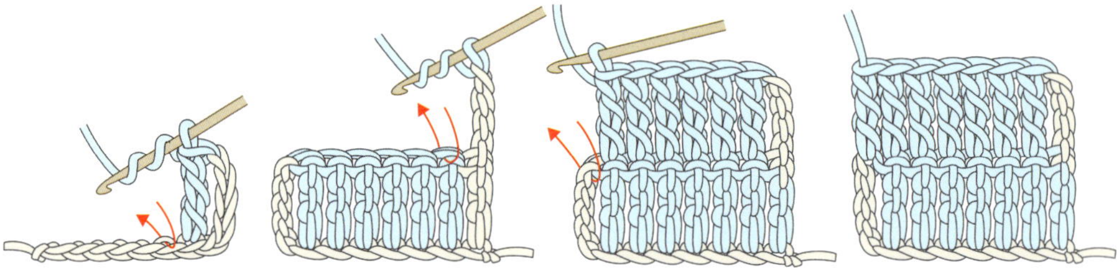

5 長々編みが１目編めました。次の目は隣りの裏山に同様に編みます。

6 端まで編み、次段の立ち上がりの鎖４目を編んで編み地を返し、同様に編みます。

7 端まで編み、最後は前段の立ち上がりの鎖４目めの裏山と外側半目の２本を拾って編みます。

8 同様にくり返し、２段めまで編めました。

三《み》つ巻《ま》き長《なが》編《あ》み

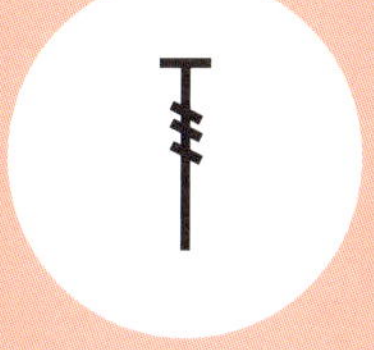

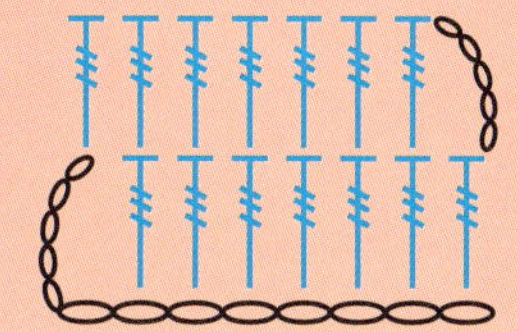

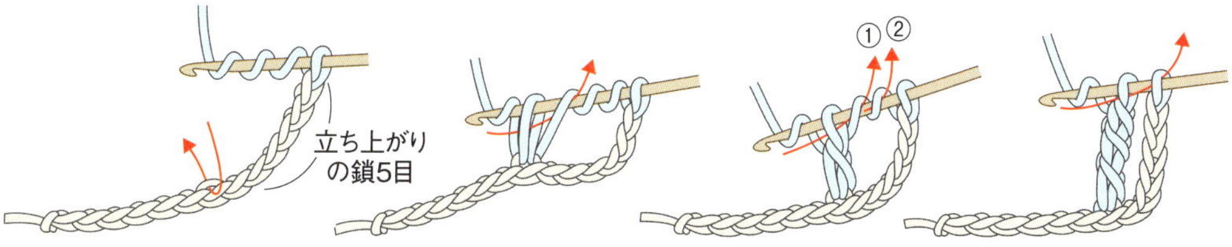

1 作り目に続き立ち上がりの鎖5目を編み、針先に3回糸をかけ7目めの裏山に針を入れます。針先に糸をかけて、引き出します。

2 針先に糸をかけ、矢印のように2ループから引き出します。

3 「もう一度針先に糸をかけ、矢印のように2ループから引き出す」を2回くり返します。

4 さらにもう一度針先に糸をかけ、針に残っている2ループから一度に引き抜きます。

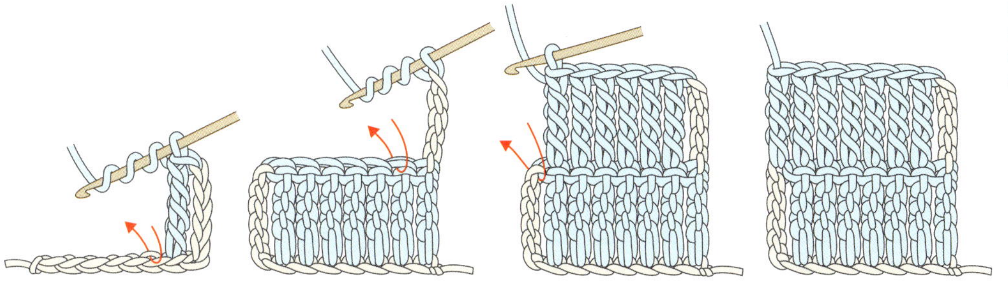

5 三つ巻き長編みが1目編めました。次の目は隣りの裏山に同様に編みます。

6 端まで編み、次段の立ち上がりの鎖5目を編んで編み地を返し、同様に編みます。

7 端まで編み、最後は前段の立ち上がりの鎖5目めの裏山と外側半目の2本を拾います。

8 同様にくり返し、2段めまで編めました。

四《よ》つ巻《ま》き長《なが》編《あ》み

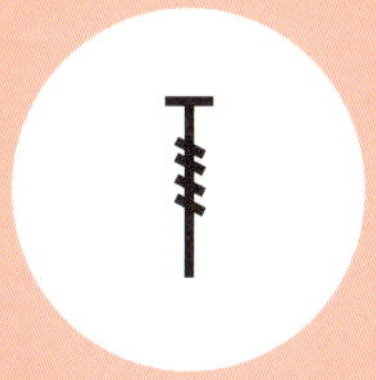

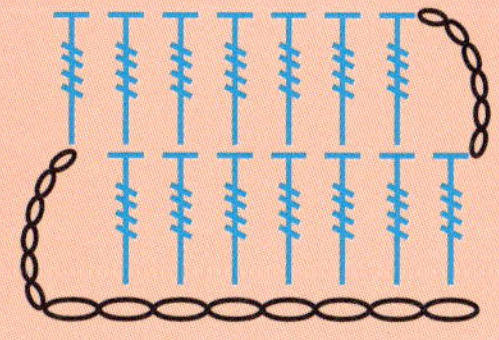

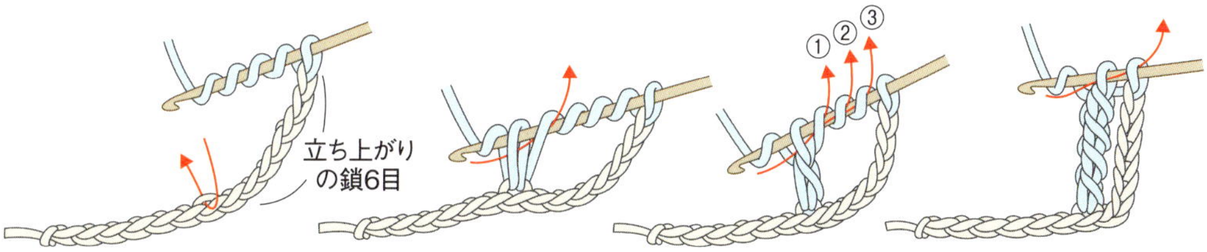

1 作り目に続き立ち上がりの鎖6目を編み、針先に4回糸をかけ8目めの裏山に針を入れます。針先に糸をかけて、引き出します。

2 針先に糸をかけ、矢印のように2ループから引き出します。

3 「もう一度針先に糸をかけ、矢印のように2ループから引き出す」を3回くり返します。

4 さらにもう一度針先に糸をかけ、針に残っている2ループから一度に引き抜きます。

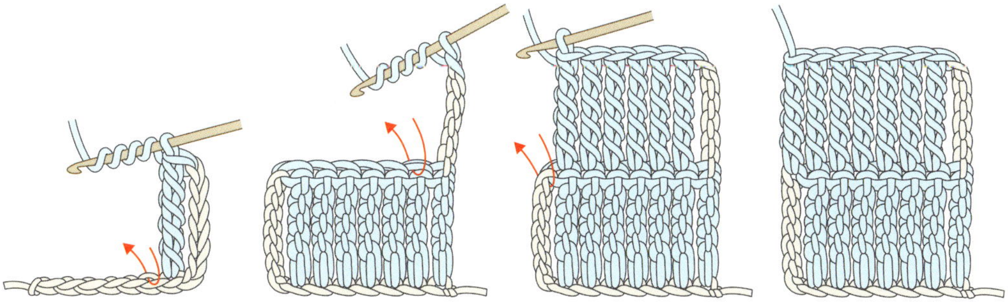

5 四つ巻き長編みが1目編めました。次の目は隣りの裏山に同様に編みます。

6 端まで編み、次段の立ち上がりの鎖6目を編んで編み地を返し、同様に編みます。

7 端まで編み、最後は前段の立ち上がりの鎖6目めの裏山と外側半目の2本を拾って編みます。

8 同様にくり返し、2段めまで編めました。

増し目

細《こま》編《あ》み 2目《め》編《あ》み入《い》れる

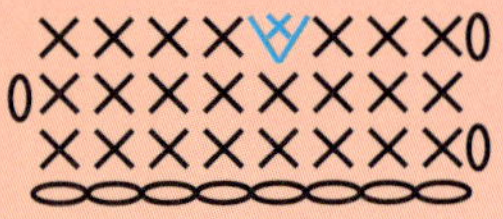

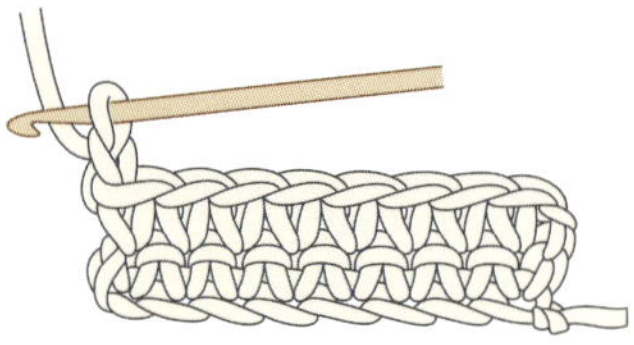

1 細編みを2段編み、次段の立ち上がりの鎖1目を編んで編み地を返します。

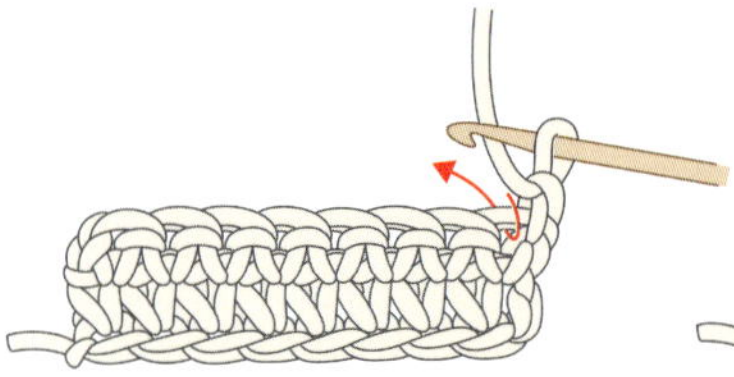

2 立ち上がり目と同じ目（矢印の位置）から編み始め、増し目をする手前まで細編みを編みます。

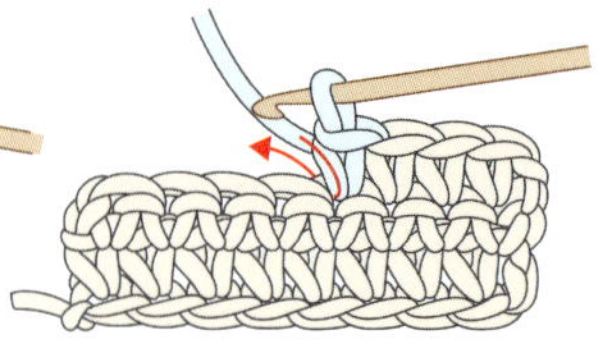

3 増し目に入ります。まず、細編みを1目編みます。さらに同じ目に針を入れます。

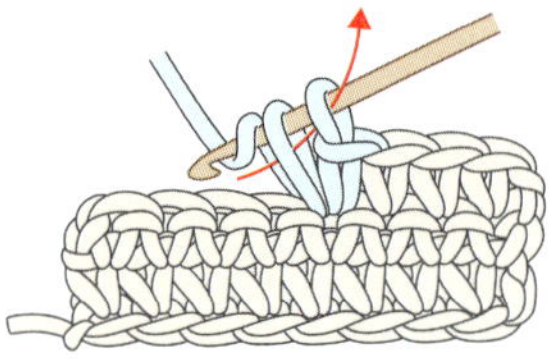

4 ここに細編みをもう1目編みます。

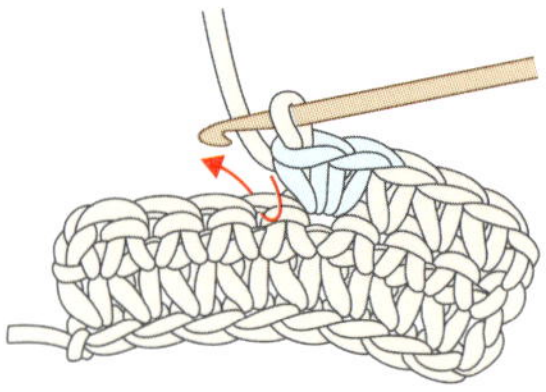

5 前段の1目に細編みを2目編み入れることができました。次は隣りの目に針を入れます。

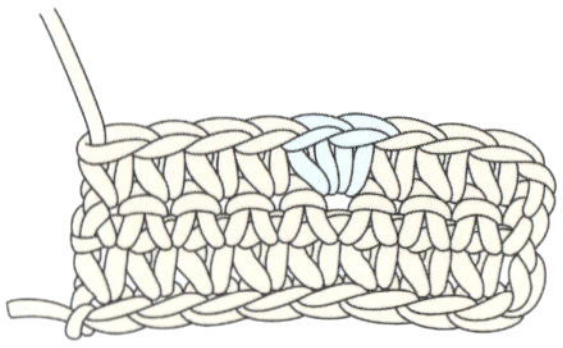

6 端まで細編みを編みました。ブルーの部分で細編み目が1目増えています。

細《こま》編《あ》み 3目《め》編《あ》み入《い》れる

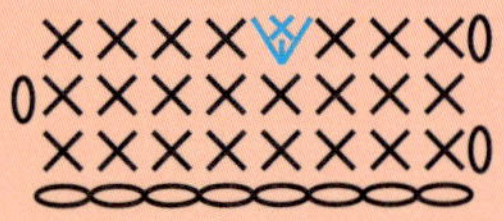

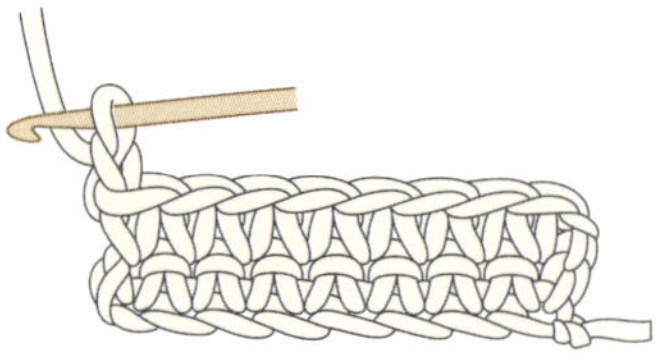

1 細編みを2段編み、次段の立ち上がりの鎖1目を編んで編み地を返します。

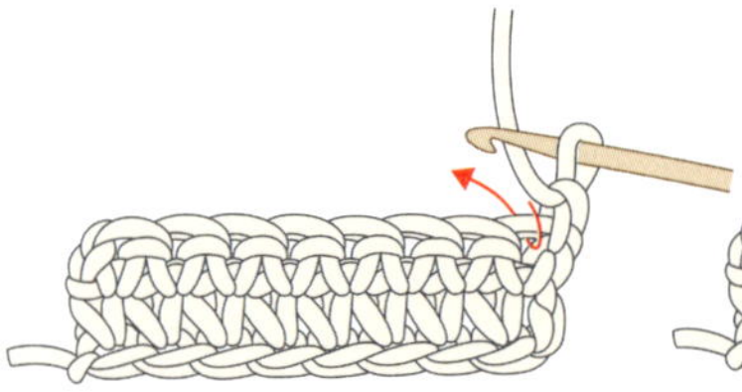

2 立ち上がりの目と同じ目（矢印の位置）から編み始め、増し目をする手前まで細編みを編みます。

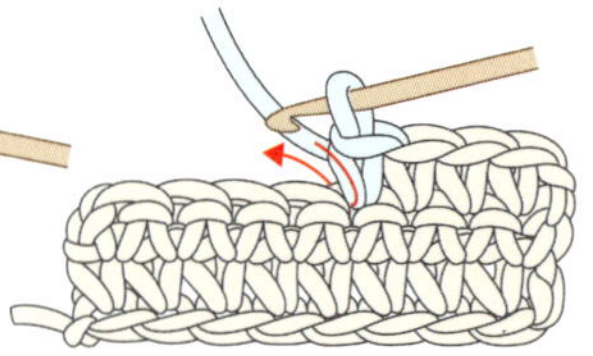

3 増し目に入ります。まず、細編みを1目編み、さらに同じ目に針を入れます。

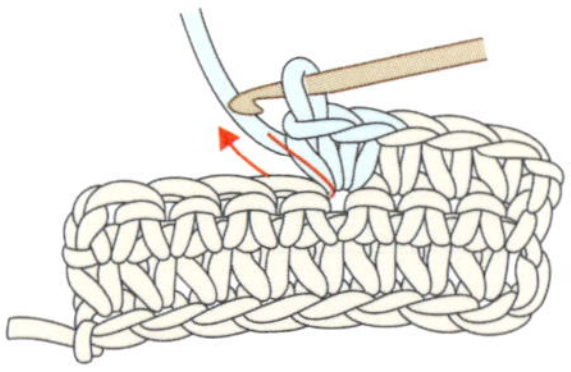

4 ここに細編みをもう1目編み、もう一度同じ目に針を入れます。

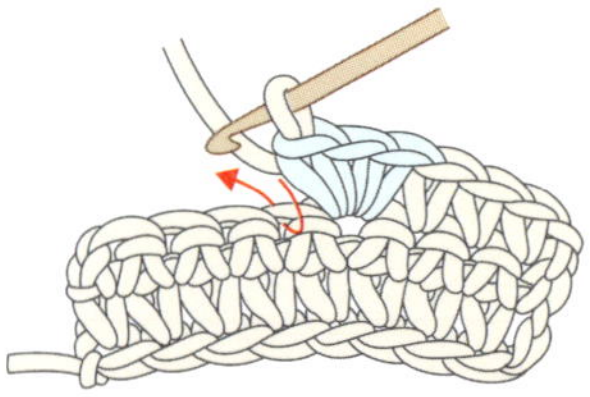

5 3目めの細編みを編みます。前段の1目に細編みを3目編み入れることができました。次は隣りの目に針を入れます。

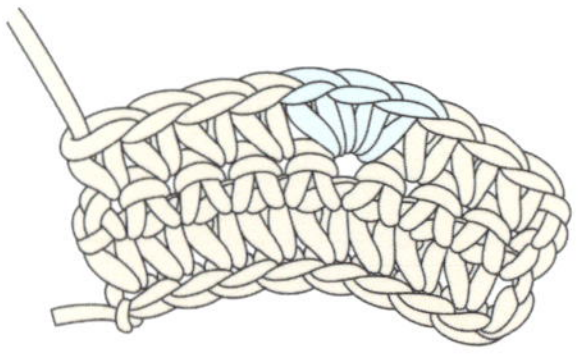

6 端まで細編みを編みました。ブルーの部分で細編み目が2目増えています。

中長《ちゅうなが》編《あ》み 2目《め》編《あ》み入《い》れる

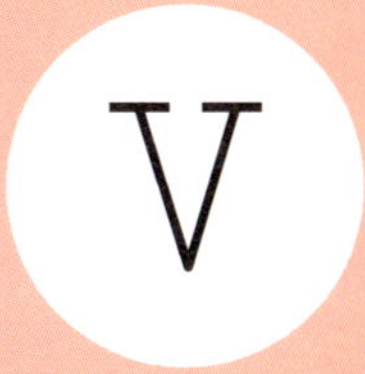

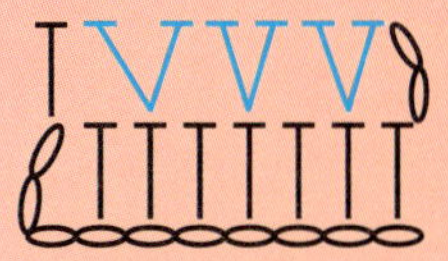

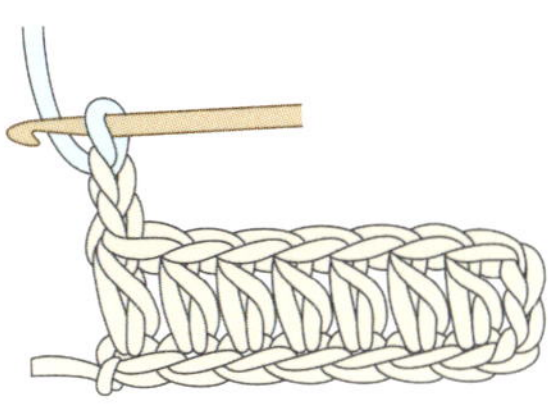

1 中長編みを１段編み、次段の立ち上がりの鎖２目を編んで編み地を返します。

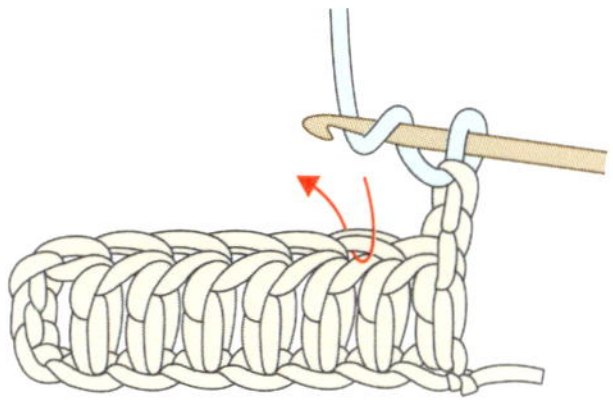

2 立ち上がり目の隣りの目（矢印の位置）に中長編みを１目編みます。

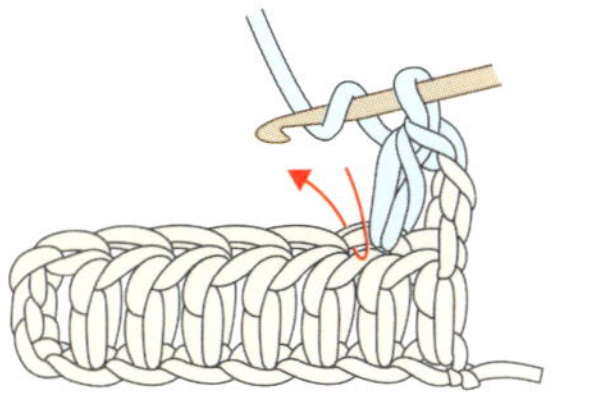

3 **2** で編んだ中長編みと同じ目に針を入れます。

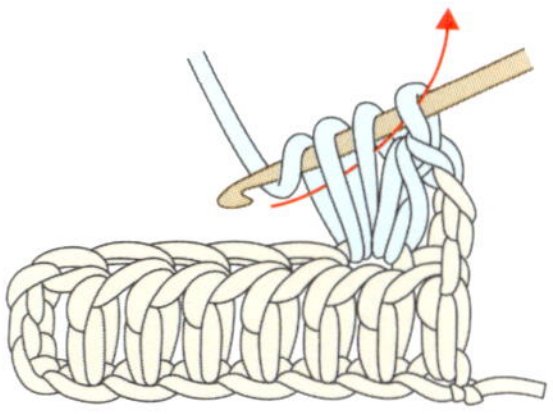

4 ここにもう１目中長編みを編み入れます。

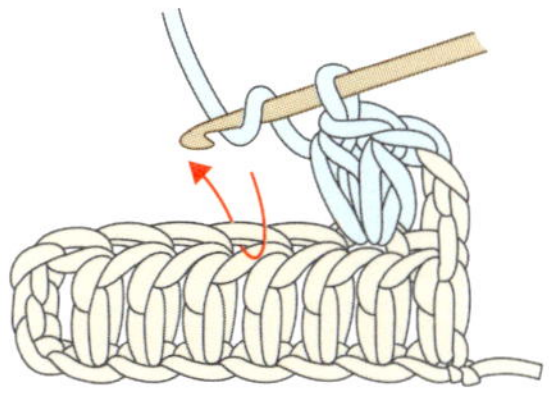

5 前段の１目に中長編みを２目編み入れることができました。次は１目とばした目に同様に中長編みを２目編み入れます。

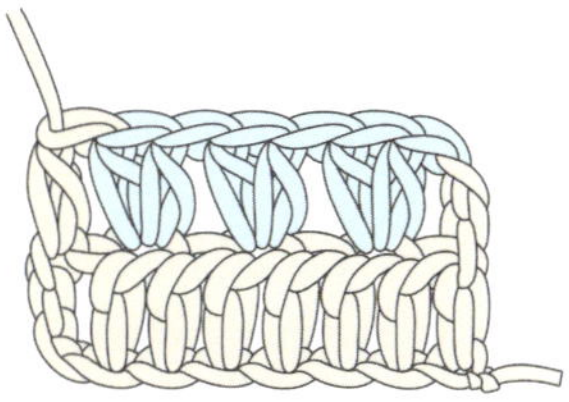

6 「中長編み２目編み入れ」た目が３つ編めました。

中長《ちゅうなが》編《あ》み 2目《め》編《あ》み入《い》れる （束《そく》に編《あ》む）

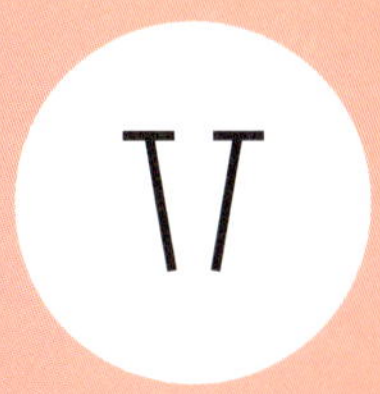

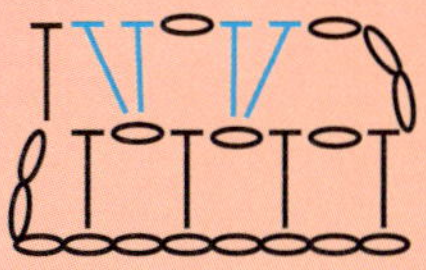

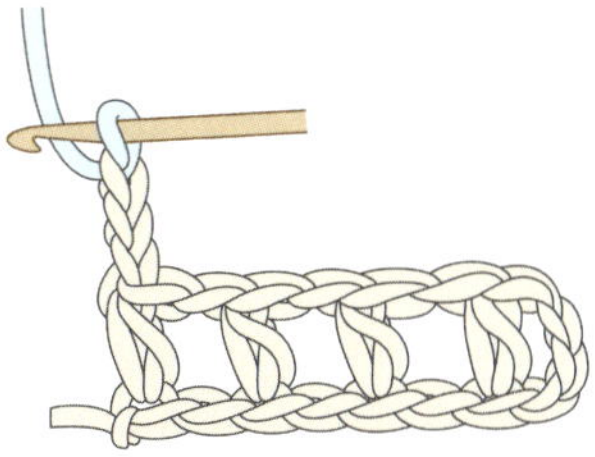

1 中長編みを１段編み、次段の立ち上がりの鎖２目と、間の鎖１目を編んで編み地を返します。

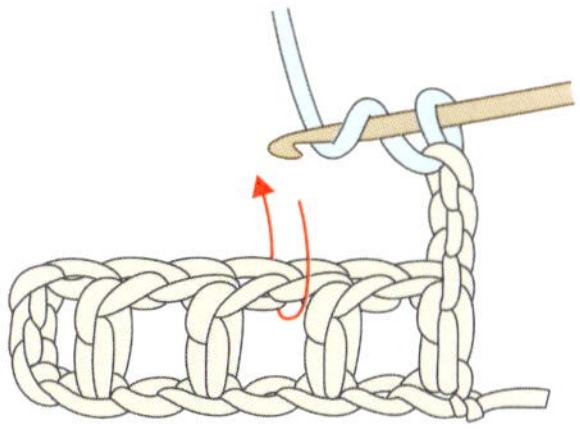

2 針先に糸をかけ、矢印の位置の鎖目を束に拾って（P.40参照）、中長編みを１目編みます。

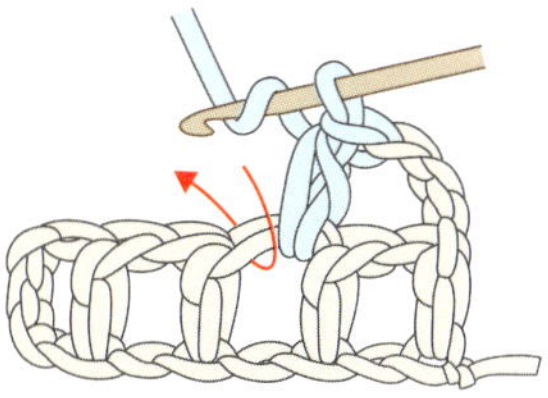

3 同じ位置に中長編みをもう１目編みます。

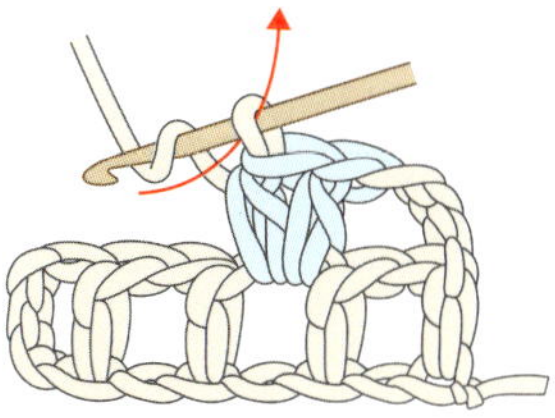

4 中長編み２目を束に編み入れることができました。次に間の鎖１目を編みます。

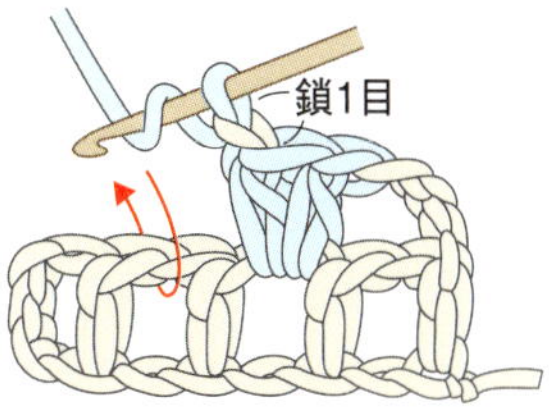

5 針先に糸をかけ、矢印の位置に中長編みを２目束に編み入れます。

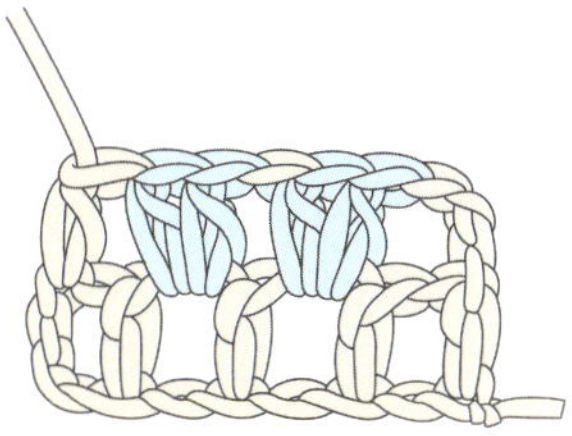

6 「中長編み２目を束に編み入れ」た目が２つ編めました。

中《ちゅう》長《なが》編《あ》み 3目《め》編《あ》み入《い》れる

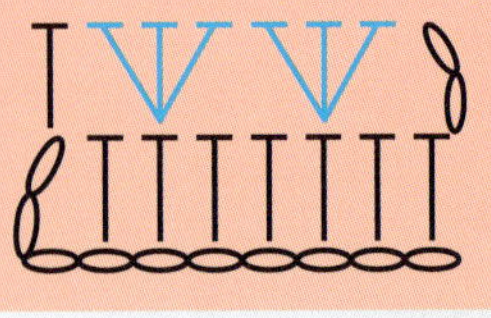

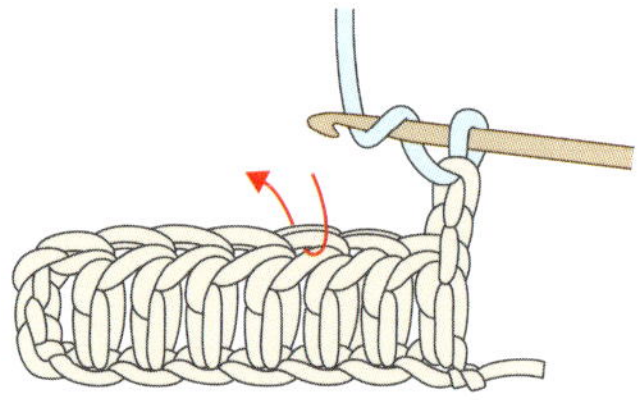

1 中長編みを１段編み、立ち上がりの鎖２目を編んで編み地を返し、針先に糸をかけて矢印の位置に中長編みを編みます。

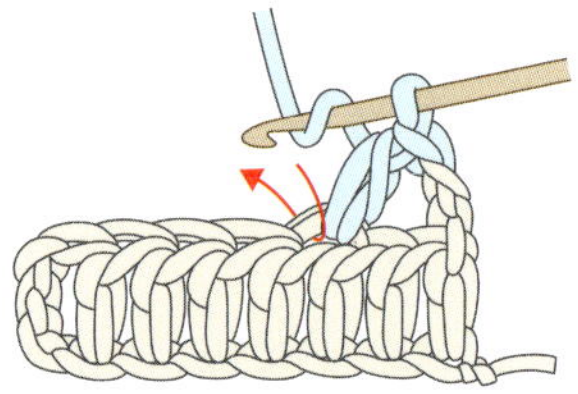

2 １で編んだ目と同じ目にもう１目中長編みを編み入れます。

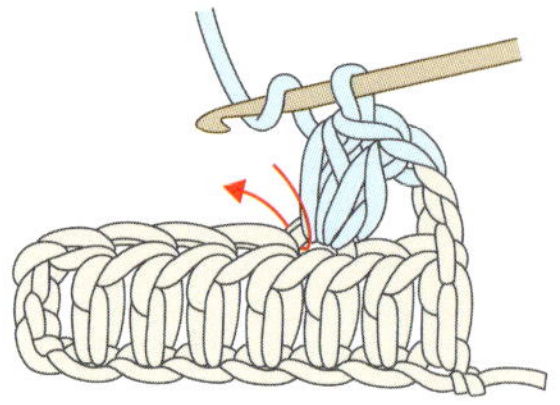

3 同じ目にさらに針を入れます。

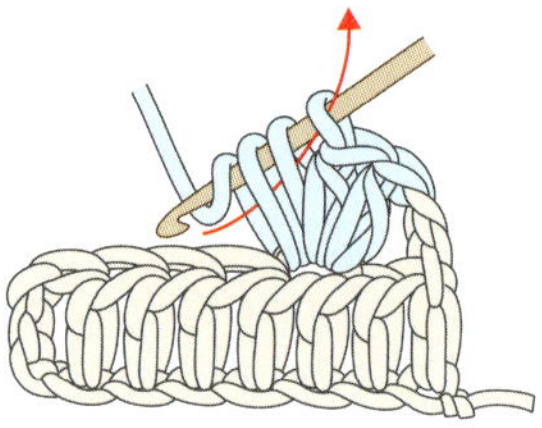

4 ここに３目めの中長編みを編み入れます。

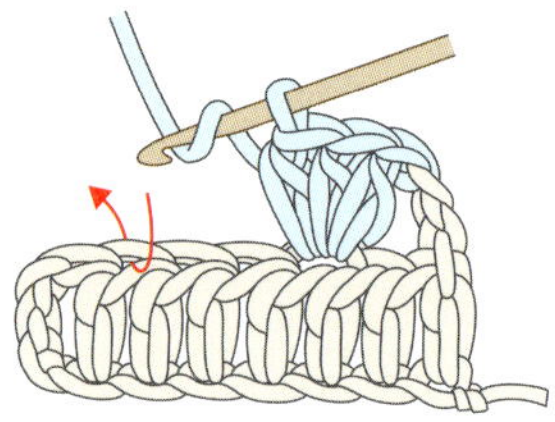

5 前段の１目に中長編みを３目編み入れることができました。続いて矢印の位置に中長編みを３目編み入れます。

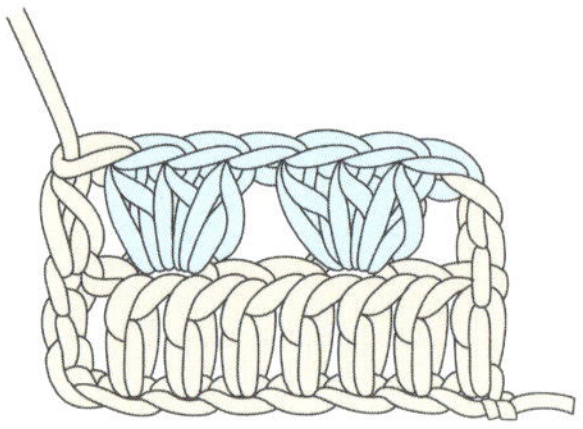

6 「中長編み３目編み入れ」た目が２つ編めました。

中《ちゅう》長《なが》編《あ》み 3目《め》編《あ》み入《い》れる （束《そく》に編《あ》む）

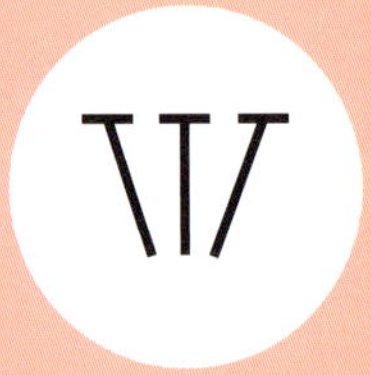

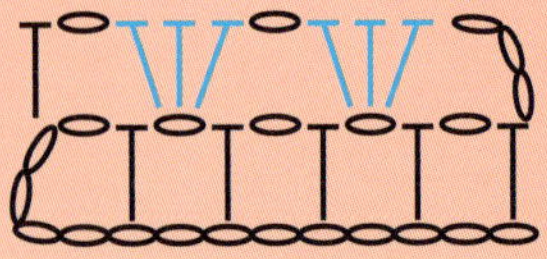

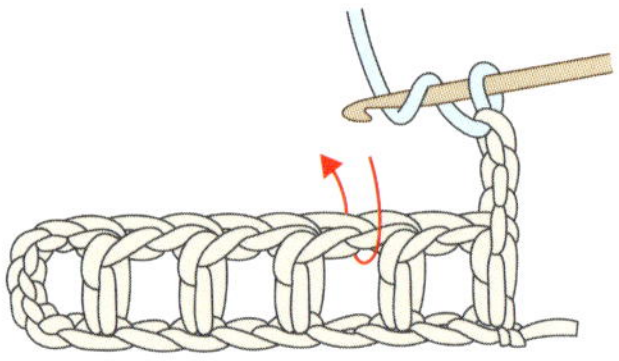

1 中長編みを１段編み、立ち上がりの鎖２目と、間の鎖１目を編んで編み地を返し、矢印の位置に針を入れます。

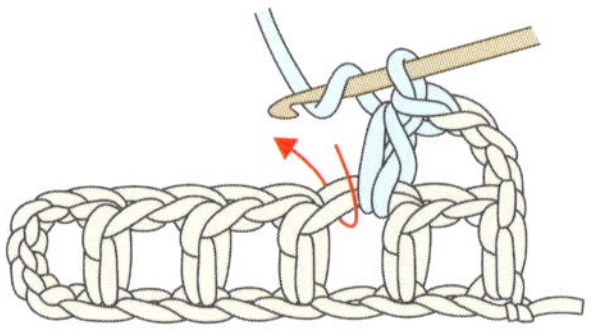

2 鎖目を束に拾って（P.40 参照）、中長編みを２目編み入れます。

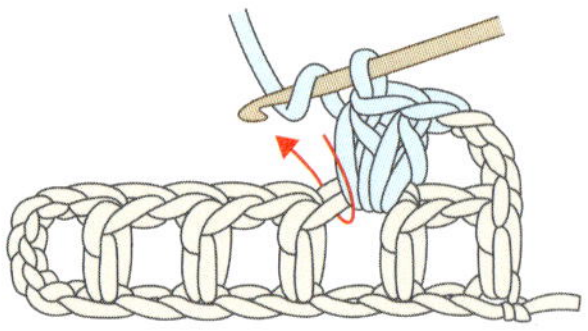

3 同じ位置に中長編みの３目めを束に編み入れます。

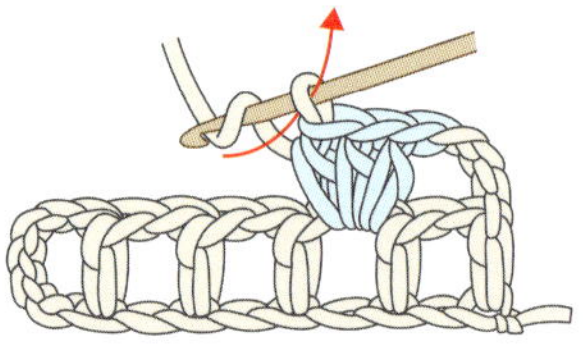

4 中長編み３目を束に編み入れました。続いて、間の鎖１目を編みます。

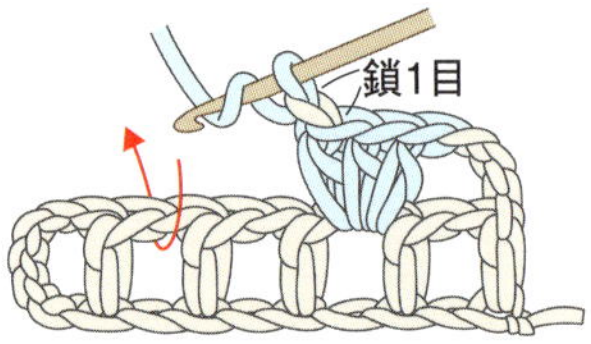

5 矢印の位置に同様に中長編みを３目編み入れます。

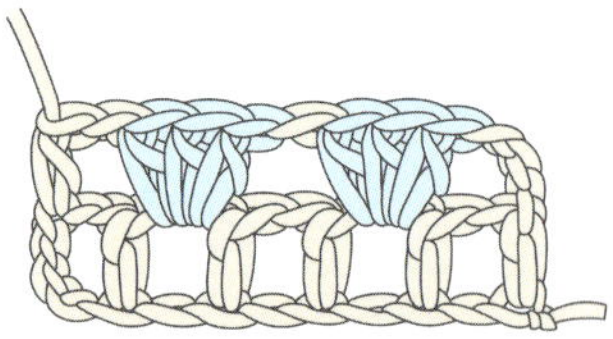

6 「中長編み３目を束に編み入れ」た目が２つ編めました。

長《なが》編《あ》み
2目《め》編《あ》み入《い》れる

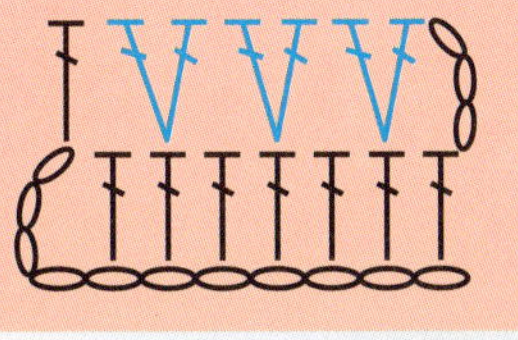

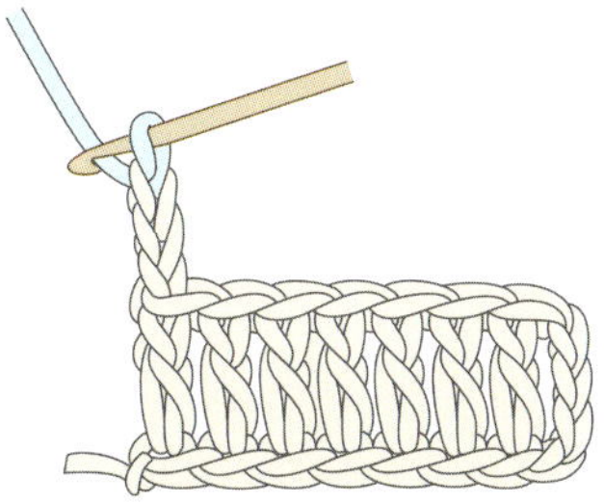

1 長編みを１段編み、次段の立ち上がりの鎖３目を編みます。

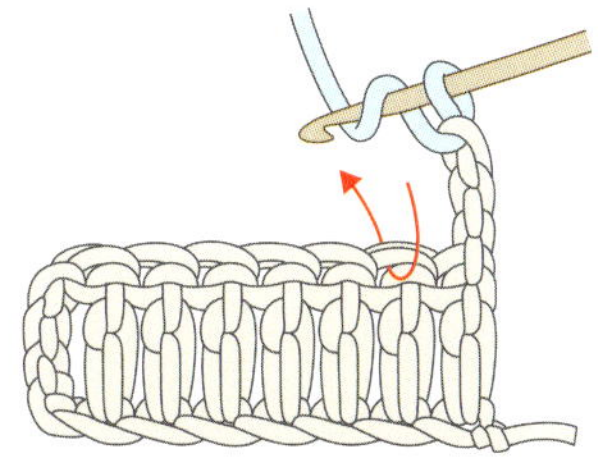

2 編み地を返し、針先に糸をかけ、立ち上がりの隣りの目に長編みを１目編みます。

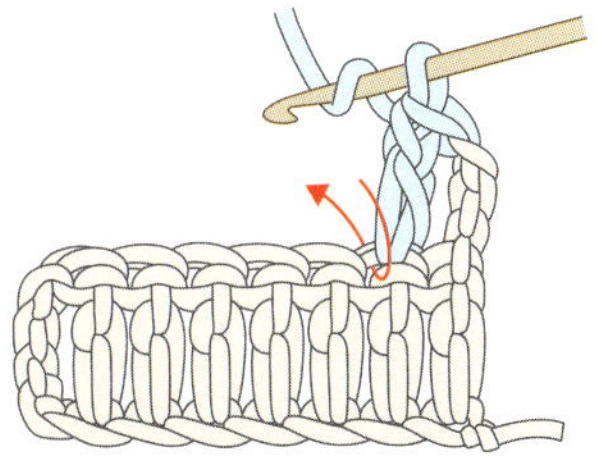

3 **2** で編んだ長編みと同じ目に針を入れます。

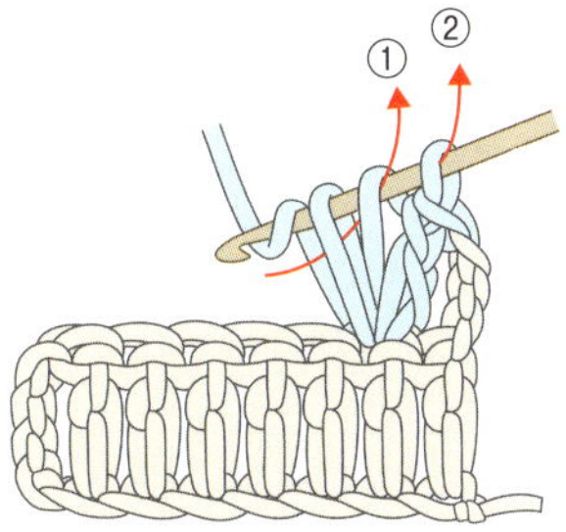

4 ここに長編みをもう１目編み入れます。

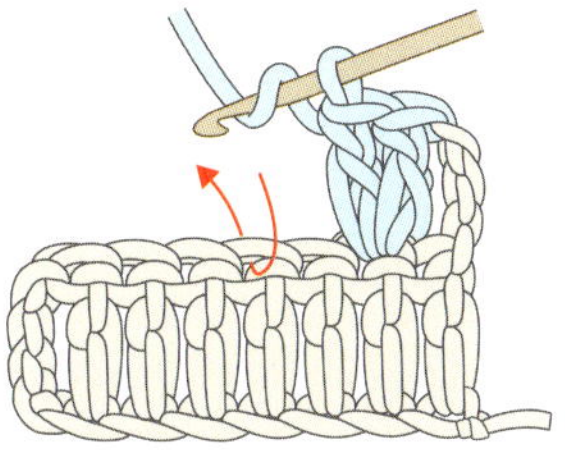

5 前段の１目に長編みを２目編み入れることができました。続いて、矢印の位置に同様に長編みを２目編み入れます。

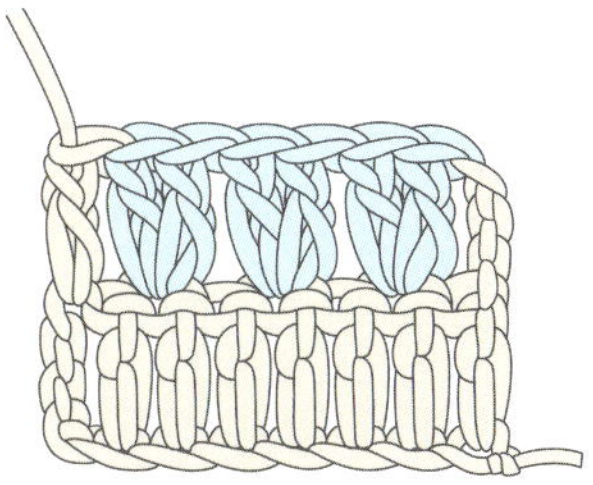

6 「長編み２目編み入れ」た目が３つ編めました。

長《なが》編《あ》み
2目《め》編《あ》み入《い》れる
（束《そく》に編《あ》む）

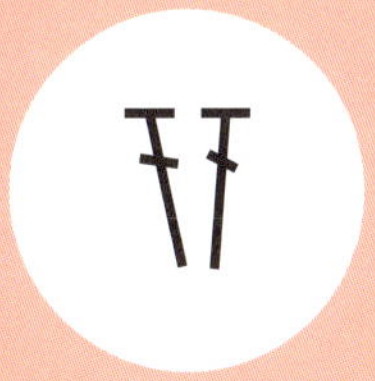

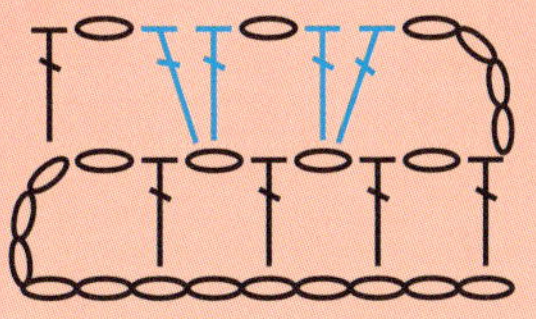

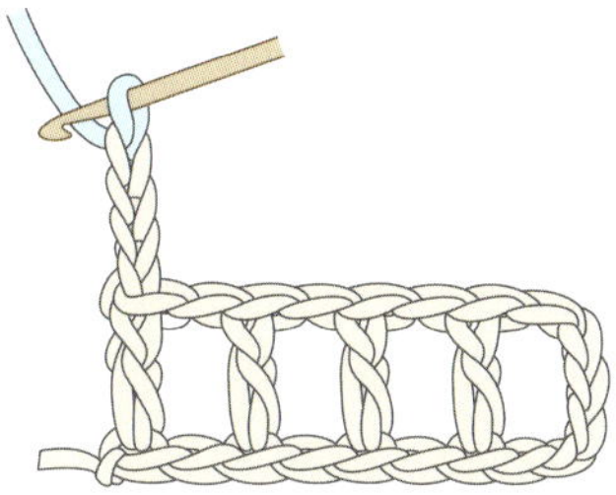

1 長編みを１段編み、次段の立ち上がりの鎖３目と、間の鎖１目を編みます。

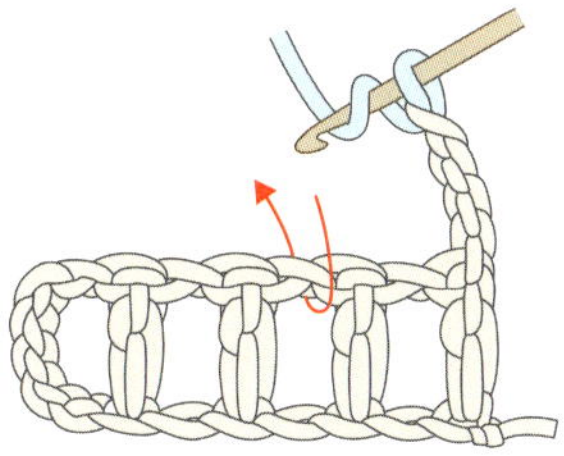

2 編み地を返し、針先に糸をかけて矢印の位置の鎖目を束に拾って（P.40 参照）、長編みを１目編みます。

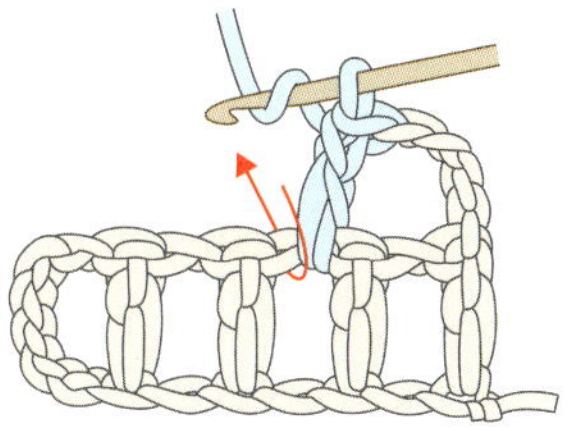

3 同じ位置に長編みをもう１目束に編み入れます。

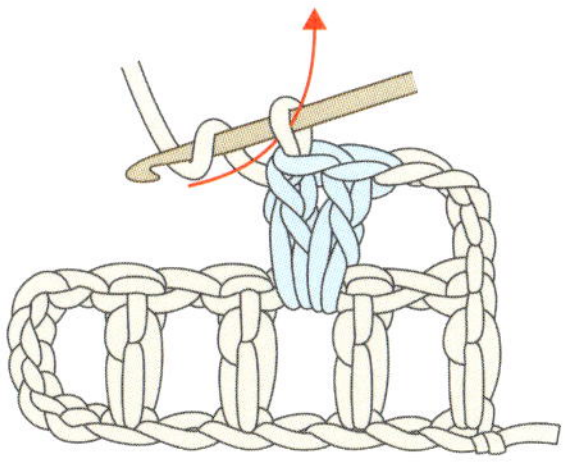

4 長編み２目を束に編み入れることができました。続いて、間の鎖１目を編みます。

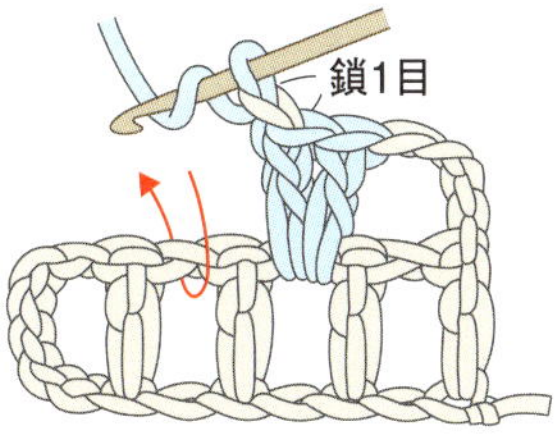

5 再び針先に糸をかけ、矢印の位置に同様に長編みを２目束に編み入れます。

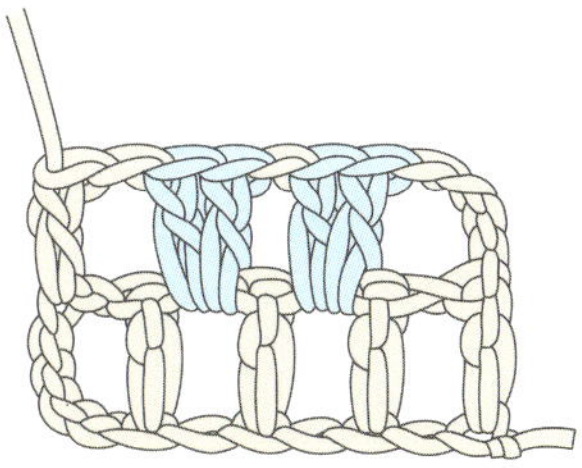

6 「長編み２目を束に編み入れ」た目が２つ編めました。

長《なが》編《あ》み 3目《め》編《あ》み入《い》れる

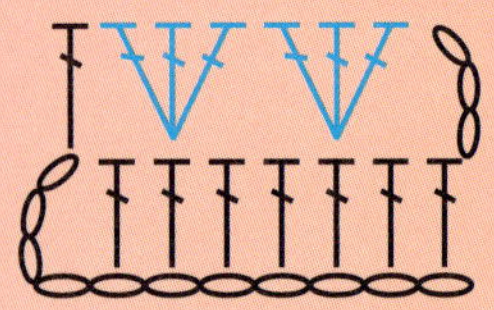

1 長編みを1段編み、次段の立ち上がりの鎖3目を編みます。

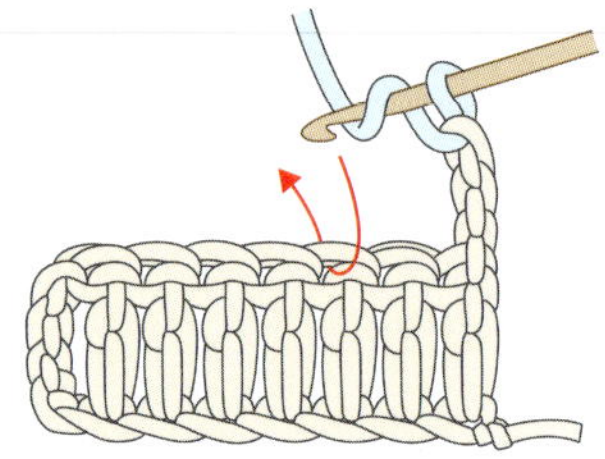

2 編み地を返し、針先に糸をかけて矢印の位置に長編みを編みます。

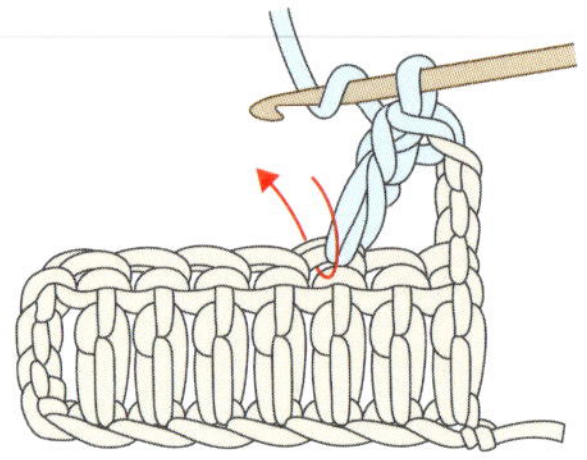

3 同じ目に長編みをもう1目編み入れます。

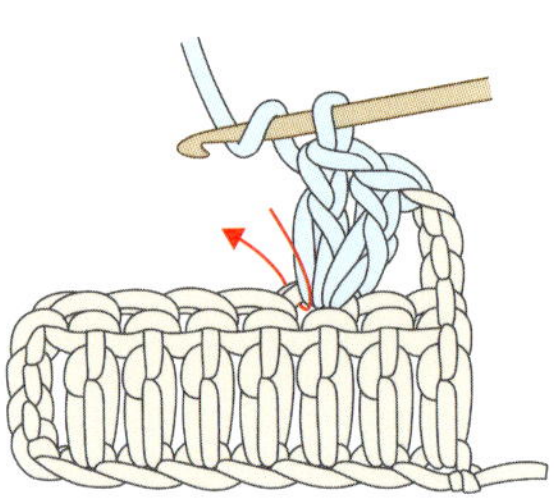

4 さらに同じ目に長編みをもう1目編み入れます。

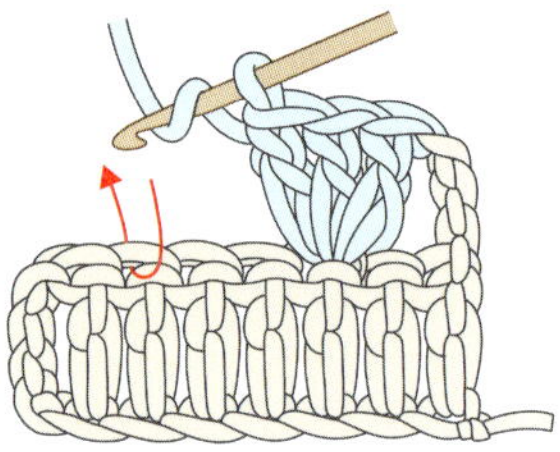

5 長編み3目編み入れることができました。続いて、矢印の位置に同様に長編みを3目編み入れます。

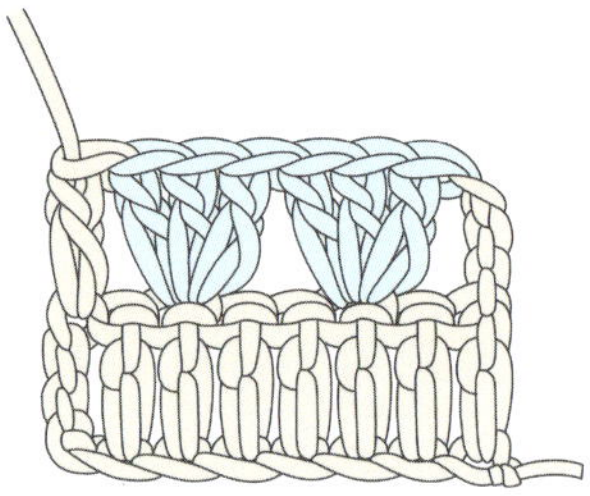

6 「長編み3目編み入れ」た目が2つ編めました。

長《なが》編《あ》み 3目《め》編《あ》み入《い》れる （束《そく》に編《あ》む）

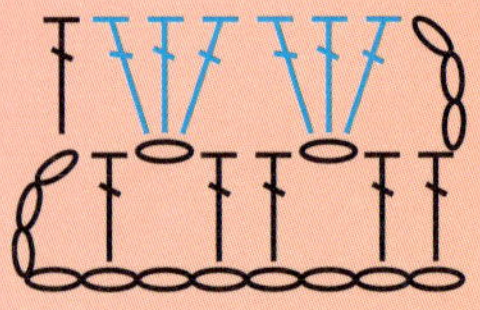

1 1段めを編み図のように編み、次段の立ち上がりの鎖3目を編みます。

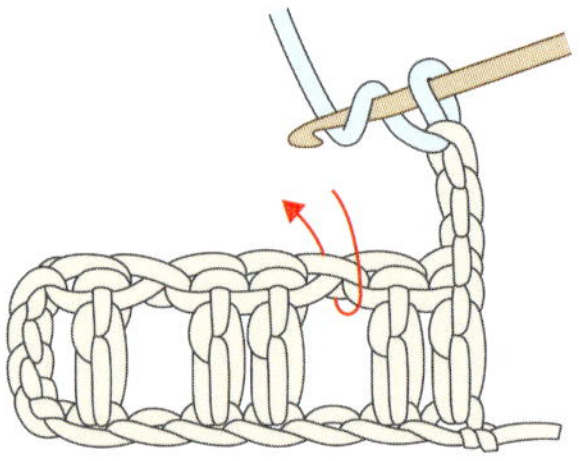

2 編み地を返し、矢印の位置の鎖目を束に拾って（P.40参照）、長編みを1目編み入れます。

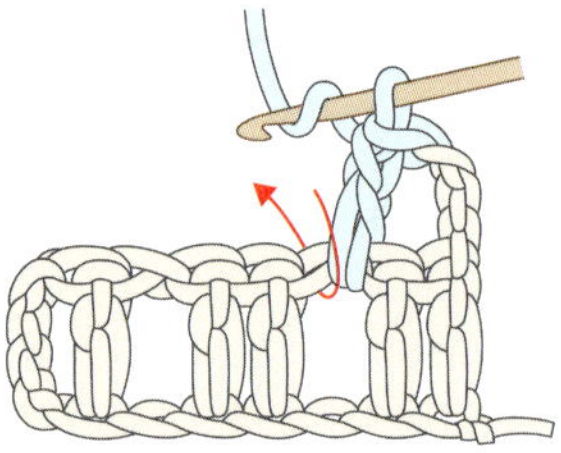

3 同じ位置に長編みをもう1目束に編み入れます。

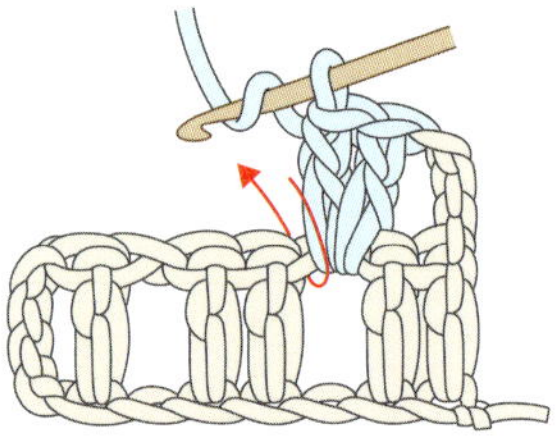

4 さらに同じ位置に長編みをもう1目束に編み入れます。

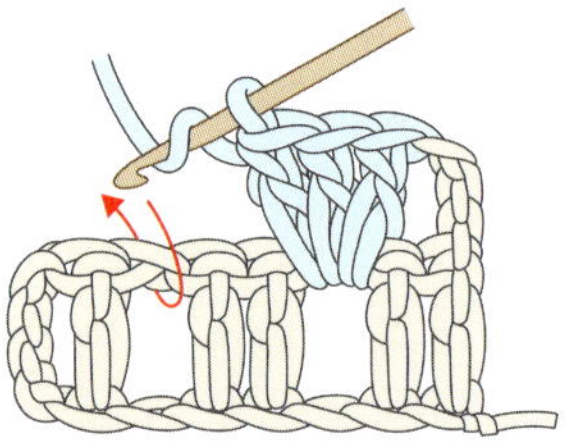

5 長編み3目を束に編み入れることができました。続いて矢印の位置に同様に長編みを3目束に編み入れます。

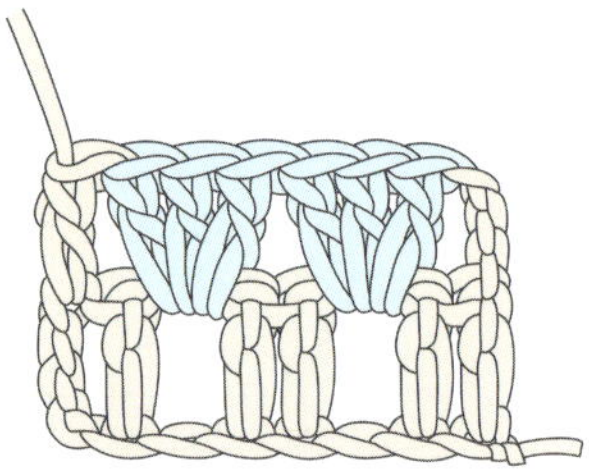

6 「長編み3目を束に編み入れ」た目が2つ編めました。

長《なが》編《あ》み
5目《め》編《あ》み入《い》れる

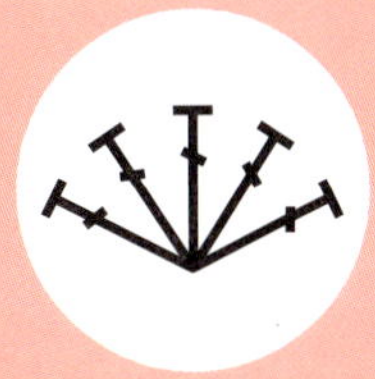

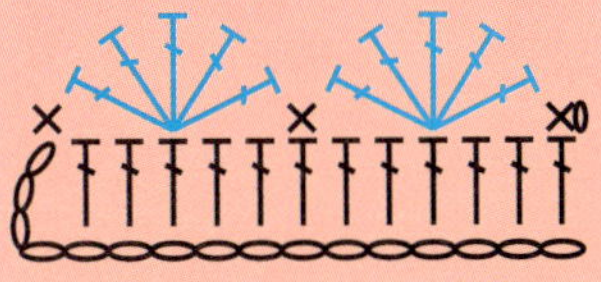

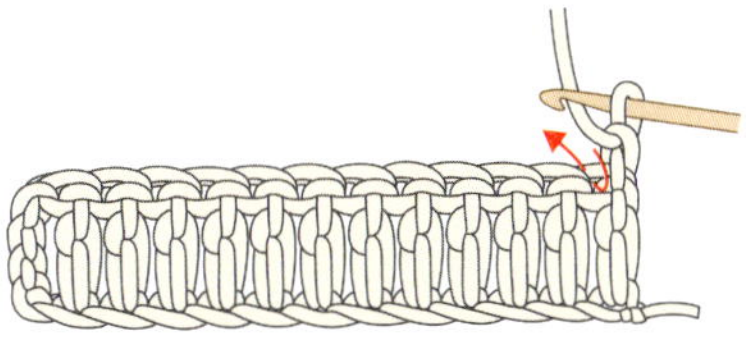

1 長編みを１段編み、次段の立ち上がりの鎖１目を編みます。編み地を返し、立ち上がりの目と同じ目（矢印の位置）に細編みを１目編みます。

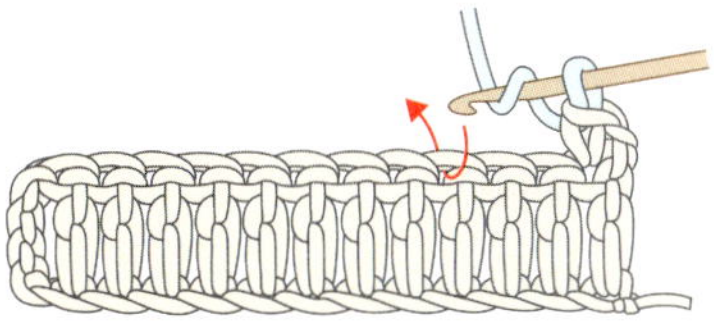

2 針先に糸をかけ、矢印の位置に長編みを１目編みます。

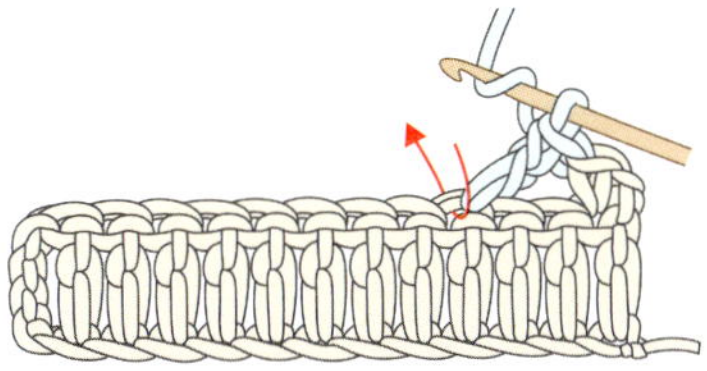

3 同じ目に長編みをあと４目編み入れます。

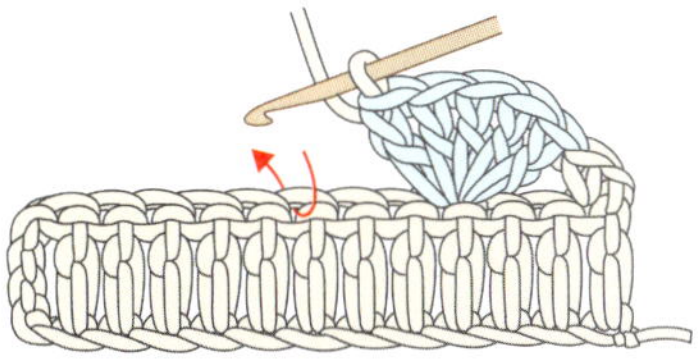

4 同じ目に長編みを５目編み入れることができました。続いて、矢印の位置に細編みを１目編みます。

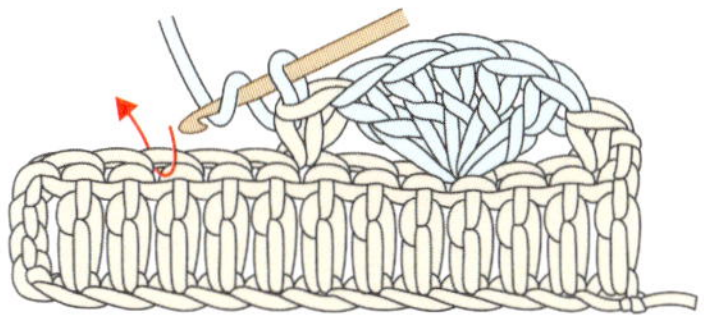

5 針先に糸をかけ、矢印の位置に同様に長編みを５目編み入れます。

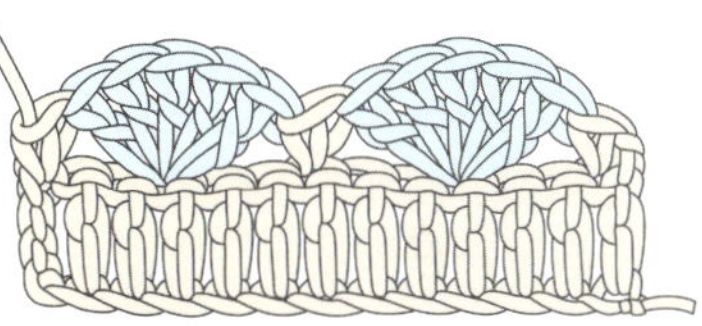

6 最後に細編みを１目編み、「長編み５目編み入れ」た目が２つ編めました。

長《なが》編《あ》み
5目《め》編《あ》み入《い》れる
（束《そく》に編《あ》む）

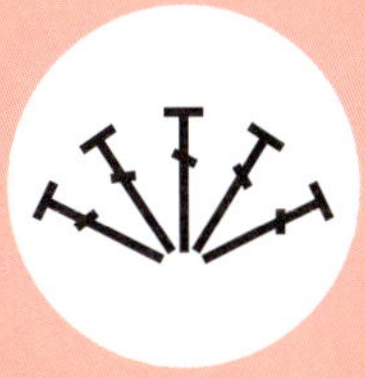

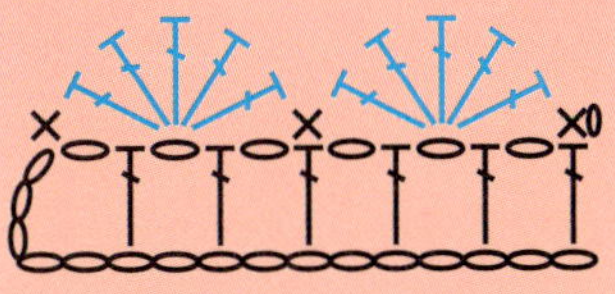

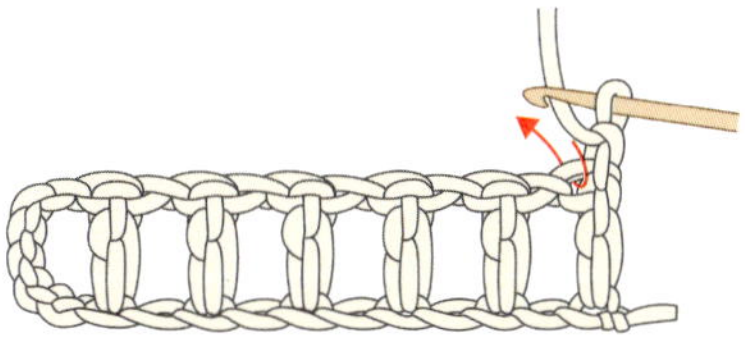

1 １段めを編み図のように編み、次段の立ち上がりの鎖１目を編みます。編み地を返し、矢印の位置に細編みを１目編みます。

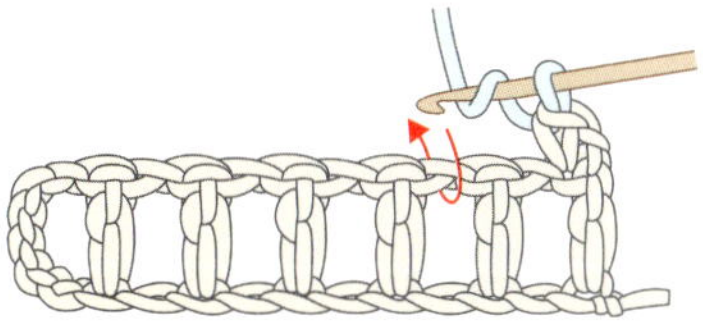

2 針先に糸をかけ、矢印の位置の鎖目を束に拾って（P.40 参照）、長編みを１目編みます。

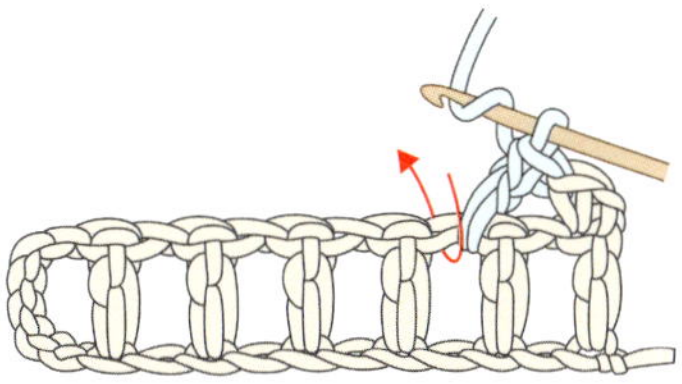

3 同じ位置に長編みをあと４目束に編み入れます。

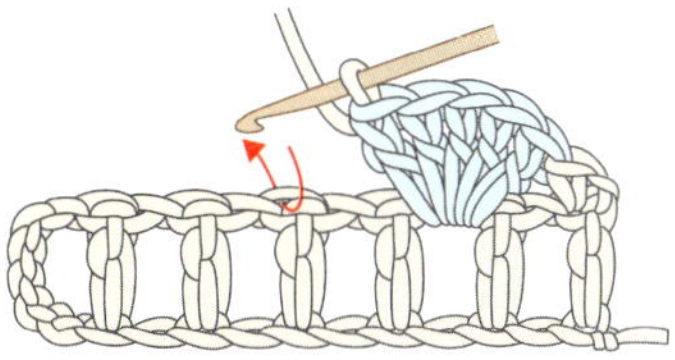

4 同じ位置に長編み５目を束に編み入れることができました。続いて、矢印の位置に細編みを１目編みます。

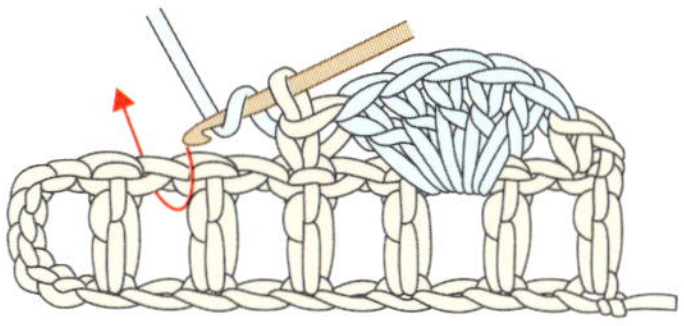

5 矢印の位置に同様に長編みを５目束に編み入れます。

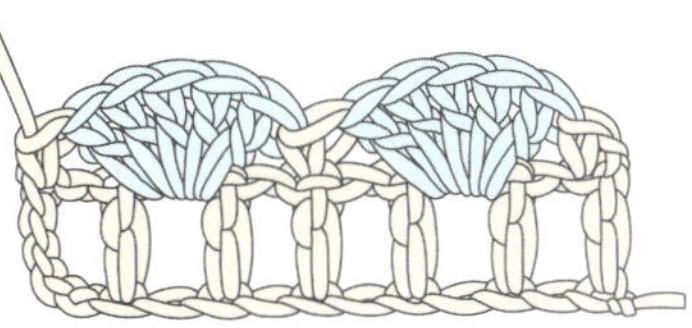

6 最後に細編みを１目編み、「長編み５目を束に編み入れ」た目が２つ編めました。

長《なが》編《あ》み4目《め》+
中央《ちゅうおう》に鎖《くさり》1目《め》

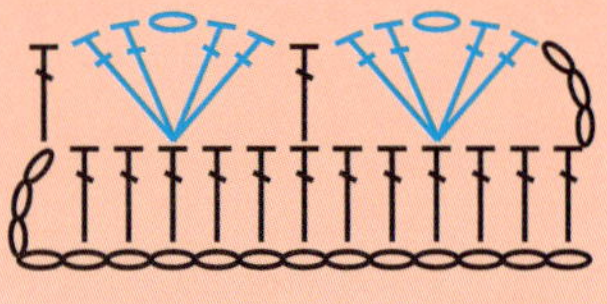

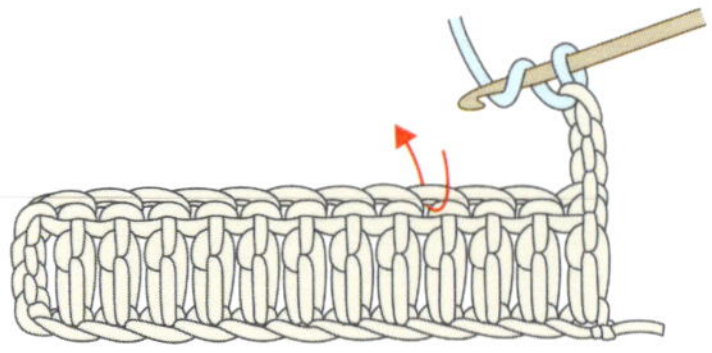

1 長編みを1段編み、次段の立ち上がりの鎖3目を編んで編み地を返し、矢印の位置に長編みを1目編みます。

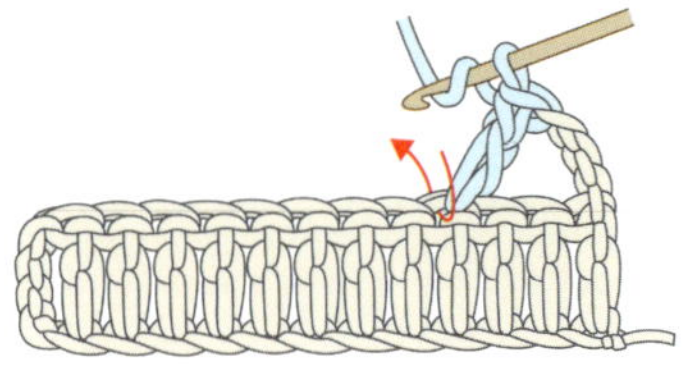

2 同じ目に長編みをもう1目編み入れます。

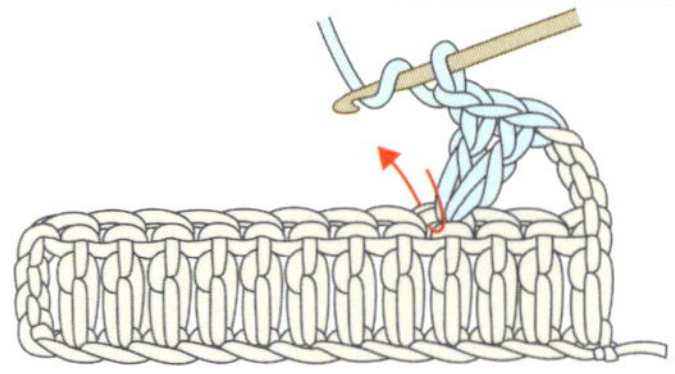

3 間の鎖1目を編み、同じ目に再び長編みを2目編み入れます。中央に鎖1目を入れて長編み4目を編み入れることができました。

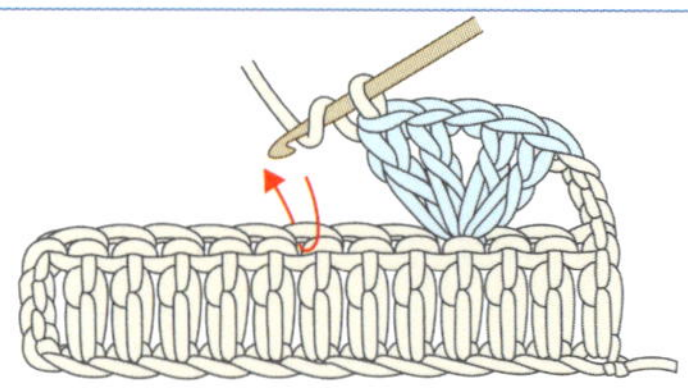

4 続いて、針に糸をかけ、矢印の位置に長編みを1目編みます。

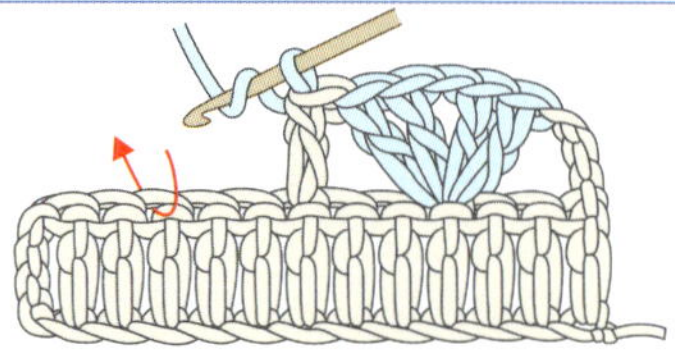

5 矢印の位置に **1** ～ **3** と同様に編みます。

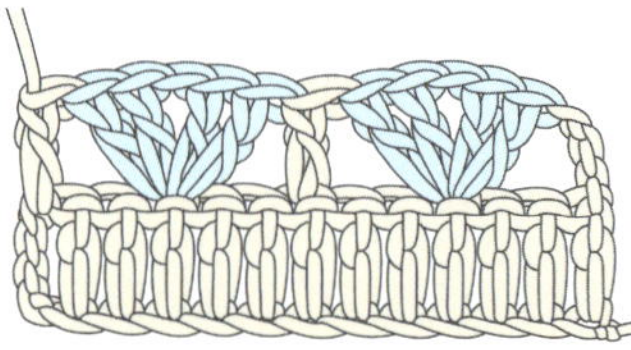

6 続いて最後に長編みを1目編み、「長編み4目+中央に鎖1目」が2つ編めました。

長《なが》編《あ》み4目《め》+
中央《ちゅうおう》に鎖《くさり》1目《め》
（束《そく》に編《あ》む）

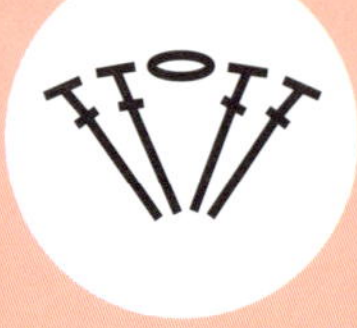

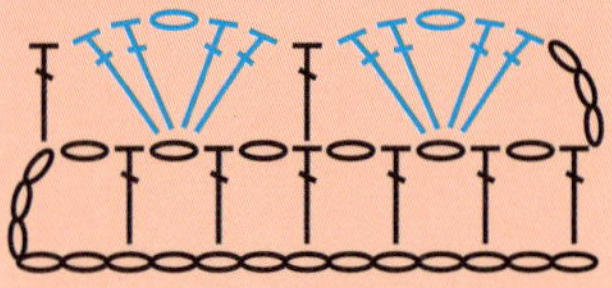

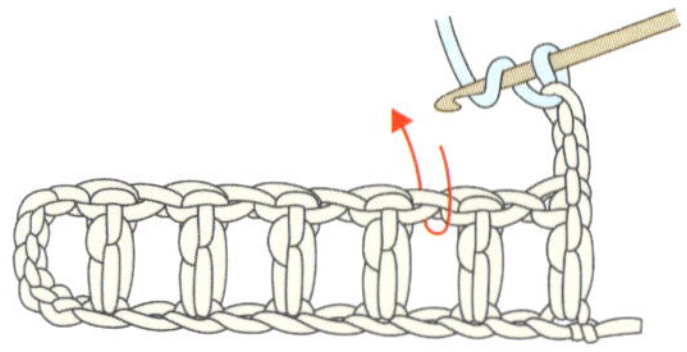

1 1段めを編み図のように編み、次段の立ち上がりの鎖3目を編んで編み地を返し、矢印の位置に長編み1目を束に編みます。

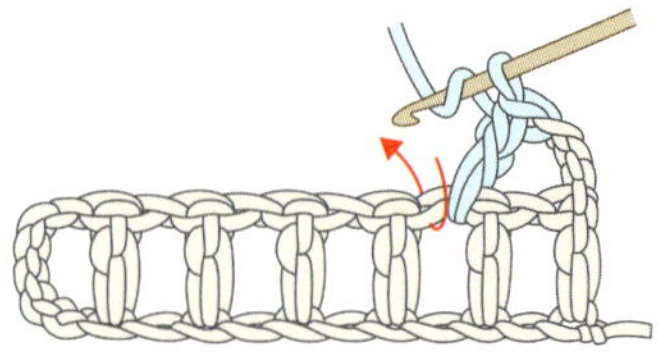

2 同じ位置に長編みをもう1目束に編み入れます。

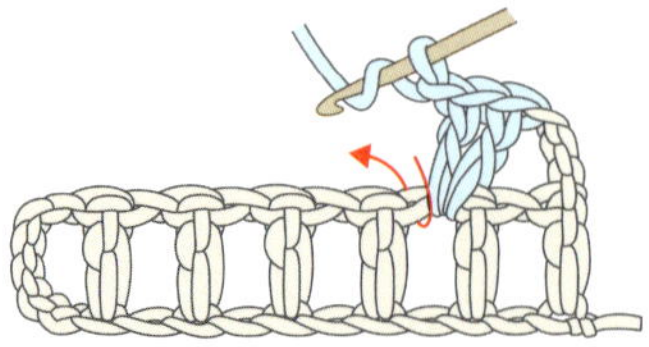

3 間の鎖1目を編み、同じ位置に長編みを2目束に編み入れます。

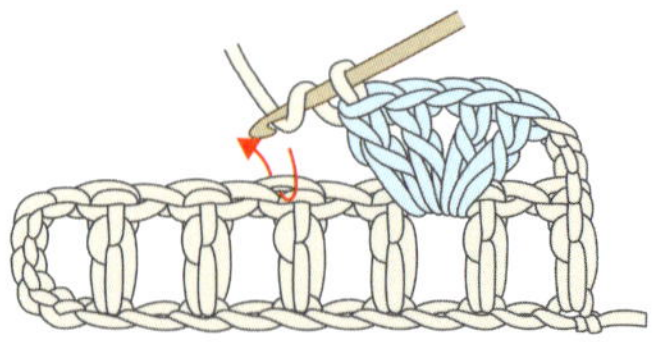

4 中央に鎖1目を入れて長編み4目を束に編み入れることができました。続いて針に糸をかけ、矢印の位置に長編みを1目編みます。

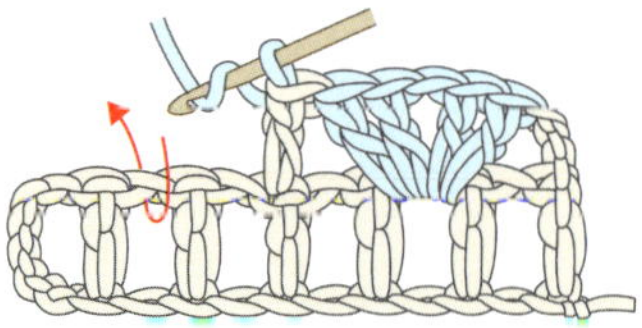

5 矢印の位置に **1** ～ **3** と同様に編みます。

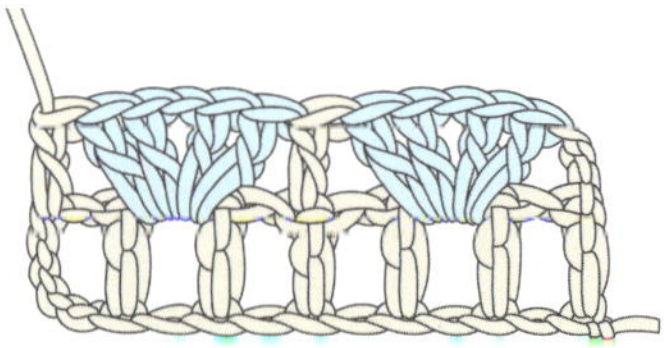

6 最後に長編みを1目編み、「長編み4目+中央に鎖1目」を束に編んだものが2つ編めました。

減らし目

細《こま》編《あ》み2目《め》一《いち》度《ど》

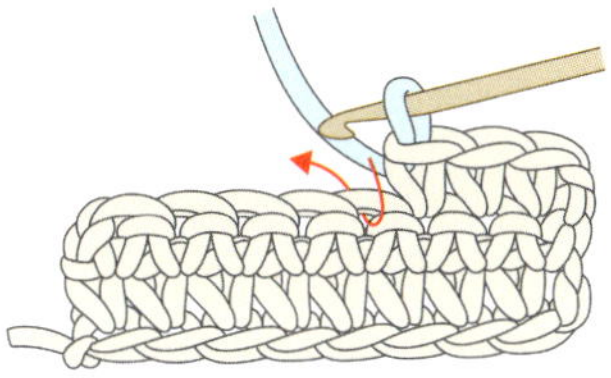

1 減らし目をする手前まで細編みを編み、矢印の位置に針を入れます。

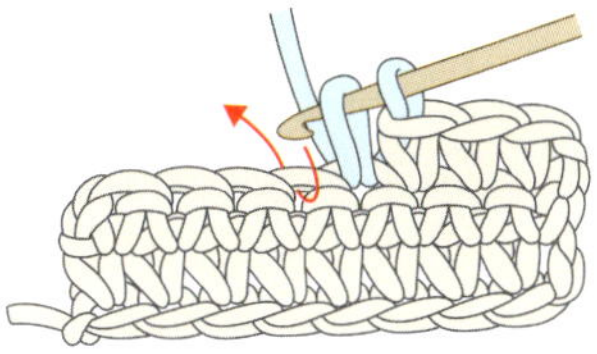

2 針先に糸をかけて引き出し、未完成の細編み（P.154参照）を1目編み、次の目に針を入れます。

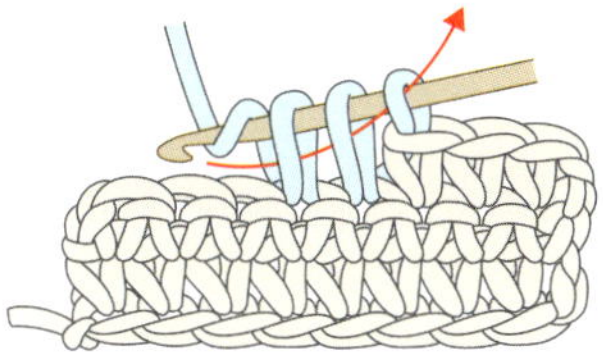

3 針先に糸をかけて引き出し、未完成の細編みをもう1目編み、針先に糸をかけて3ループから一度に引き抜きます。

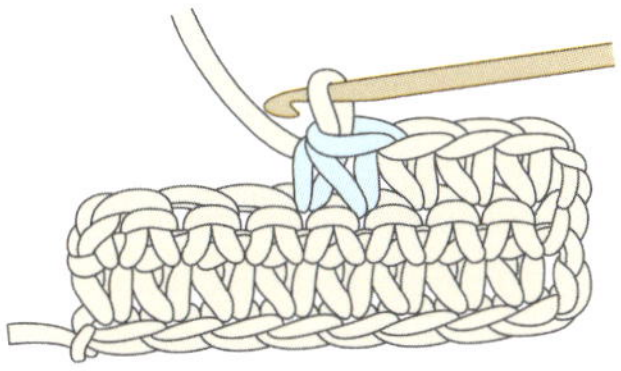

4 前段では2目あった細編みをこの段で、1目減らすことができました。

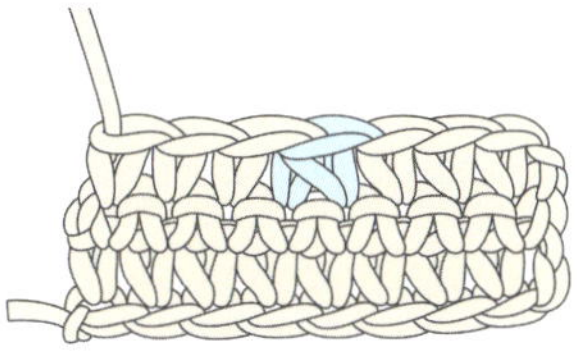

5 端まで細編みを編みます。ブルーの部分で細編み目が1目減っています。

細《こま》編《あ》み3目《め》一《いち》度《ど》

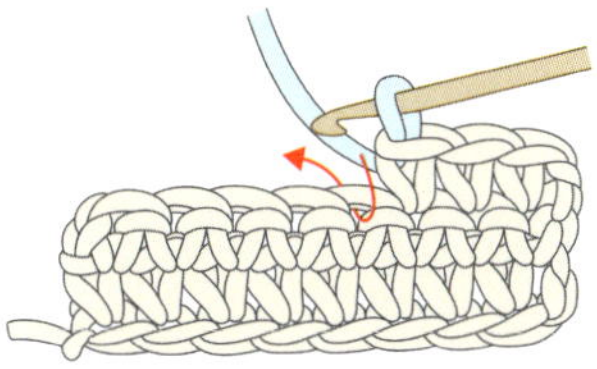

1 減らし目をする手前まで細編みを編み、矢印の位置に針を入れます。

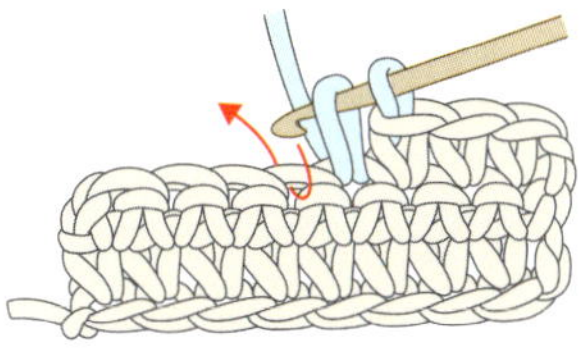

2 針先に糸をかけて引き出し、未完成の細編みを1目編み、次の目に針を入れます。

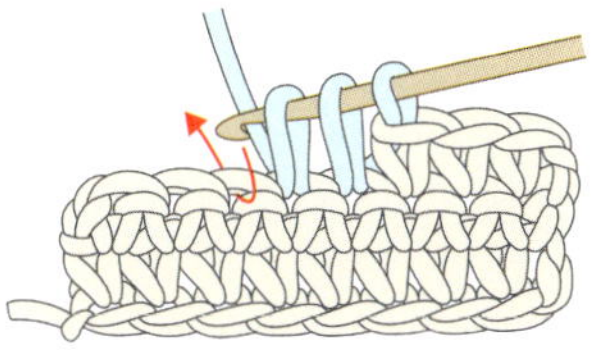

3 針先に糸をかけて引き出し、未完成の細編みを次の目、さらに次の目と、もう2目編みます。

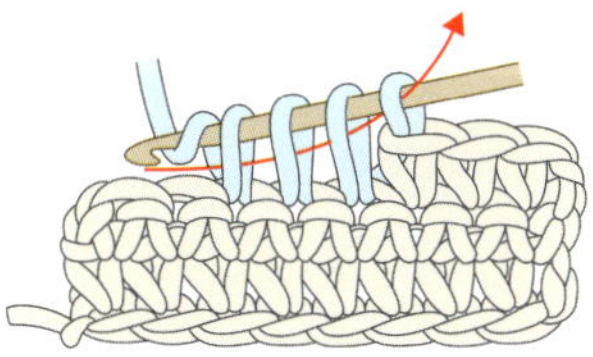

4 針先に糸をかけて4ループから一度に引き抜きます。

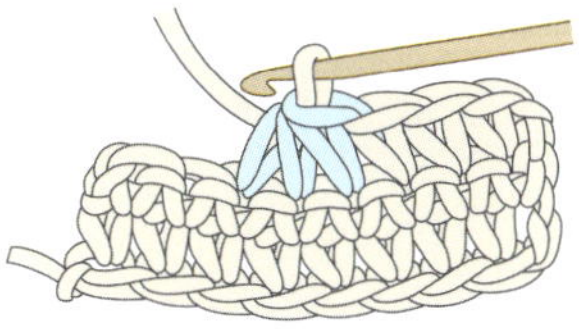

5 前段では3目あった細編みをこの段で、2目減らすことができました。

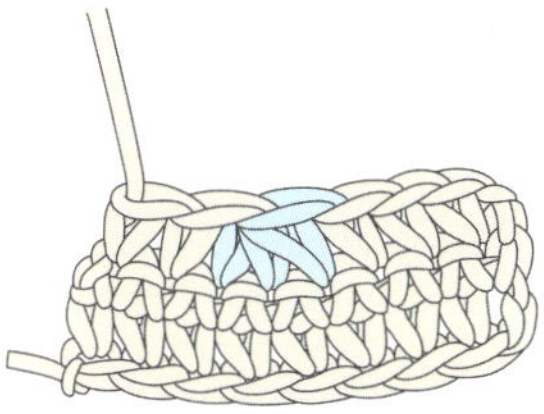

6 端まで細編みを編みます。ブルーの部分で細編み目が2目減っています。

中《ちゅう》長《なが》編《あ》み2目《め》一《いち》度《ど》

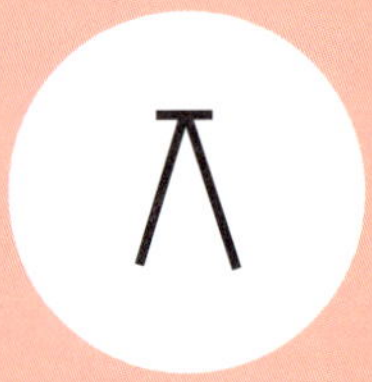

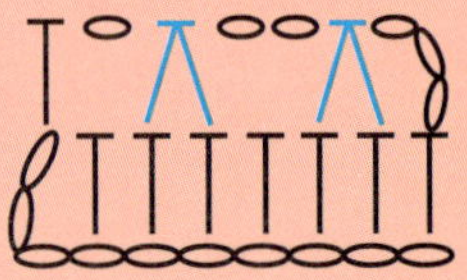

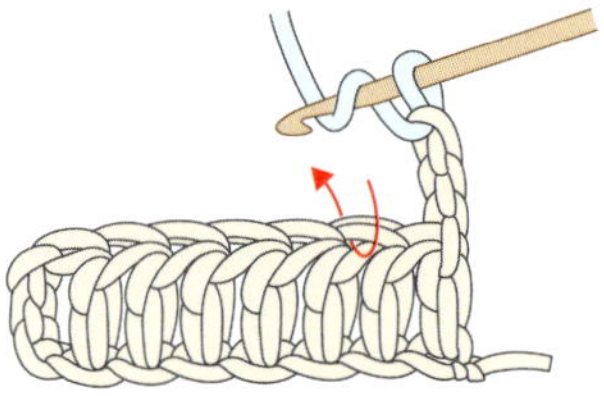

1 立ち上がりの鎖2目と間の鎖1目を編み、編み地を返して矢印の位置に未完成の中長編み（P.154 参照）を編みます。

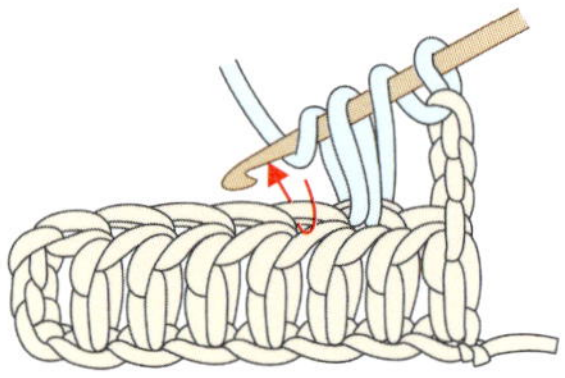

2 針先に糸をかけ、次の目にも未完成の中長編みを編みます。

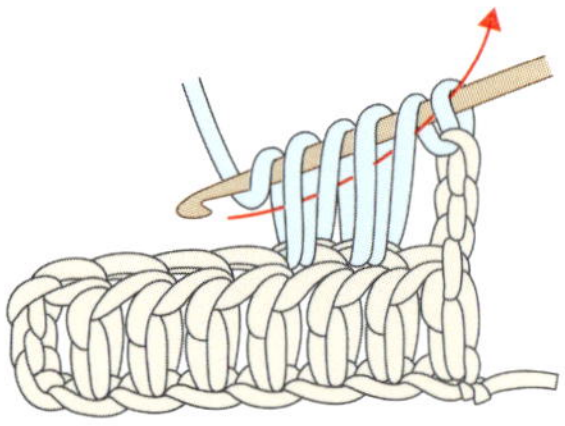

3 針先に糸をかけ、針にかかっている5ループから、矢印のように一度に引き抜きます。

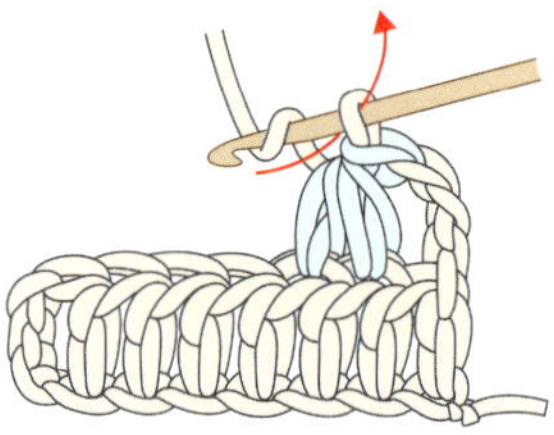

4 前段では2目あった中長編みを1目減らし、中長編み2目一度が1目編めました。続いて間の鎖2目を編みます。

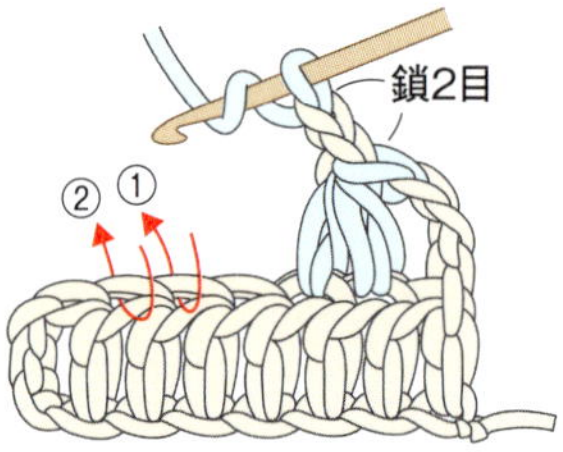

5 針先に糸をかけ、矢印の位置に **1** ～ **3** をくり返して編みます。

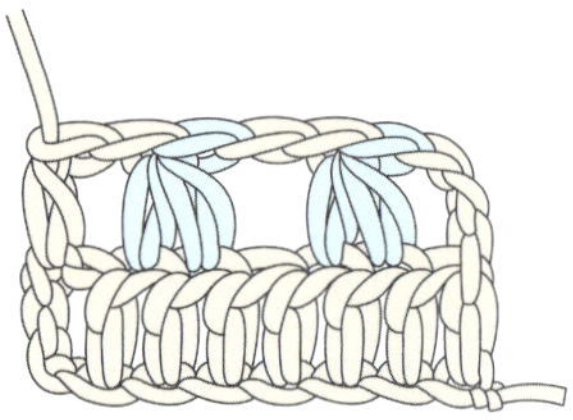

6 最後に鎖1目と中長編み1目を編み、この段に中長編み2目一度が2つ編めました。

中《ちゅう》長《なが》編《あ》み3目《め》一《いち》度《ど》

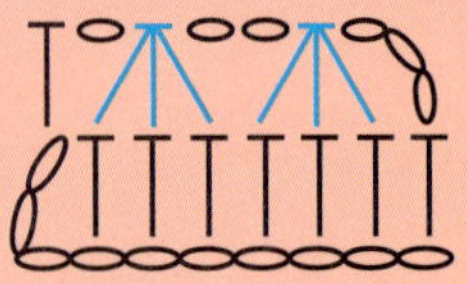

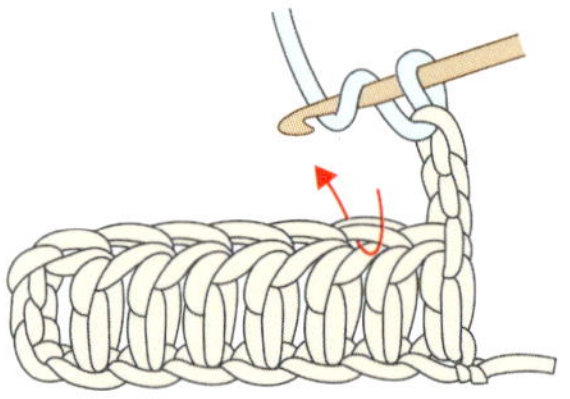

1 立ち上がりの鎖2目と間の鎖1目を編み、編み地を返して矢印の位置に未完成の中長編みを編みます。

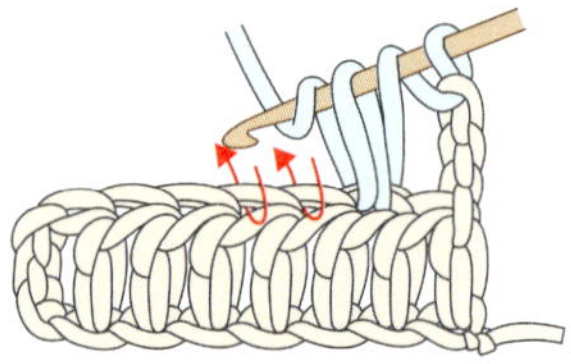

2 次の目、さらに次の目と、未完成の中長編みをもう2目編みます。

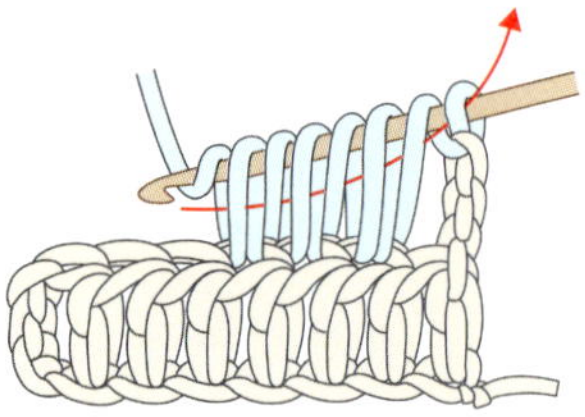

3 針先に糸をかけ、針にかかっている7ループから、矢印のように一度に引き抜きます。

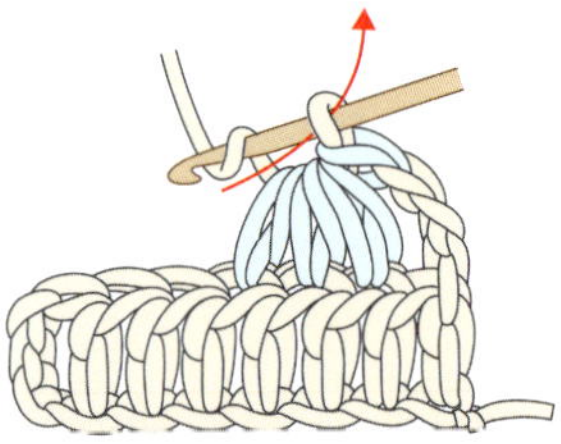

4 前段では3目あった中長編みを2目減らし、中長編み3目一度が1目編めました。続いて間の鎖2目を編みます。

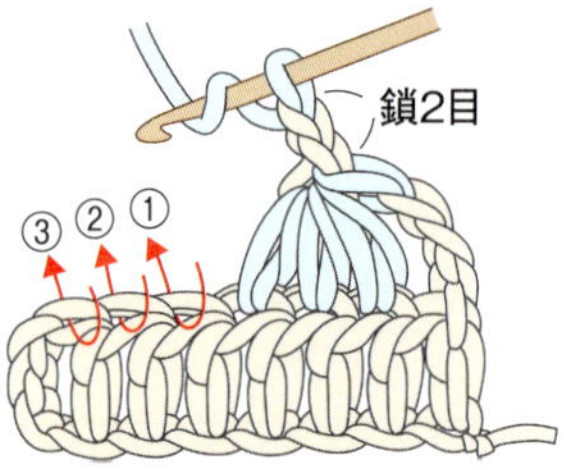

5 矢印の位置に **1** ～ **3** をくり返して編みます。

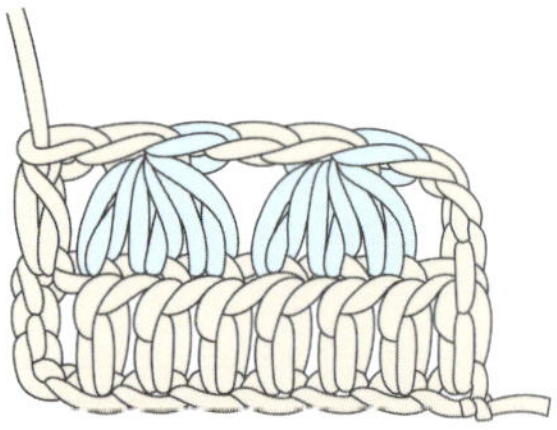

6 最後に鎖1目と中長編み1目を編み、この段に中長編み3目一度が2つ編めました。

長《なが》編《あ》み2目《め》一《いち》度《ど》

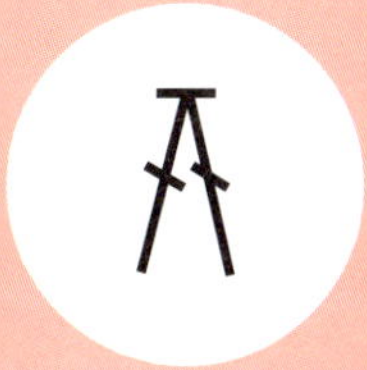

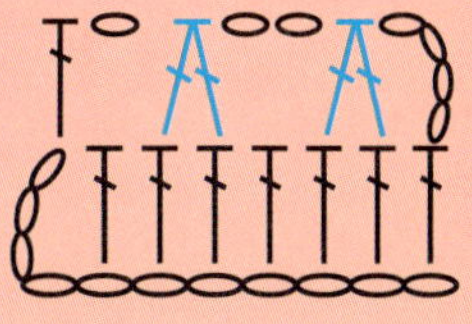

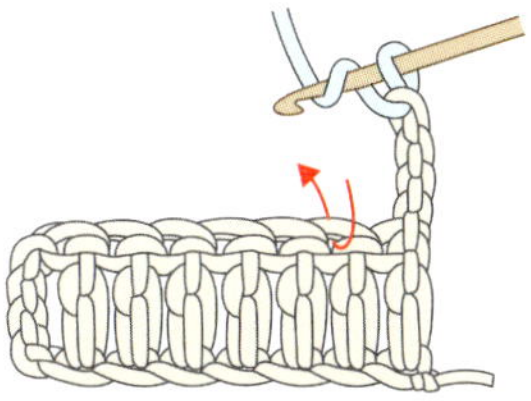

1 立ち上がりの鎖４目を編み、編み地を返して針先に糸をかけ、矢印の位置に針を入れます。

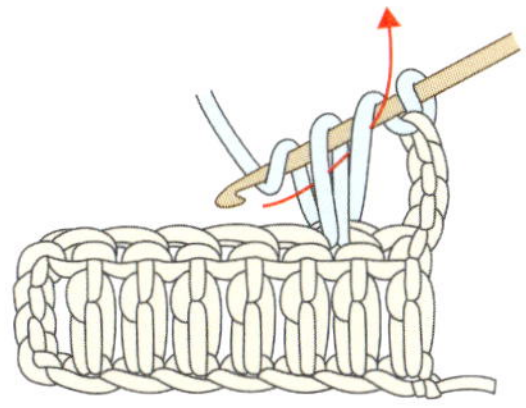

2 未完成の長編み（P.154 参照）を１目編み入れます。

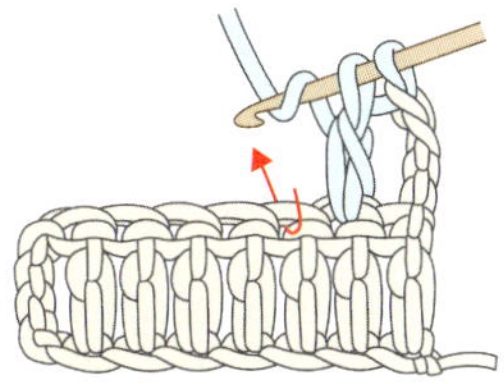

3 針先に糸をかけ、次の目（矢印の位置）に針を入れます。

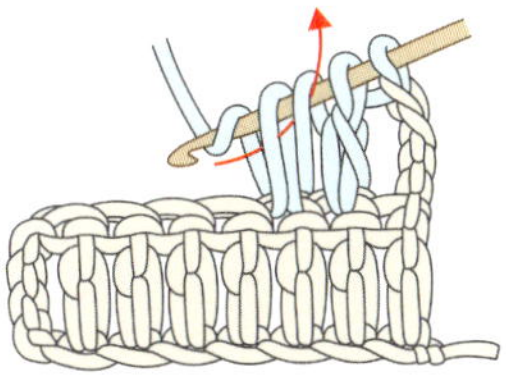

4 ここに未完成の長編みをもう１目編みます。

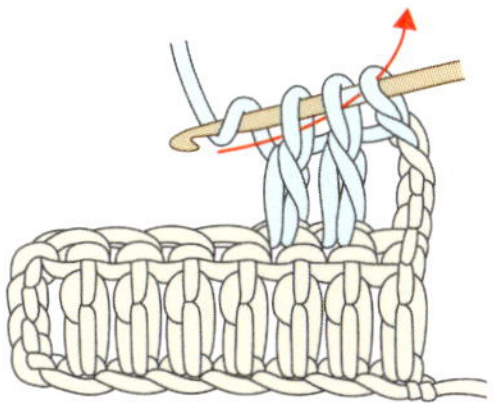

5 もう一度針先に糸をかけ、針にかかっている３ループから一度に引き抜きます。

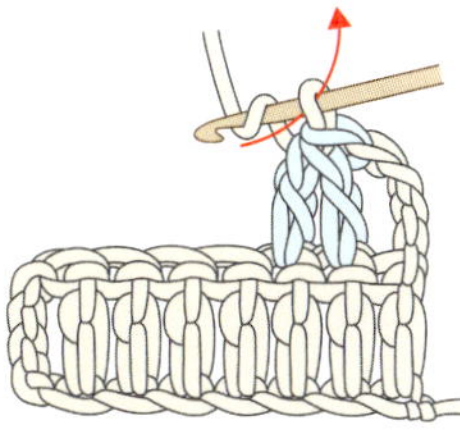

6 長編み２目一度が１目編めました。続いて間の鎖２目を編みます。

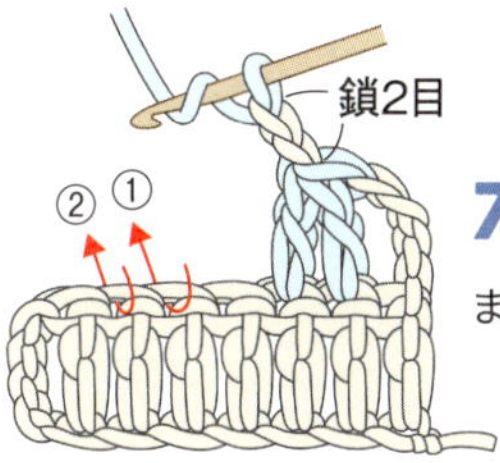

7 矢印の位置に **1**～**5** をくり返して編みます。

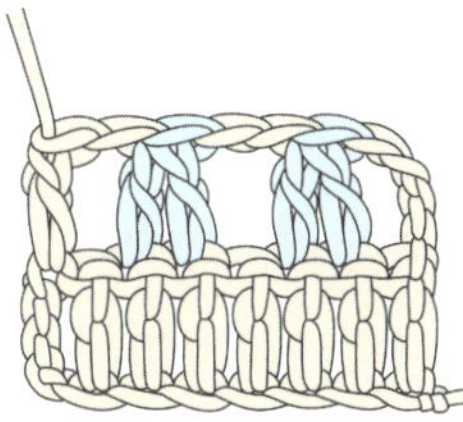

8 最後に鎖１目と長編み１目を編み、この段に長編み２目一度が２つ編めました。

長《なが》編《あ》み3目《め》一《いち》度《ど》

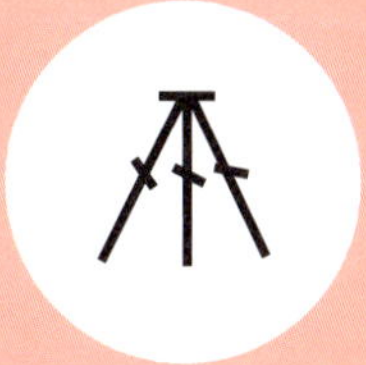

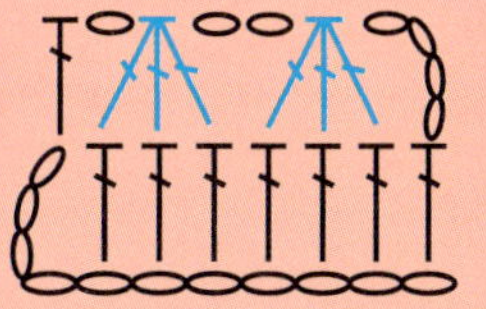

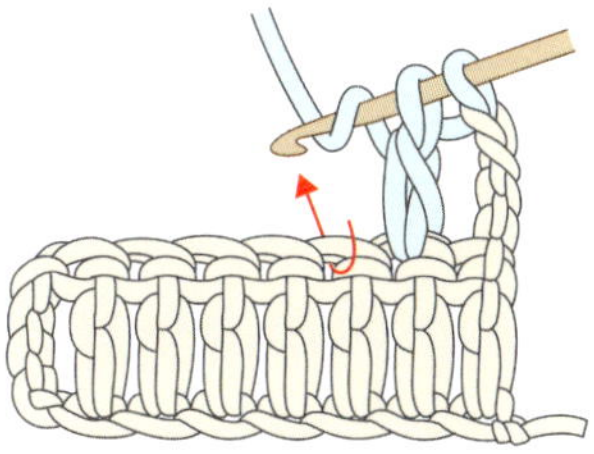

1 立ち上がりの鎖３目と間の鎖１目を編み、編み地を返して次の目、さらに次の目に未完成の長編みを編みます。

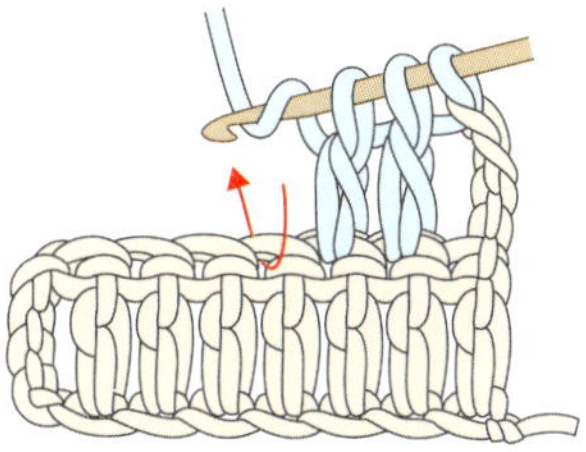

2 さらに次の目にも未完成の長編みを編みます。

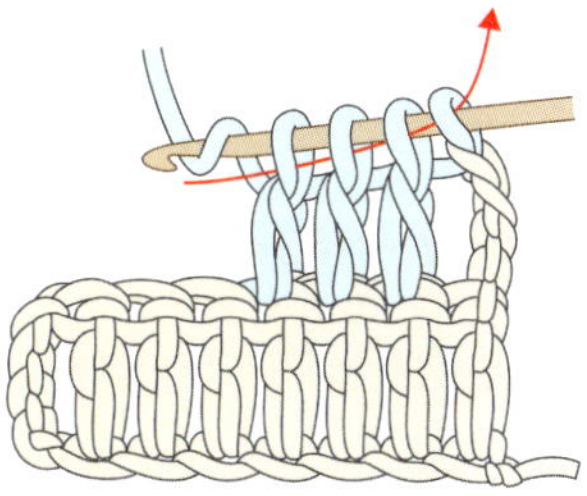

3 針先に糸をかけ、針にかかっている４ループから、矢印のように一度に引き抜きます。

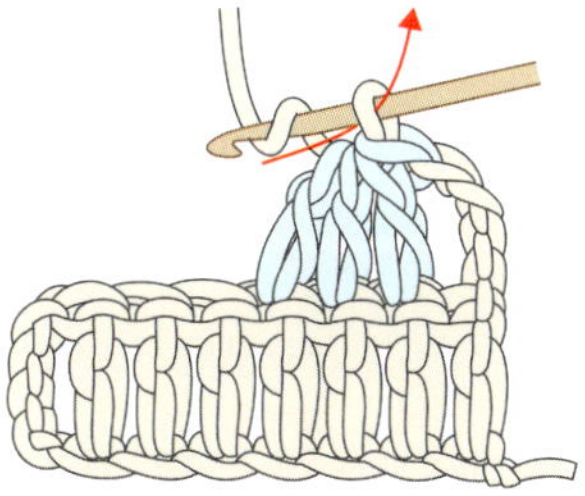

4 前段では３目あった長編みを２目減らし、長編み３目一度が１目編めました。続いて間の鎖２目を編みます。

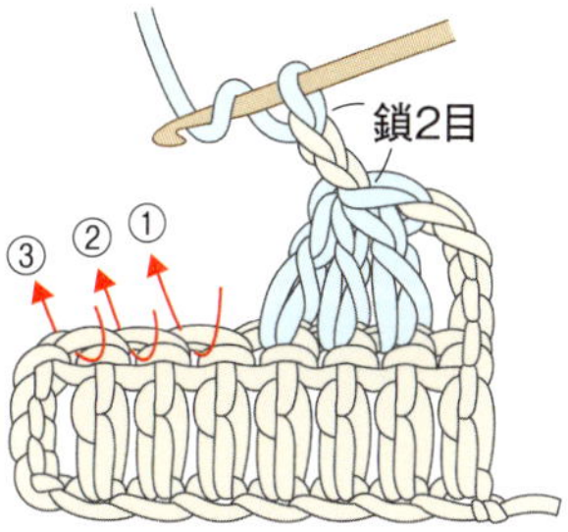

5 矢印の位置に **1**～**3** をくり返して編みます。

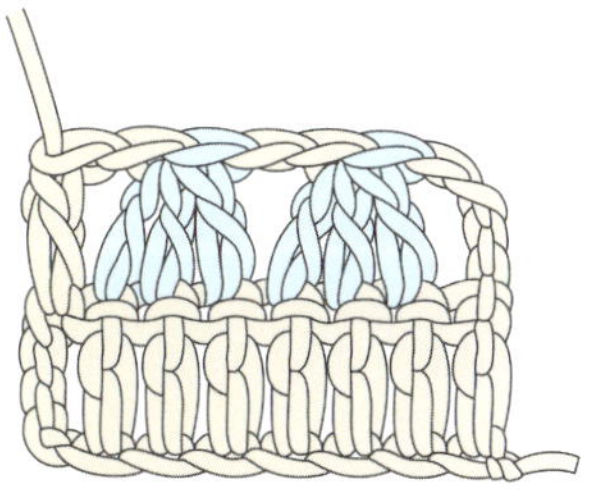

6 最後に鎖１目と長編み１目を編み、この段に長編み３目一度が２つ編めました。

玉編み

中《ちゅう》長《なが》編《あ》み2目《め》の玉《たま》編《あ》み

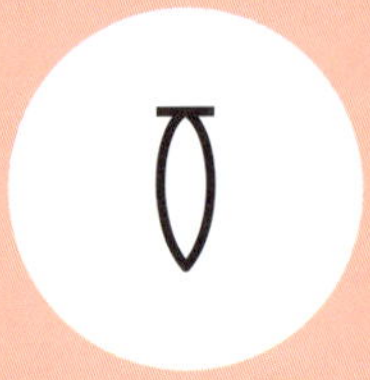

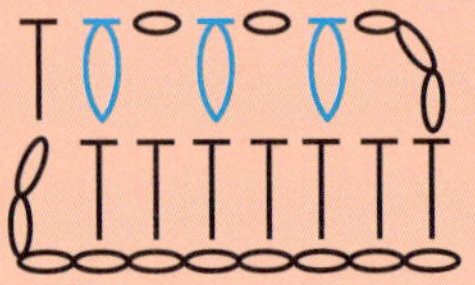

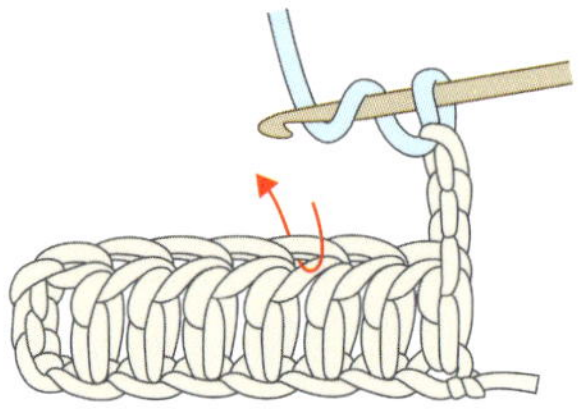

1 立ち上がりの鎖2目と間の鎖1目を編み、編み地を返して矢印の位置に未完成の中長編み（P.154 参照）を編みます。

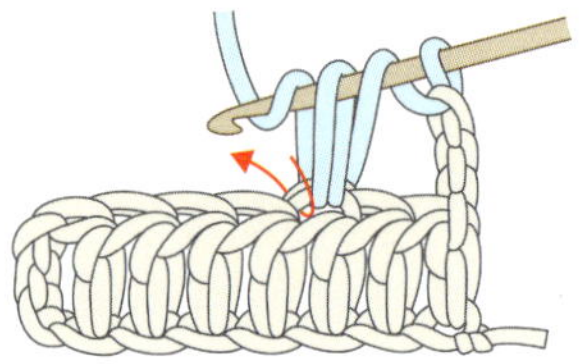

2 同じ目に未完成の中長編みをもう1目編み入れます。

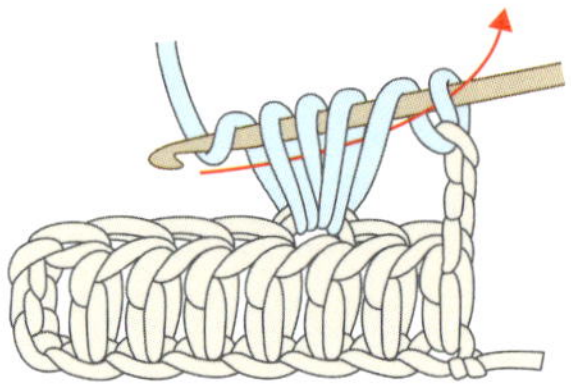

3 針先に糸をかけ、針にかかった5ループから、矢印のように一度に引き抜きます。

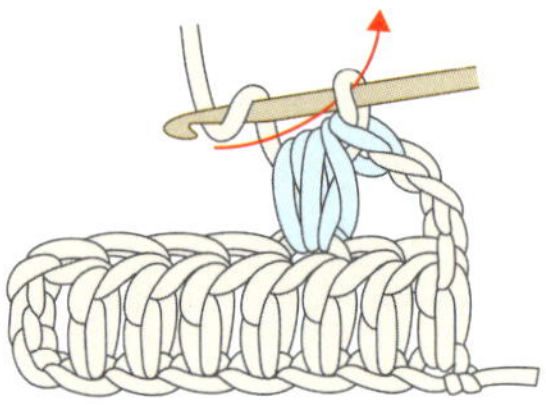

4 中長編み2目の玉編みが1つ編めました。続いて間の鎖1目を編みます。

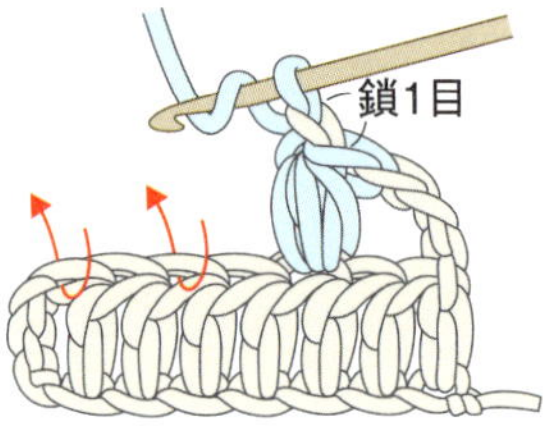

5 針先に糸をかけ、矢印の位置に **1**～**3** をくり返して編みます。

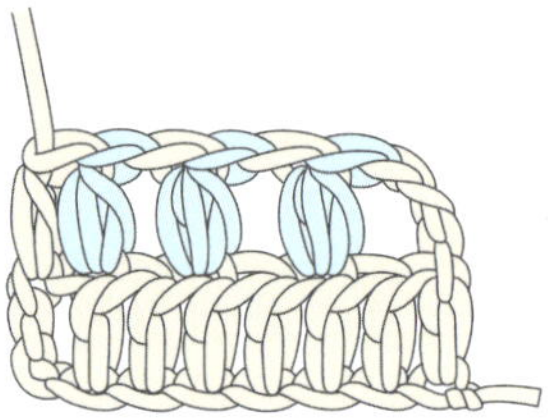

6 最後に中長編みを1目編み、この段に中長編み2目の玉編みが3つ編めました。

中《ちゅう》長《なが》編《あ》み2目《め》の玉《たま》編《あ》み（束《そく》に編《あ》む）

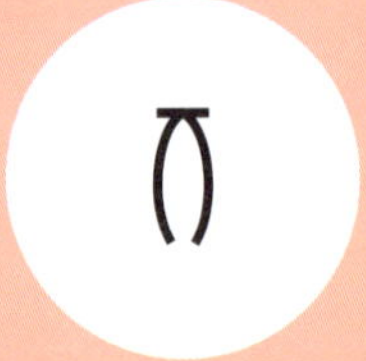

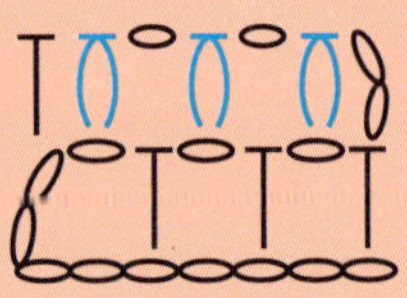

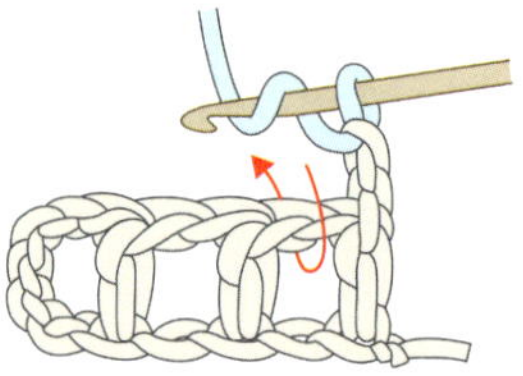

1 立ち上がりの鎖2目を編み、編み地を返して矢印の位置に未完成の中長編み（P.154 参照）を束に編みます。

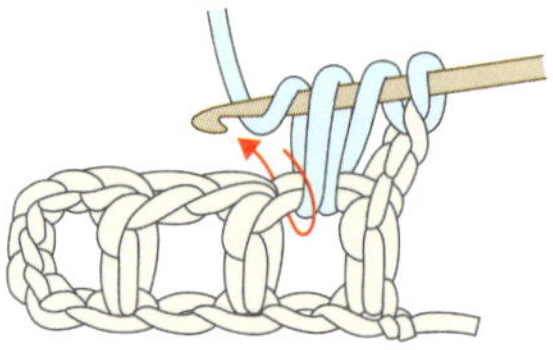

2 同じ位置に未完成の中長編みを束にもう1目編み入れます。

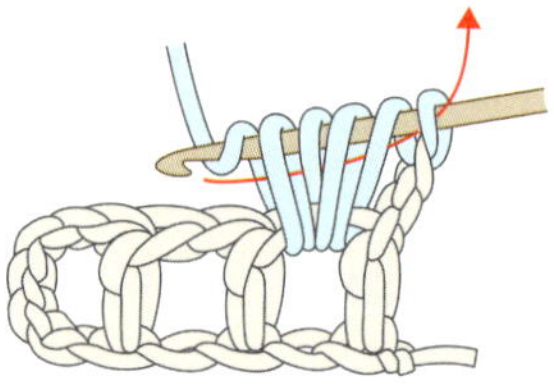

3 針先に糸をかけ、針にかかった5ループから矢印のように一度に引き抜きます。

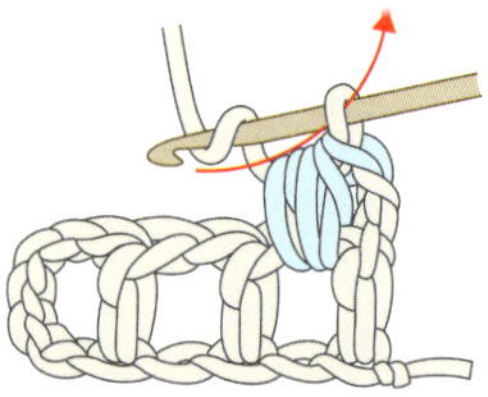

4 中長編み2目の玉編みを束に編んだものが1つ編めました。続いて間の鎖1目を編みます。

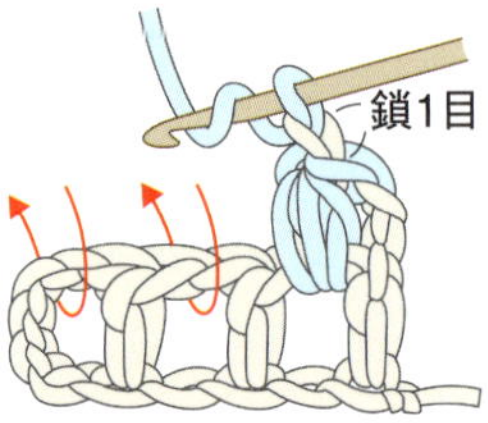

5 針先に糸をかけ、矢印の位置に **1**～**3** をくり返して編みます。

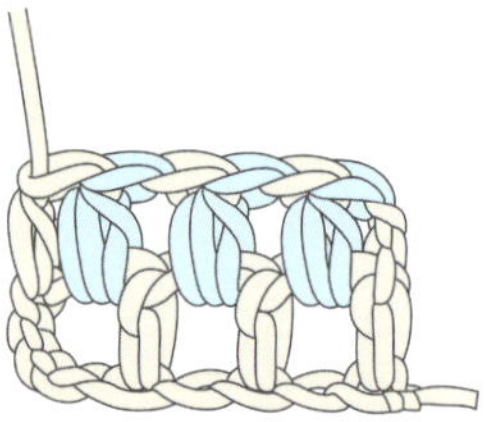

6 最後に中長編みを1目編み、この段に中長編み2目の玉編みを束に編んだものが3つ編めました。

長《なが》編《あ》み2目《め》の玉《たま》編《あ》み

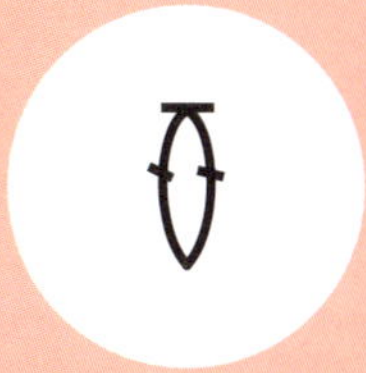

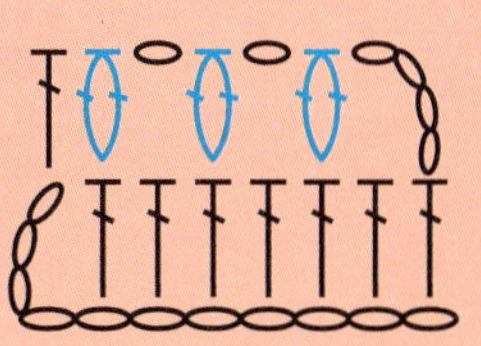

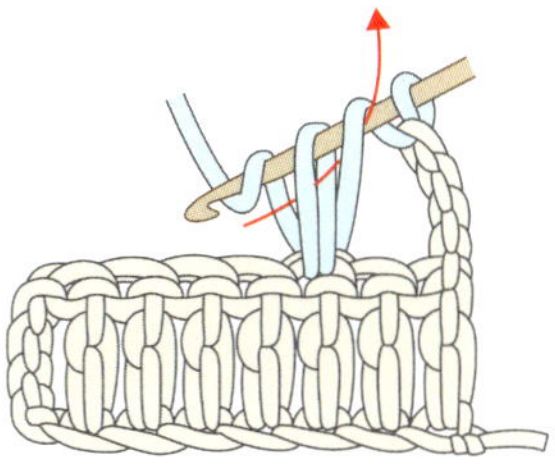

1 立ち上がりの鎖3目と間の鎖1目を編み、編み地を返して端から3目めに未完成の長編み（P.154参照）を編みます。

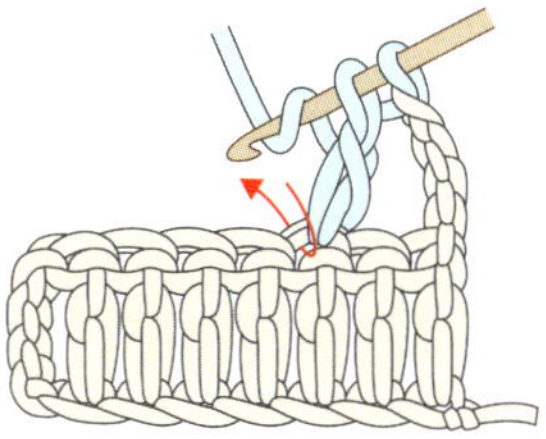

2 同じ目に未完成の長編みをもう1目編み入れます。

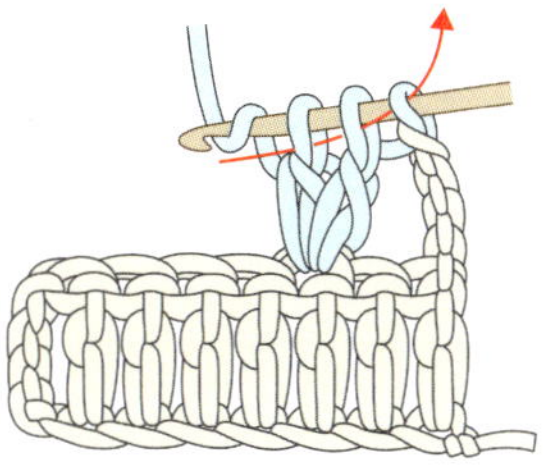

3 針先に糸をかけ、針にかかった3ループから、矢印のように一度に引き抜きます。

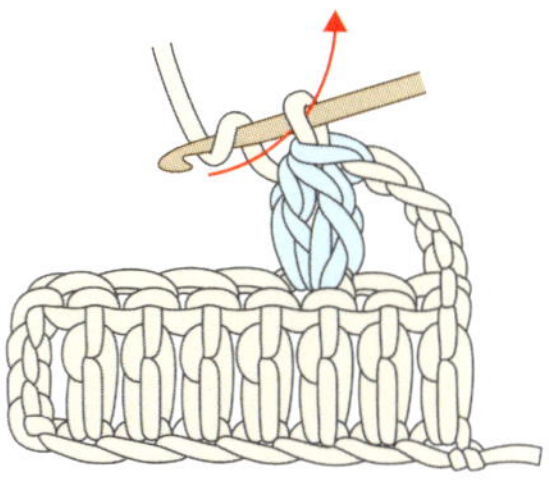

4 長編み2目の玉編みが1つ編めました。続いて間の鎖1目を編みます。

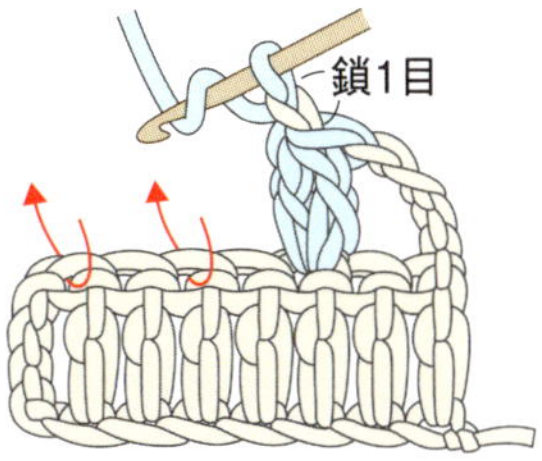

5 針先に糸をかけ、矢印の位置に **1**〜**3** をくり返して編みます。

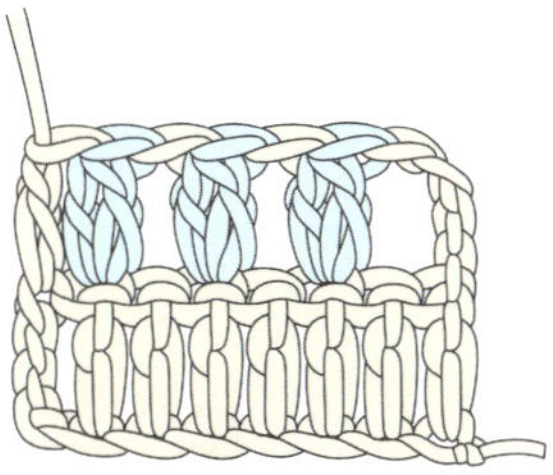

6 最後に長編みを1目編み、この段に長編み2目の玉編みが3つ編めました。

長《なが》編《あ》み2目《め》の玉《たま》編《あ》み（束《そく》に編《あ》む）

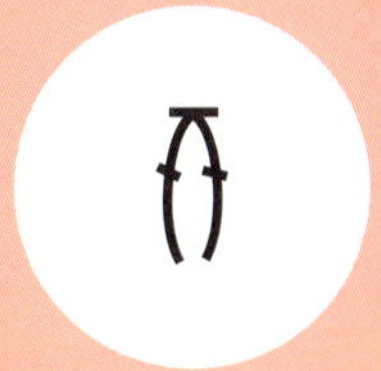

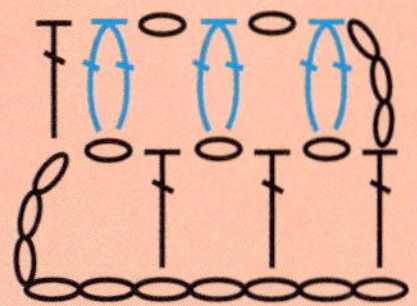

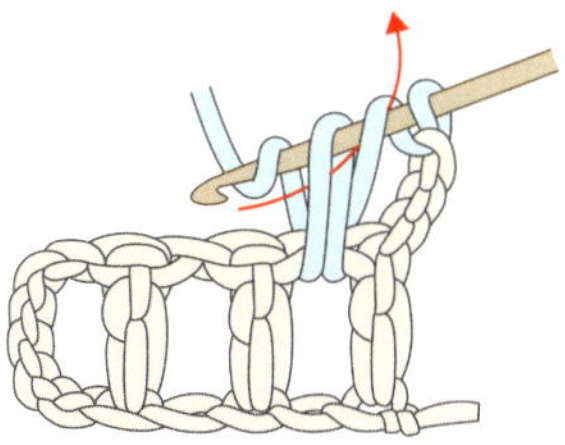

1 立ち上がりの鎖3目を編み、編み地を返して前段の鎖を束に拾って未完成の長編み（P.154参照）を編みます。

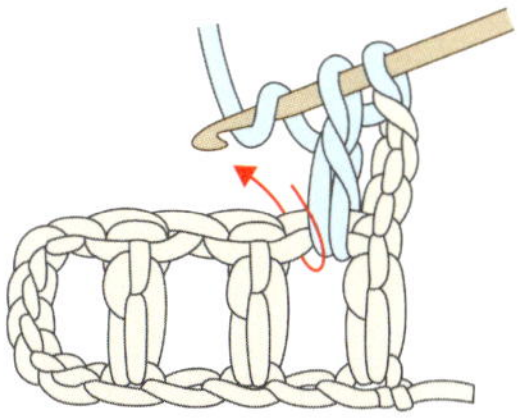

2 同じ位置に未完成の長編みを束にもう1目編み入れます。

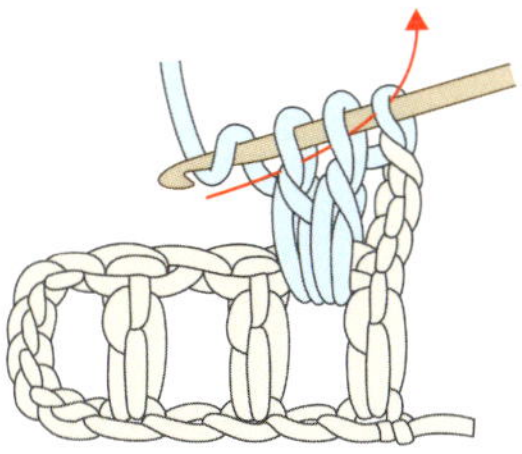

3 針先に糸をかけ、針にかかった3ループを矢印のように一度に引き抜きます。

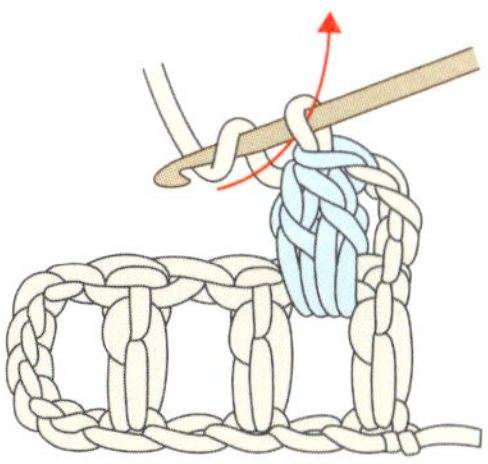

4 長編み2目の玉編みを束に編んだものが1つ編めました。続いて間の鎖1目を編みます。

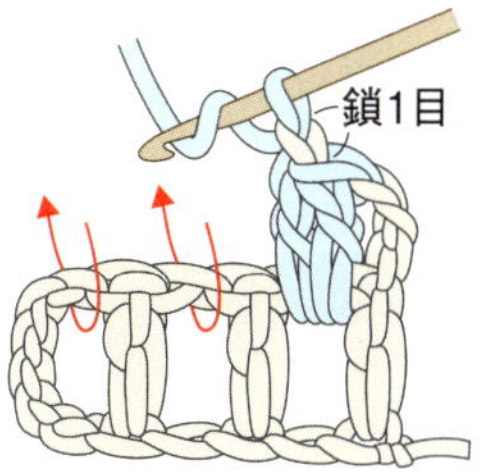

5 針先に糸をかけ、矢印の位置に **1**〜**3** をくり返して編みます。

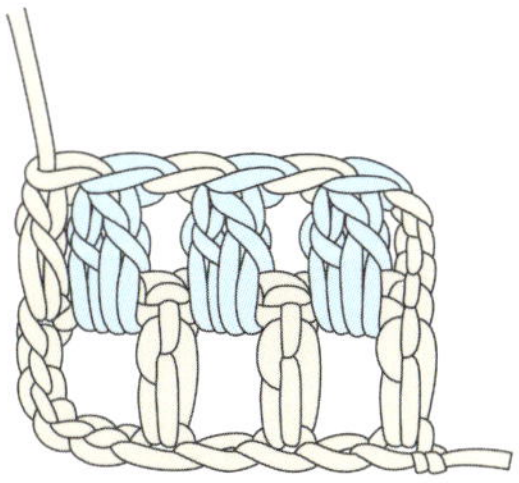

6 最後に長編みを1目編み、この段に長編み2目の玉編みを束に編んだものが3つ編めました。

中《ちゅう》長《なが》編《あ》み3目《め》の玉《たま》編《あ》み

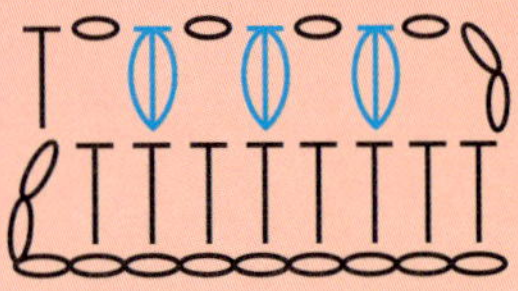

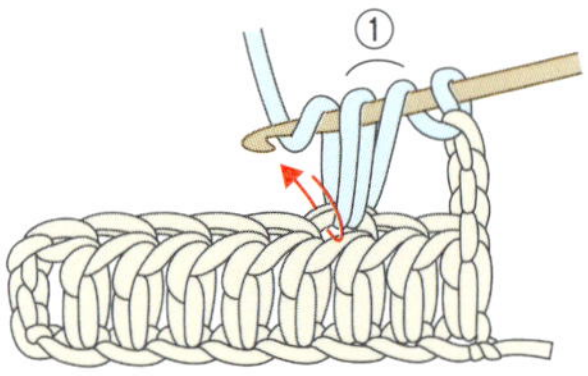

1 立ち上がりの鎖2目と間の鎖1目を編み、編み地を返して端から3目めに未完成の中長編み（P.154 参照）を編みます。

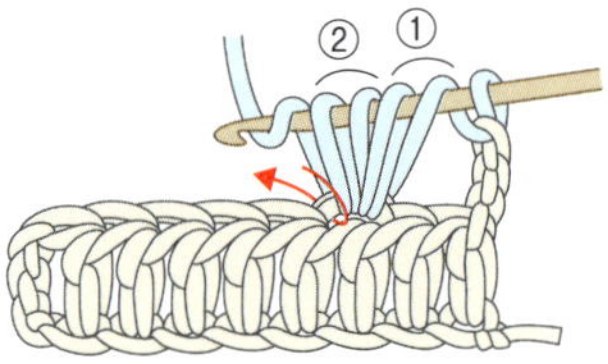

2 同じ目に未完成の中長編みをもう2目編み入れます。

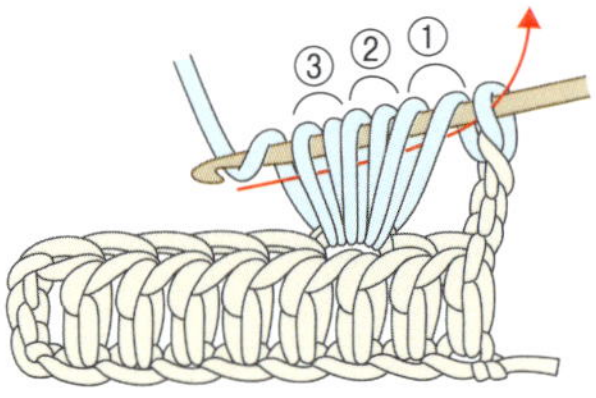

3 針先に糸をかけ、針にかかっている7ループから、矢印のように一度に引き抜きます。

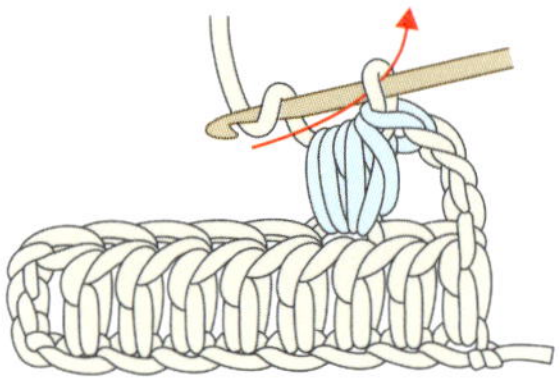

4 中長編み3目の玉編みが1つ編めました。続いて間の鎖1目を編みます。

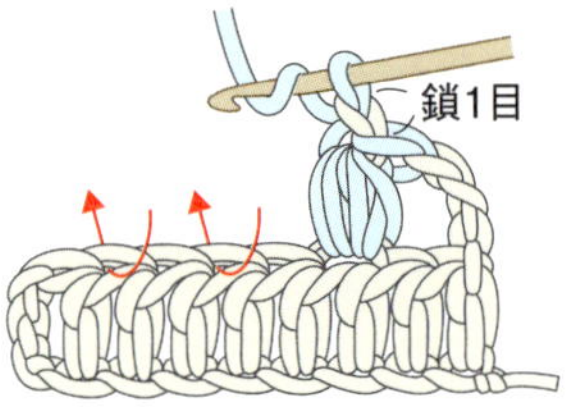

5 針先に糸をかけ、矢印の位置に **1**～**3** をくり返して編みます。

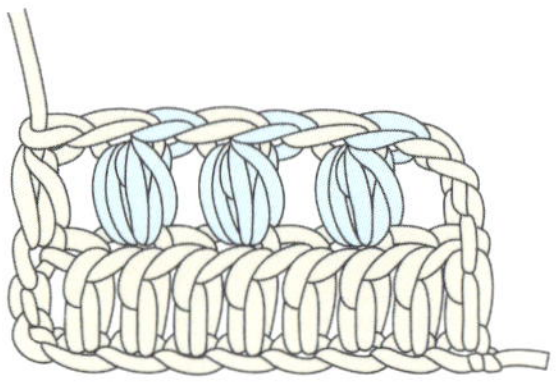

6 最後に鎖1目と中長編みを1目編み、この段に中長編み3目の玉編みが3つ編めました。

中《ちゅう》長《なが》編《あ》み3目《め》の玉《たま》編《あ》み（束《そく》に編《あ》む）

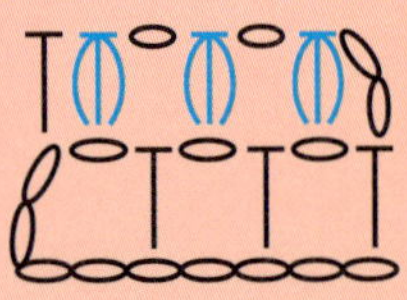

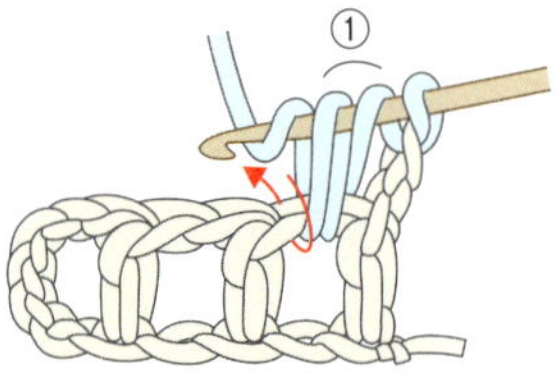

1 立ち上がりの鎖2目を編み、編み地を返して前段の鎖を束に拾って未完成の中長編みを編みます。

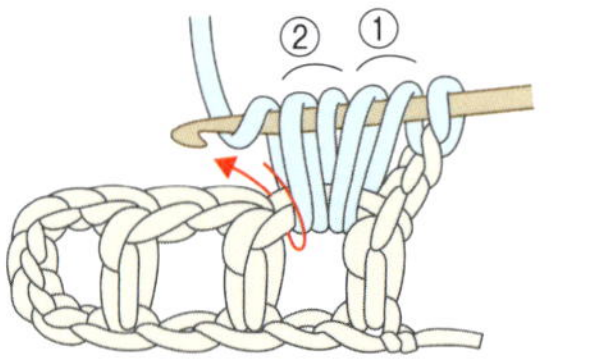

2 同じ位置に未完成の中長編みを束にもう2目編み入れます。

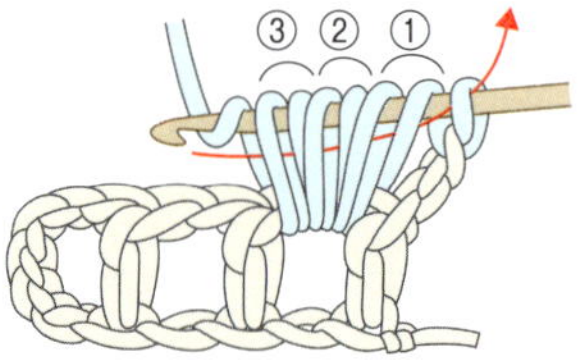

3 針先に糸をかけ、針にかかった7ループから矢印のように一度に引き抜きます。

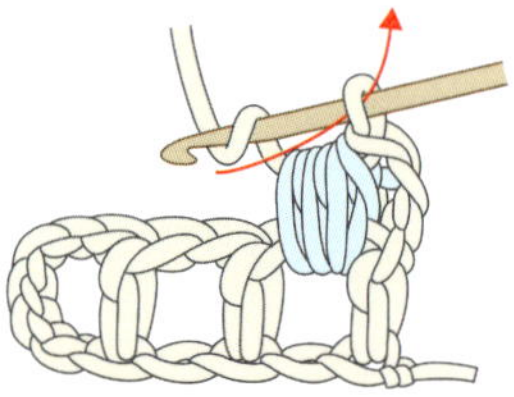

4 中長編み3目の玉編みを束に編んだものが1つ編めました。続いて間の鎖1目を編みます。

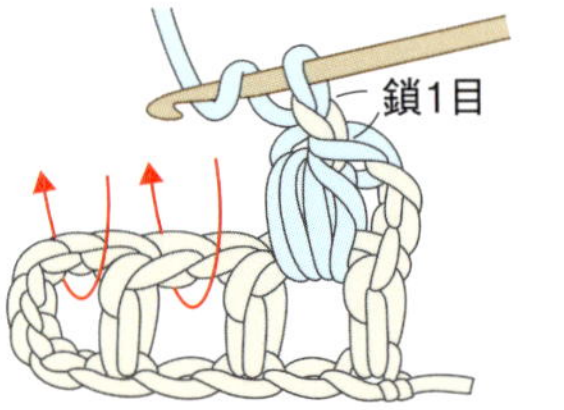

5 針先に糸をかけ、矢印の位置に **1**～**3** をくり返して束に編みます。

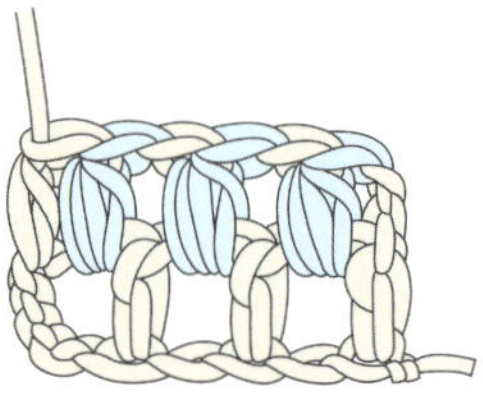

6 最後に中長編みを1目編み、この段に中長編み3目の玉編みを束に編んだものが3つ編めました。

変《か》わり中《ちゅう》長《なが》編《あ》み 3目《め》の玉《たま》編《あ》み

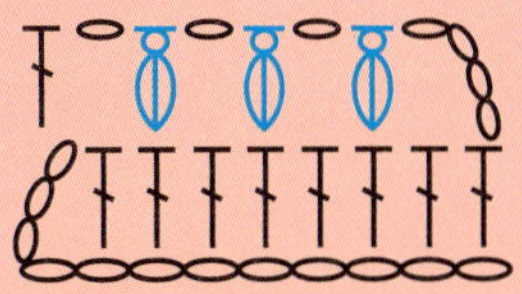

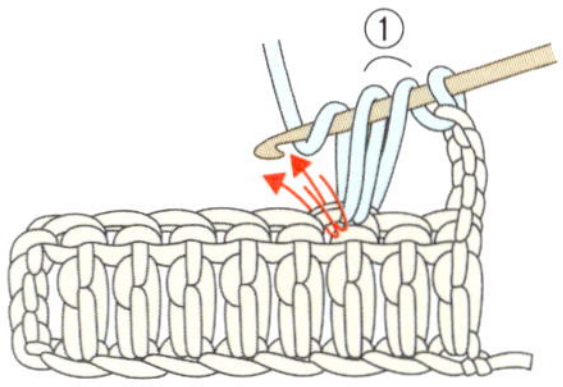

1 立ち上がりの鎖３目と間の鎖１目を編み、編み地を返して端から３目めに未完成の中長編み（P.154 参照）を３目編み入れます。

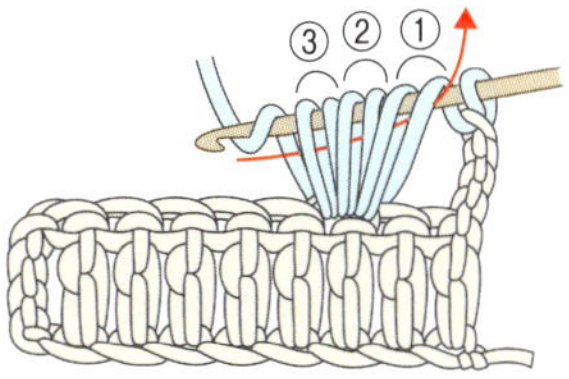

2 針先に糸をかけ、針にかかっている１ループ残して６ループから矢印のように引き出します。

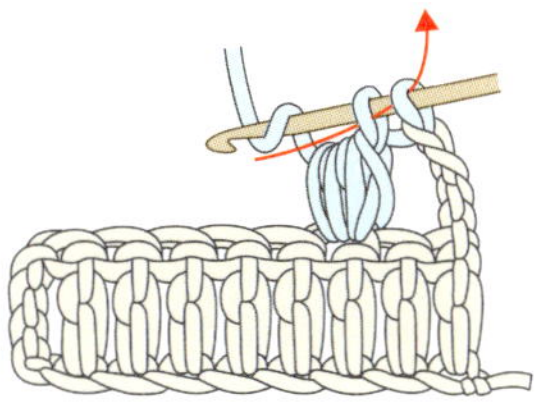

3 もう一度針先に糸をかけ、２ループから矢印のように引き抜きます。

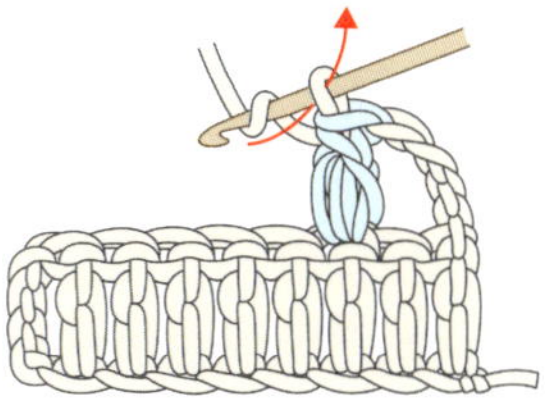

4 変わり中長編み３目の玉編みが１つ編めました。続いて間の鎖１目を編みます。

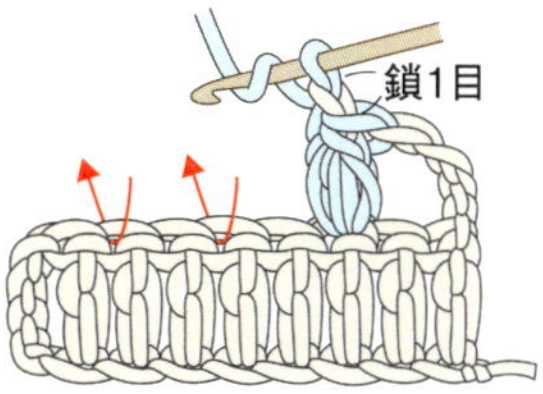

5 針先に糸をかけ、矢印の位置に **1** 〜 **3** をくり返して編みます。

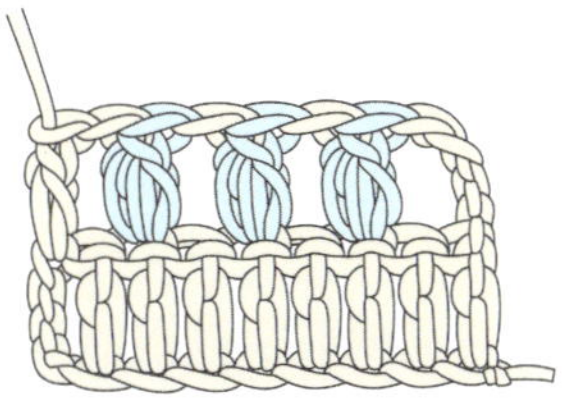

6 最後に鎖１目と長編みを１目編み、この段に変わり中長編み３目の玉編みが３つ編めました。

変《か》わり中《ちゅう》長《なが》編《あ》み 3目《め》の玉《たま》編《あ》み （束《そく》に編《あ》む）

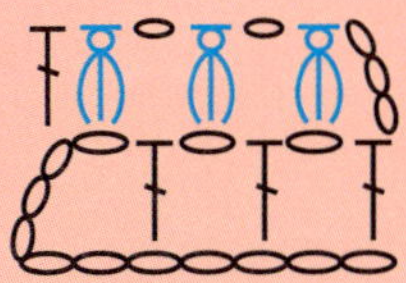

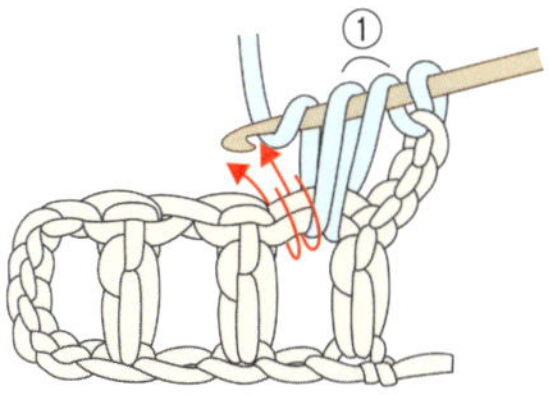

1 立ち上がりの鎖３目を編み、編み地を返して前段の鎖を束に拾って未完成の中長編みを３目編み入れます。

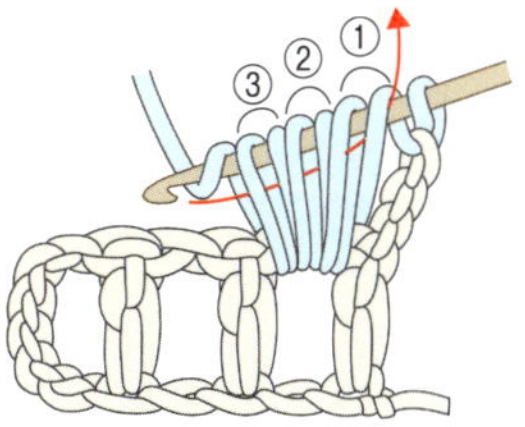

2 針先に糸をかけ、針にかかっている１ループ残して６ループから矢印のように引き出します。

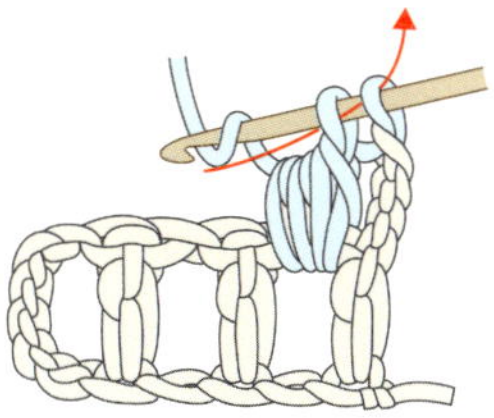

3 もう一度針先に糸をかけ、２ループを矢印のように引き抜きます。

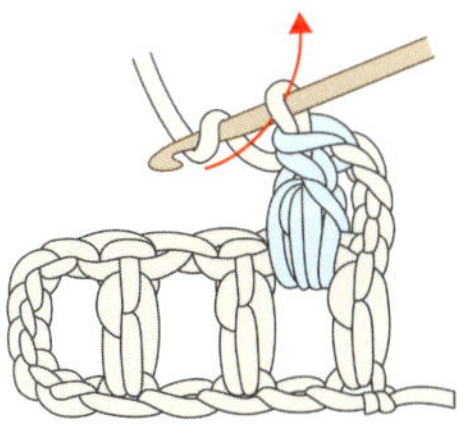

4 変わり中長編み３目の玉編みを束に編んだものが１つ編めました。続いて間の鎖１目を編みます。

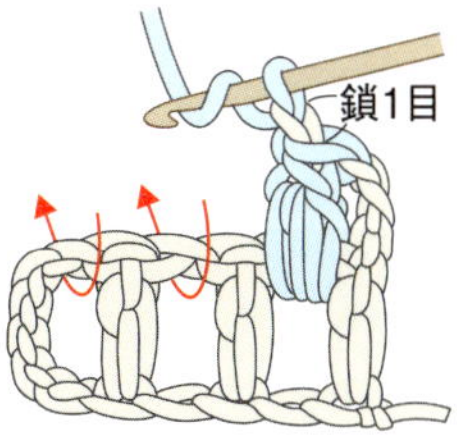

5 針先に糸をかけ、矢印の位置に **1** 〜 **3** をくり返して束に編みます。

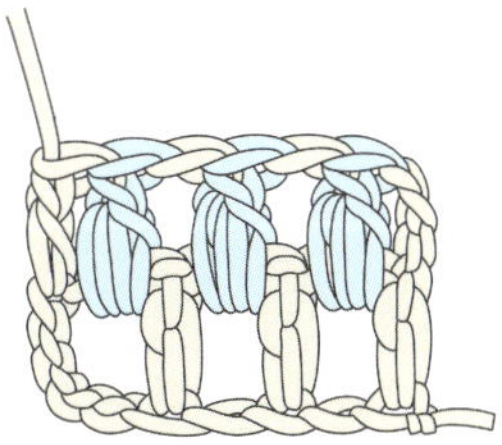

6 最後に長編みを１目編み、この段に変わり中長編み３目の玉編みを束に編んだものが３つ編めました。

長《なが》編《あ》み3目《め》の玉《たま》編《あ》み

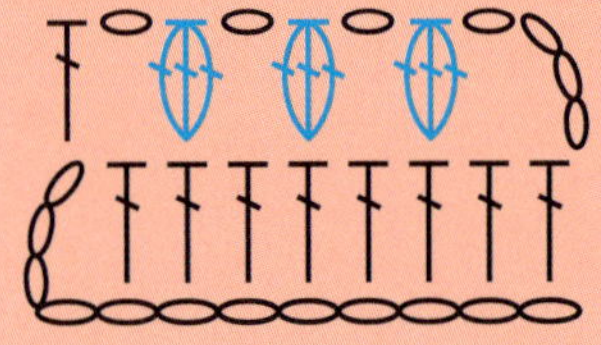

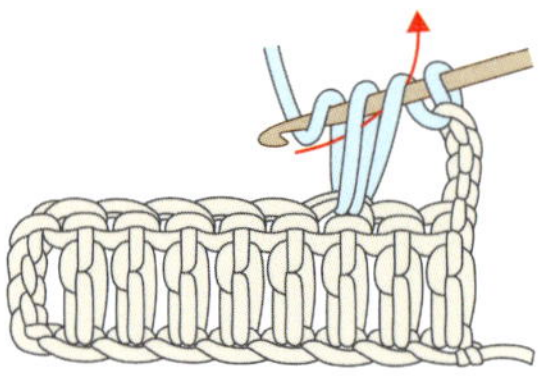

1 立ち上がりの鎖3目と間の鎖1目を編み、編み地を返して端から3目めに未完成の長編み（P.154参照）を編みます。

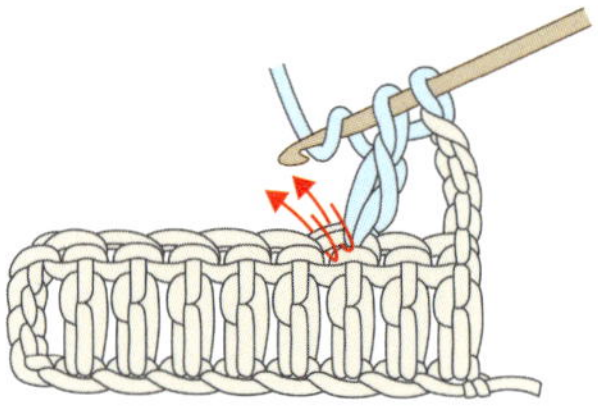

2 同じ目に未完成の長編みをもう2目編み入れます。

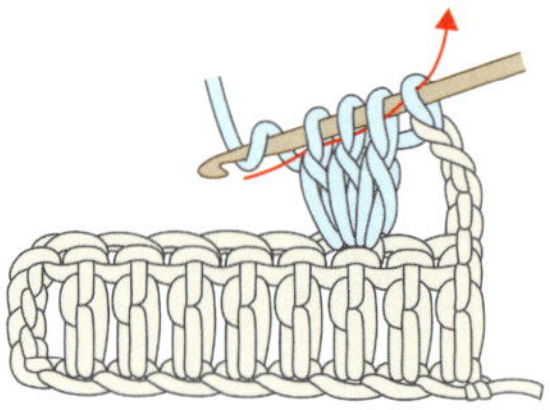

3 針先に糸をかけ、針にかかっている4ループから、矢印のように一度に引き抜きます。

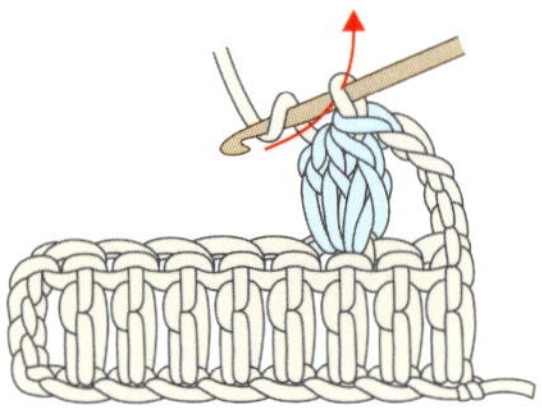

4 長編み3目の玉編みが1つ編めました。続いて間の鎖1目を編みます。

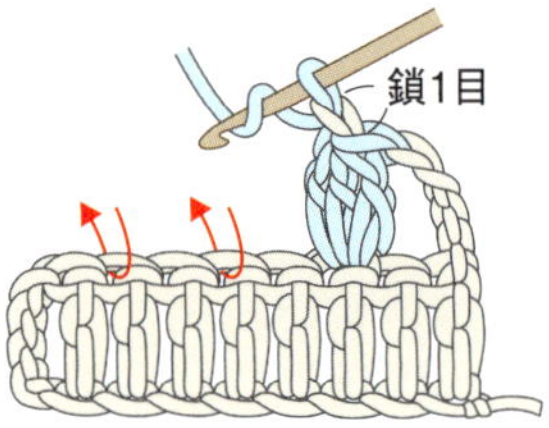

5 針先に糸をかけ、矢印の位置に **1**～**3** をくり返して編みます。

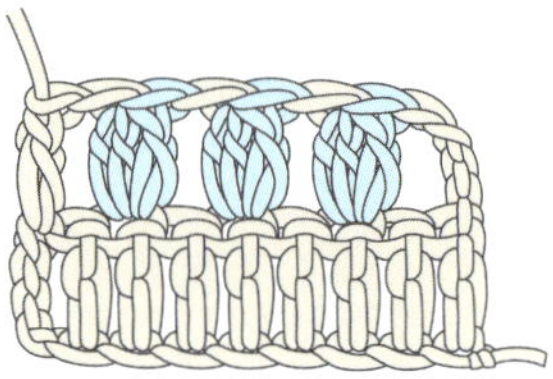

6 最後に鎖1目と長編みを1目編み、この段に長編み3目の玉編みが3つ編めました。

長《なが》編《あ》み3目《め》の玉《たま》編《あ》み（束《そく》に編《あ》む）

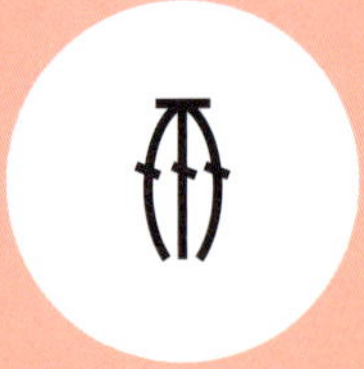

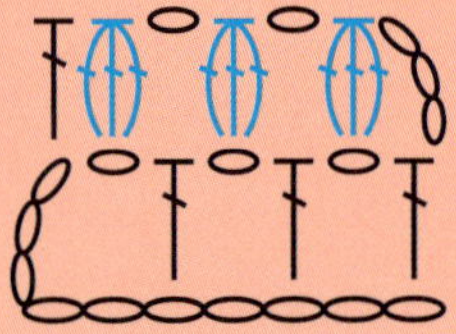

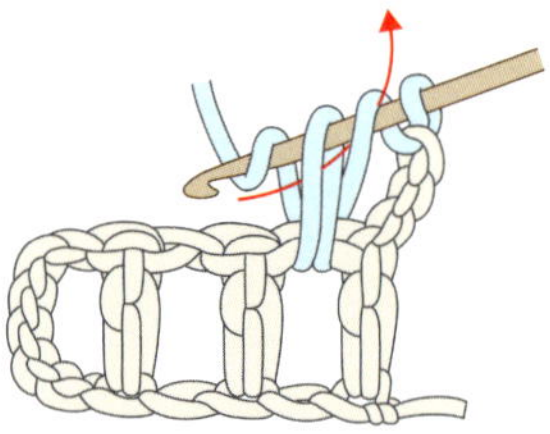

1 立ち上がりの鎖3目を編み、編み地を返して前段の鎖を束に拾って未完成の長編みを編みます。

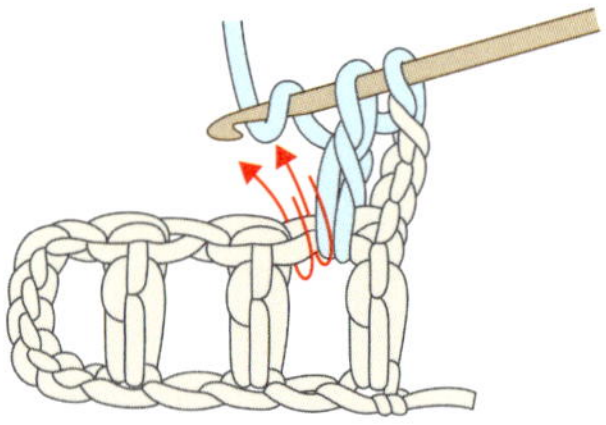

2 同じ位置に未完成の長編みを束にもう2目編み入れます。

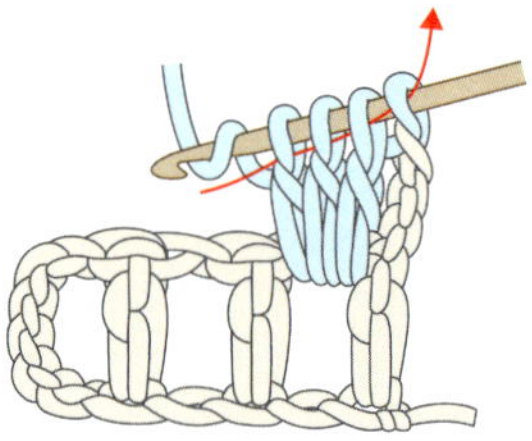

3 針先に糸をかけ、針にかかっている4ループから矢印のように一度に引き抜きます。

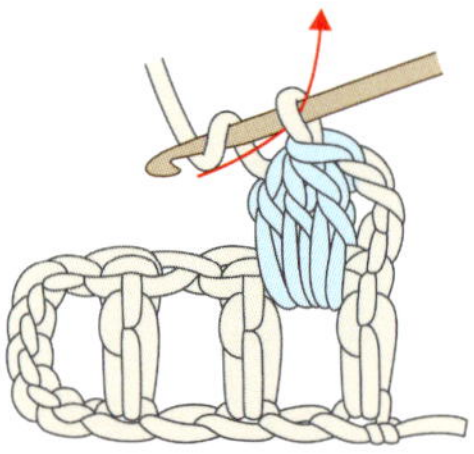

4 長編み3目の玉編みを束に編んだものが1つ編めました。続いて間の鎖1目を編みます。

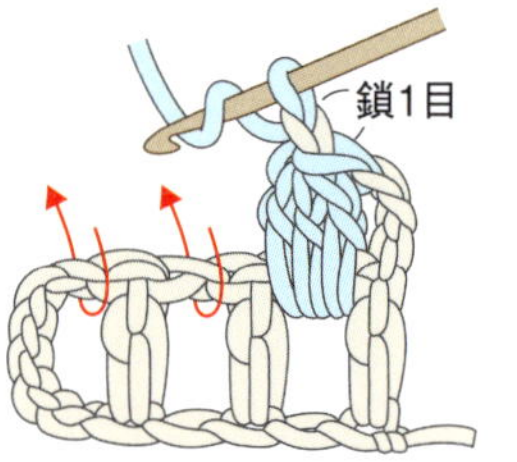

5 針先に糸をかけ、矢印の位置に **1**～**3** をくり返して束に編みます。

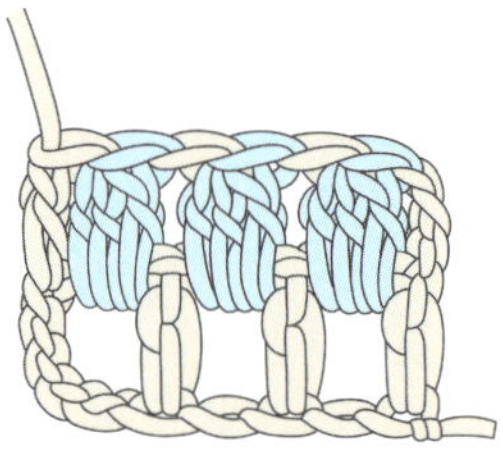

6 最後に長編みを1目編み、この段に長編み3目の玉編みを束に編んだものが3つ編めました。

長《なが》編《あ》み5目《め》の玉《たま》編《あ》み

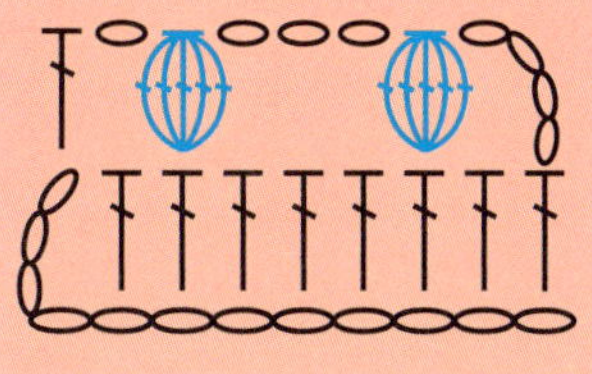

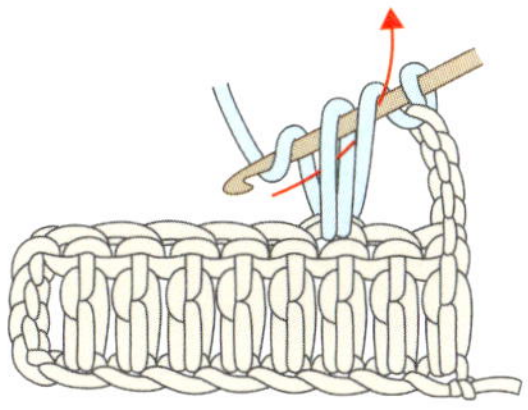

1 立ち上がりの鎖3目と間の鎖1目を編み、編み地を返して端から3目めに未完成の長編み（P.154参照）を編みます。

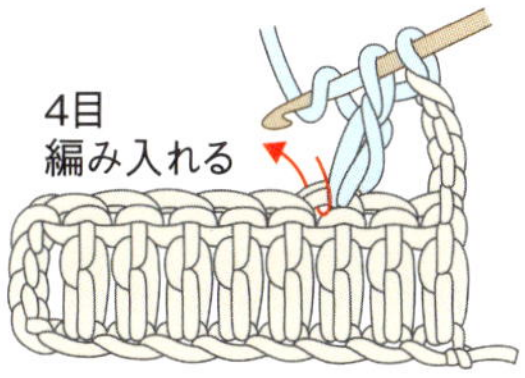

2 同じ目に未完成の長編みをもう4目編み入れます。

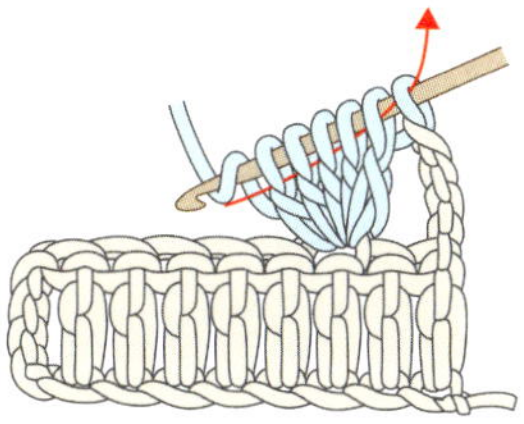

3 針先に糸をかけ、針にかかっている6ループから、矢印のように一度に引き抜きます。

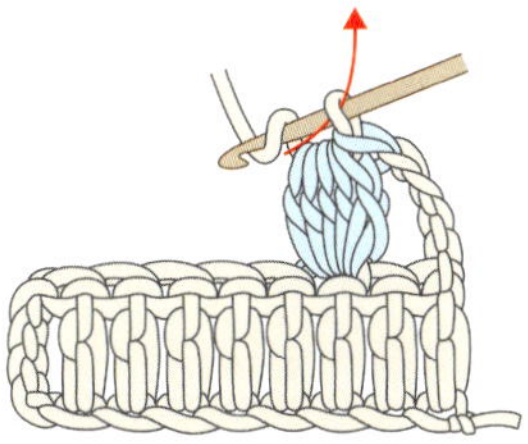

4 長編み5目の玉編みが1つ編めました。続いて間の鎖3目を編みます。

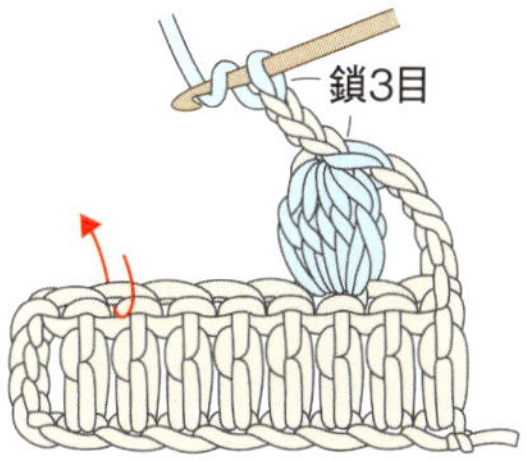

5 針先に糸をかけ、矢印の位置に **1** ～ **3** をくり返して編みます。

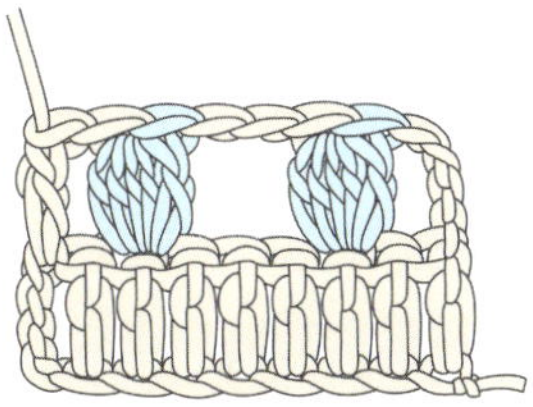

6 最後に鎖1目と長編みを1目編み、この段に長編み5目の玉編みが2つ編めました。

長《なが》編《あ》み5目《め》の玉《たま》編《あ》み（束《そく》に編《あ》む）

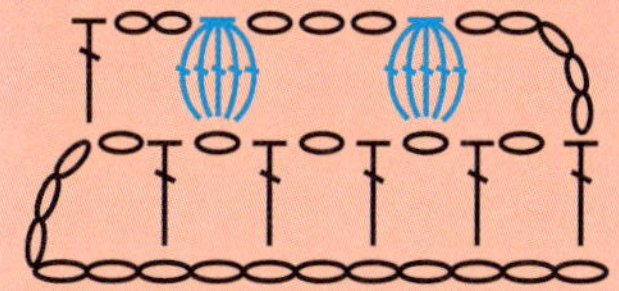

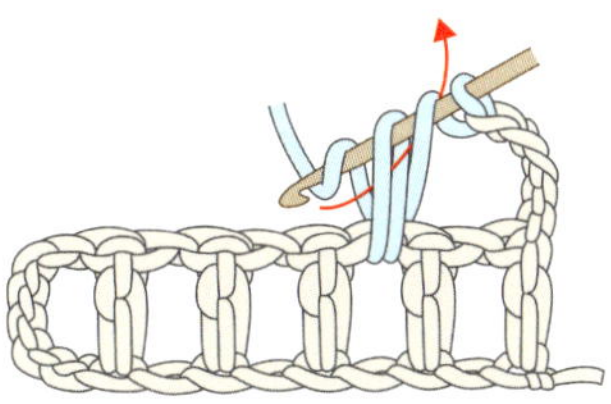

1 立ち上がりの鎖3目と間の鎖2目を編み、編み地を返してイラストの位置で前段の鎖を束に拾って未完成の長編みを編みます。

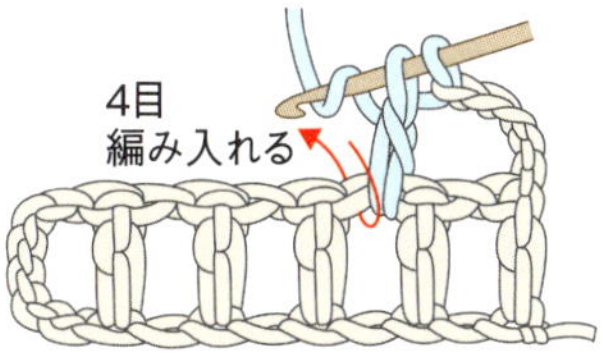

2 同じ位置に未完成の長編みを束にもう4目編み入れます。

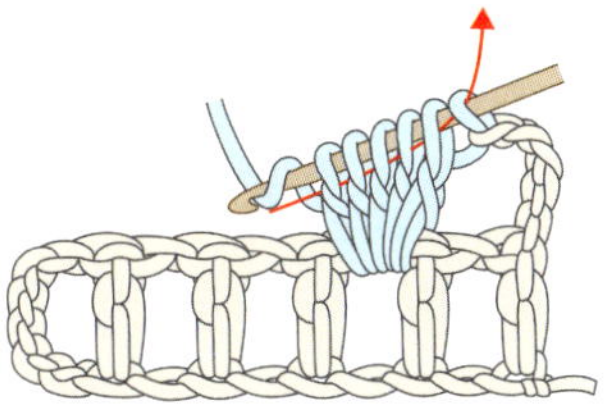

3 針先に糸をかけ、針にかかっている6ループから矢印のように一度に引き抜きます。

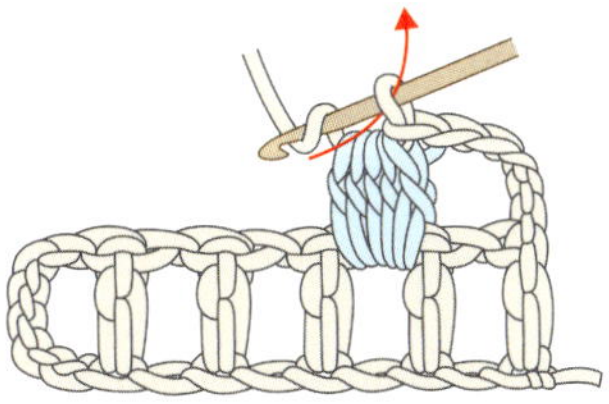

4 長編み5目の玉編みを束に編んだものが1つ編めました。続いて間の鎖3目を編みます。

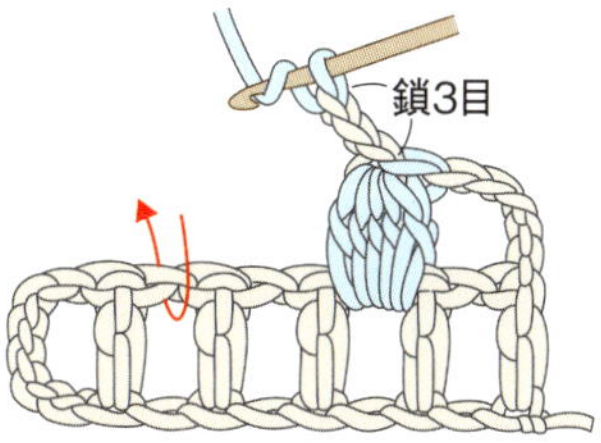

5 針先に糸をかけ、矢印の位置に **1** ～ **3** をくり返して束に編みます。

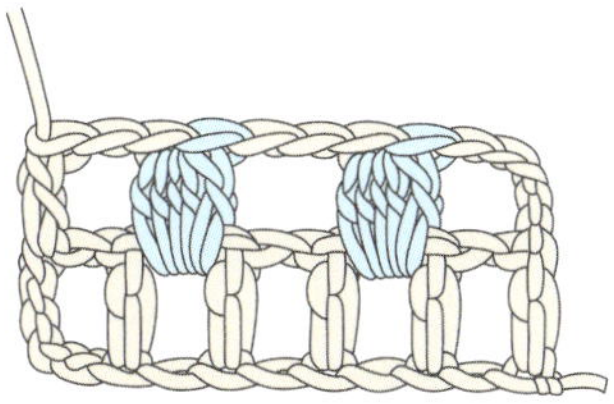

6 最後に鎖2目と長編みを1目編み、この段に長編み5目の玉編みを束に編んだものが2つ編めました。

パプコーン編み

中《ちゅう》長《なが》編《あ》み5目《め》のパプコーン編《あ》み

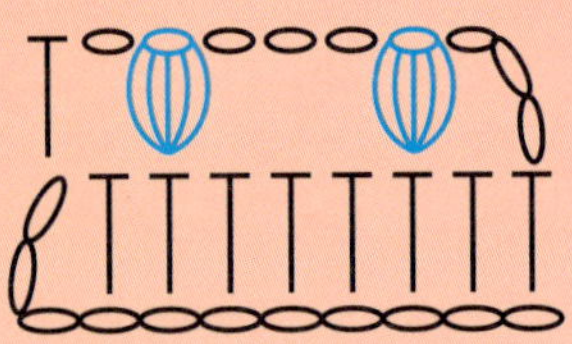

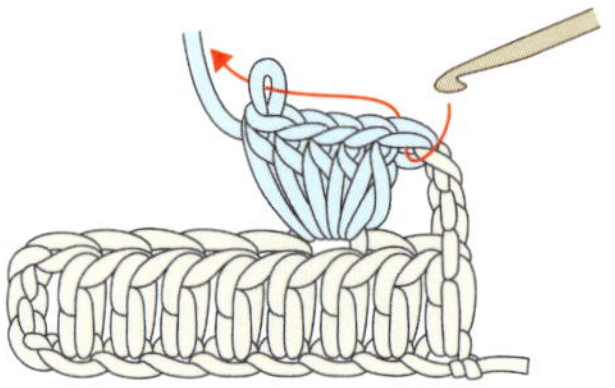

1 立ち上がりの鎖2目と間の鎖1目を編み、端から3目めに中長編みを5目編み入れ、針をはずして矢印のように入れ直します。

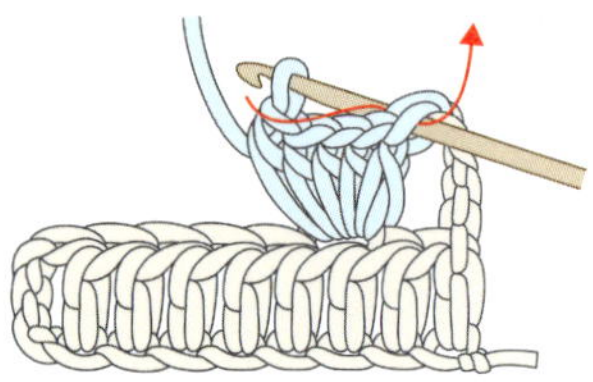

2 針先の目を矢印のように引き、手前の目から引き出します。

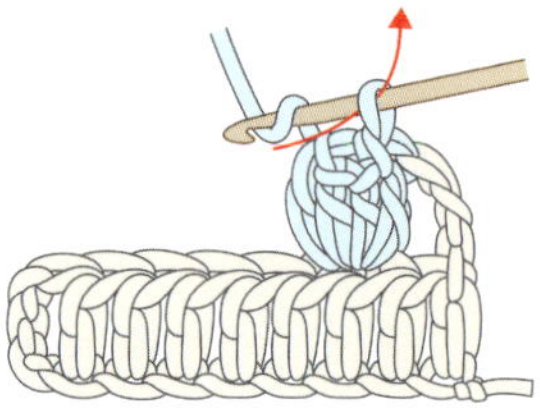

3 針先に糸をかけ、鎖1目を編んで **1** ～ **2** で編んだ目を引きしめます。

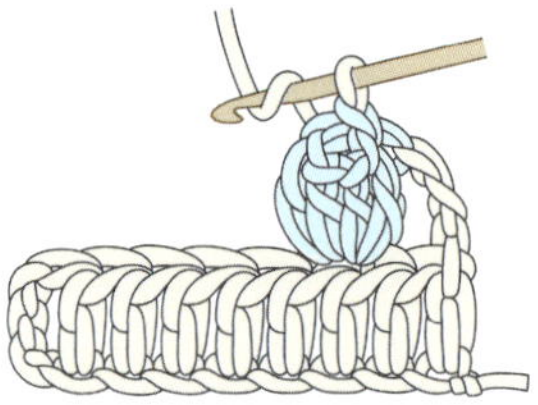

4 中長編み5目のパプコーン編みが1つ編めました。続いて間の鎖3目を編みます。

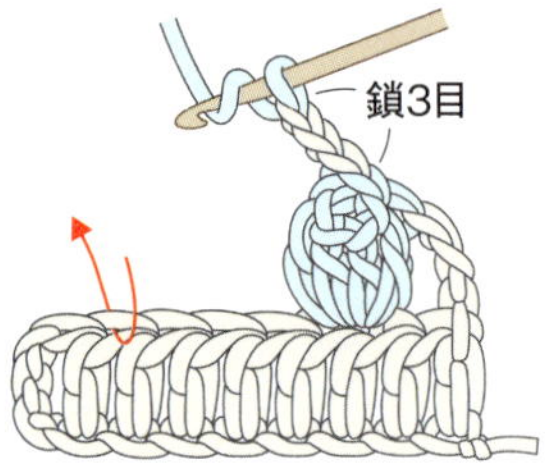

5 針先に糸をかけ、矢印の位置に **1** ～ **3** をくり返して編みます。

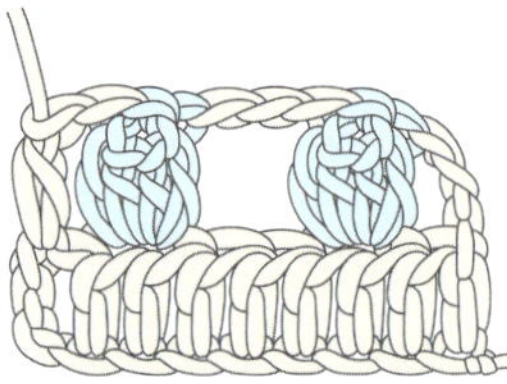

6 最後に鎖1目と中長編みを1目編み、この段に中長編み5目のパプコーン編みが2つ編めました。

中《ちゅう》長《なが》編《あ》み5目《め》のパプコーン編《あ》み(束《そく》に編《あ》む)

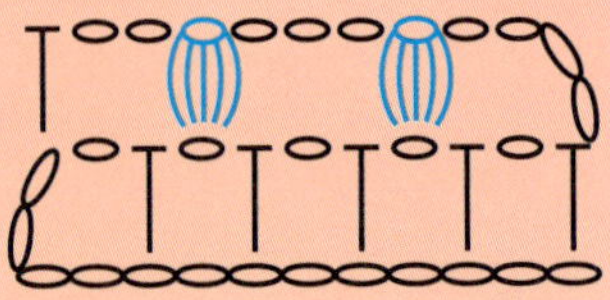

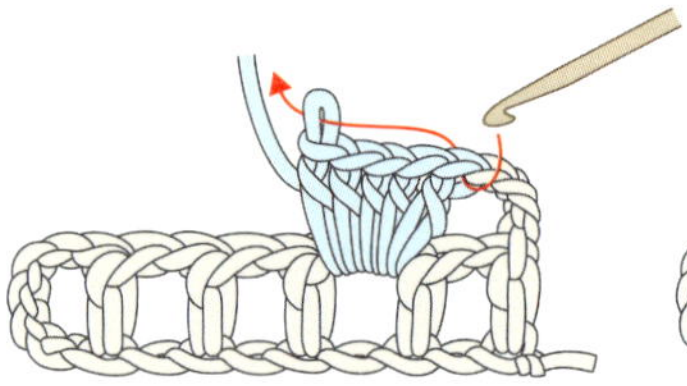

1 立ち上がりの鎖2目と間の鎖2目を編み、イラストの位置に中長編みを5目束に編み入れ、針をはずして矢印のように入れ直します。

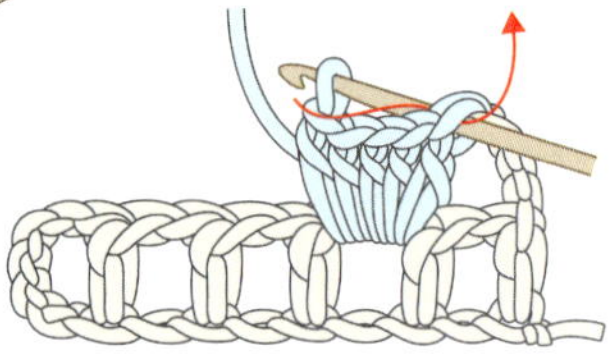

2 針先の目を矢印のように引き、手前の目から引き出します。

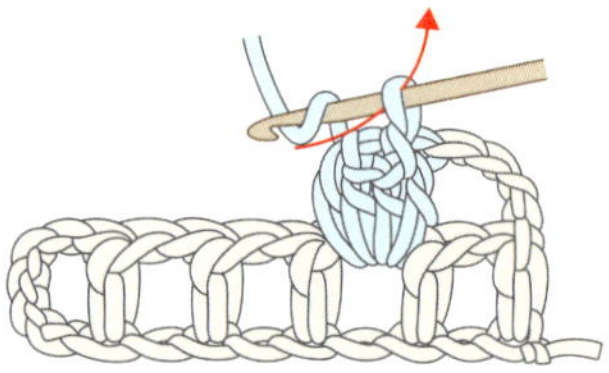

3 針先に糸をかけ、鎖1目を編んで **1** ～ **2** で編んだ目を引きしめます。

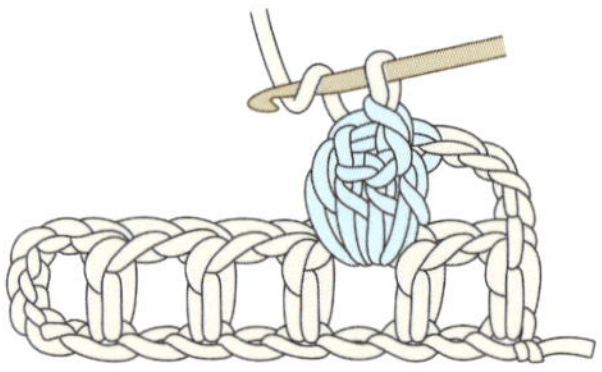

4 中長編み5目のパプコーン編みを束に編んだものが1つ編めました。続いて間の鎖3目を編みます。

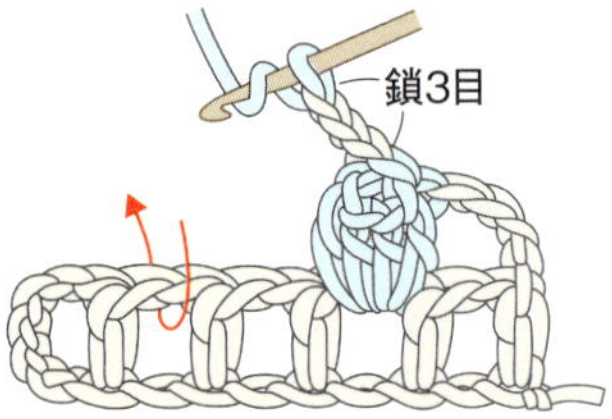

5 針先に糸をかけ、矢印の位置に **1** ～ **3** をくり返して束に編みます。

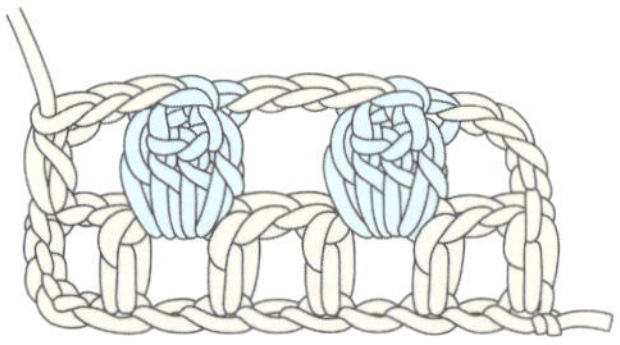

6 最後に鎖2目と中長編みを1目編み、この段に中長編み5目のパプコーン編みを束に編んだものが2つ編めました。

長《なが》編《あ》み5目《め》の パプコーン編《あ》み

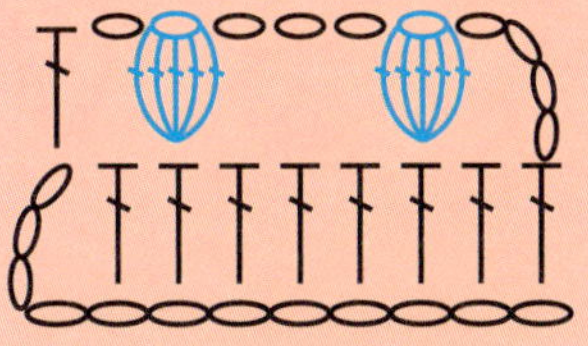

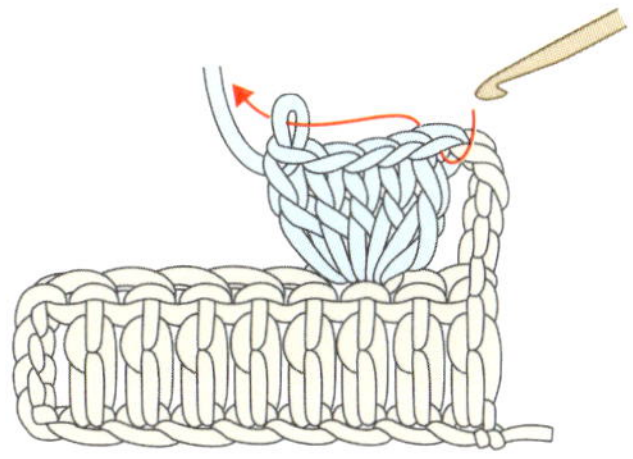

1 立ち上がりの鎖3目と間の鎖1目を編み、端から3目めに長編みを5目編み入れ、針をはずして矢印のように入れ直します。

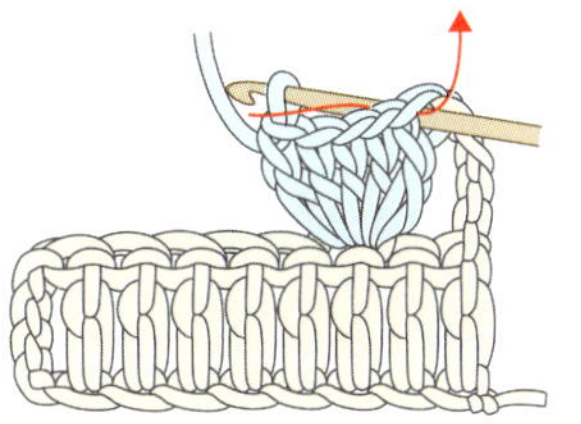

2 針先の目を矢印のように引き、手前の目から引き出します。

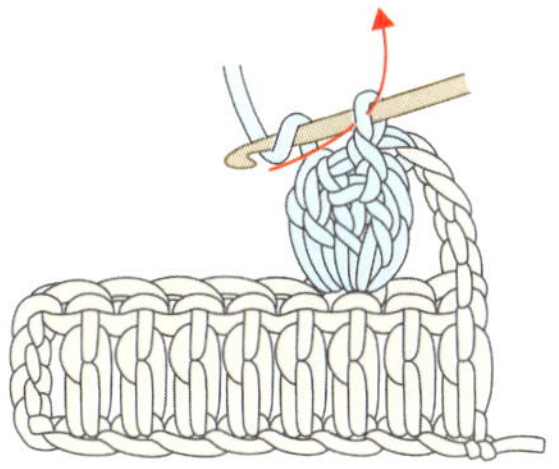

3 針先に糸をかけ、鎖1目を編んで **1**～**2** で編んだ目を引きしめます。

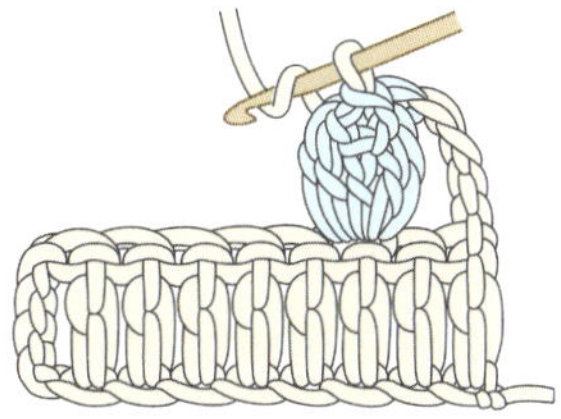

4 長編み5目のパプコーン編みが1つ編めました。続いて間の鎖3目を編みます。

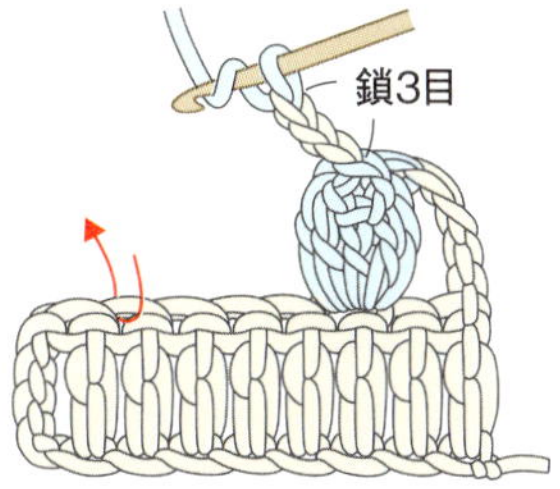

5 針先に糸をかけ、矢印の位置に **1**～**3** をくり返して編みます。

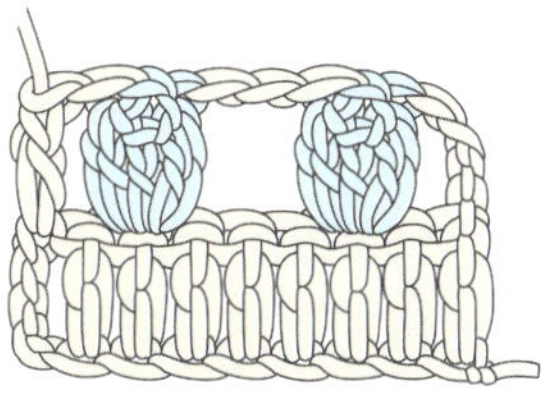

6 最後に鎖1目と長編みを1目編み、この段に長編み5目のパプコーン編みが2つ編めました。

裏《うら》側《がわ》から編《あ》む 長《なが》編《あ》み5目《め》の パプコーン編《あ》み

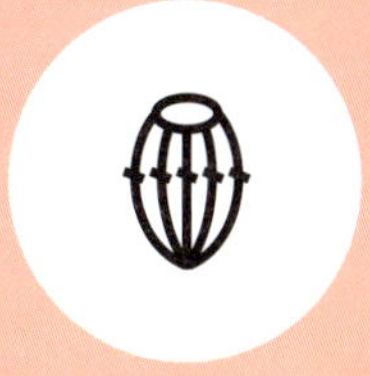

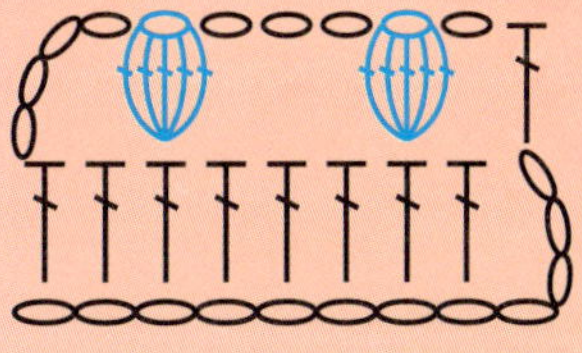

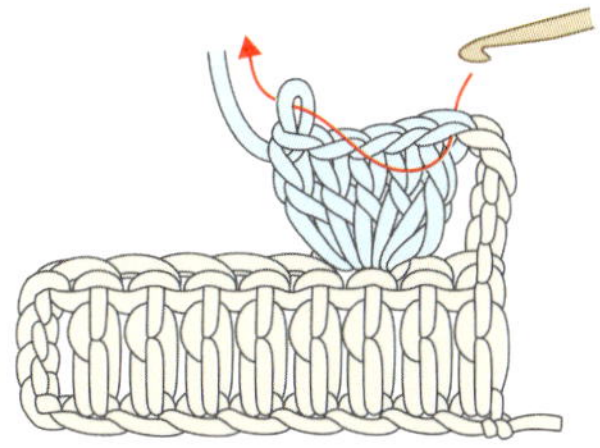

1 立ち上がりの鎖3目と間の鎖1目を編み、端から3目めに長編みを5目編み入れ、針をはずして矢印のように裏側から入れます。

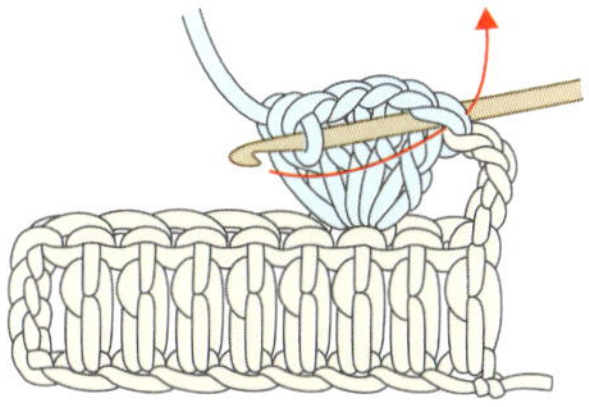

2 針先の目を矢印のように引き、手前の目から引き出します。

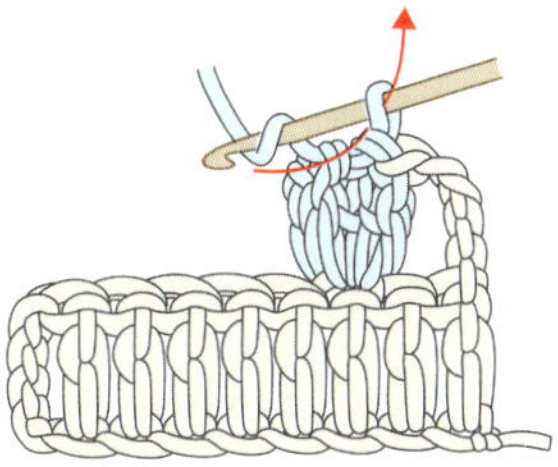

3 針先に糸をかけ、鎖1目を編んで **1**～**2** で編んだ目を引きしめます。

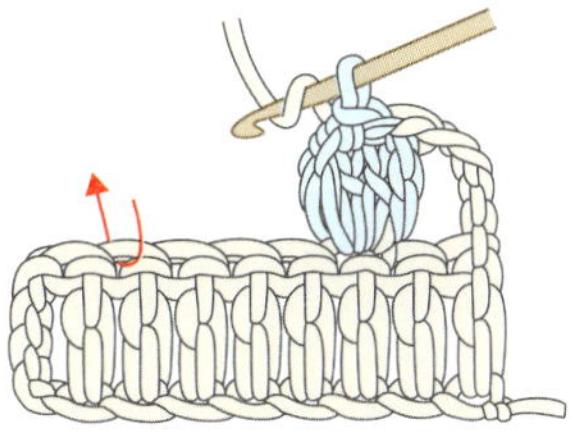

4 裏側から編む長編み5目のパプコーン編みが1つ編めました。続いて間の鎖3目を編み、矢印の位置にもう1つ編みます。

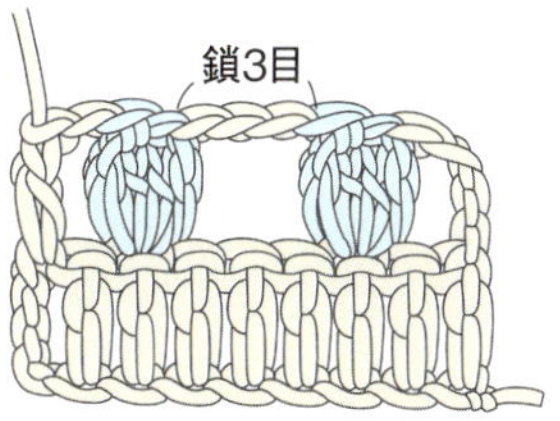

5 最後に鎖1目と長編み1目を編み、この段に裏側から編む長編み5目のパプコーン編みが2つ編めました。

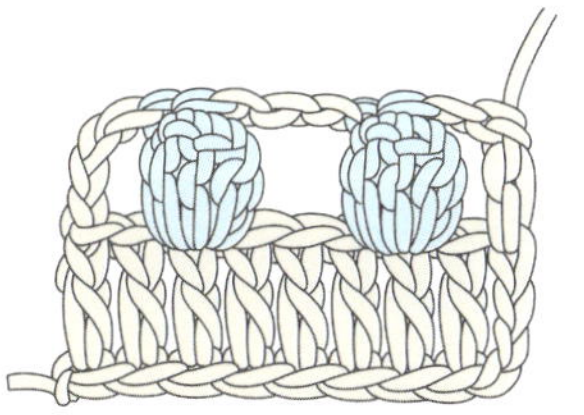

6 **5** の編み地を表側から見たところ。こちら側にパプコーン編みの丸みが出ています。

長《なが》編《あ》み5目《め》の パプコーン編《あ》み （束《そく》に編《あ》む）

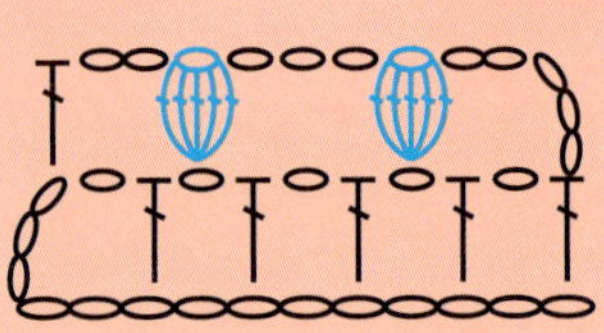

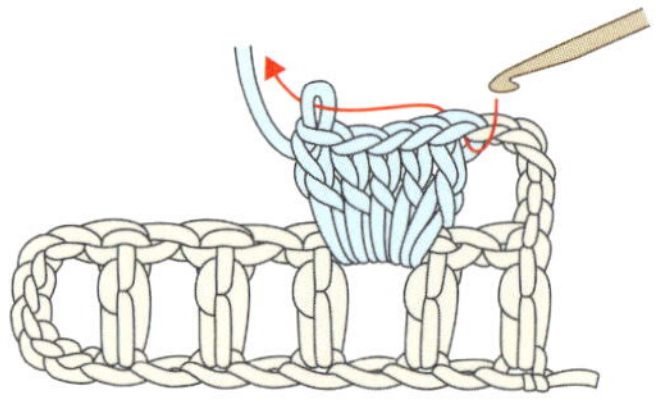

1 立ち上がりの鎖3目と間の鎖2目を編んで編み地を返し、イラストの位置に長編み5目を束に編み入れ、針をはずして矢印のように入れ直します。

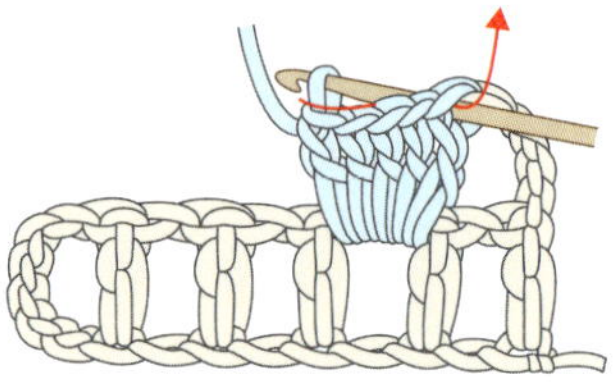

2 針先の目を矢印のように引き、手前の目から引き出します。

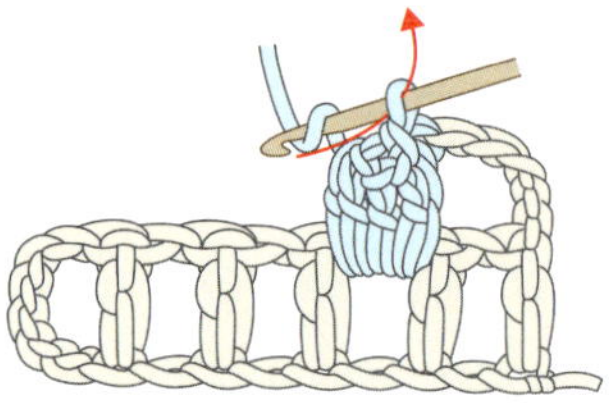

3 針先に糸をかけ、鎖1目を編んで **1**～**2** で編んだ目を引きしめます。

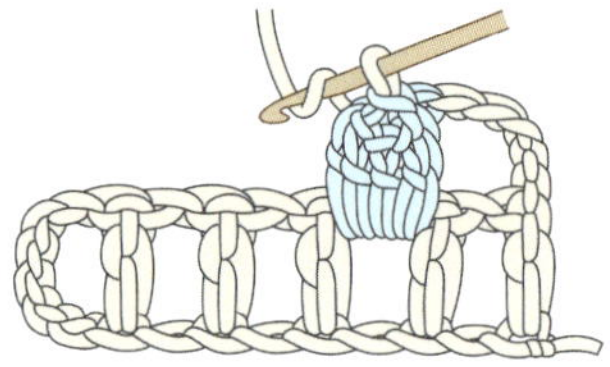

4 長編み5目のパプコーン編みを束に編んだものが1つ編めました。続いて間の鎖3目を編みます。

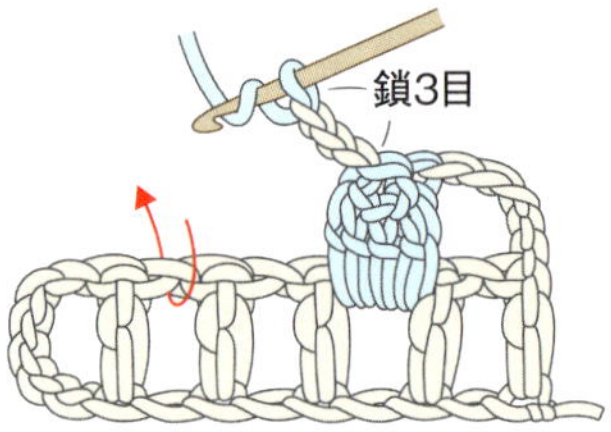

5 針先に糸をかけ、矢印の位置に **1**～**3** をくり返して束に編みます。

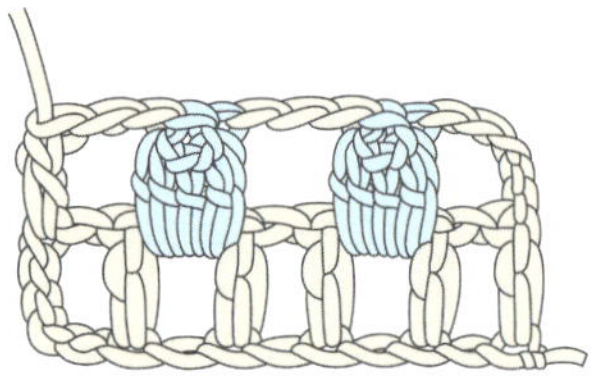

6 最後に鎖2目と長編みを1目編み、この段に長編み5目のパプコーン編みを束に編んだものが2つ編めました。

Column 1 玉編み・パプコーン編みをかわいく編むには

丸みを帯びた形がかわいらしい玉編みとパプコーン編み。もっとかわいく編むコツを紹介します。

長編みは長～く引き出す！

玉編み、パプコーン編みとも、長編み（中長編み）を編むときに糸を長めに引き出して「足長」の編み目にすると、よりふっくらとした形になります。

玉編み

意識して長編み（中長編み）の足を長く引き出してみると、玉編みはこのようにふんわりとした形になります。

パプコーン編み

長編み（中長編み）の足を長くして編んだパプコーン編みはこのようにコロコロした形になります。

交差編み

中《ちゅう》長《なが》編《あ》み1目《め》交《こう》差《さ》

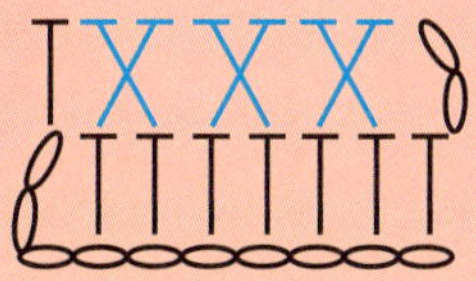

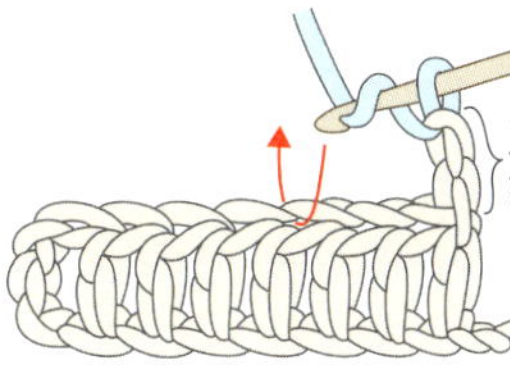

1 立ち上がりの鎖２目を編み、編み地を返して針先に糸をかけ、矢印の位置に針を入れます。

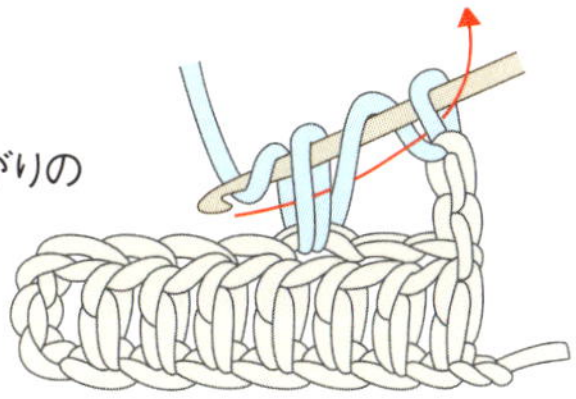

2 ここに中長編みを１目編みます。

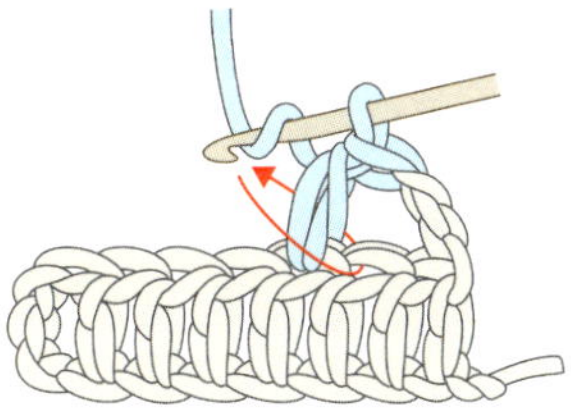

3 針先に糸をかけ、右隣りの目に矢印のように針を入れます。

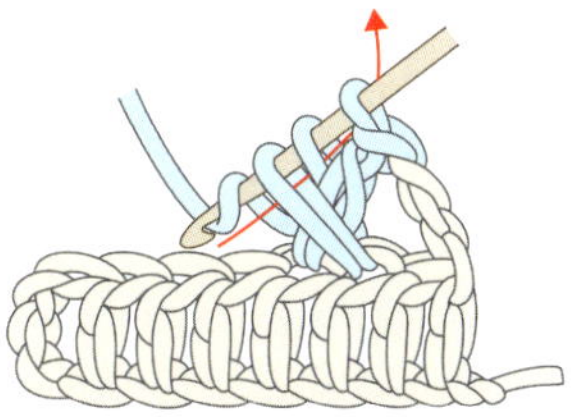

4 **2** で編んだ中長編みをくるむように中長編みを編みます。

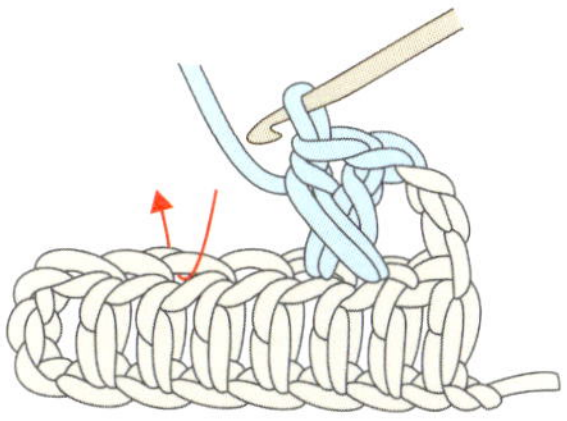

5 中長編み１目交差が１つ編めました。同様に矢印の位置、その右隣りの目に中長編みを編みます。

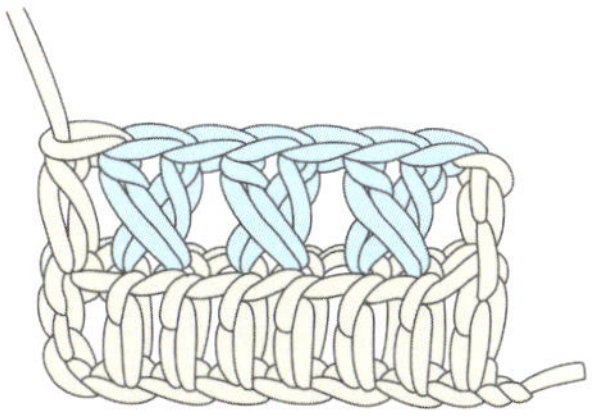

6 同様にして中長編み１目交差をもう１つ編み、最後に中長編みを１目編みます。この段に中長編み１目交差が３つ編めました。

長《なが》編《あ》み1目《め》交《こう》差《さ》

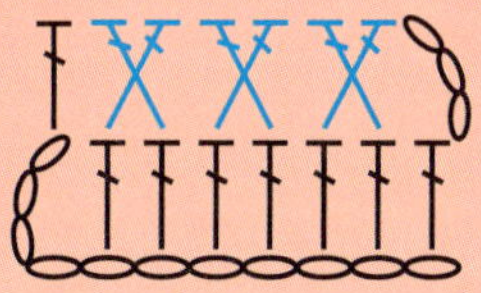

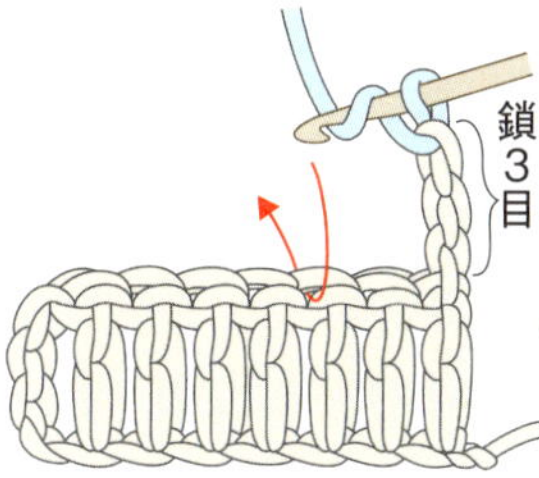

1 立ち上がりの鎖３目を編み、編み地を返して針先に糸をかけ、矢印の位置に針を入れて長編みを１目編みます。

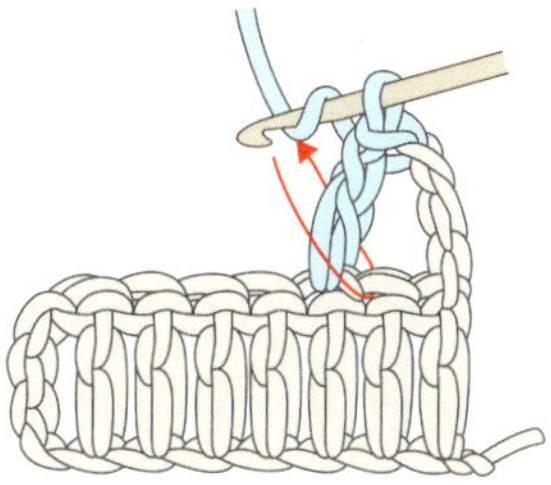

2 針先に糸をかけ、右隣りの目に矢印のように針を入れます。

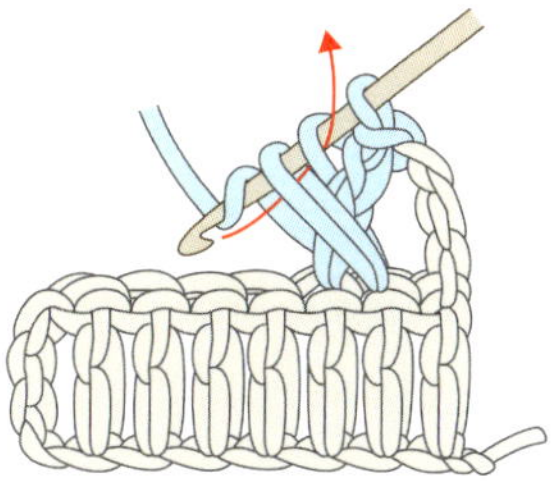

3 **1** で編んだ長編みをくるむように長編みを編みます。

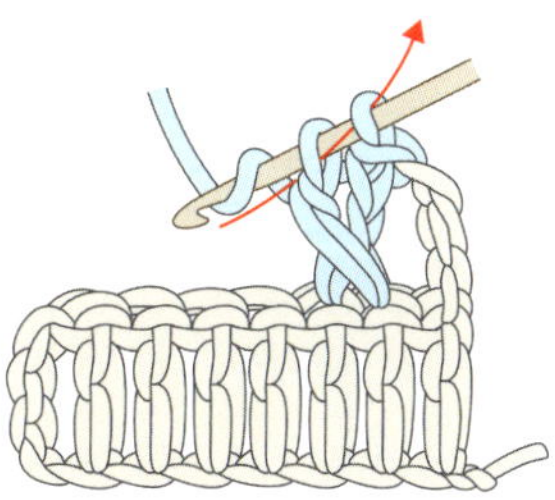

4 最後の引き抜きをすると長編み１目交差が１つ編めます。

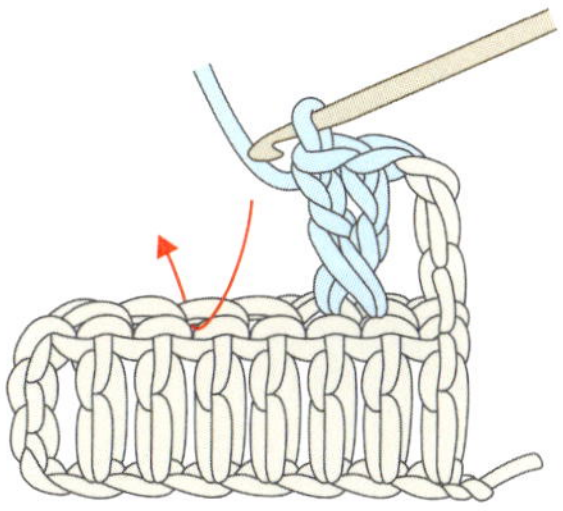

5 同様に矢印の位置、その右隣りの目に長編みを編みます。

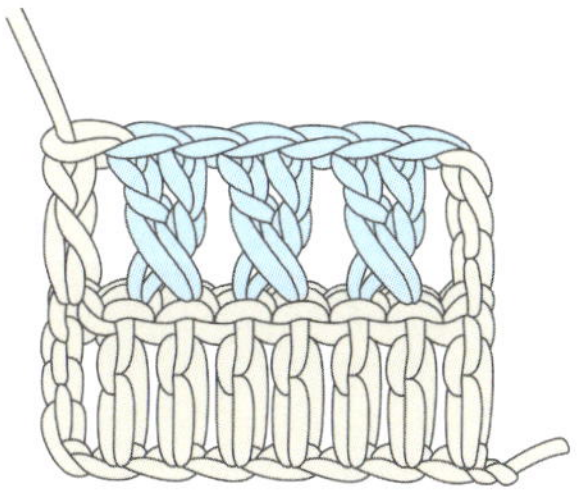

6 同様にして長編み１目交差をもう１つ編み、最後に長編みを１目編みます。この段に長編み１目交差が３つ編めました。

長《なが》々《なが》編《あ》み1目《め》交《こう》差《さ》

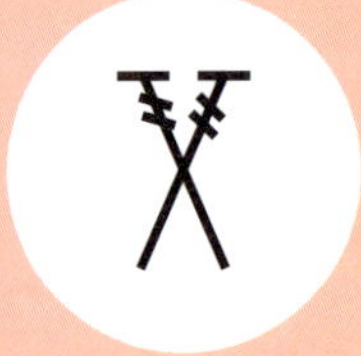

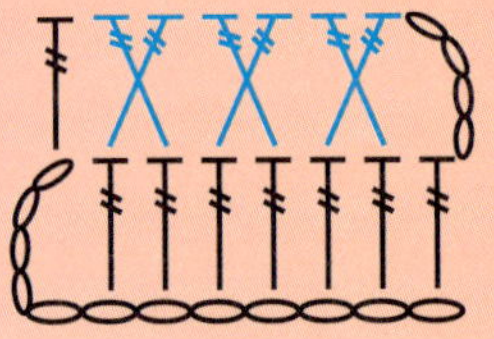

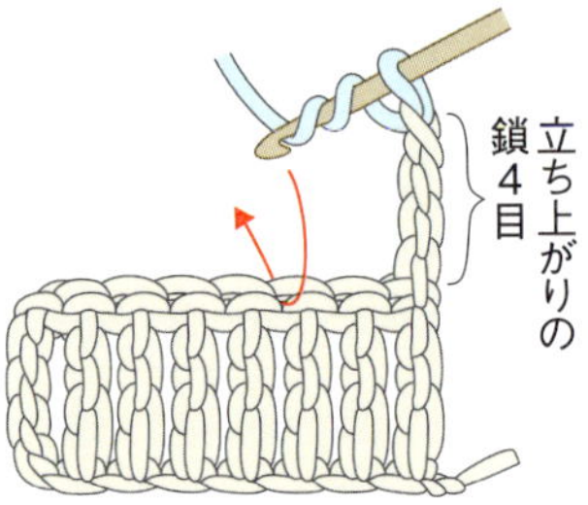

1 立ち上がりの鎖４目を編み、編み地を返して針先に糸を２回かけ、矢印の位置に針を入れます。

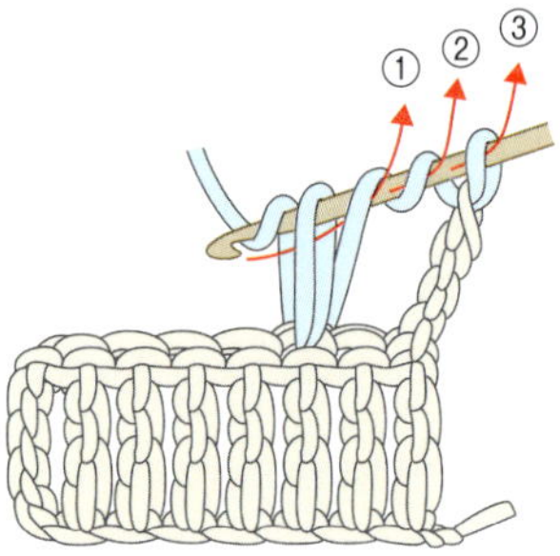

2 ここに長々編みを１目編みます。

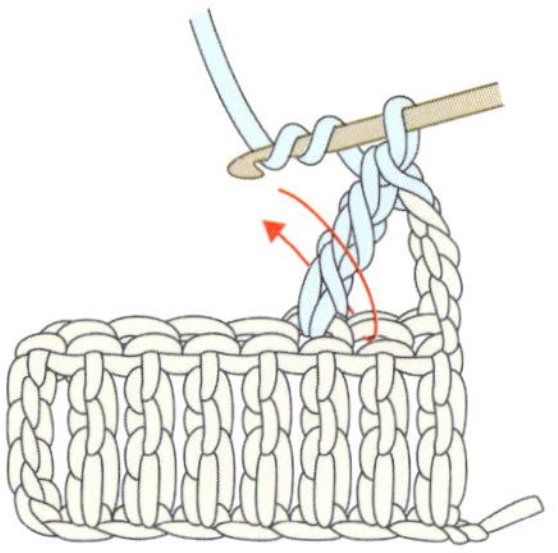

3 針先に糸を２回かけて右隣りの目に針を入れます。

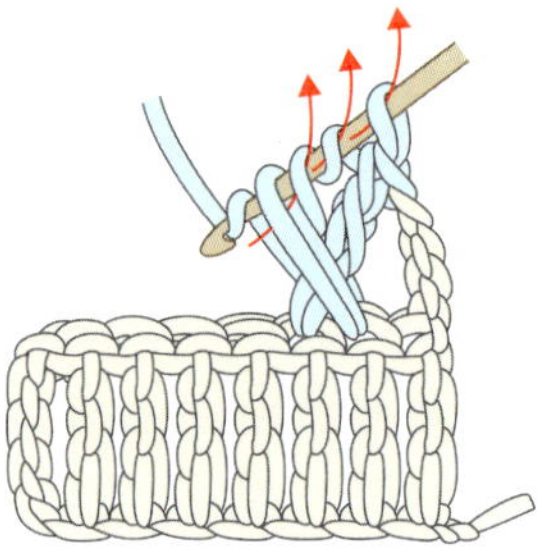

4 **2**で編んだ長々編みをくるむように長々編みを編みます。

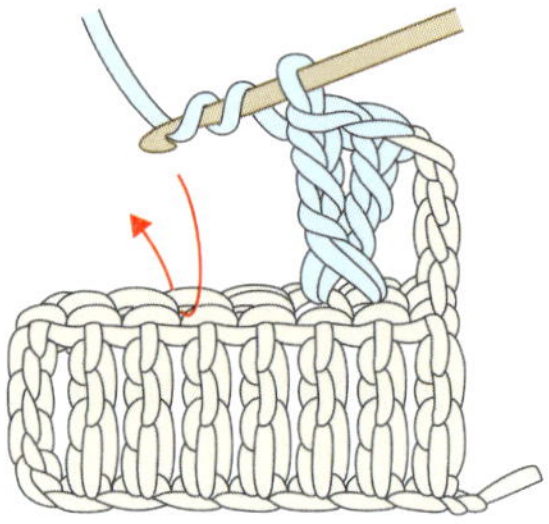

5 同様に矢印の位置、その右隣りの目に長々編みを編みます。

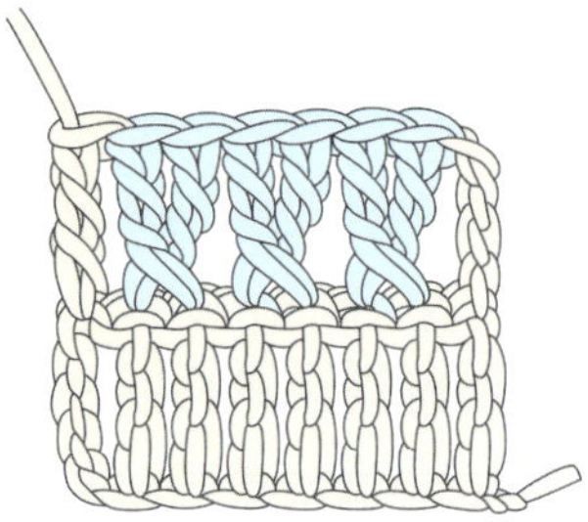

6 同様に長々編み１目交差をもう１つ編み、最後に長々編みを１目編みます。この段に長々編み１目交差が３つ編めました。

Column 2 引き上げ編みで複雑な模様も作れます

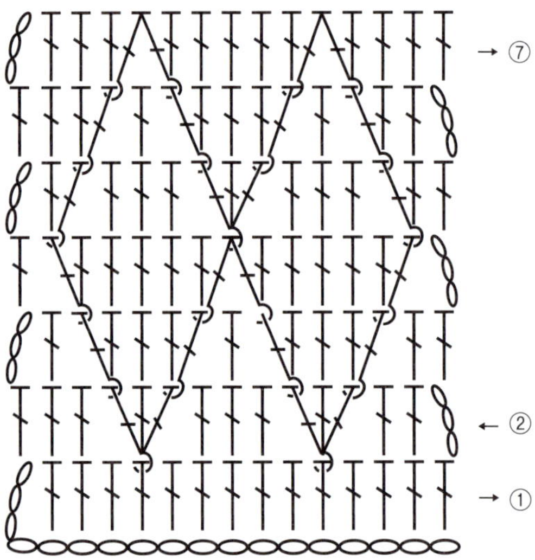

引き上げ編みと長編みを組み合わせた模様です。いろいろな編み方の組み合わせで棒針編みのような編み地にすることもできます。

変《か》わり長《なが》編《あ》み左《ひだり》上《うえ》1目《め》交《こう》差《さ》

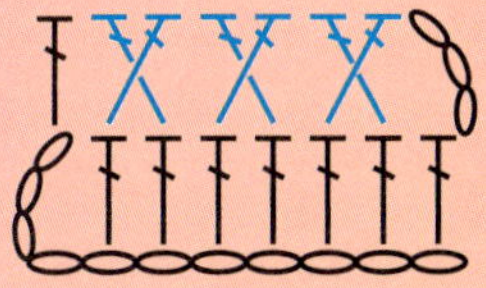

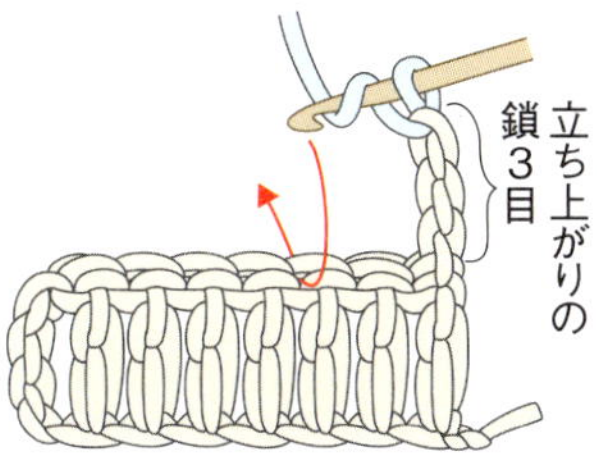

1 立ち上がりの鎖３目を編み、編み地を返して針先に糸をかけ、矢印の位置に針を入れます。

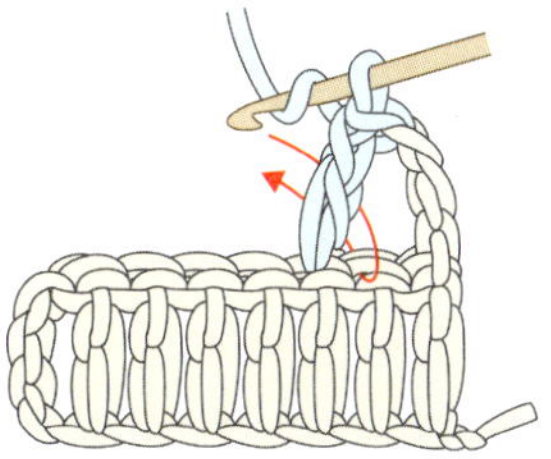

2 ここに長編みを１目編み、続いて針先に糸をかけて右隣りの目に矢印のように針を入れます。

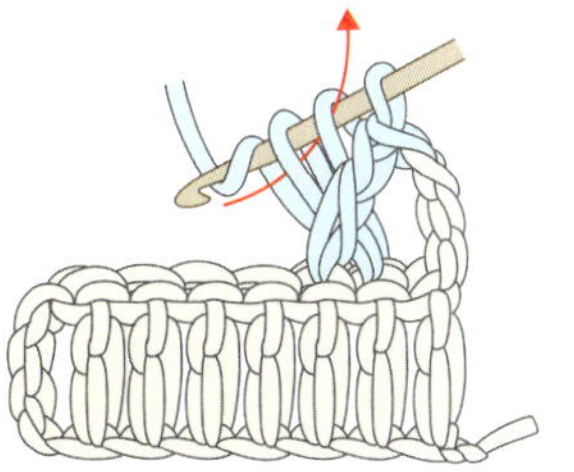

3 ここでは編みくるまず、先に編んだ長編みの後ろ側に長編みを編みます。

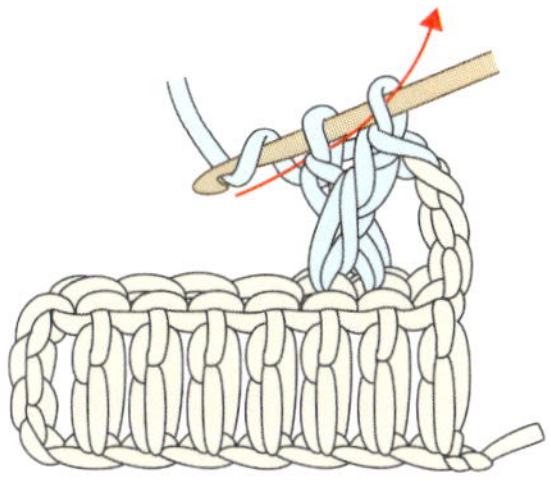

4 最後の引き抜きをすると、変わり長編み左上１目交差が１つ編めます。

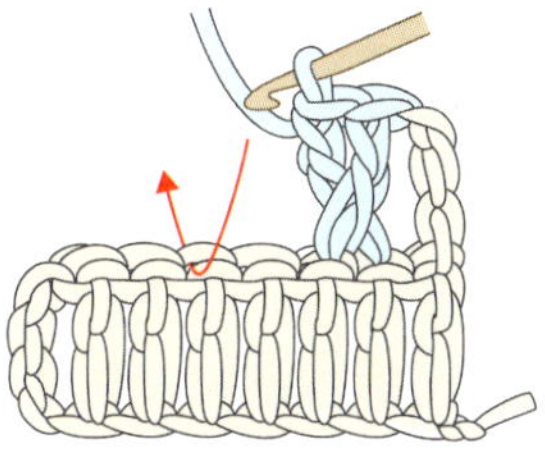

5 同様に矢印の位置、その右隣りの目に長編みを編みます。

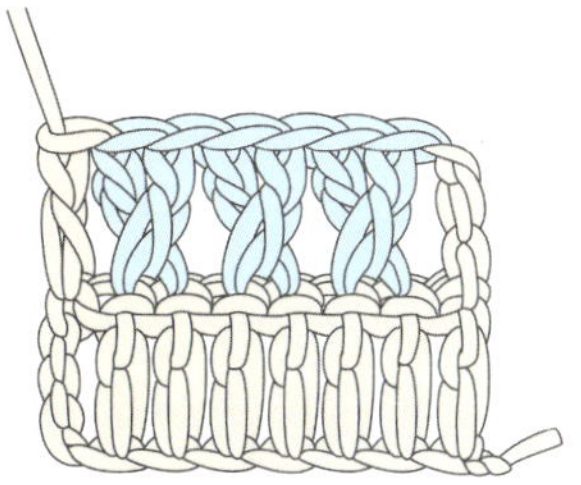

6 同様にもう１つ編み、最後に長編みを１目編みます。この段に変わり長編み左上１目交差が３つ編めました。

変《か》わり長《なが》編《あ》み右《みぎ》上《うえ》1目《め》交《こう》差《さ》

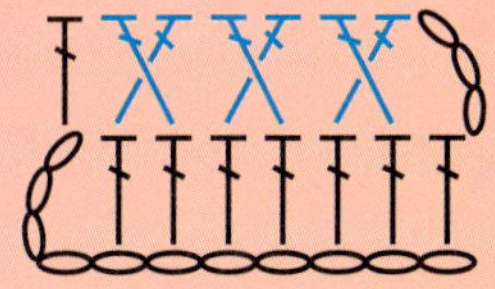

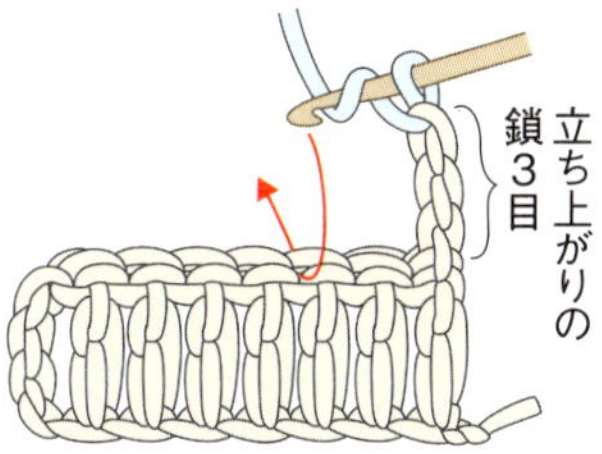

1 立ち上がりの鎖３目を編み、編み地を返して針先に糸をかけ、矢印の位置に針を入れます。

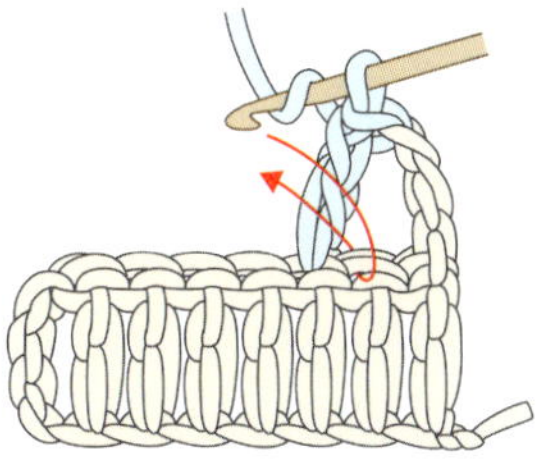

2 ここに長編みを１目編み、続いて針先に糸をかけて右隣りの目に矢印のように針を入れます。

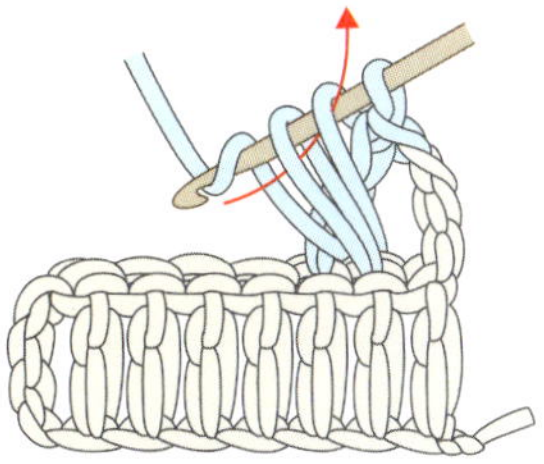

3 ここでは編みくるまず、先に編んだ長編みの前側に長編みを編みます。

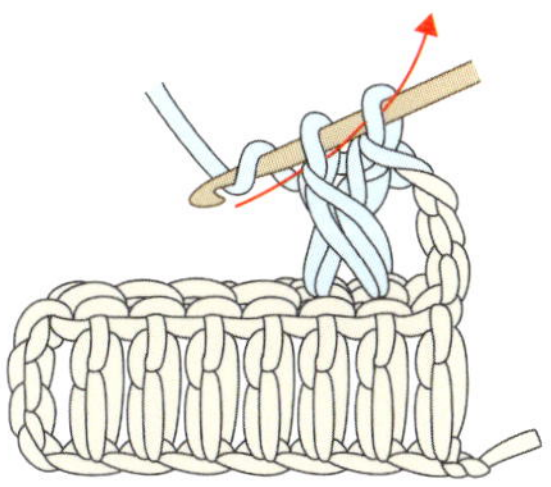

4 最後の引き抜きをすると、変わり長編み右上１目交差が１つ編めます。

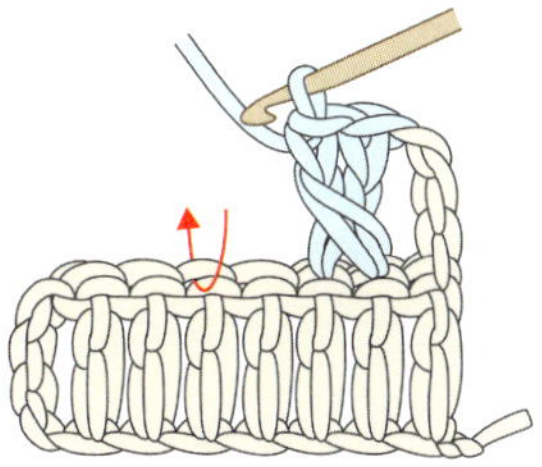

5 同様に矢印の位置、その右隣りの目に長編みを編みます。

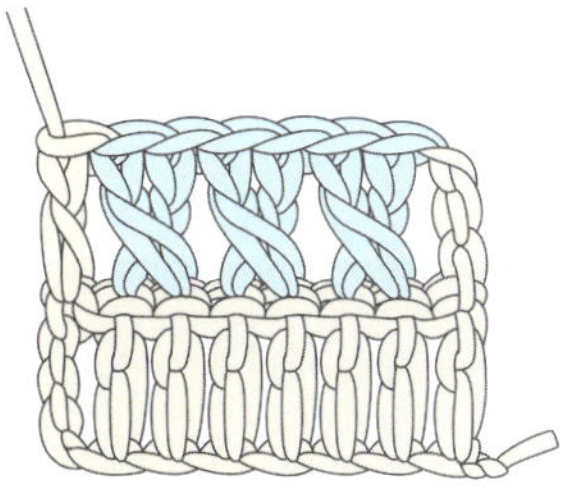

6 同様にもう１つ編み、最後に長編みを１目編みます。この段に変わり長編み右上１目交差が３つ編めました。

変《か》わり長《なが》編《あ》み 1目《め》と2目の 左《ひだり》上《うえ》交《こう》差《さ》

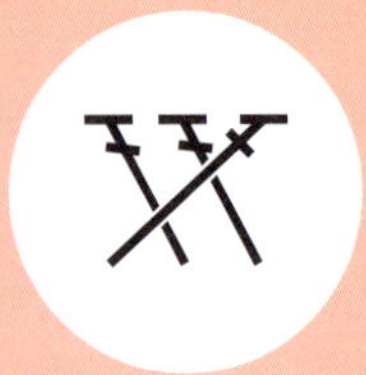

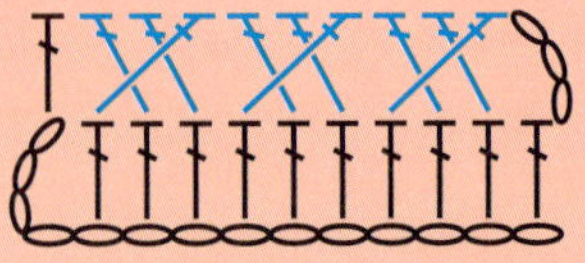

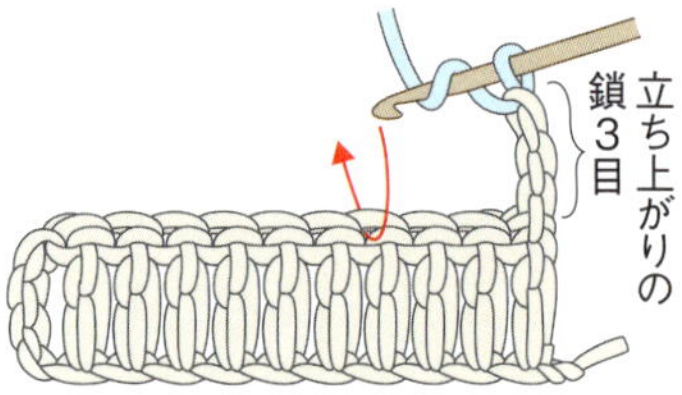

1 立ち上がりの鎖3目を編み、編み地を返して針先に糸をかけ、矢印の位置に針を入れます。

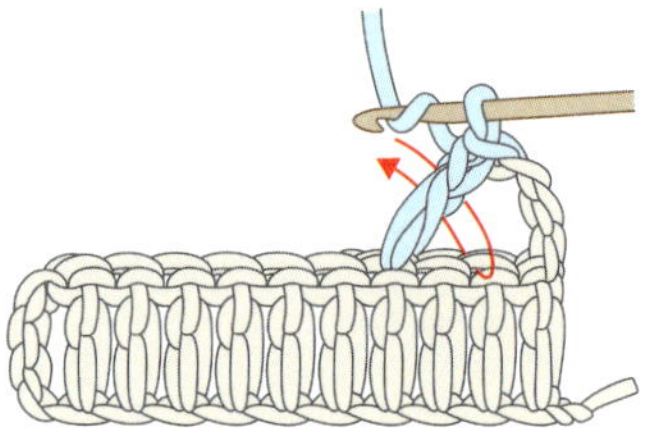

2 ここに長編みを1目編み、続いて針先に糸をかけて右へ2目めに矢印のように針を入れます。

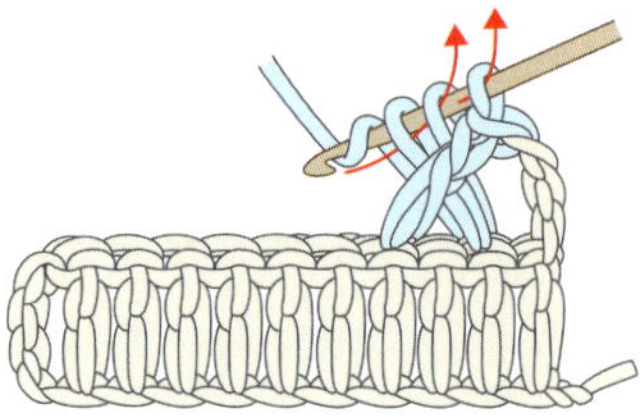

3 ここでは編みくるまず、先に編んだ長編みの後ろ側に長編みを編みます。

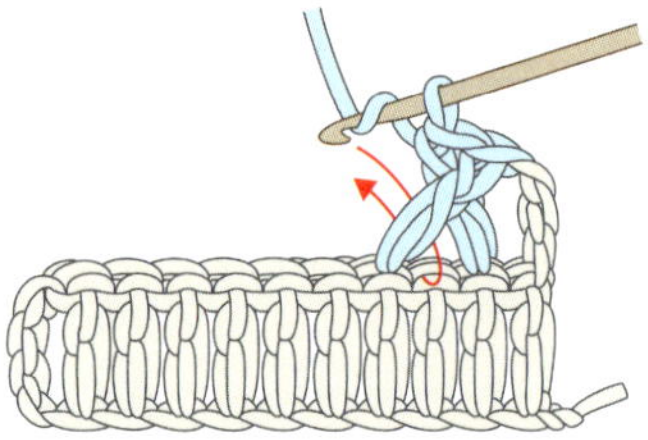

4 続いてその左隣りに長編みを編みます。**3** と同様に最初の長編みの後ろ側に編みます。

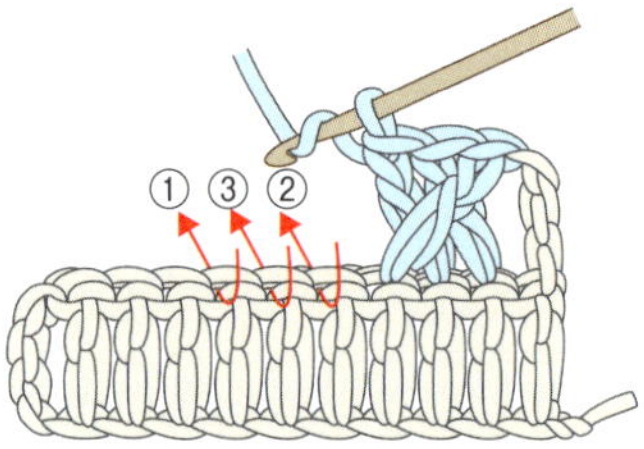

5 変わり長編み1目と2目の左上交差が1つ編めました。針先に糸をかけ、同様に矢印の位置に長編みを編みます。

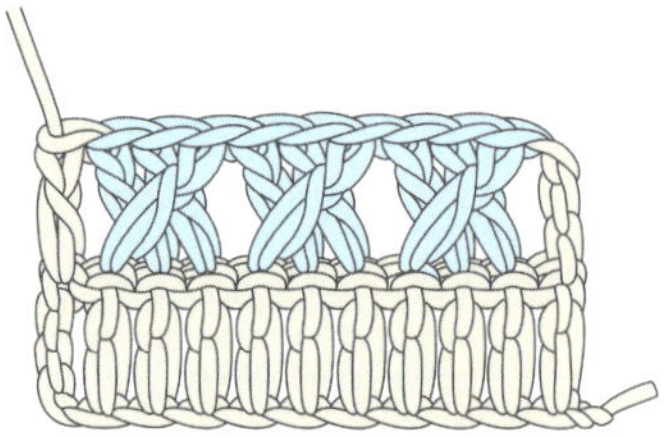

6 さらにもう1つ編み、最後に長編みを1目編みます。この段に変わり長編み1目と2目の左上交差が3つ編めました。

変《か》わり長《なが》編《あ》み 1目《め》と2目《め》の 右《みぎ》上《うえ》交《こう》差《さ》

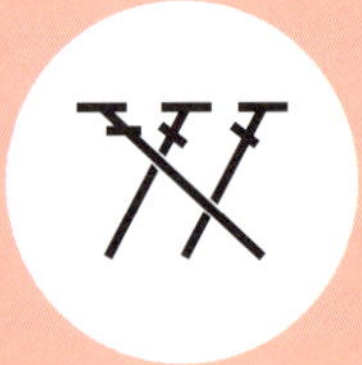

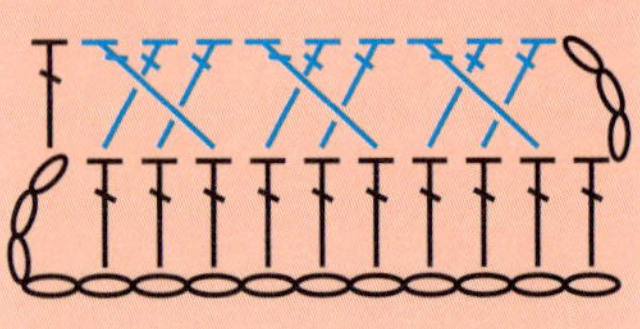

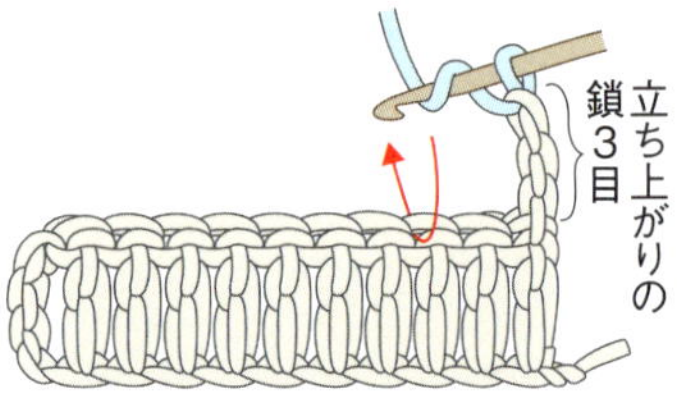

1 立ち上がりの鎖3目を編み、編み地を返して針先に糸をかけ、矢印の位置に針を入れます。

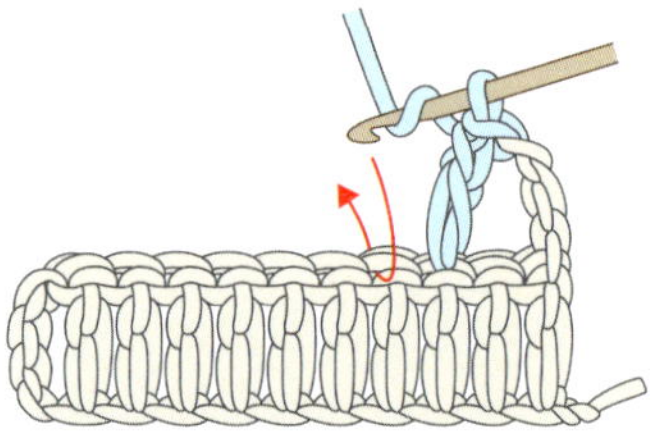

2 ここに長編みを1目編み、続いて針先に糸をかけて左隣りの目に矢印のように針を入れ、長編みを編みます。

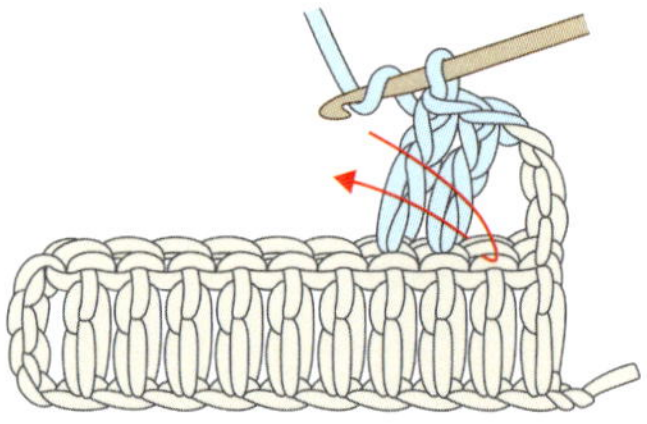

3 もう一度針先に糸をかけ、最初に編んだ長編みの右隣りの目に矢印のように針を入れます。

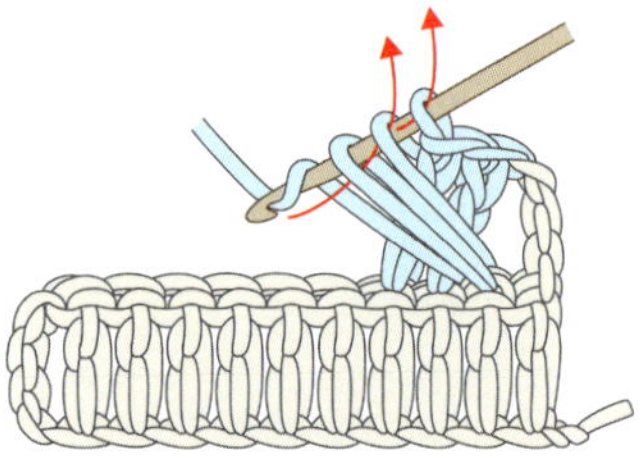

4 ここに長編みを編みます。編みくるまず、先に編んだ長編み2目の前側に編みます。

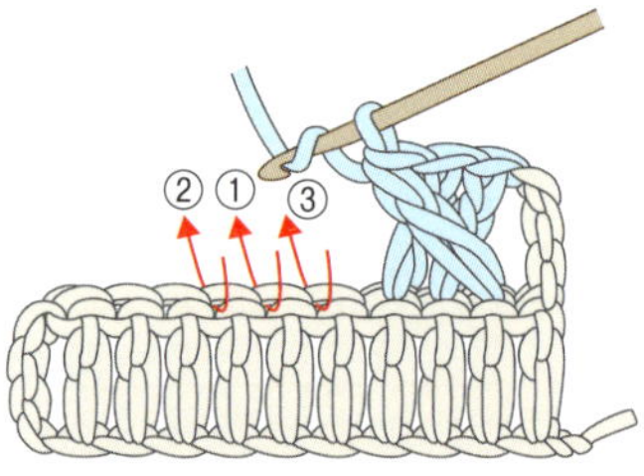

5 変わり長編み1目と2目の右上交差が1つ編めました。針先に糸をかけ、同様に矢印の位置に長編みを編みます。

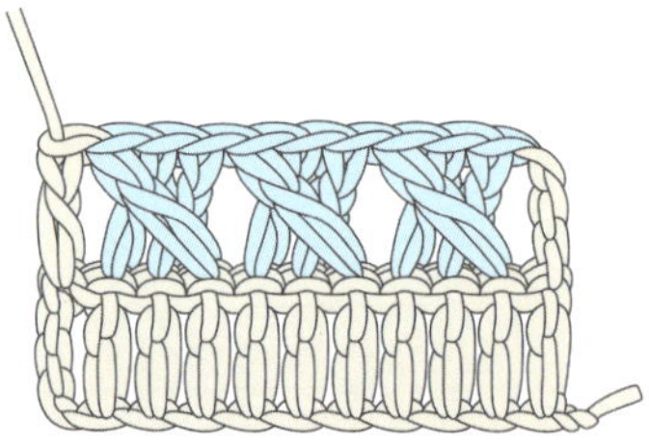

6 さらにもう1つ編み、最後に長編みを1目編みます。この段に変わり長編み1目と2目の右上交差が3つ編めました。

クロス編み / ロール編み

長《なが》編《あ》みのクロス編《あ》み

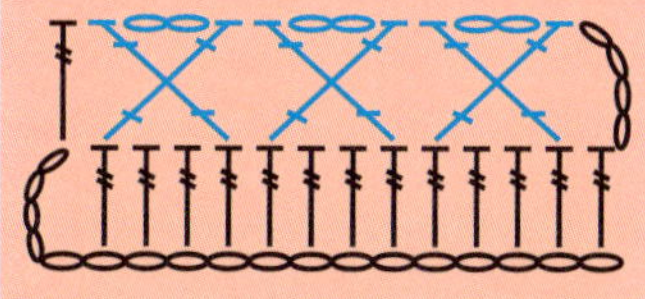

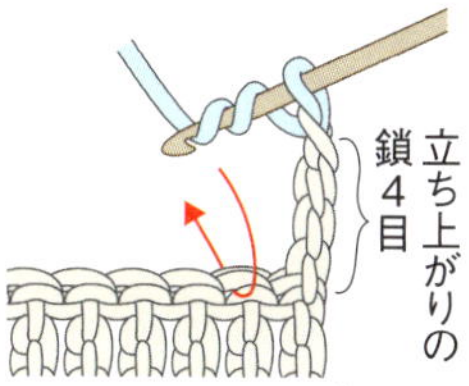

1 立ち上がりの鎖4目を編み、編み地を返して針先に糸を2回巻き、矢印の位置に針を入れます。

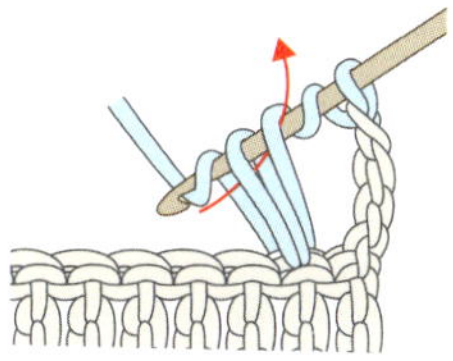

2 針先に糸をかけ、未完成の長編み（P.154参照）を編みます。

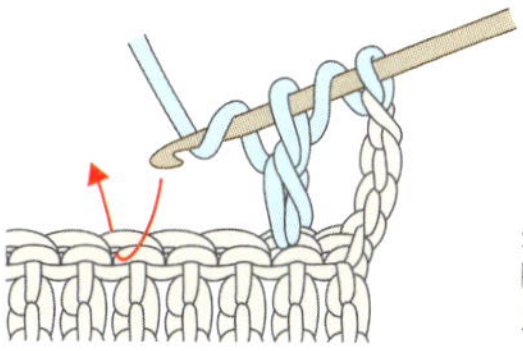

3 もう一度針先に糸をかけ、矢印の位置に針を入れます。

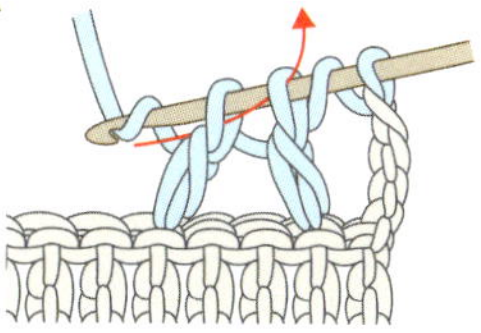

4 ここにも未完成の長編みを編み、針先に糸をかけ2ループから引き出します。

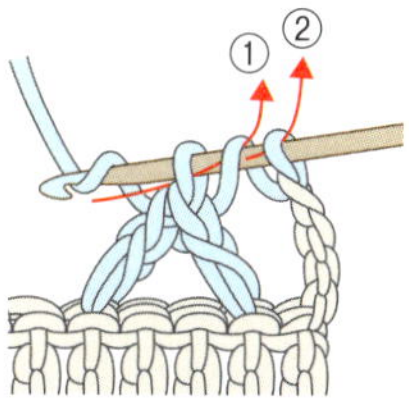

5 さらに針先に糸をかけ、まず2ループ、もう一度針先に糸をかけ、残りの2ループから引き抜きます。

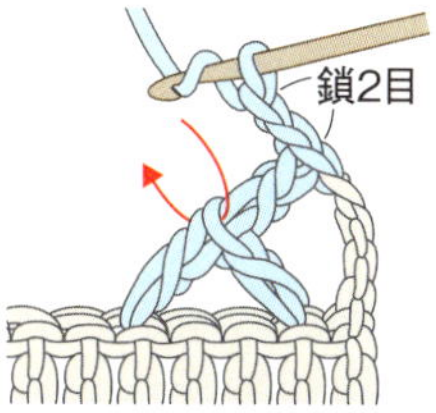

6 間の鎖2目を編み、針先に糸をかけて矢印の位置の2本を拾い、針を入れます。針先に糸をかけ引き出します。

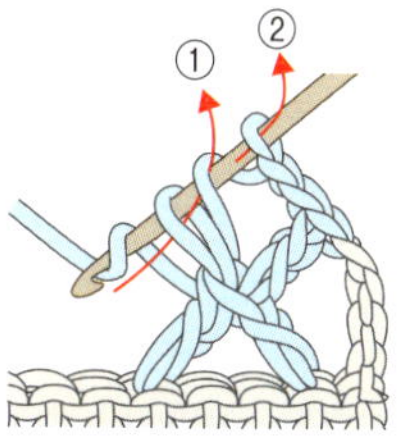

7 針先に糸をかけ、まず2ループ、もう一度針先に糸をかけ、残りの2ループから引き抜きます。

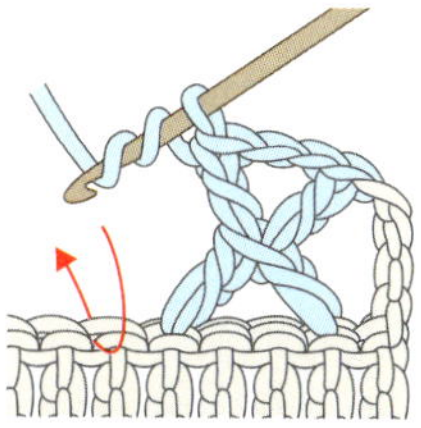

8 「長編みのクロス編み」が1つ編めました。同様にして針先に2回糸をかけ、矢印の位置に編みます。

ロール編《あ》み（3回《かい》）

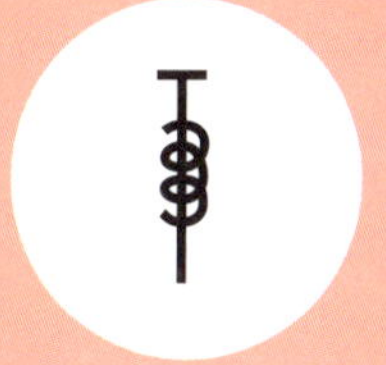

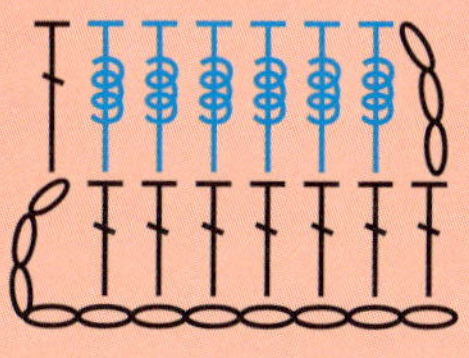

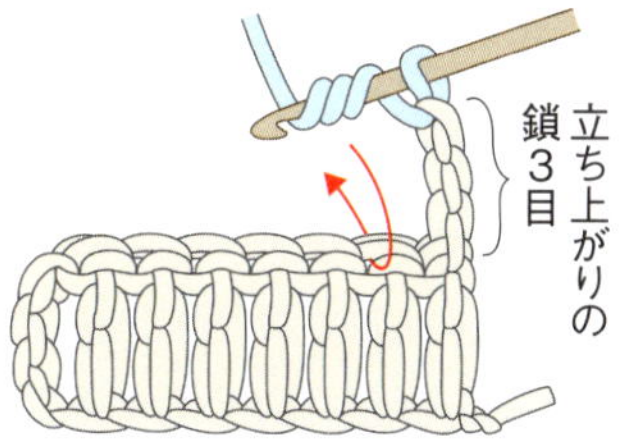

1 立ち上がりの鎖3目を編み、編み地を返して針先に糸を3回巻きつけ、矢印の位置に針を入れ、針先に糸をかけ引き出します。

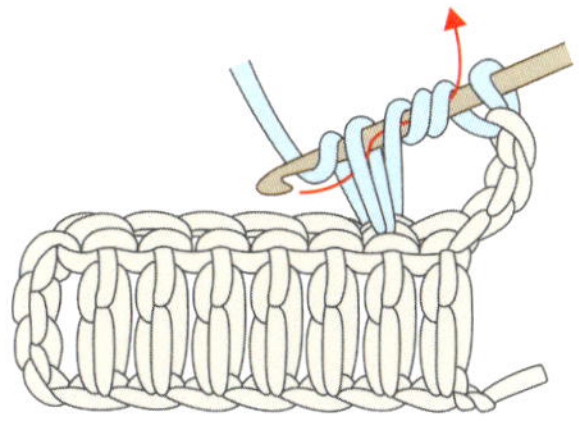

2 再び針先に糸をかけ、矢印のように針にかかった4ループから引き出します。

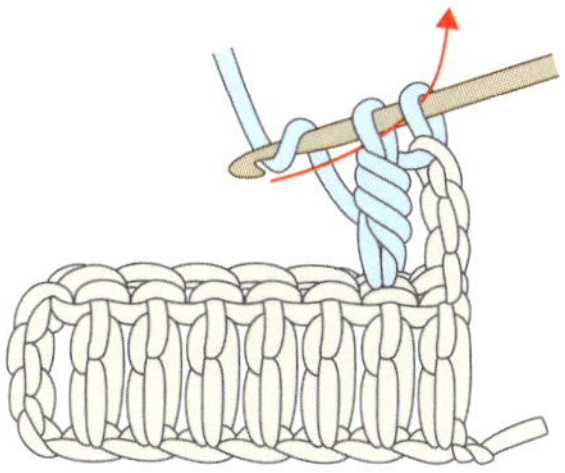

3 もう一度針先に糸をかけ、矢印のように2ループから引き抜きます。

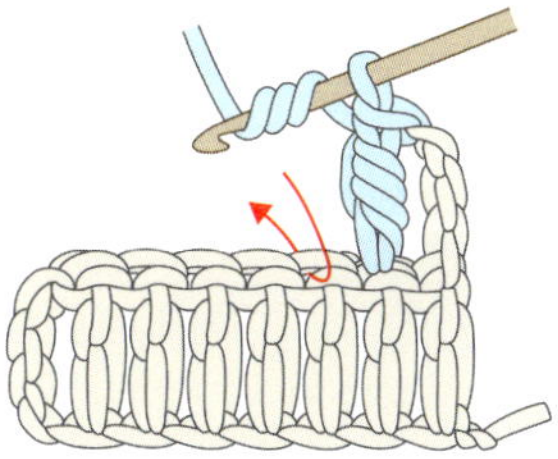

4 ロール編みが1目編めました。次の目も針先に糸を3回巻きつけ、矢印の位置に針を入れて **2**～**3** をくり返します。

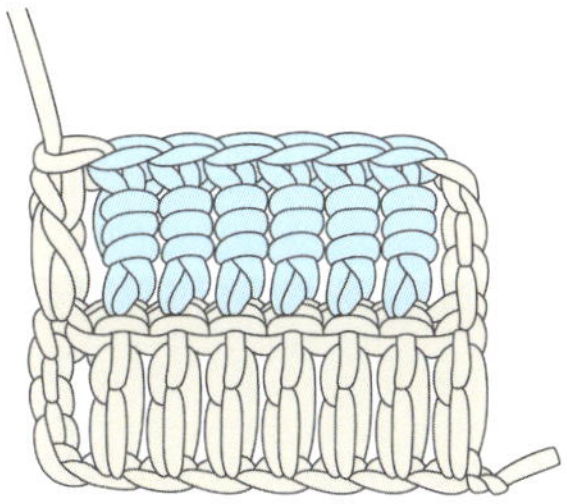

5 同様にしてロール編みを全部で6目編み、最後に長編み1目を編んで、この段を終えます。

Y《わい》字《じ》編《あ》み

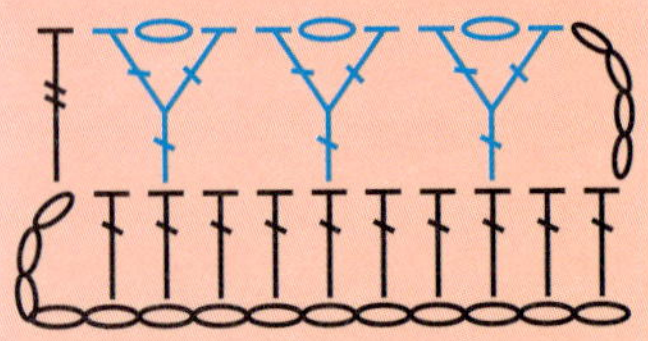

Y字編み

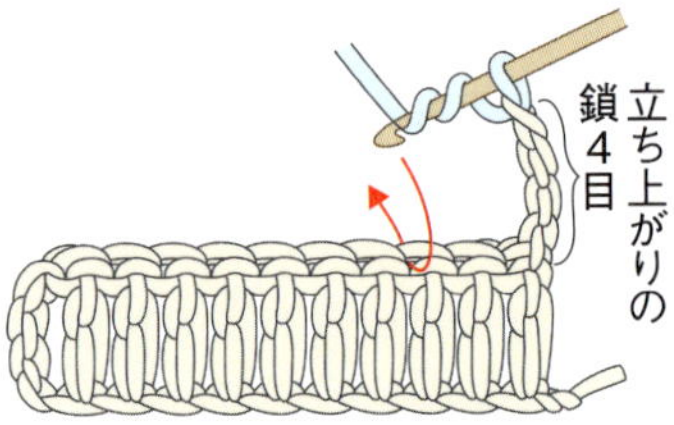

1 立ち上がりの鎖4目を編み、編み地を返して針先に糸を2回かけ、矢印の位置に針を入れます。

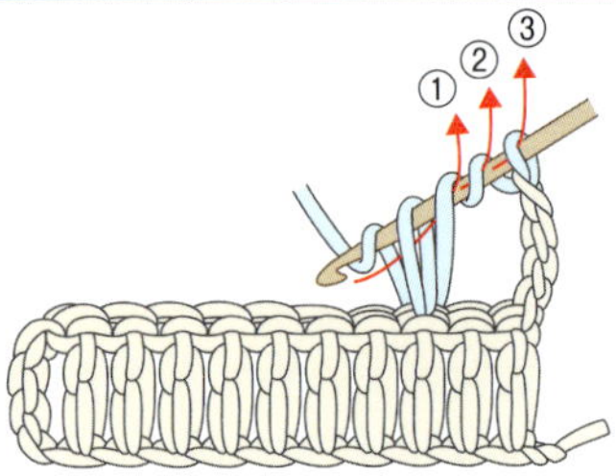

2 ここに長々編みを編みます。

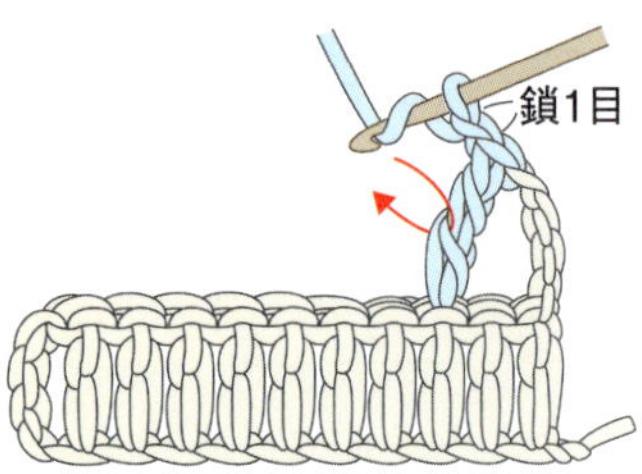

3 間の鎖1目を編み、針に糸をかけ、矢印の2本を拾って針を入れます。

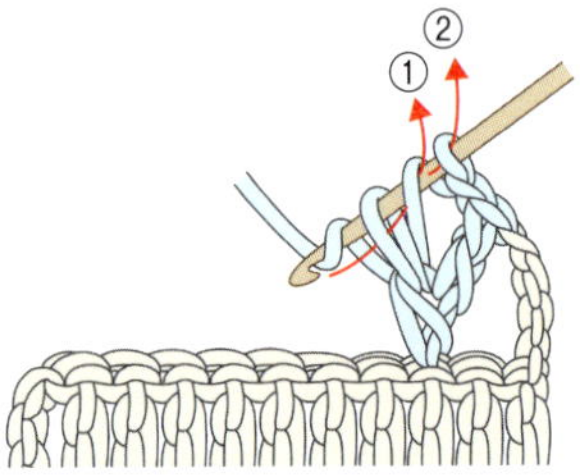

4 ここに長編みを編みます。

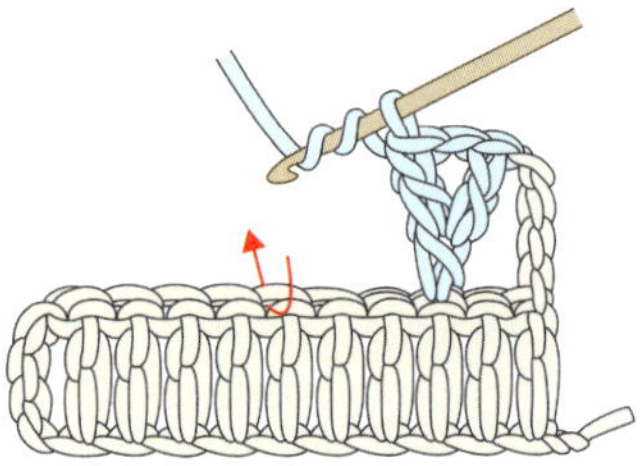

5 Y字編みが1目編めました。針に糸を2回かけ、矢印の位置に針を入れ、**2**～**4**をくり返してY字編みをもう1目編みます。

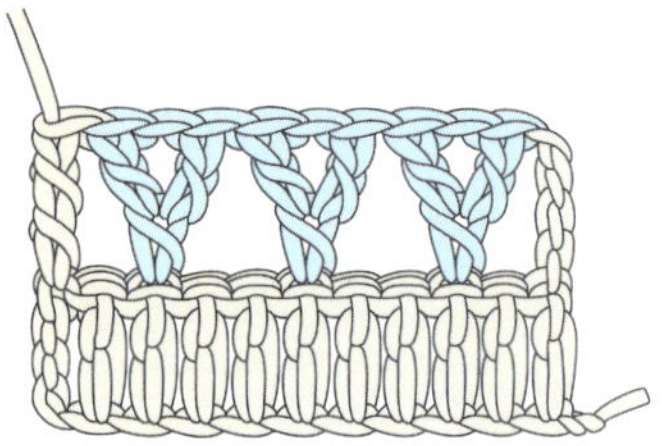

6 さらにもう1目Y字編みを編み、最後に長々編みを編んで、この段を終えます。

逆《ぎゃく》Y《わい》字《じ》編《あ》み

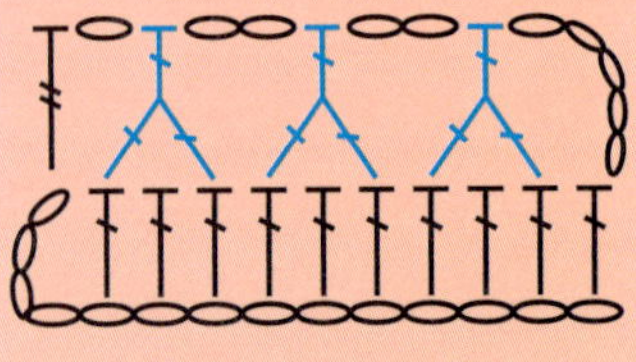

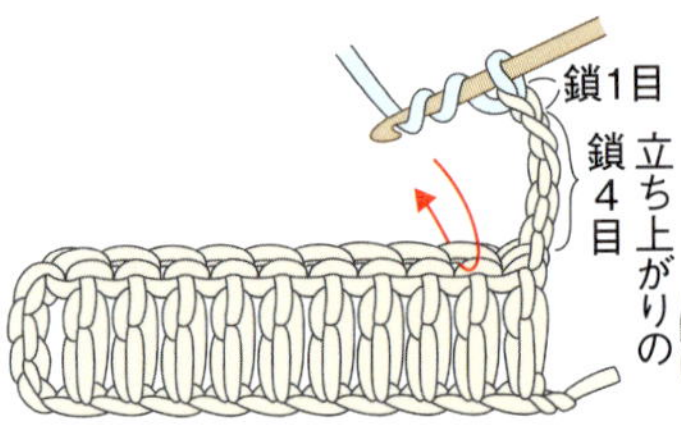

1 立ち上がりの鎖4目と間の鎖1目を編み、編み地を返して針先に糸を2回かけ、矢印の位置に針を入れます。

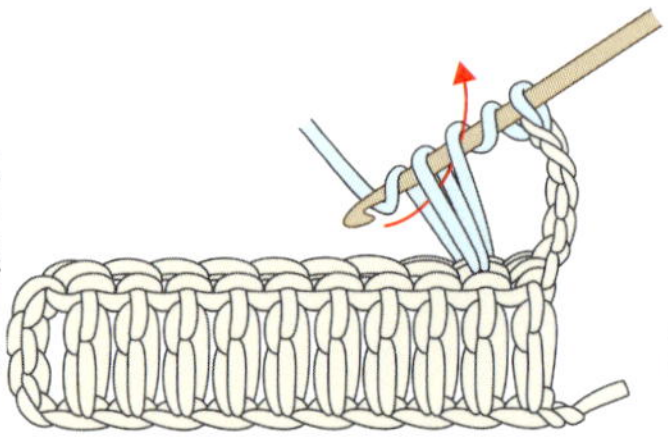

2 ここに未完成の長編み(P.154参照）を編みます。

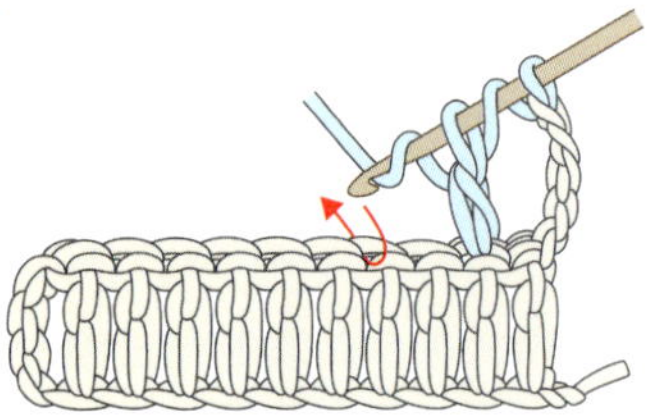

3 もう一度針先に糸をかけ、1目とばした矢印の位置に針を入れます。

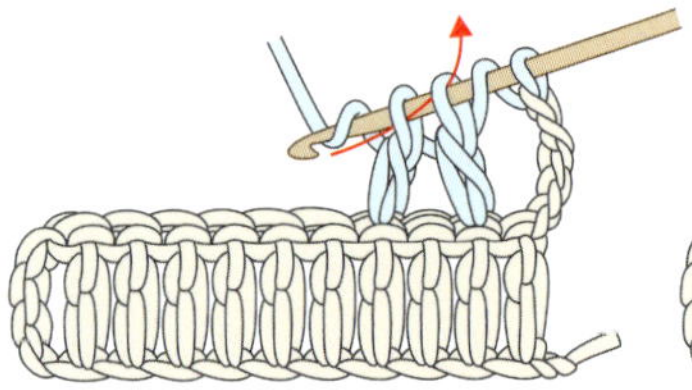

4 ここにも未完成の長編みを編みます。

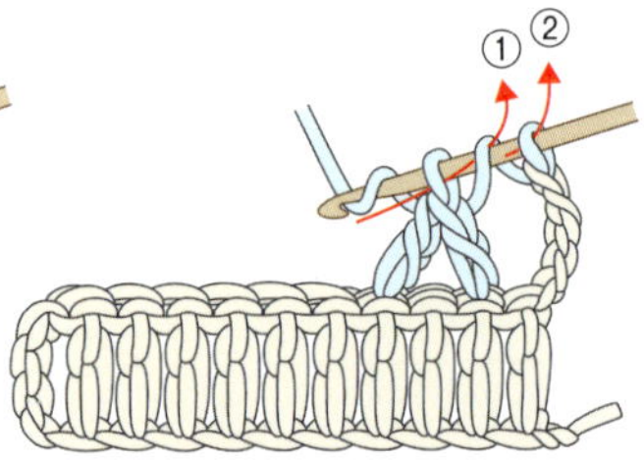

5 さらに針先に糸をかけ、長編みを編むように2ループから引き出し、もう一度針先に糸をかけて残りの2ループから引き抜きます。

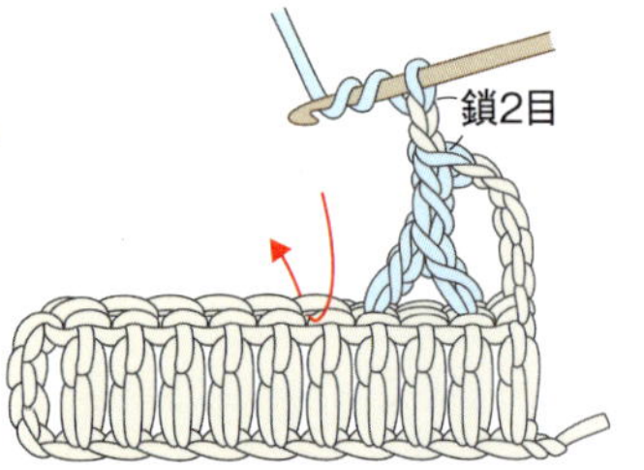

6 逆Y字編みが1目編めました。間の鎖2目を編んで**1**～**5**をくり返し、同様に逆Y字編みを編みます。

引き上げ編み

細《こま》編《あ》みの表《おもて》引《ひ》き上《あ》げ編《あ》み

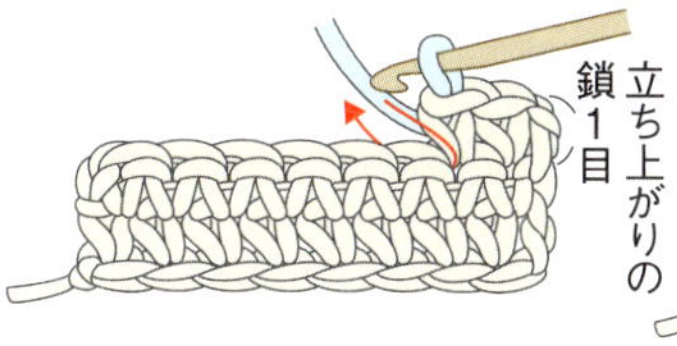

1 引き上げ編みをする手前まで細編みを編み、前段の細編みの足に矢印のように針を入れます。

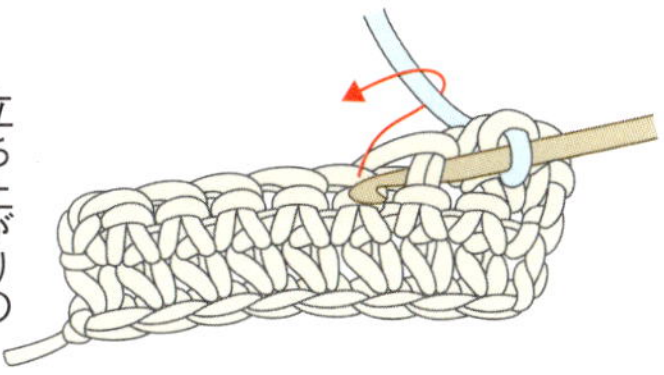

2 針先を矢印のように動かして糸をかけます。

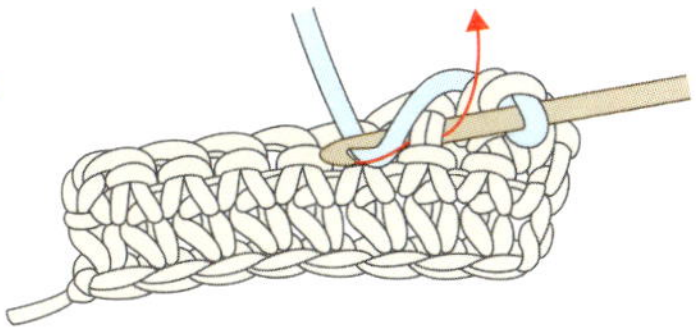

3 針先にかけた糸を矢印のように引き出します。

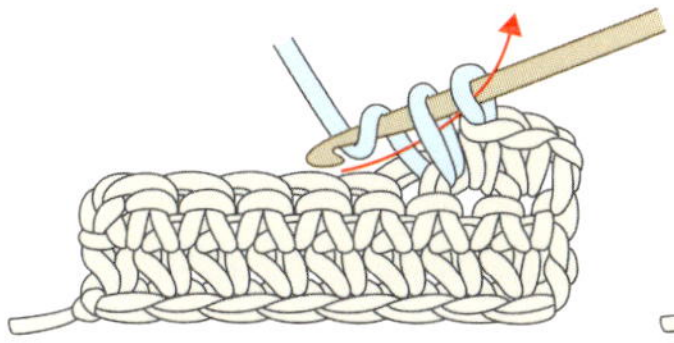

4 もう一度針先に糸をかけ、矢印のように引き抜いて細編みを編みます。

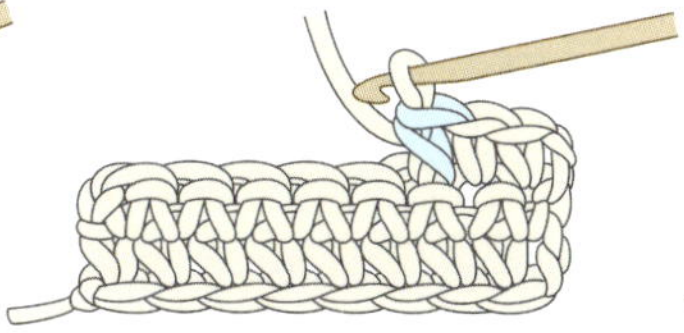

5 細編みの表引き上げ編みが1目編めました。

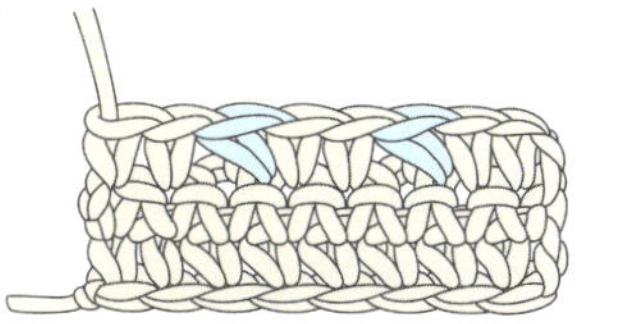

6 細編みを２目編み、**1**～**4**をくり返して細編みの表引き上げ編みを編みます。さらに細編みを２目編み、この段を終えます。

細《こま》編《あ》みの裏《うら》引《ひ》き上《あ》げ編《あ》み

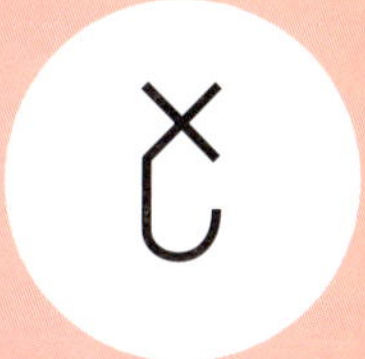

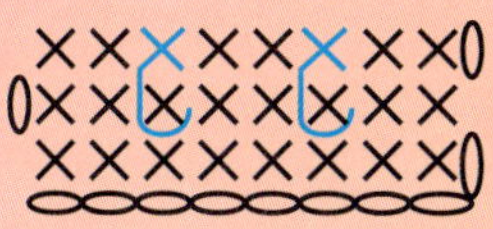

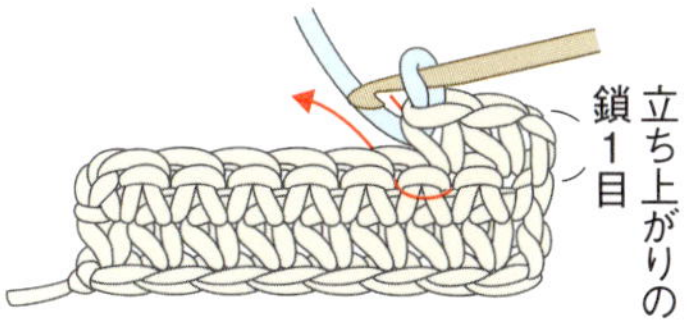

1 引き上げ編みをする手前まで細編みを編み、前段の細編みの足に矢印のように針を入れます。

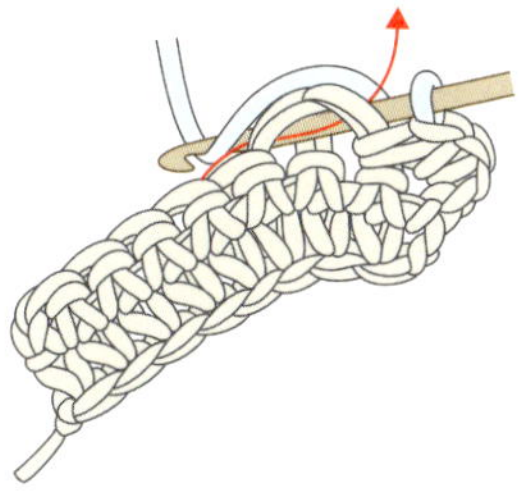

2 針先に糸をかけ、矢印のように引き出します。

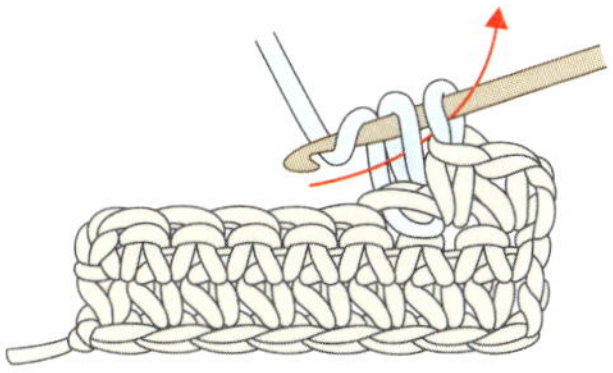

3 もう一度針先に糸をかけ、矢印のように引き抜いて細編みを編みます。

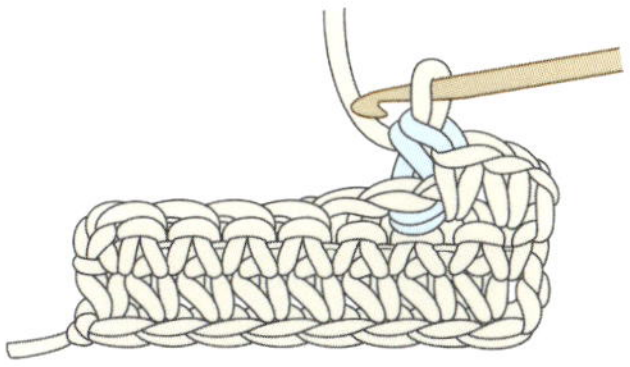

4 細編みの裏引き上げ編みが1目編めました。

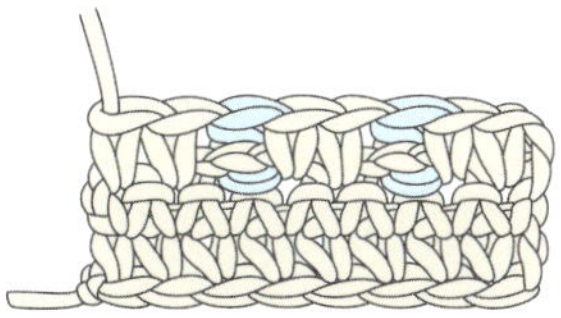

5 続けて細編みを２目編み、**1**～**4**をくり返して細編みの裏引き上げ編みを編みます。さらに細編みを２目編み、この段を終えます。

中《ちゅう》長《なが》編《あ》みの表《おもて》引《ひ》き上《あ》げ編《あ》み

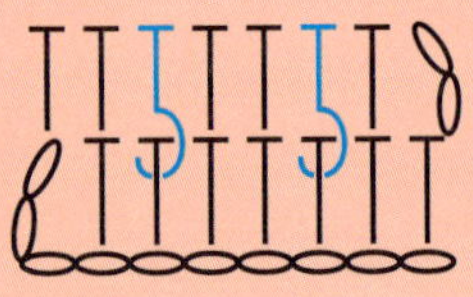

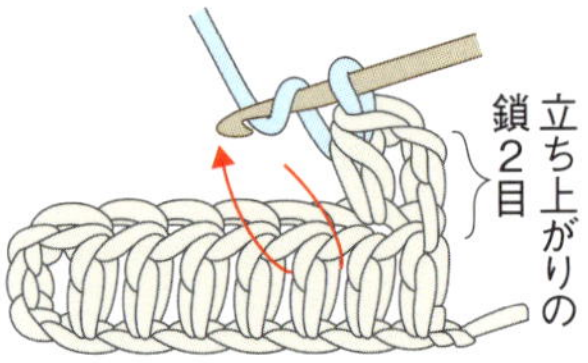

1 引き上げ編みをする手前まで中長編みを編み、針先に糸をかけて前段の中長編みの足に矢印のように針を入れます。

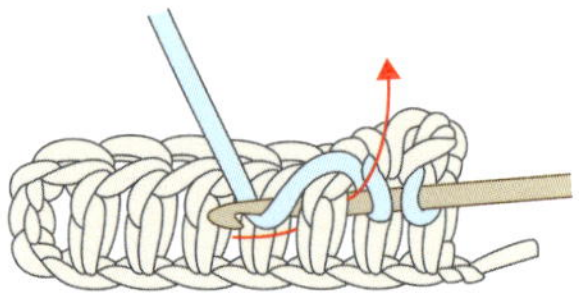

2 矢印のように糸を引き出します。

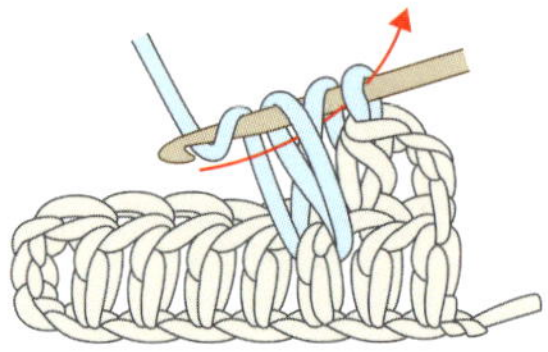

3 もう一度針先に糸をかけ、矢印のように引き抜いて中長編みを編みます。

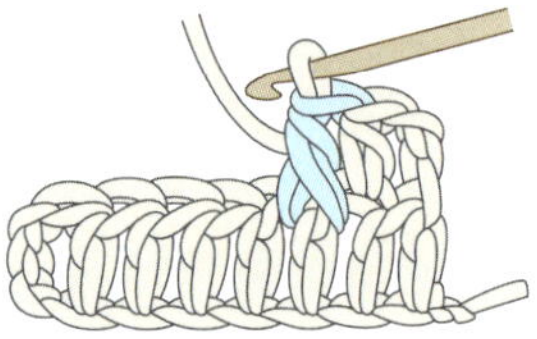

4 中長編みの表引き上げ編みが1目編めました。

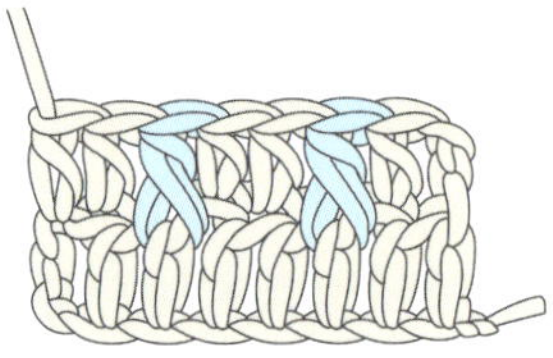

5 続けて中長編みを2目編み、**1**～**4**をくり返して中長編みの表引き上げ編みをもう1目編みます。さらに中長編みを2目編み、この段を終えます。

中《ちゅう》長《なが》編《あ》みの裏《うら》引《ひ》き上《あ》げ編《あ》み

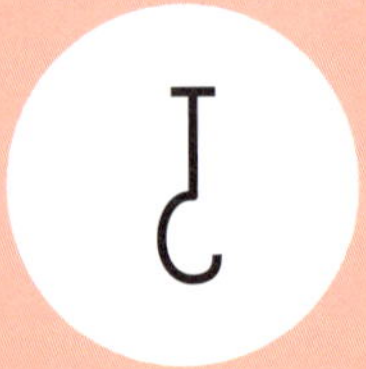

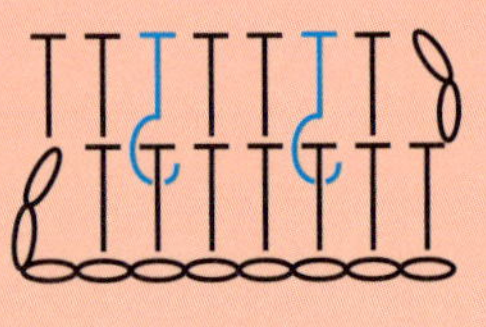

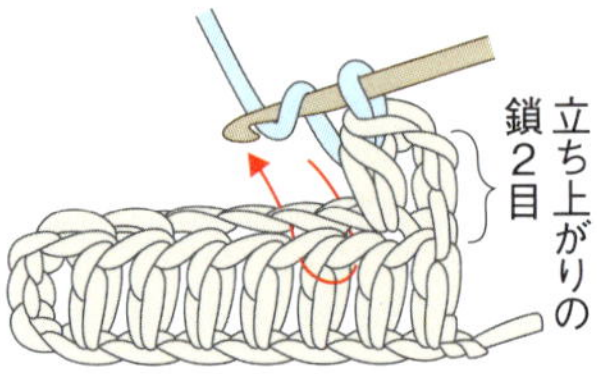

1 引き上げ編みをする手前まで中長編みを編み、針先に糸をかけて前段の中長編みの足に矢印のように針を入れ、糸を引き出します。

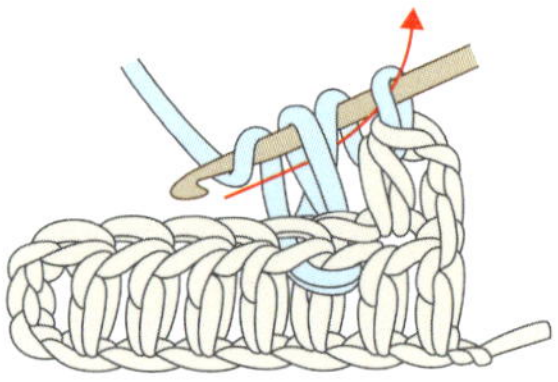

2 もう一度針先に糸をかけ、矢印のように引き抜いて中長編みを編みます。

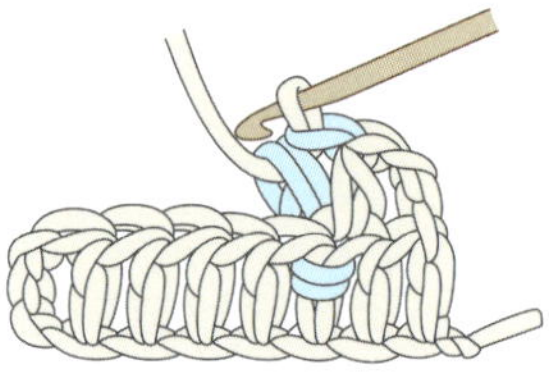

3 中長編みの裏引き上げ編みが1目編めました。

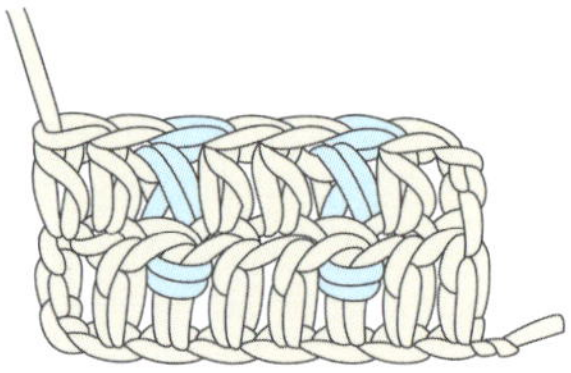

4 続けて中長編みを2目編み、**1**～**3**をくり返して中長編みの裏引き上げ編みをもう1目編みます。さらに中長編みを2目編み、この段を終えます。

長《なが》編《あ》みの表《おもて》引《ひ》き上《あ》げ編《あ》み

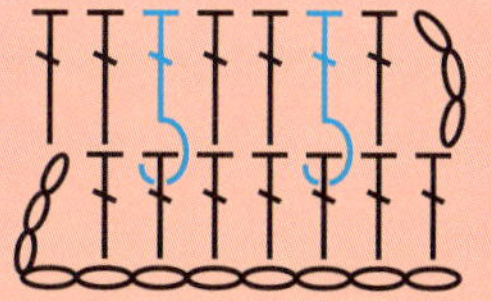

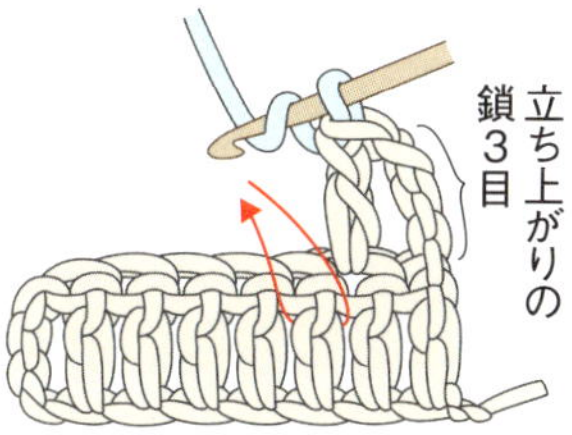

1 引き上げ編みをする手前まで長編みを編み、針先に糸をかけて前段の長編みの足に矢印のように針を入れます。

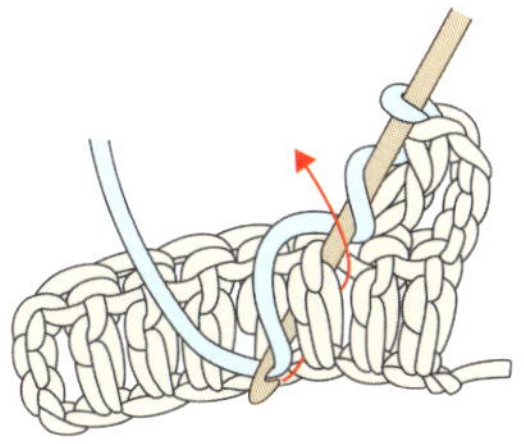

2 針先に糸をかけ、矢印のように引き出します。

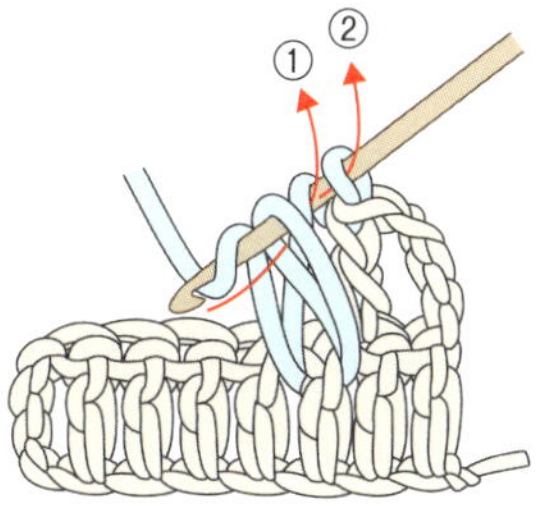

3 もう一度針先に糸をかけ、矢印のように引き抜いて長編みを編みます。

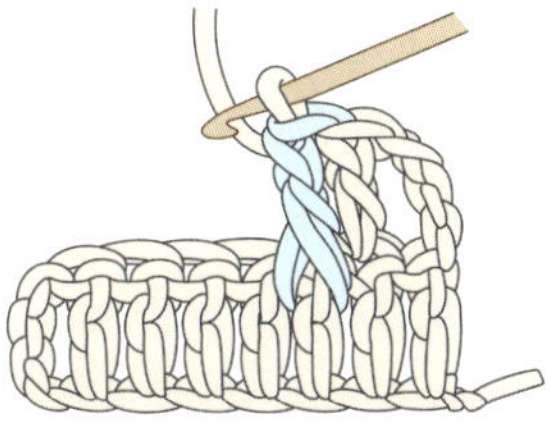

4 長編みの表引き上げ編みが1目編めました。

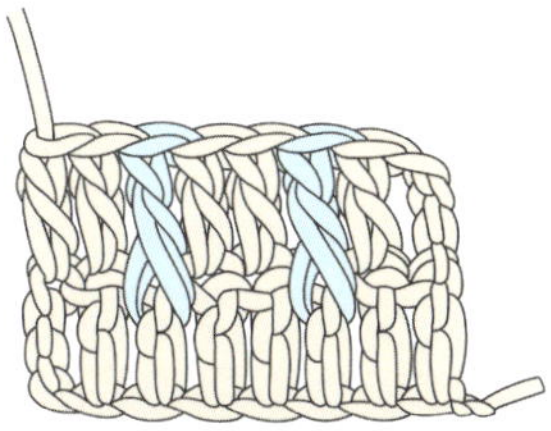

5 続けて長編みを2目編み、**1**～**4**をくり返して長編みの表引き上げ編みをもう1目編みます。さらに長編みを2目編み、この段を終えます。

長《なが》編《あ》みの裏《うら》引《ひ》き上《あ》げ編《あ》み

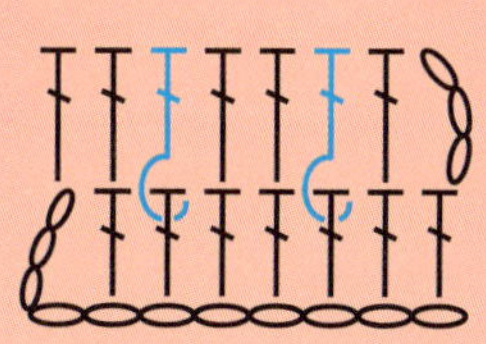

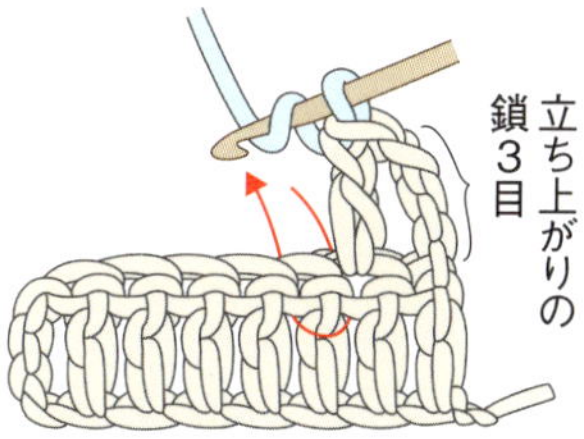

1 引き上げ編みをする手前まで長編みを編み、針先に糸をかけて前段の長編みの足に矢印のように針を入れ、針先に糸をかけて引き出します。

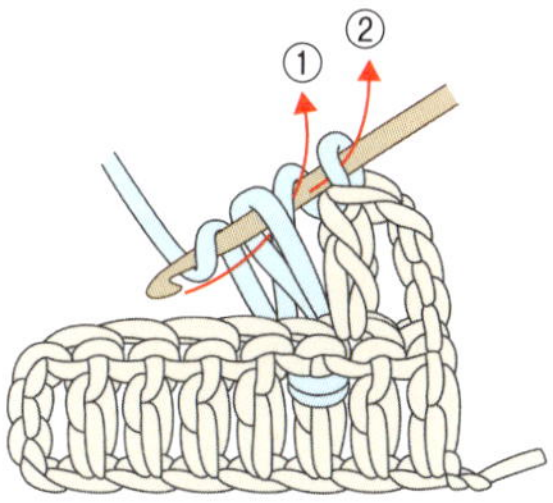

2 もう一度針先に糸をかけ、矢印のように引き抜いて長編みを編みます。

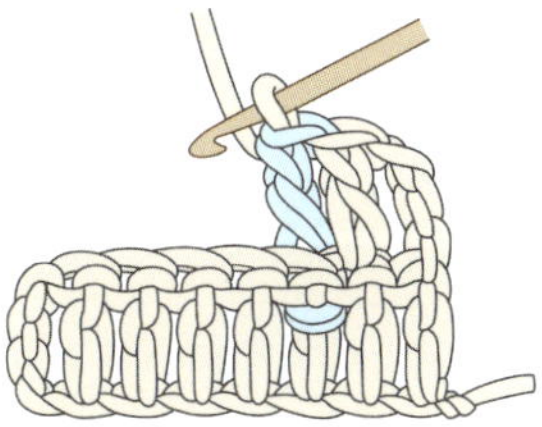

3 長編みの裏引き上げ編みが1目編めました。

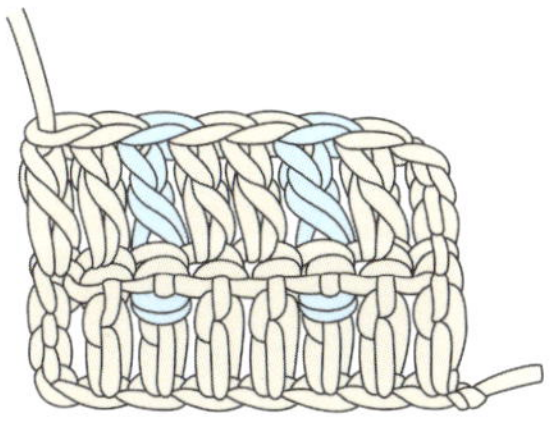

4 続けて長編みを2目編み、**1**～**3**をくり返して長編みの裏引き上げ編みをもう1目編みます。さらに長編みを2目編み、この段を終えます。

細編みのバリエーション

ねじり細《こま》編《あ》み

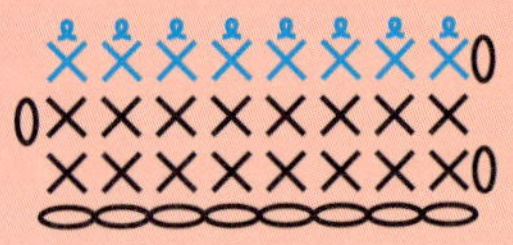

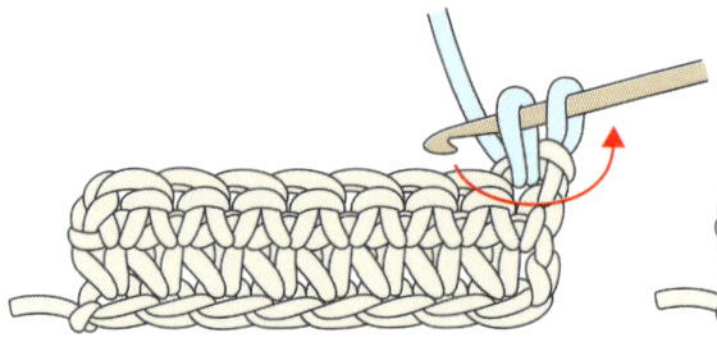

1 立ち上がりの鎖１目を編み、編み地を返します。同じ目に針を入れて糸を長めに引き出し、針先を矢印の方向に回します。

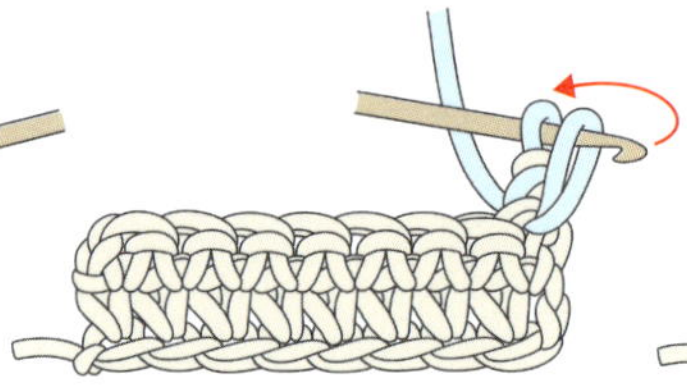

2 針先を回している途中です。針先は半周して一度右を向き、さらに半周して再び左を向きます。

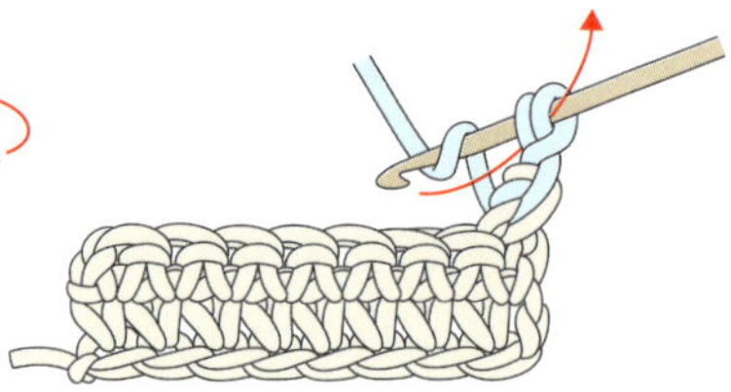

3 １周させたら針先に糸をかけ、矢印のように引き抜きます。

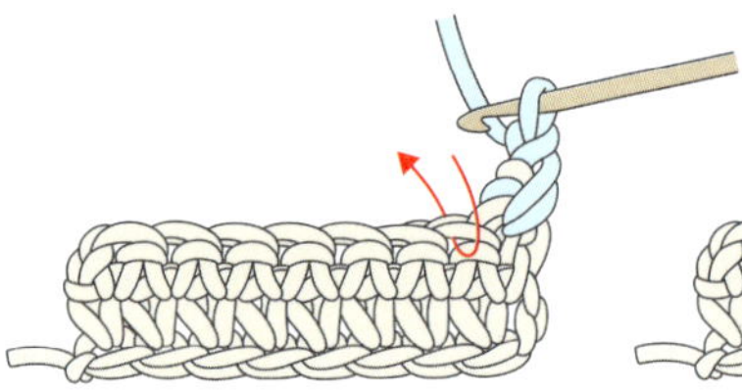

4 ねじり細編みが１目編めました。次の目は矢印の位置に針を入れます。

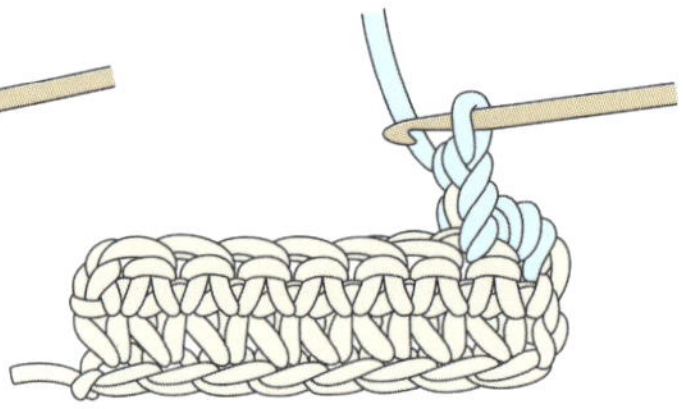

5 **1**～**3** をくり返してねじり細編みを編みます。

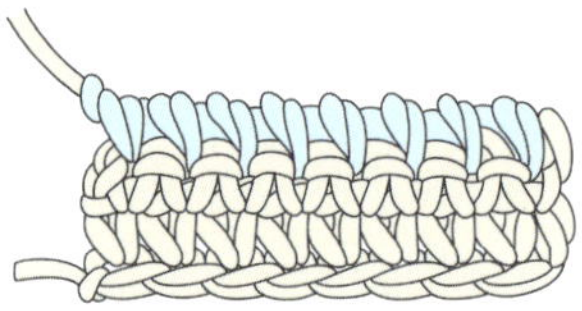

6 同様にくり返し、端まで編みます。頑丈な編み目となり、縁編みなどによく使われます。

バック細《こま》編《あ》み

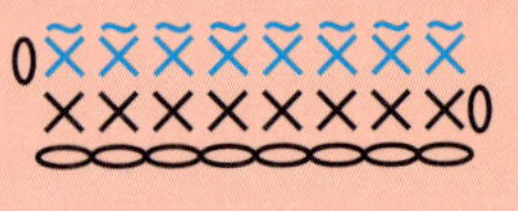

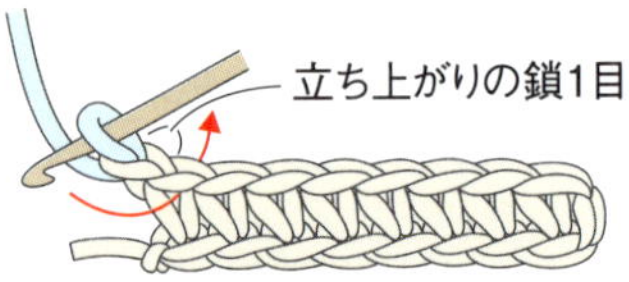

1 １段めを編み、立ち上がりの鎖１目を編んだら編み地の向きはそのままで矢印のように針を入れます。

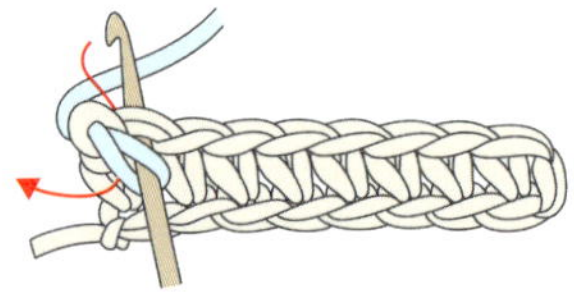

2 矢印のように糸をそのまま引き出します。

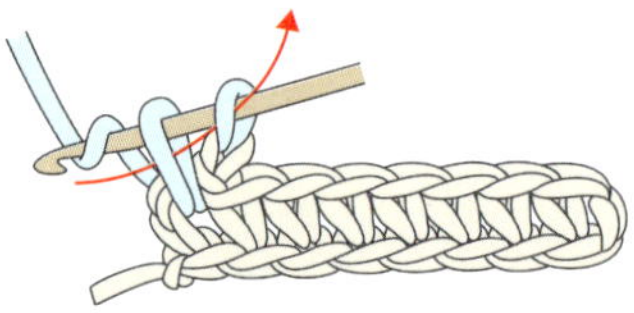

3 もう一度針先に糸をかけ、矢印のように引き抜きます。

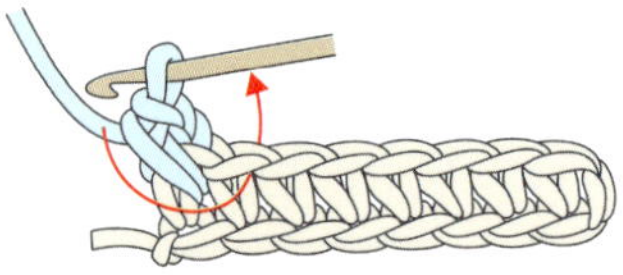

4 バック細編みが１目編めました。次は右隣りの目に矢印のように針を入れます。

5 **2**～**3** をくり返してバック細編みを編みます。

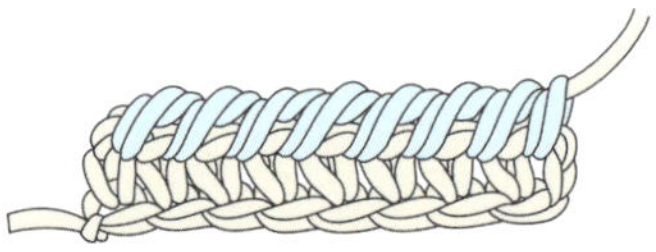

6 同様にして左から右へ編んでいきます。

変《か》わりバック細《こま》編《あ》み

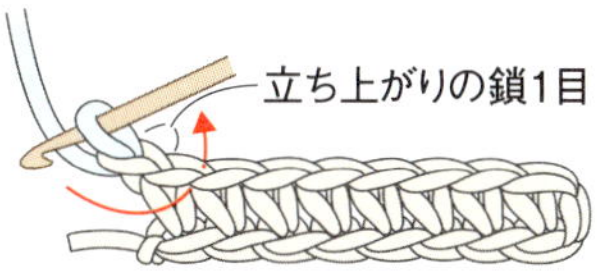

1 1段めを編み、立ち上がりの鎖1目を編んだら編み地の向きはそのままで矢印のように針を入れます。

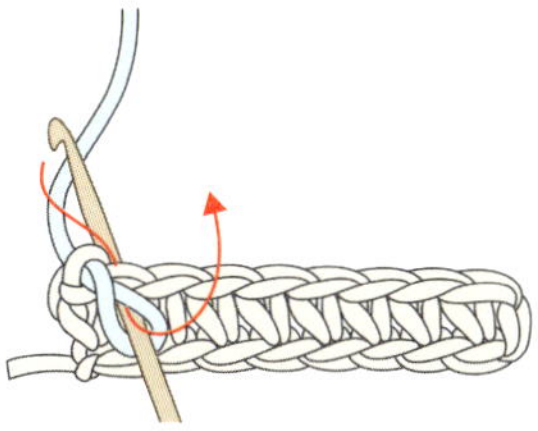

2 矢印のように、糸を引き出します。

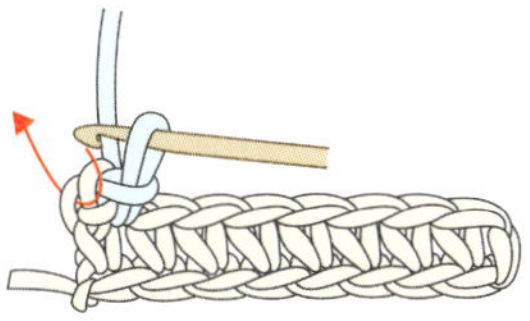

3 矢印の位置（立ち上がりの鎖の裏山）に針を入れ、糸を引き出します。

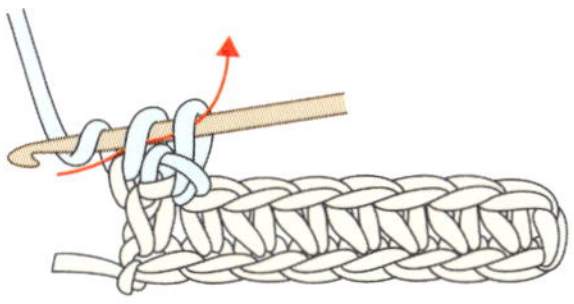

4 針先に糸をかけ、細編みを編みます。

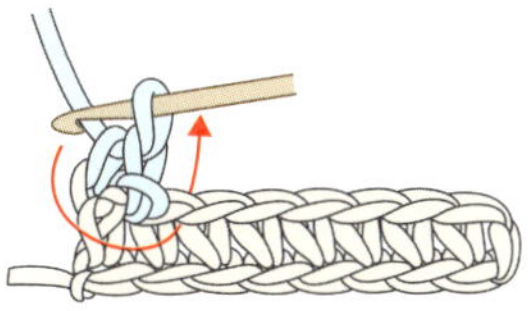

5 変わりバック細編みが1目編めました。次は右隣りの目に矢印のように針を入れ、**2**と同様に糸を引き出します。

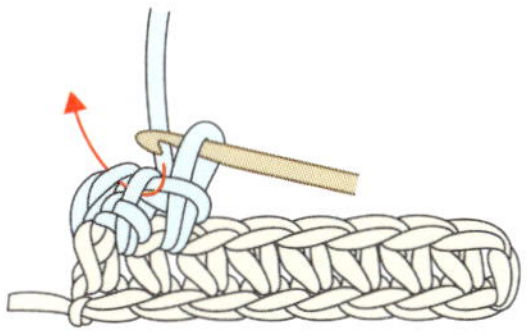

6 続けて矢印のように針を入れ、細編みを編みます。

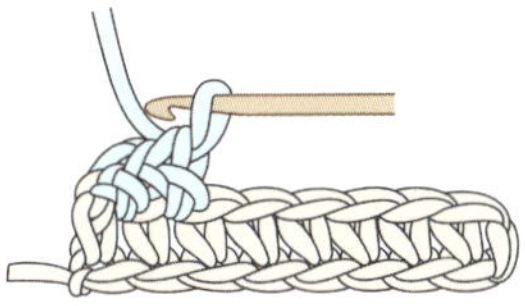

7 変わりバック細編みが2目編めたところです。

8 同様にして、左から右へ編んでいきます。

細《こま》編《あ》みのうね編《あ》み

※常に前段の目の頭の鎖の向こう側の半目を拾います。表から見るとうねの模様になります。

1 細編みを1段編み、立ち上がりの鎖1目を編み、編み地を返します。

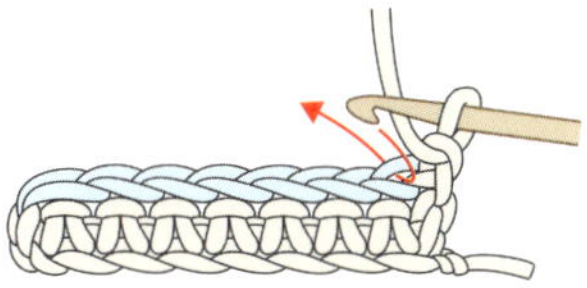

2 立ち上がりと同じ目の鎖の向こう側の半目だけを拾って針を入れます。

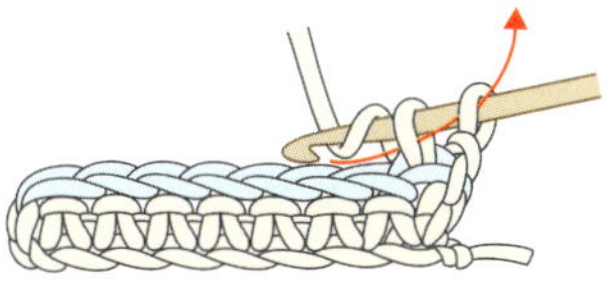

3 ここに細編みを編みます。

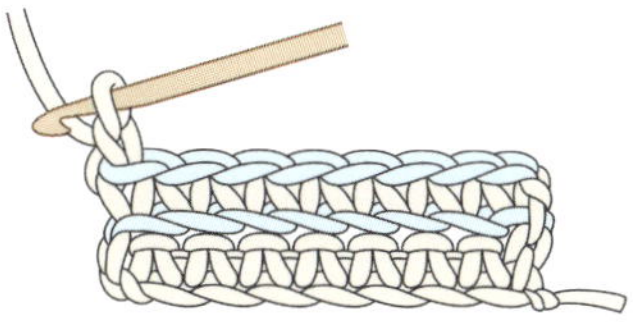

4 これをくり返して2段めを端まで編み、立ち上がりの鎖を1目編んで編み地を返します。

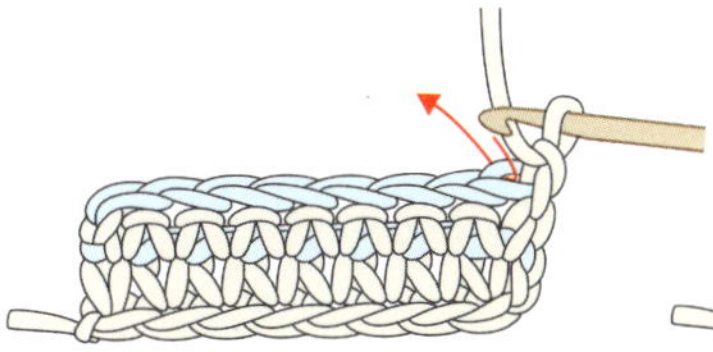

5 3段めも同様に、前段の頭の鎖の向こう側の半目だけを拾って細編みを編んでいきます。

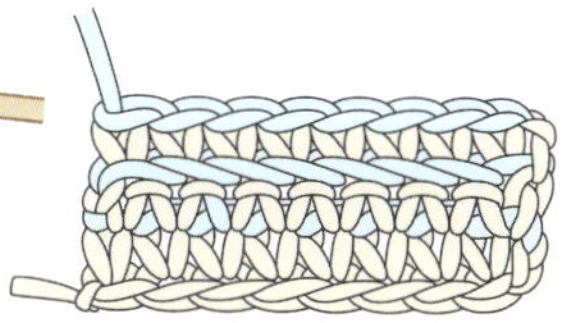

6 編み地には「うね」のような模様ができます。

※イラストではわかりやすいように「細編みの頭」部分にのみ、ブルーの色をつけてあります。

細《こま》編《あ》みのすじ編《あ》み（往復《おうふく》に編《あ》む）

※表側では前段の目の頭の鎖の向こう側半目、裏側では手前側半目を各段交互に編みます。表から見ると毎段すじが入っています。

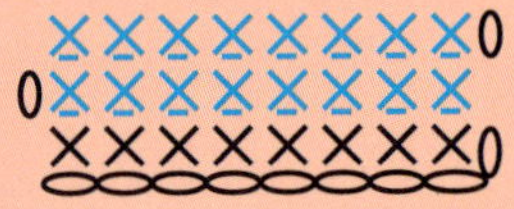

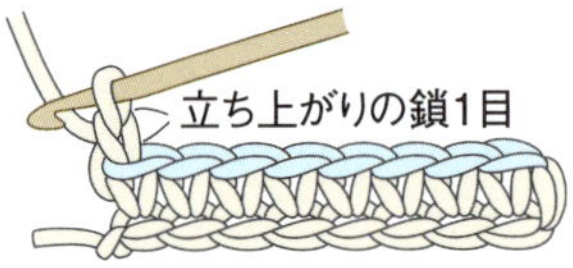

1 立ち上がりの鎖１目を編み、編み地を返します。

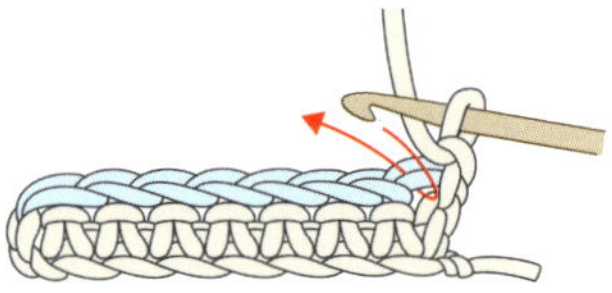

2 立ち上がりと同じ目の頭の鎖の手前の半目だけを拾って針を入れます。

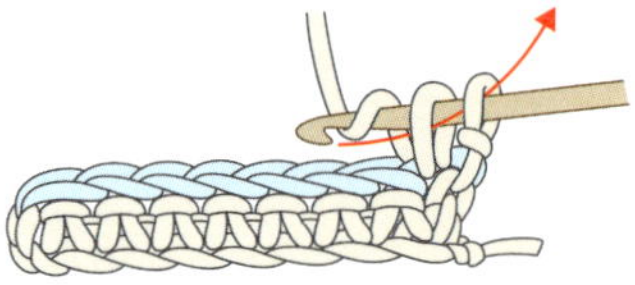

3 針先に糸をかけて細編みを編みます。

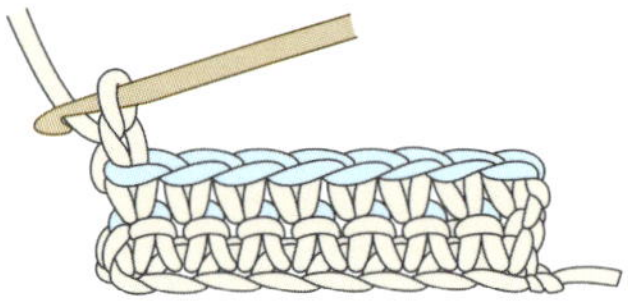

4 ２段めの端まで同様に編み、立ち上がりの鎖１目を編んで編み地を返します。

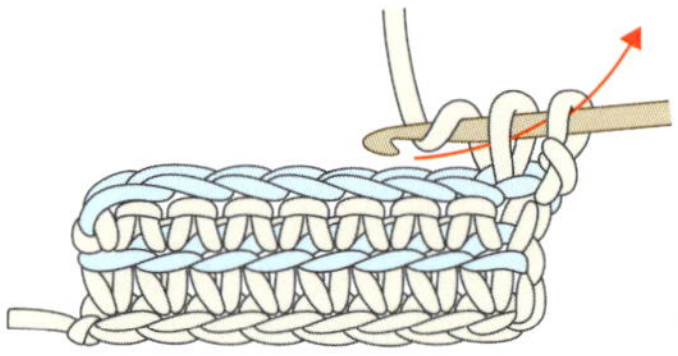

5 ３段めは、頭の鎖の向こう側の半目だけを拾って細編みを編んでいきます。

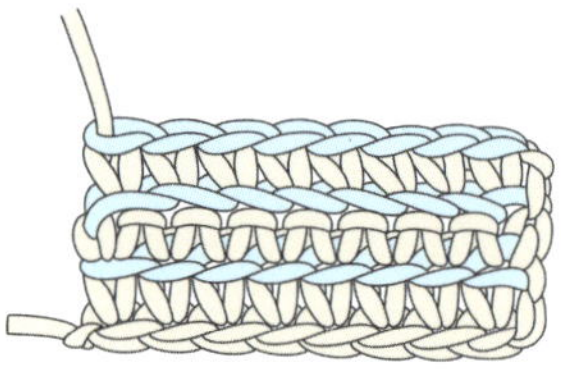

6 細編みのすじ編み（往復に編む）が３段編めました。

※イラストではわかりやすいように「細編みの頭」部分にのみ、ブルーの色をつけてあります。

細《こま》編《あ》みのすじ編《あ》み（輪《わ》に編《あ》む）

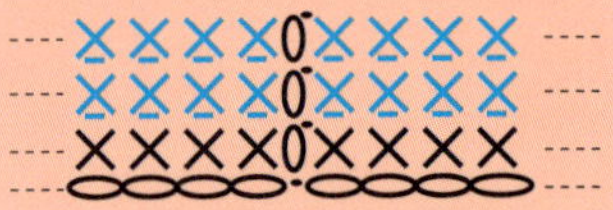

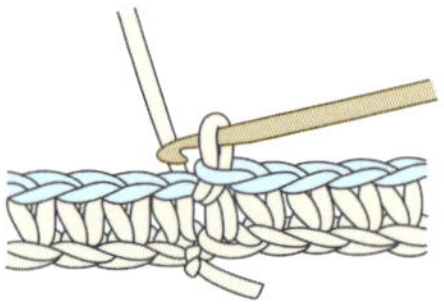

1 「細編みの輪に編む」を１周編めたところです。

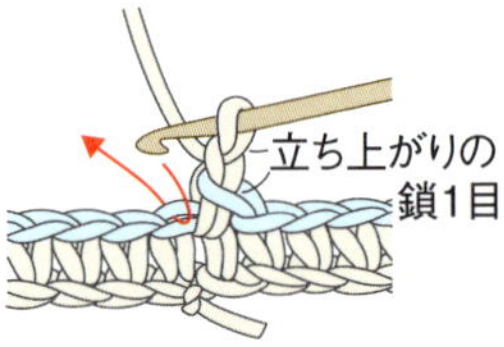

2 立ち上がりの鎖１目を編み、前段の頭の鎖の向こう側の半目に針を入れます。

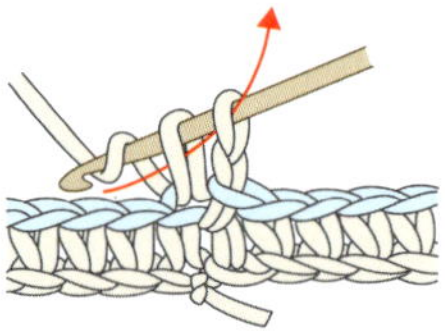

3 ここに細編みを編みます。

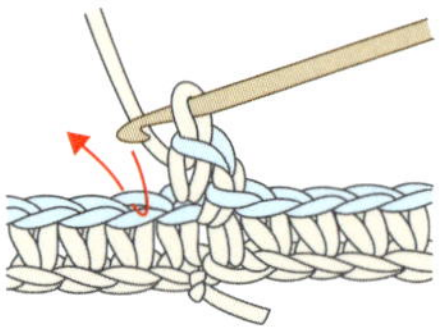

4 細編みのすじ編みが１目編めました。次の目以降も同様に編みます。

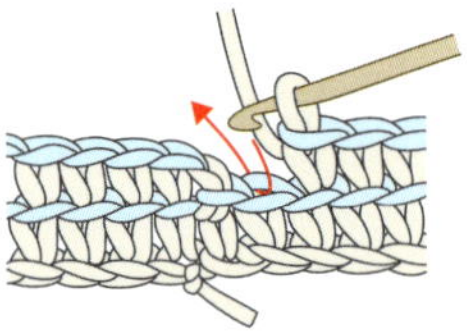

5 ２段め最後の目も同様に編みます。

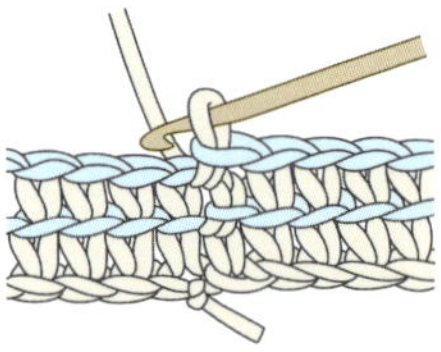

6 ２段めの最初の目に針を入れて引き抜き、２段めは終了です。

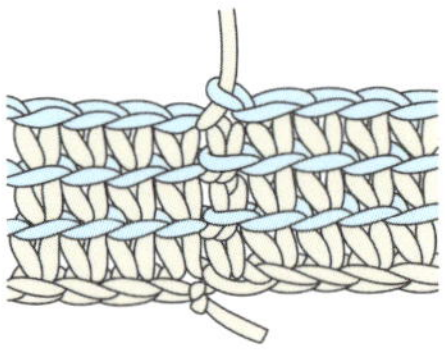

7 **2**～**6**をくり返し、３段めを編みました。

※イラストではわかりやすいように「細編みの頭」部分にのみ、ブルーの色をつけてあります。

中《ちゅう》長《なが》編《あ》みのすじ編《あ》み
（輪《わ》に編《あ》む）

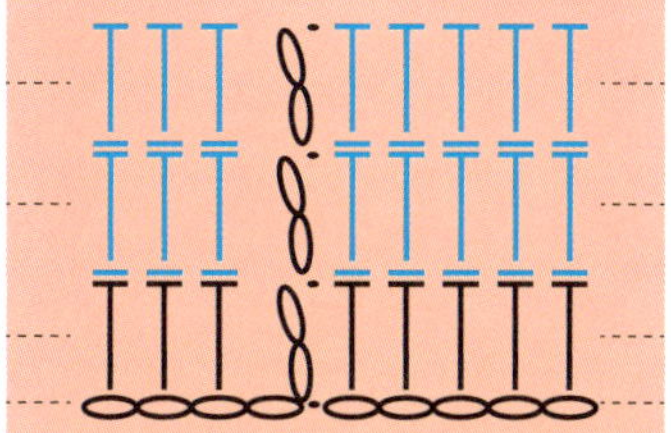

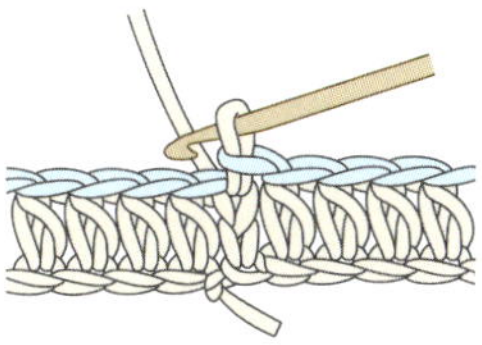

1 「中長編みの輪に編む」を１周編めたところです。

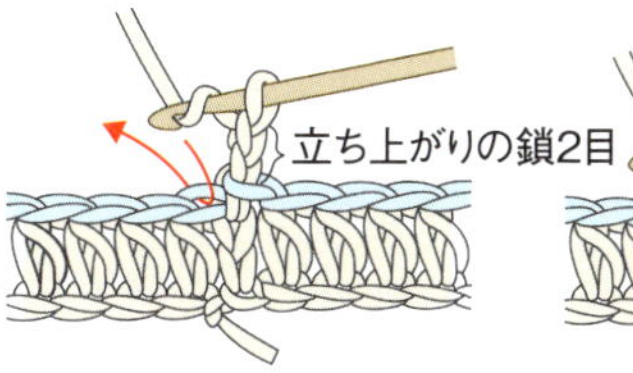

2 立ち上がりの鎖２目を編み、矢印の位置に針を入れます。

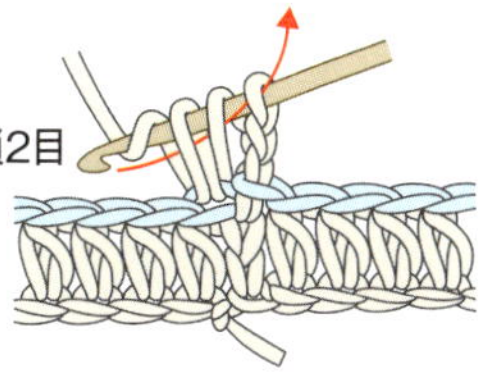

3 前段の頭の鎖の向こう側の半目を拾って中長編みを編みます。

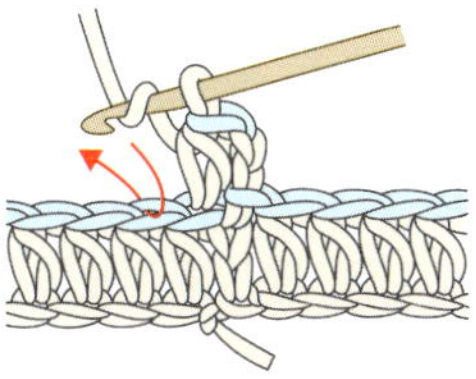

4 中長編みのすじ編みが１目編めました。次の目以降も同様に編みます。

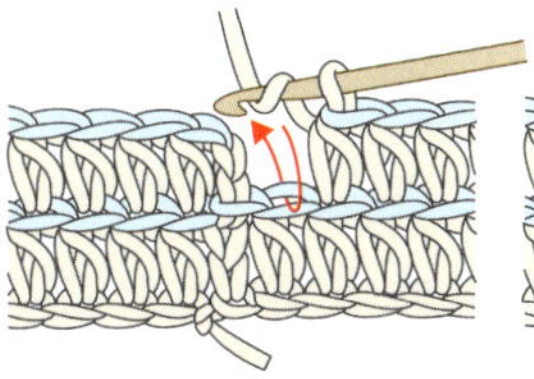

5 ２段め最後の目も同様に編みます。

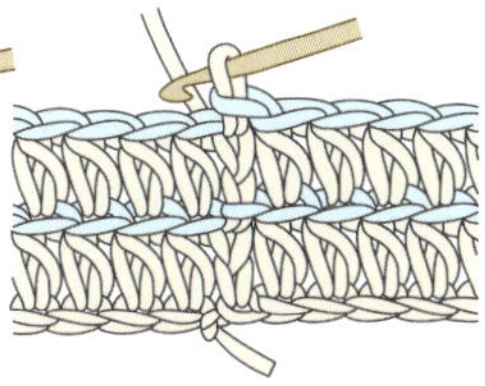

6 ２段めの最初の目に針を入れて引き抜き、２段めは終了です。

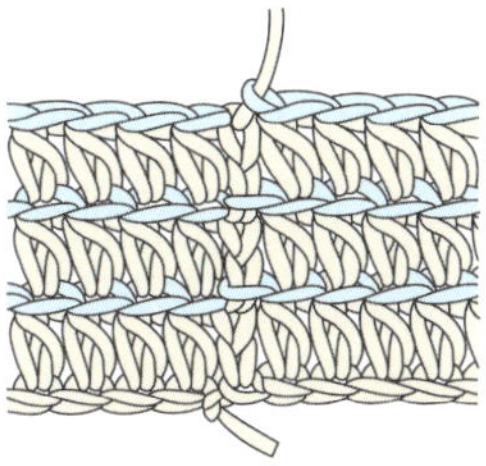

7 **２**～**６**をくり返し、３段めを編みました。

※イラストではわかりやすいように「細編みの頭」部分にのみ、ブルーの色をつけてあります。

長《なが》編《あ》みのすじ編《あ》み
（輪《わ》に編《あ》む）

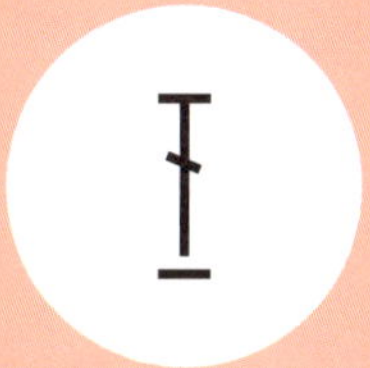

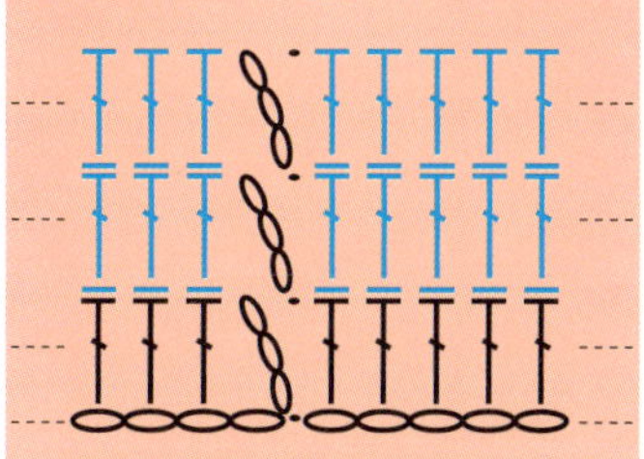

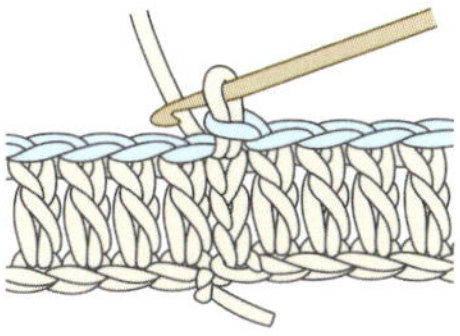

1 「長編みの輪に編む」を１周編めたところです。

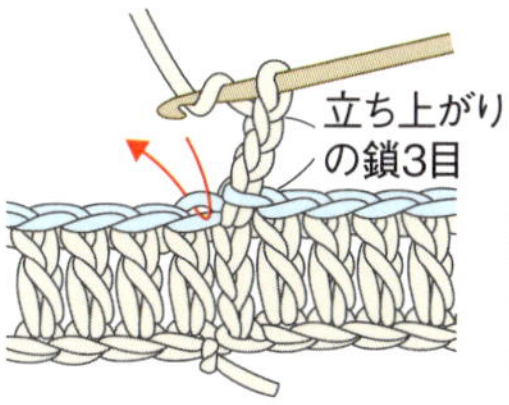

2 立ち上がりの鎖３目を編み、矢印の位置に針を入れます。

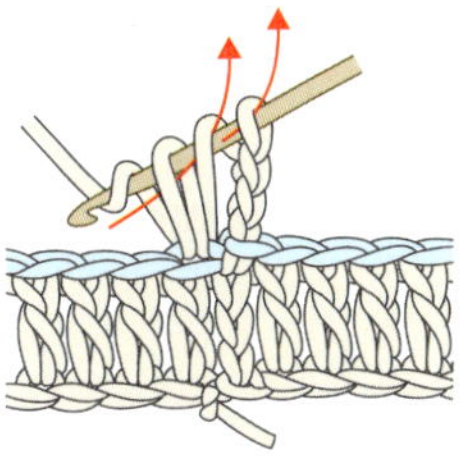

3 前段の頭の鎖の向こう側の半目を拾って長編みを編みます。

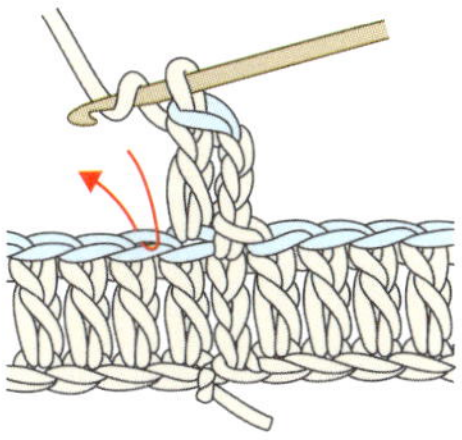

4 長編みのすじ編みが１目編めました。次の目以降も同様に編みます。

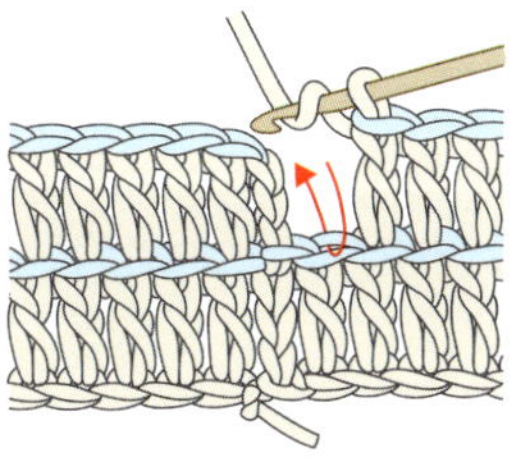

5 ２段め最後の目も同様に編みます。

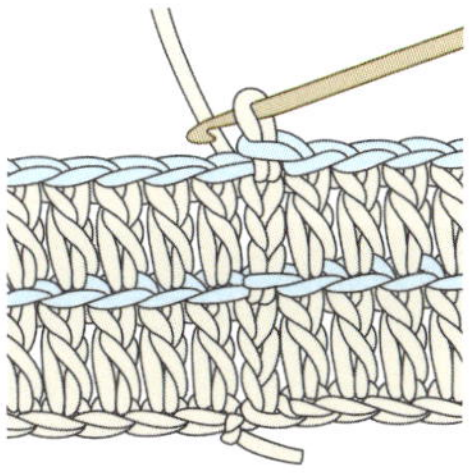

6 ２段めの最初の目に針を入れて引き抜き、２段めは終了です。

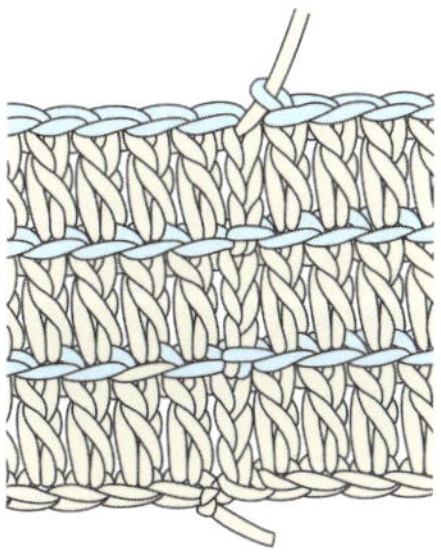

7 **２**～**６**をくり返し、３段めを編みました。

※イラストではわかりやすいように「細編みの頭」部分にのみ、ブルーの色をつけてあります。

細《こま》編《あ》みリング編《あ》み

リング編み

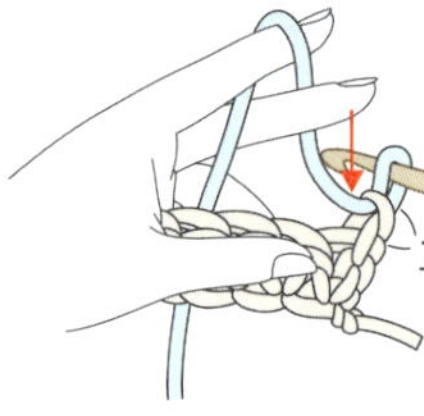

1 立ち上がりの鎖１目を編み、編み地を返して左手の中指を糸の上におき、矢印のように下ろします。

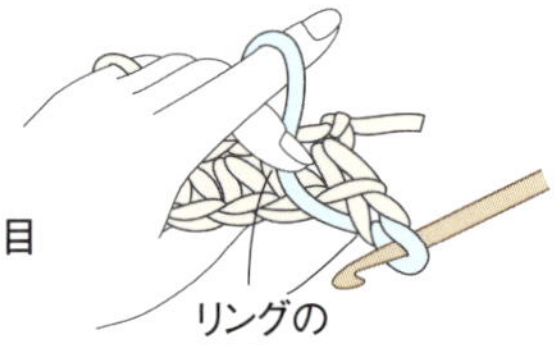

2 これは編み地の裏側です。リングの長さのところを中指で押さえます。

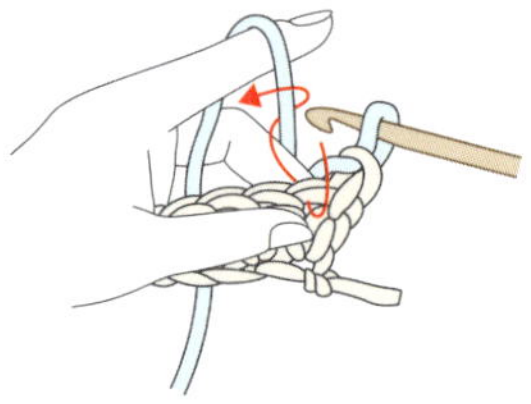

3 針先を矢印のように動かし、針先に糸をかけて引き出します。

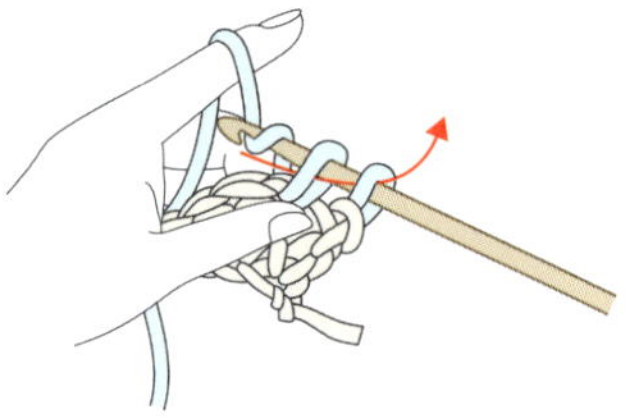

4 ここに細編みを編みます。

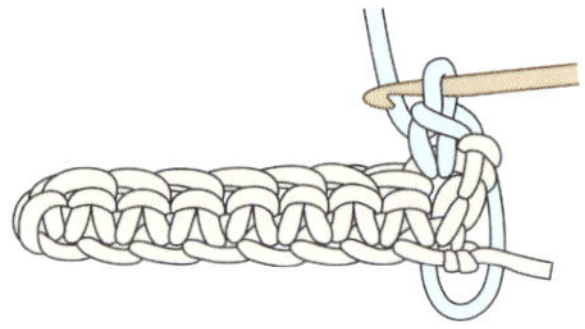

5 細編みのリング編みが１目編めました。リングは編み地の裏側にできています。

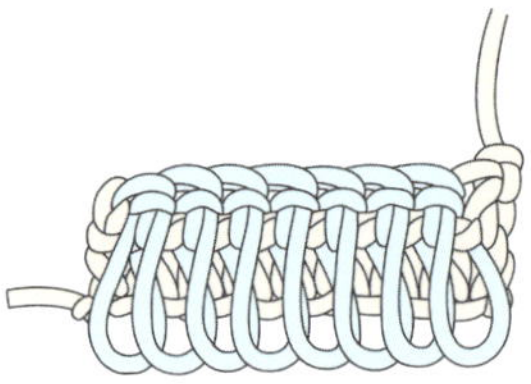

6 **2**～**4**をくり返して端まで編むと、裏側にリングが並びます。

Column 3 リング編みは手の動かし方がポイント

一見、難しそうなリング編みですが、指の動かし方を覚えてしまえばリズミカルに編めるようになります。動かし方を写真で見てみましょう。

1 リング編みの手前まで編みました。

2 左手の中指はこのように糸の上にのせます。

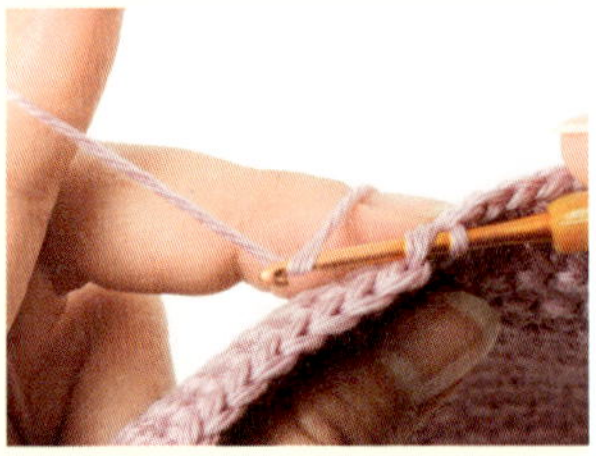

3 中指は編み地の裏側でしっかり固定し、針先に糸をかけます。

4 ここに細編みを編みます。針を動かしているときに、押さえた中指も動きやすいので注意を。

5 細編みが編めたところです。正面からはリングは見えていません。

6 ３目編み、編み地を裏側に返してみると、リングができています。

ピコット

鎖《くさり》3目《め》の引《ひ》き抜《ぬ》きピコット（細編《こまあ》みから編《あ》み出《だ》す場合）

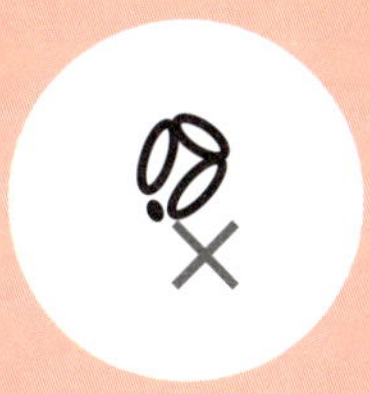

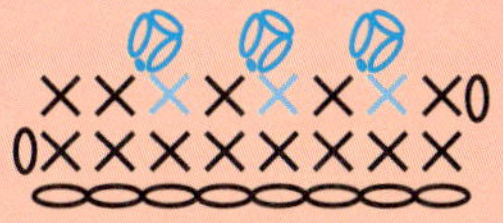

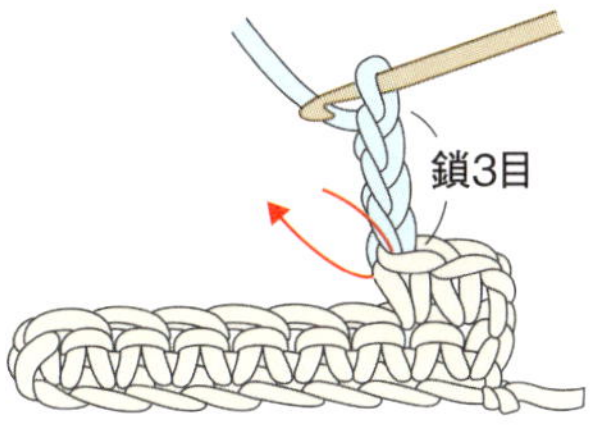

1 細編みに続いてピコット部分の鎖３目を編み、矢印のように針を入れます。

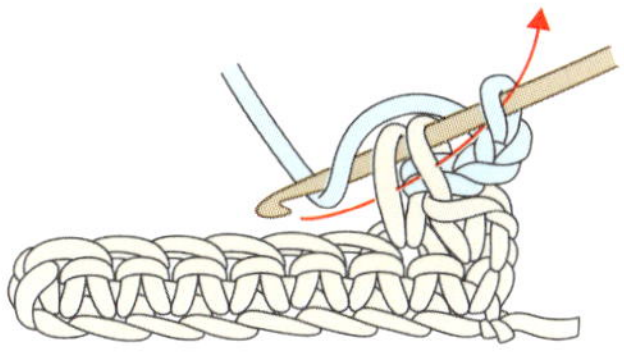

2 針先に糸をかけ、矢印のように一度に引き抜きます。

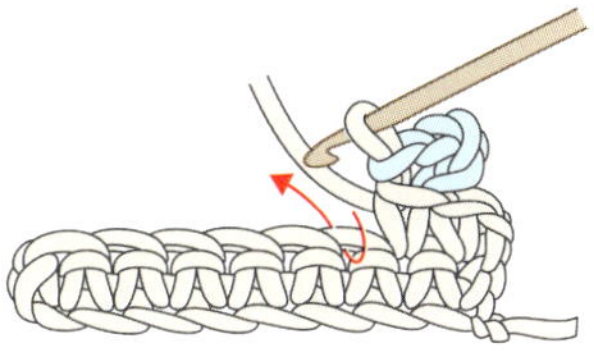

3 ピコットが１つできました。次の目の頭の鎖２本（矢印の位置）を拾って細編みを編みます。

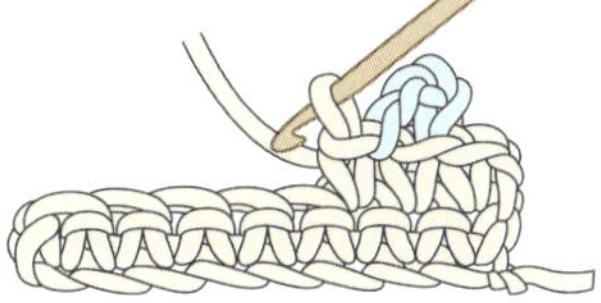

4 細編みを編むと、ピコットの足元が安定します。

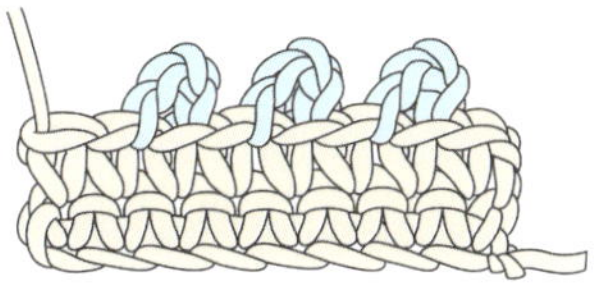

5 同様にしてピコットを３つ編みました。

鎖《くさり》3目《め》の引《ひ》き抜《ぬ》きピコット（長編《ながあ》みから編《あ》み出《だ》す場合）

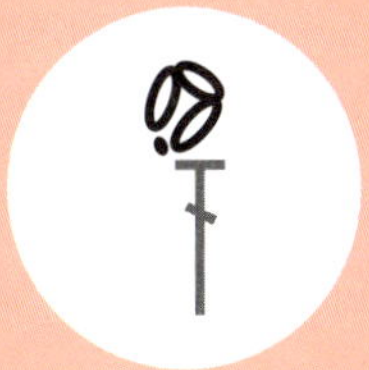

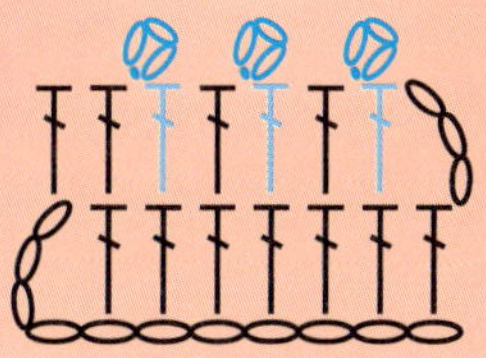

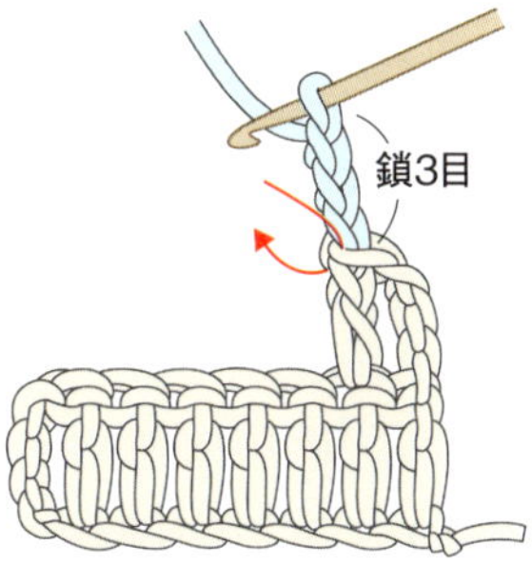

1 長編みに続いてピコット部分の鎖３目を編み、矢印のように針を入れます。

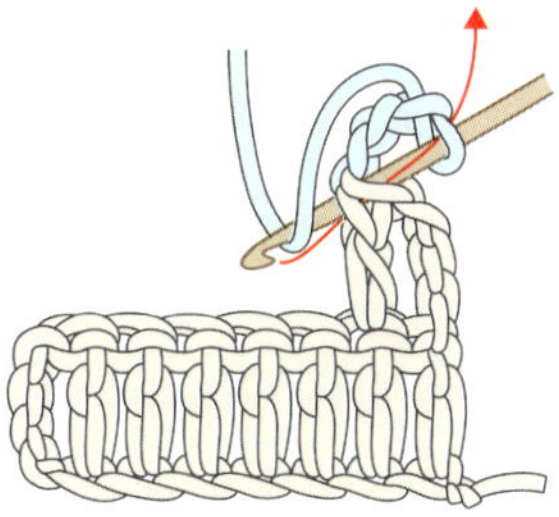

2 針先に糸をかけ、矢印のように一度に引き抜きます。

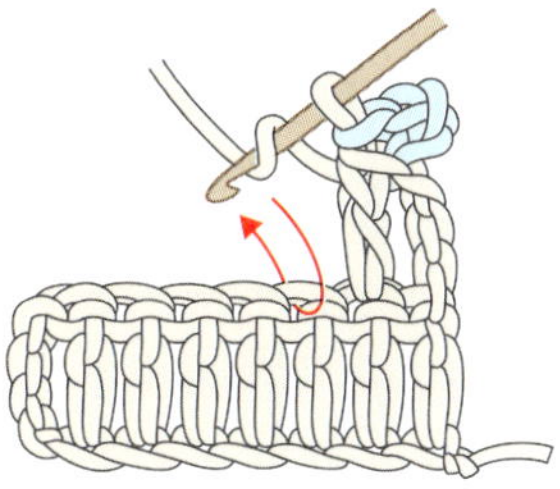

3 次の目に長編みを編みます。

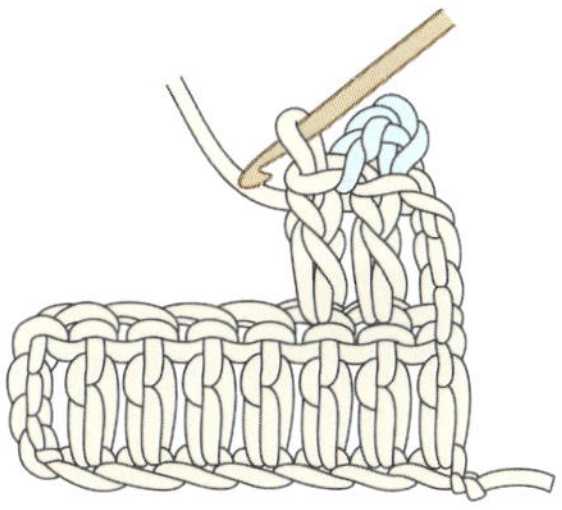

4 次の目は **1** ～ **2** をくり返して編みます。

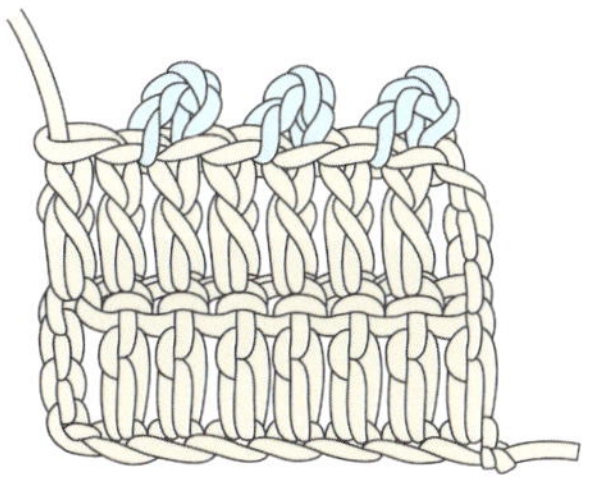

5 同様にしてピコットを３つ編みました。これは編み地の端の飾りとして使えます。

鎖《くさり》3目《め》の 引《ひ》き抜《ぬ》きピコット （鎖編《くさりあ》みから編《あ》み出《だ》す場合）

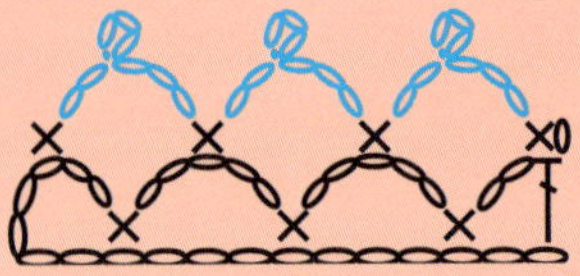

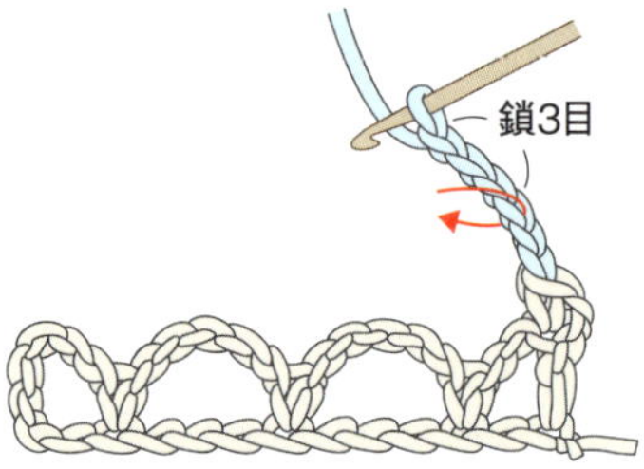

1 ネット編みのアーチの最初の鎖3目に続いて、ピコット部分の鎖3目を編み、矢印のように針を入れます。

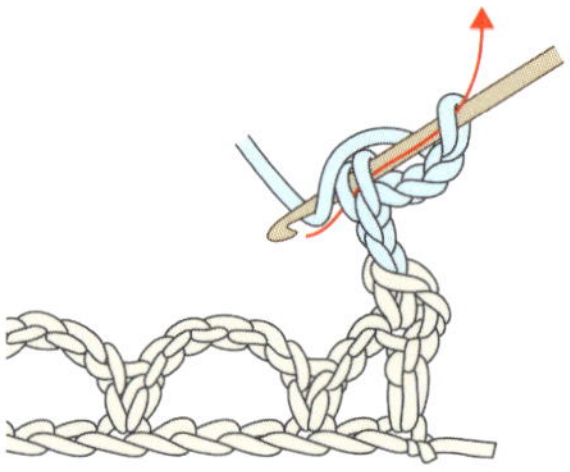

2 針先に糸をかけ、矢印のように一度に引き抜きます。

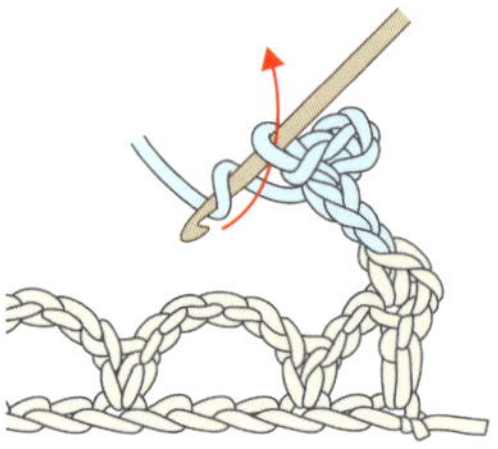

3 続いてアーチの残りの鎖2目を編みます。

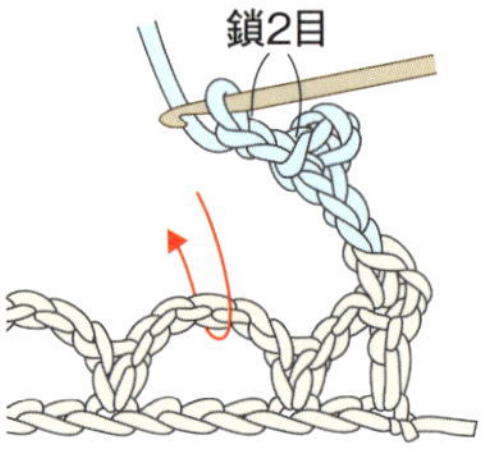

4 前段の鎖の中央を束に拾って（矢印の位置）細編みを編みます。

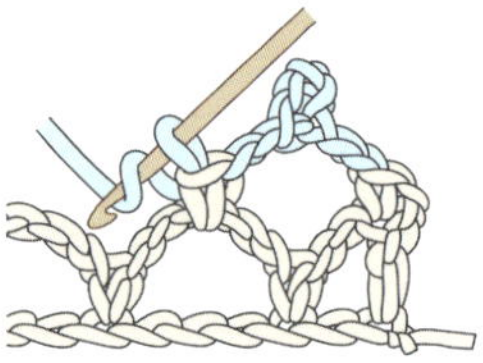

5 1～4をくり返して端まで編みます。

6 アーチの中央にピコットが並びます。

鎖5目《め》の 引《ひ》き抜《ぬ》きピコット

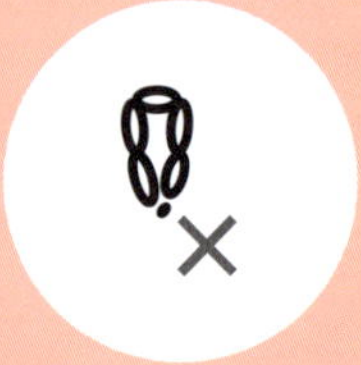

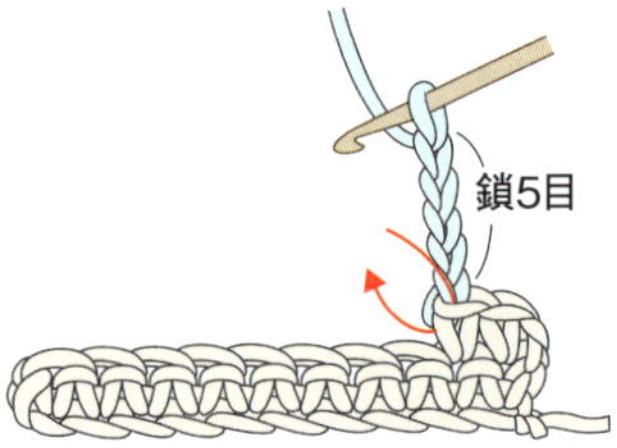

1 ピコット部分の鎖5目を編み、矢印のように針を入れます。

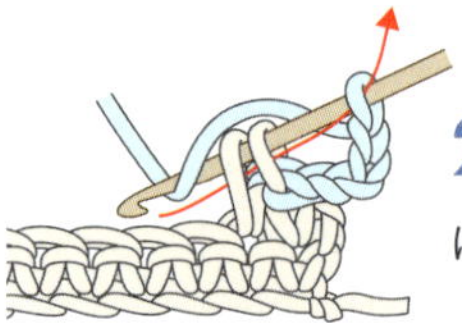

2 針先に糸をかけ、矢印のように一度に引き抜きます。

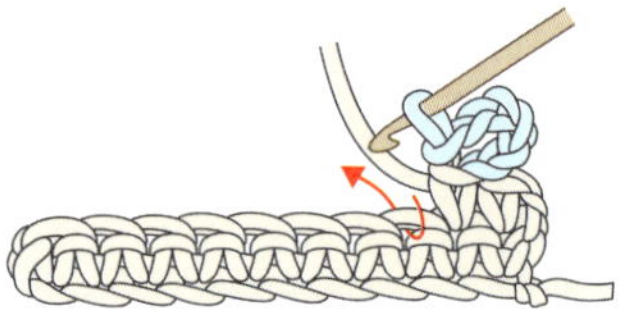

3 ピコットが1つできました。次の目の頭の鎖2本を拾って細編みを編みます。

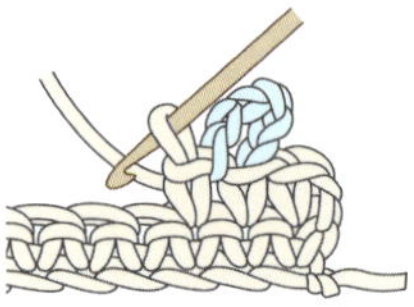

4 細編みを編むと、ピコットの足元が安定します。

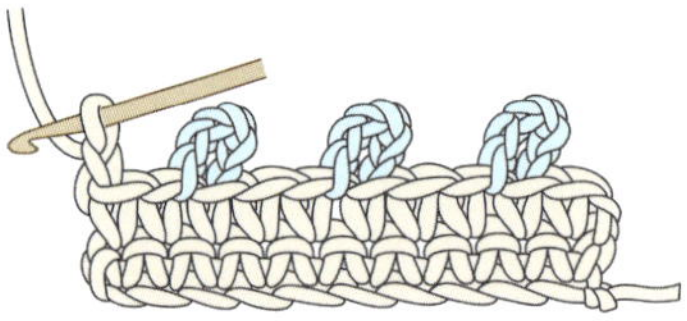

5 同様にしてピコットを3つ編みます。

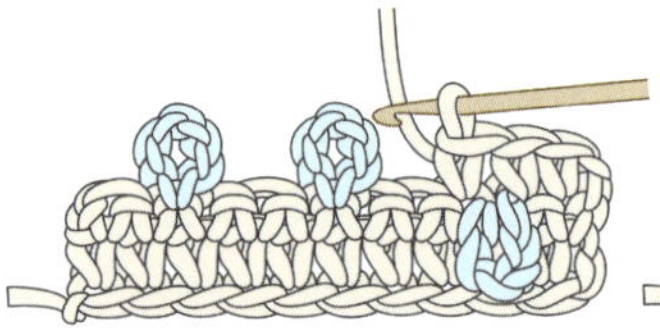

6 次の段はピコットを前に倒し、細編みを編んでいきます

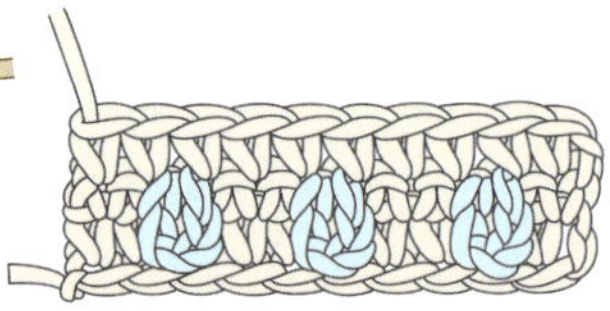

7 端まで細編みを編むと、ピコットが垂れ下がります。編み地の途中につける飾りとして重宝する編み目です。

鎖《くさり》3目《め》の細《こま》編《あ》みピコット

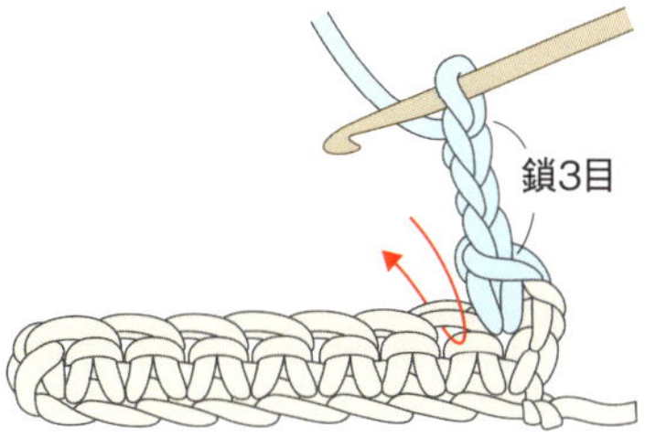

1 細編みに続き、ピコット部分の鎖３目を編み、次の目に針を入れます。

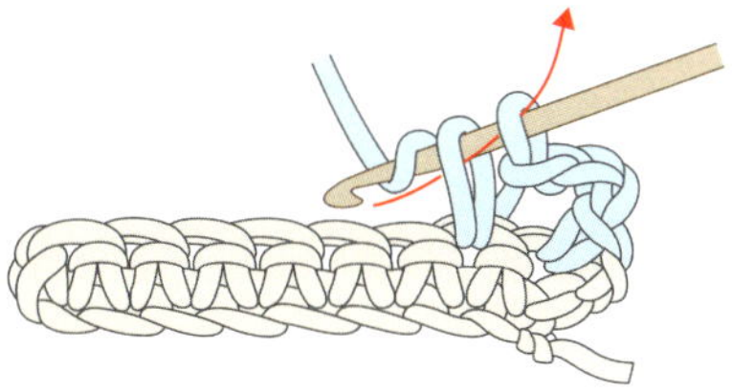

2 ここに細編みを編みます。

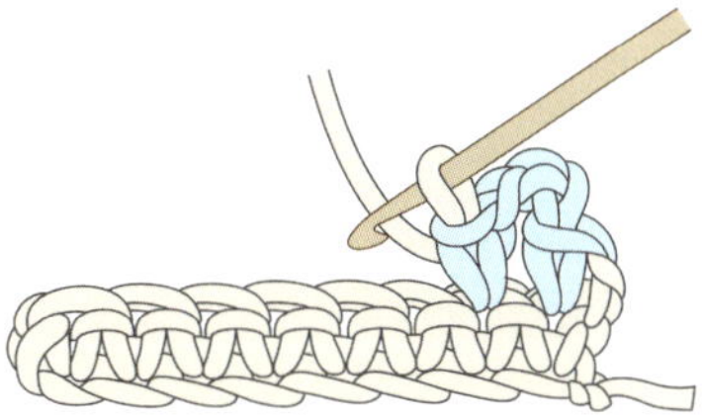

3 細編み２目の間にピコットができました。

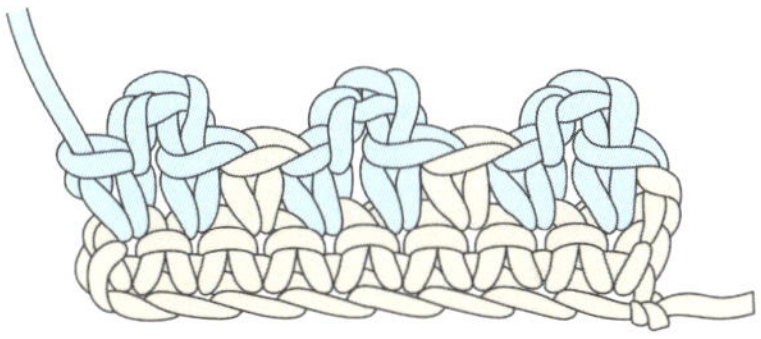

4 同様に端まで編み、ピコットが３つ編めました。

Column 4 ピコットを使ったブレードいろいろ

※模様をくり返すことで編み地が長く仕上がります。

ブレードを編むときにもピコットは欠かせないもの。ピコットをたくさん使ったブレードを紹介します。

シェル模様のブレード

２段めは長編み２目の玉編みのあと、鎖３目を編みます。３段めの細編みは、２段めの鎖３目の部分を束に拾って編みます。

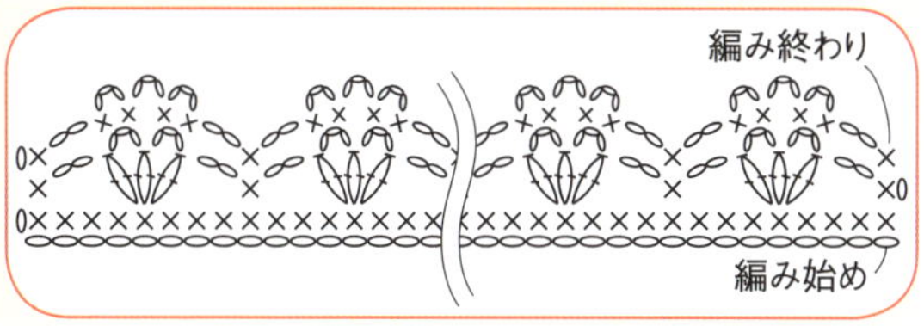

ジグザグリーフ模様のブレード

ジグザグに編み進めますが、編み図を１目ずつていねいに追えばＯＫ。長編みの足の長さを揃えるときれいに仕上がります。

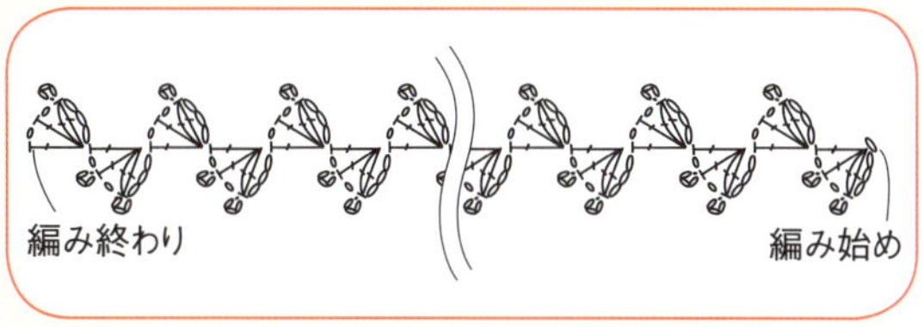

花モチーフ飾りのブレード

花モチーフはあらかじめ編んでおき、ブレードの２段めを編むときに花モチーフの長編みの頭に針を入れ、引き抜いてつなぎます。

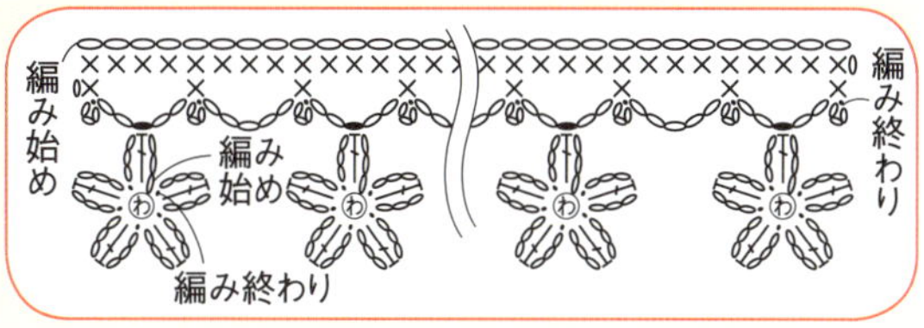

未完成の編み目

最後の引き抜きをせずに、針にループが残っている状態をいいます。
玉編みや減らし目を編むときなどに使われます。

細編み

針にループが２本かかっている状態です。左のループは鎖１目分くらい引き出します。

中長編み

針にループが３本かかっている状態です。左の２本のループは鎖２目分くらい引き出します。

長編み

針にループが２本かかっている状態です。左の目は鎖３目分くらいの高さに編みます。

長々編み

針にループが２本かかっている状態です。左の目は鎖４目分くらいの高さに編みます。

三つ巻き長編み

針にループが２本かかっている状態です。左の目は鎖５目分くらいの高さに編みます。

端で増し目をする
長編みの編み地の端で増し目をする方法です。

右端で１目増やす
立ち上がりの鎖目の根元の目に長編みをもう１目編み入れます。

左端で１目増やす
端まで長編みを編んだら、最後の長編みと同じ目にもう１目編み入れます。

右端で２目増やす
立ち上がりの鎖目の根元の目に、もう２目長編みを編みます。

左端で２目増やす
端まで長編みを編んだら、最後の長編みと同じ目にもう２目編み入れます。

端で減らし目をする

長編みの編み地の端で減らし目をする方法です。

右端で1目減らす

立ち上がりの鎖目を1目減らして2目で編み、2目めに長編みを編みます。

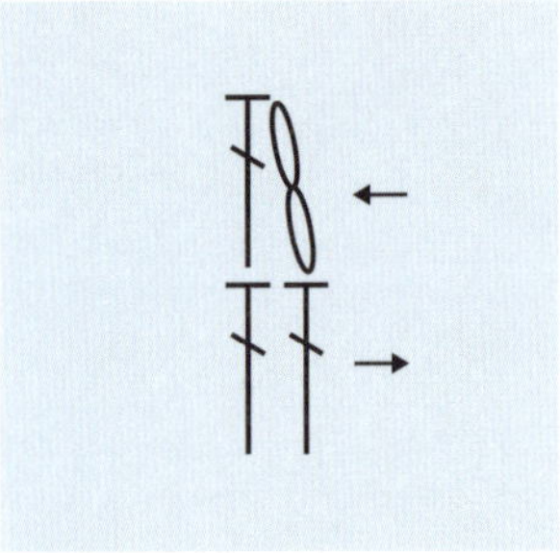

左端で1目減らす

端から2目の長編みは未完成の長編みを編み、
最後に引き抜いて2目一度にすることで編み目が1目減らせます。

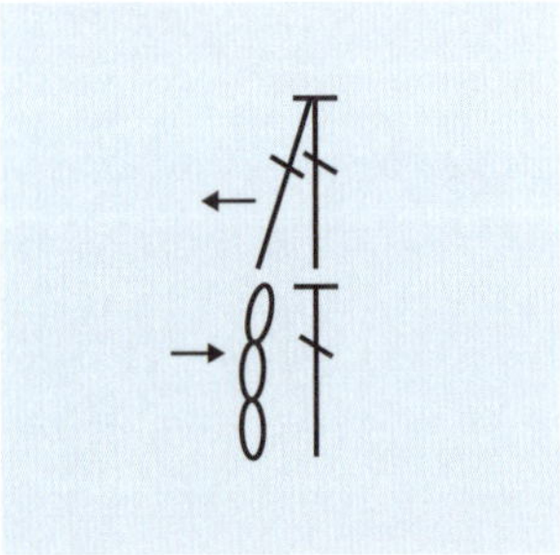

右端で2目減らす

立ち上がりの鎖目を1目減らして2目で編み、2目めと3目めに未完成の長編みを編みます。
最後に引き抜くと3目一度となり、2目減らせます。

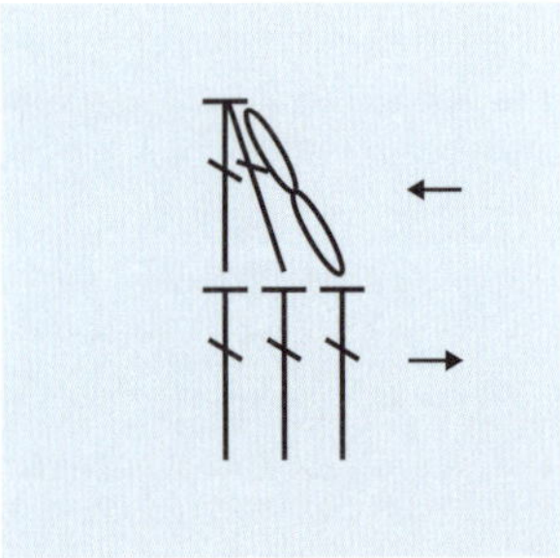

左端で2目減らす

端から3目の長編みは未完成の長編みを編み、
最後に引き抜くと3目一度となり2目減らせます。

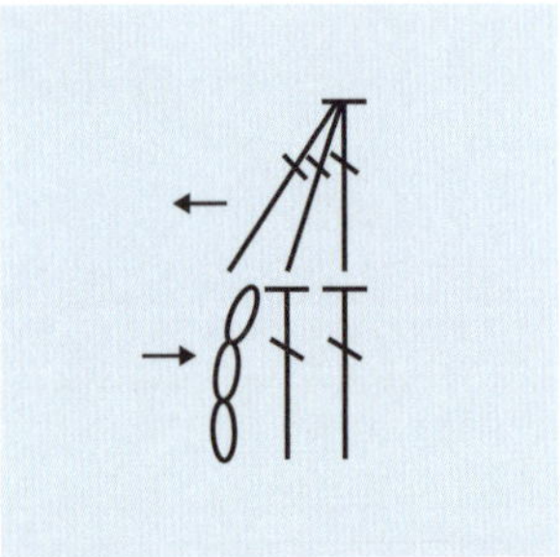

6

口絵作品の作り方

ここで学ぶこと

- コースター 口絵 p.6
- アクセサリー 口絵 p.7
- ナチュラルバッグ 口絵 p.8
- 方眼編みのスヌード 口絵 p.9
- ハンドウォーマー 口絵 p.10
- モチーフつなぎのショール 口絵 p.11
- 花のつけ衿 口絵 p.12
- モチーフ＆ブレードいろいろ

コースター

● P.6 ●

［寸法図］

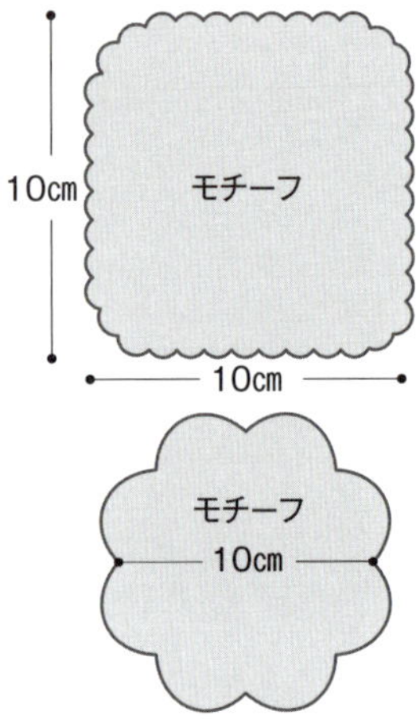
10cm
モチーフ
10cm
モチーフ
10cm

［編み図］

四角形

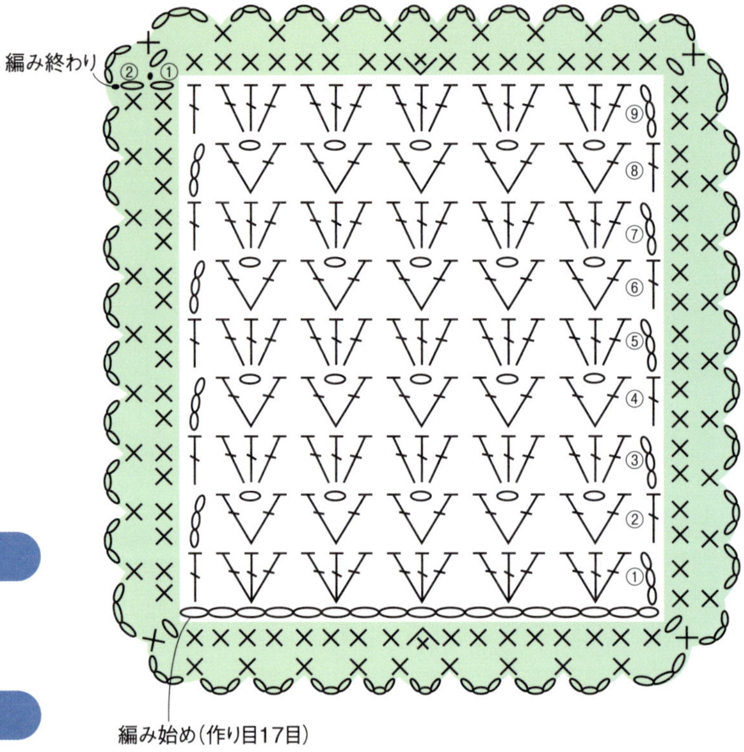
編み終わり
②
①
⑨
⑧
⑦
⑥
⑤
④
③
②
①
編み始め(作り目17目)

鎖編み
細編み
長編み
長編み３目
編み入れる
長編み３目
編み入れる
(束に編む)
引き抜き編み

円形

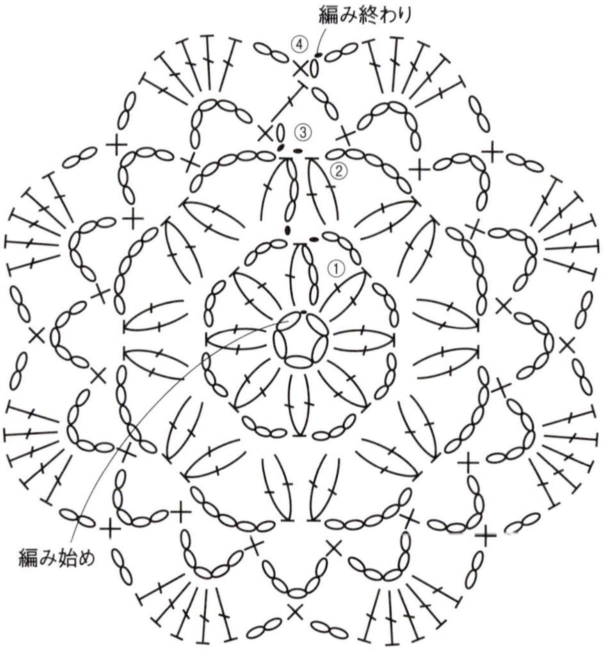
編み終わり
④
③
②
①
編み始め

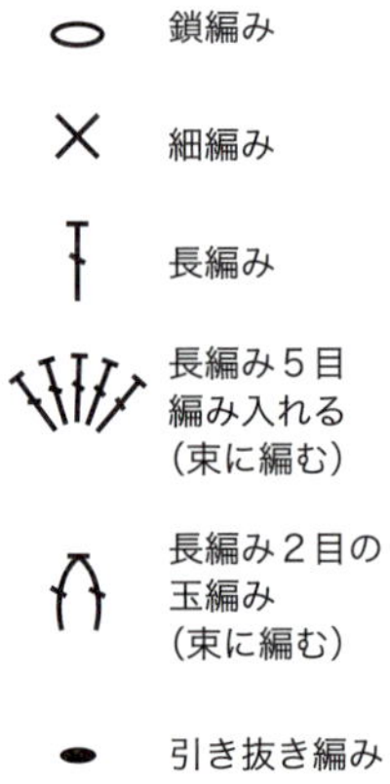
鎖編み
細編み
長編み
長編み５目
編み入れる
(束に編む)
長編み２目の
玉編み
(束に編む)
引き抜き編み

できあがりサイズ

四角形：縦10cm　横10cm

円形：直径9.7cm

用意するもの

● **四角形**

糸 ハマナカ『エクシードウールFL』

　ブルー系の糸 ―――― 8g

針 かぎ針4/0号

● **円形**

糸 ハマナカ『エクシードウールFL』

　黄緑(218) ―――― 6g

針 かぎ針4/0号

作り方

● **四角形**

1 鎖の作り目を17目編み、編み図のように9段編む。

2 9段めを編み終えたら、糸を切らずに縁編みを2段編む。

● **円形**

1 鎖5目を円形にした作り目から編み始め、編み図のように4段編む。

ナチュラルバッグ

● P.8 ●

でき上がりサイズ

幅32.5㎝　深さ22㎝

・ゲージ　細編み12目15段

用意するもの

糸 ハマナカ『コママ』

┊ベージュ（2）―――――― 225g

針 かぎ針8/0号

作り方

1 底は鎖22目で作り目をし、細編みで増し目をしながら6段編む。

2 側面は23段めまで細編みを、そこからは模様編みを28段めまで編む。

3 指定の位置に手の入れ口となる鎖編み24目を編み、その上に編み図のように細編みを4段編む。これが持ち手となる。

［編み図］

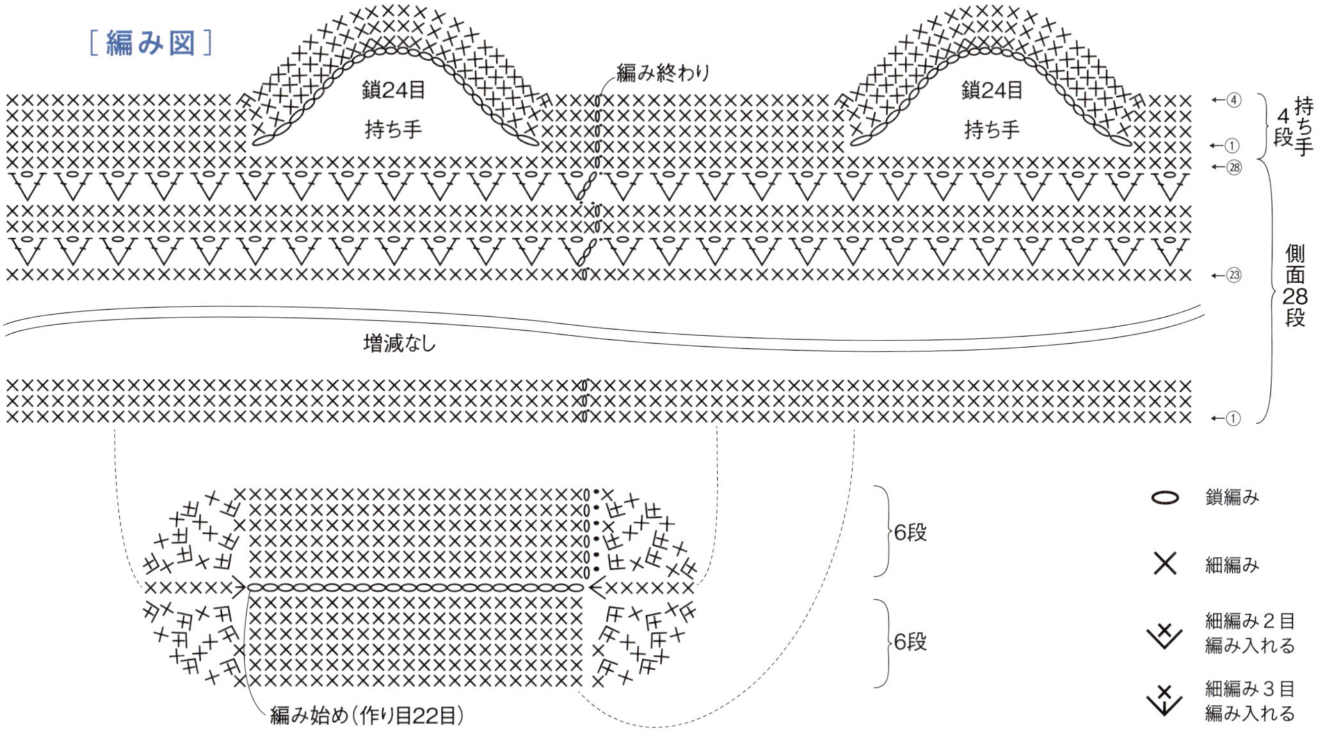

編み終わり
鎖24目
持ち手
鎖24目
持ち手
④
①
㉘
㉓
①
持ち手4段
側面28段
増減なし
6段
6段
編み始め（作り目22目）
鎖編み
細編み
細編み２目編み入れる
細編み３目編み入れる
細編み２目一度
長編み
引き抜き編み

［目数と寸法図］

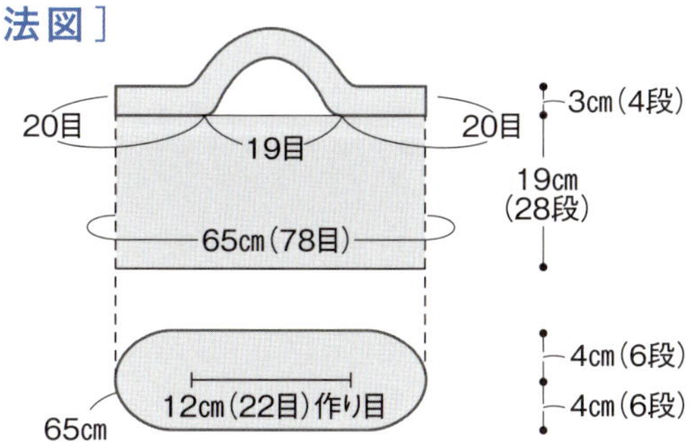

20目
19目
20目
3㎝（4段）
19㎝（28段）
65㎝（78目）
4㎝（6段）
4㎝（6段）
12㎝（22目）作り目
65㎝

アクセサリー

● P.7 ●

できあがりサイズ

チョーカー：花の直径4cm 長さ33cm
ブレスレット：花の直径3cm 長さ22cm
ピアス：花の直径3cm 長さ5.5cm

用意するもの

● **グレー×生成り**

糸 ハマナカ
『ウォッシュコットンクロッシェ』
生成り（102）――― 5g
グレー（118）――― 14g

針 かぎ針2/0号

その他 金古美丸カン3mm ――― 3個
ピアス金具 ――― 1組
引き輪丸カン ――― 1セット

● **黒×白**

糸 ハマナカ
『ウォッシュコットンクロッシェ』
黒（120）――― 5g
白（101）――― 14g

針 かぎ針2/0号

その他 金古美丸カン3mm ――― 3個
ピアス金具 ――― 1組
引き輪丸カン ――― 1セット

［寸法図］

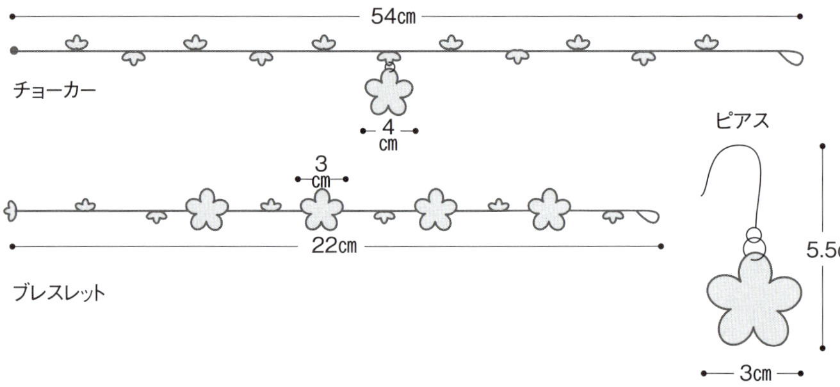
54cm
チョーカー
4 cm
3 cm
22cm
ブレスレット
ピアス
5.5cm
3cm

作り方

＊（グレー×生成り、黒×白共通）
※いずれもしっかり固めに編む

チョーカー、ブレスレット、ピアス共通のモチーフ

1 チョーカー用モチーフとして編み図のように1段〜6段までを編む。1〜3段はグレー糸で、4〜6段は生成り糸で編む。→花モチーフ（大）

2 ブレスレット用、ピアス用モチーフとして編み図のように1〜4段を編む。1〜3段はグレー糸で、4段は生成り糸で編む。→花モチーフ（小）

3 生成り糸で花芯（左下参照）を7個編み、花モチーフの中央につける（端糸でモチーフに縫いつける）。

［編み図］

花モチーフ
1〜6段=大
1〜4段=小

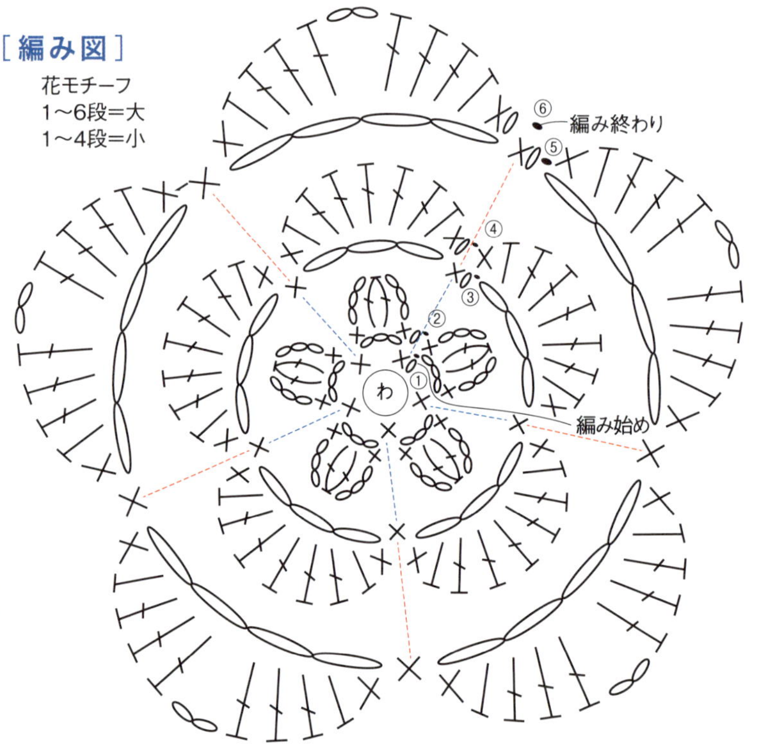
編み終わり
わ
編み始め
①
②
③
④
⑤
⑥

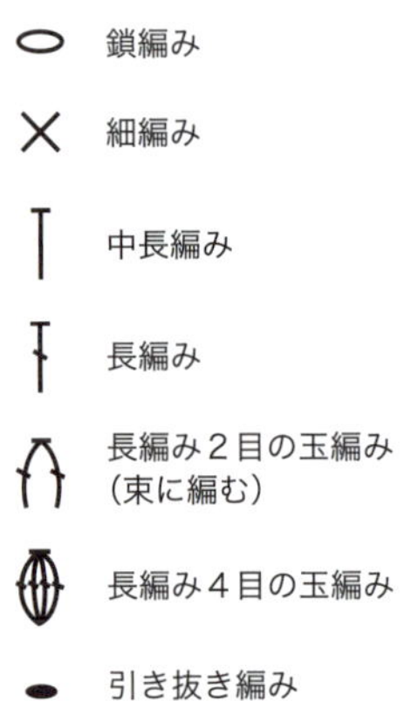
鎖編み
細編み
中長編み
長編み
長編み2目の玉編み（束に編む）
長編み4目の玉編み
引き抜き編み

花芯

編み終わり
編み始め

鎖1目を編み、鎖3目で立ち上がり、長編み4目の玉編みを編む。鎖1目で引きしめる。

［編み図］

チョーカー

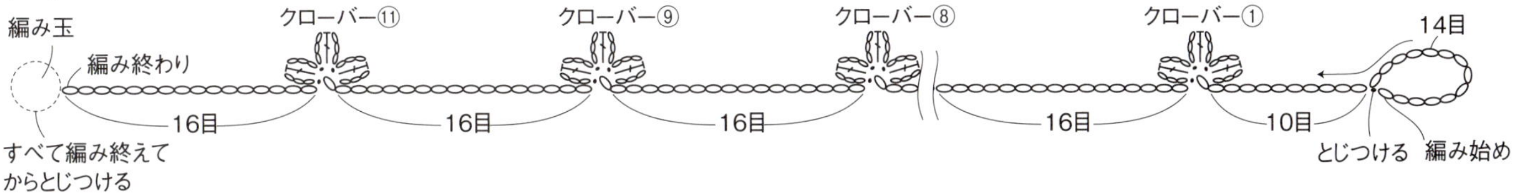

編み玉
編み終わり
クローバー⑪
クローバー⑨
クローバー⑧
クローバー①
14目
16目
16目
16目
16目
10目
すべて編み終えて
からとじつける
とじつける
編み始め

チョーカー

1 ひもを編み図のように編む。グレー糸（または黒糸）で鎖編みを編みながら、指定の位置でクローバーのモチーフを編んでいく。

2 グレー糸で編み玉を編み、ひもの左端を編み玉の中に入れ、口を絞ってとじる（口の絞り方はP.105を参照）。ひもの右端の編み始めの鎖14目を輪にしてとじつける。

3 ひもの中央のクローバーの先に丸カンで花モチーフ（大）をつける。

編み玉 ※編み玉の編み方はP.106を参照

わ
鎖編み
細編み
細編み２目編み入れる
細編み２目一度
長編み
引き抜き編み

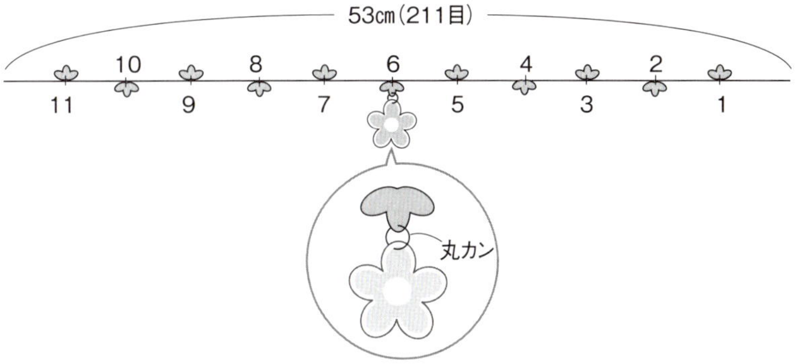

53cm(211目)
10
8
6
4
2
11
9
7
5
3
1
丸カン

ブレスレット

1 ひもを編み図のように編む。グレー糸（または黒糸）でチョーカーと同様に編んでいく。左端はクローバーで編み終わる。

2 ひもの右端の編み始めの鎖16目を輪にしてとじつける。

3 図の位置に花モチーフ(小)をとじつける。

［編み図］

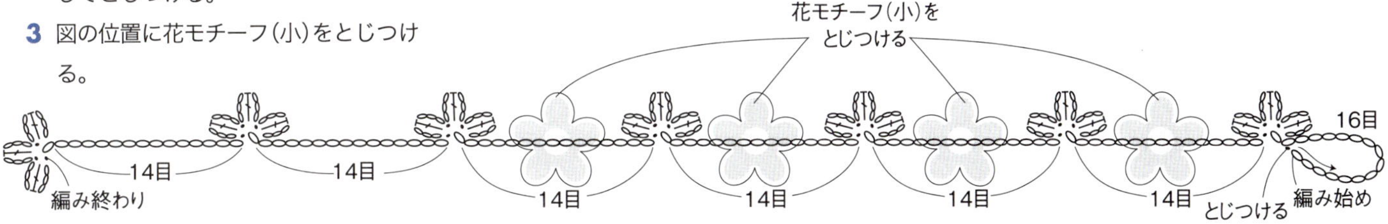

花モチーフ(小)を
とじつける
16目
14目
14目
14目
14目
14目
14目
編み終わり
とじつける
編み始め

ピアス

1 丸カンで花モチーフ(小)と金具をつなぐ。

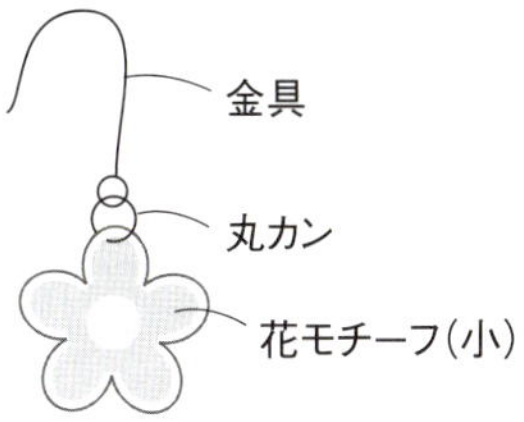

金具
丸カン
花モチーフ(小)

ハンドウォーマー

● P.10 ●

でき上がりサイズ

縦 16cm　手のひらまわり 20cm

・ゲージ　長編み24目12段

用意するもの

● 糸

糸　ハマナカ『純毛中細』

生成り（1）――――10g

薄茶（3）――――40g

針　かぎ針3/0号

その他　3㎜パールビーズ――――160個

作り方

1 Ⓐ右手を編む。薄茶糸で鎖51目の作り目をして引き抜き編みで輪にし、長編みと模様編みを編みながら7段編む。

2 8段めで指定の位置に親指の穴になる鎖編み6目を編み、続けて14段まで編む。鎖編みの上に長編みを編むときは鎖の目を割って編む。束に拾うと、親指部分が編み出せなくなるので注意。

3 Ⓑ生成り糸で指先側に縁編みを編む。

4 Ⓒ手首側に生成り糸と薄茶糸でフリルを編む。上下フリルとも、薄茶糸にパールビーズを40個通しておく。上フリルは下フリル2段目のⓍの細編みに編みつける。

5 親指部分を編む。鎖編みを編んであけた穴のところに16目拾って長編みを5段編む。1～4段は薄茶糸で、5段めは生成り糸で編む。

6 左手を編む。親指の穴は右手と反対の位置にあける。

7 生成り糸で巻きバラと葉を編む。巻きバラは編み図（P.163）のように編んだら、矢印の方向にくるくると丸めていき、糸で根元をとじる。巻きバラと葉2枚は、フリルのすぐ上の中心より少し外側にとじつける。

［目数と寸法図］

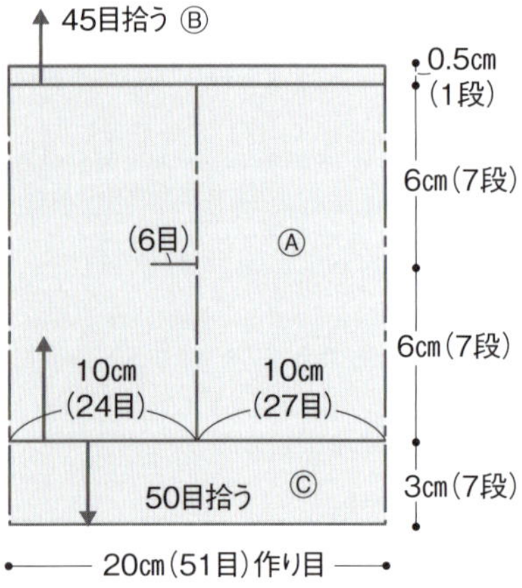

※上フリルのつけ方はP.163参照

［編み図］

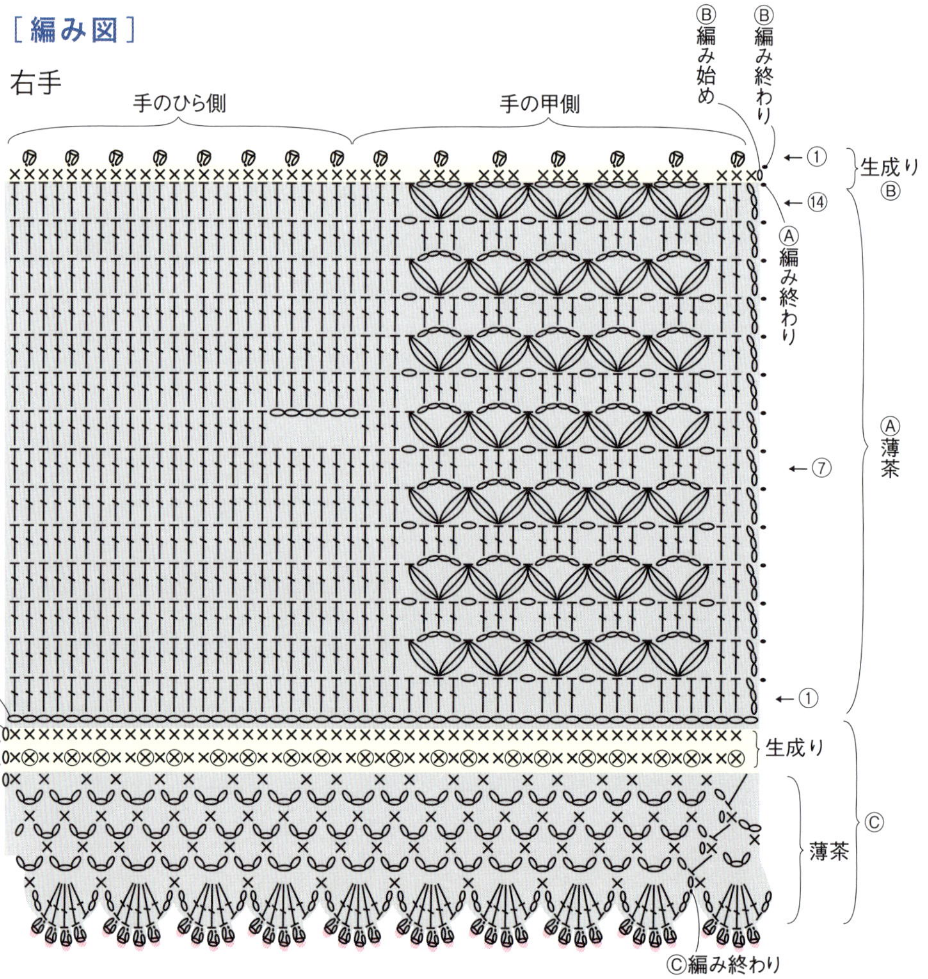

左手

手のひら側
手の甲側
Ⓑ編み始め
←①
Ⓑ編み終わり
生成りⒷ
←⑭
Ⓐ編み終わり
←⑦
Ⓐ
←①
Ⓐ編み始め
Ⓒ編み始め
①→
②→
生成り
薄茶
Ⓒ
Ⓒ編み終わり

右手と同様にフリルを編む

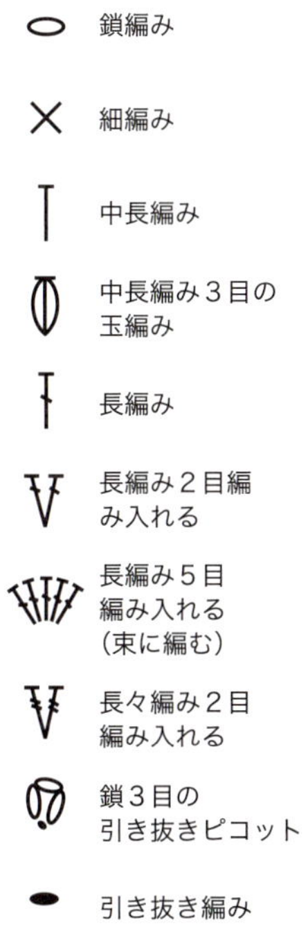

鎖編み
細編み
中長編み
中長編み３目の玉編み
長編み
長編み２目編み入れる
長編み５目編み入れる（束に編む）
長々編み２目編み入れる
鎖３目の引き抜きピコット
引き抜き編み

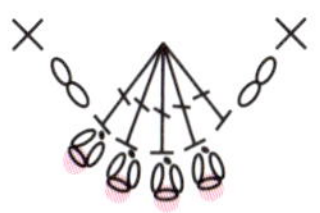

ピコットの２つめの鎖を編むときに、ビーズを編み込む（ビーズの編み込み方はP.98を参照）。

上フリルのつけ方（左右同じ）

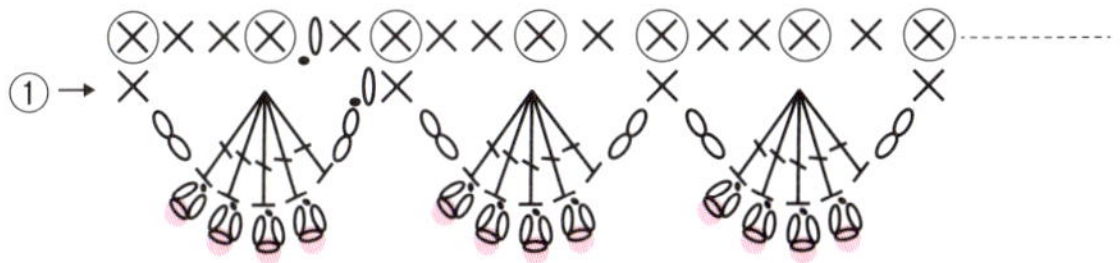

①→

下フリルが編めたら、２段めのⓍに上フリルを１段編みつける

親指

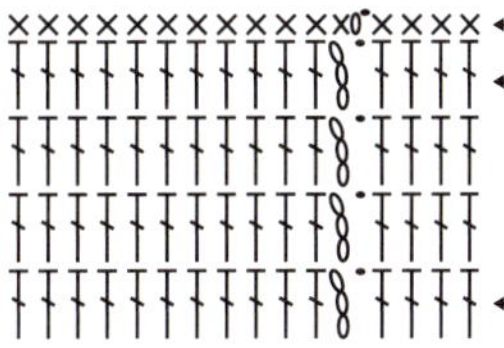

←⑤ 生成り
←④
薄茶
←①

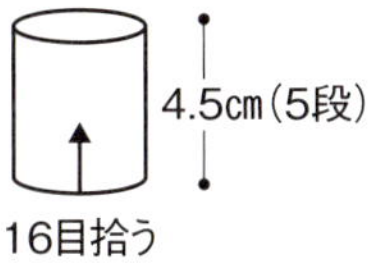

4.5㎝（5段）
16目拾う

下の長編みから６目、上の鎖編みから６目、両横の長編みの柱（左手は左側にくる）からそれぞれ２目、合計16目を束に拾って左図のように５段編む。

巻きバラ　生成り糸で２枚編む

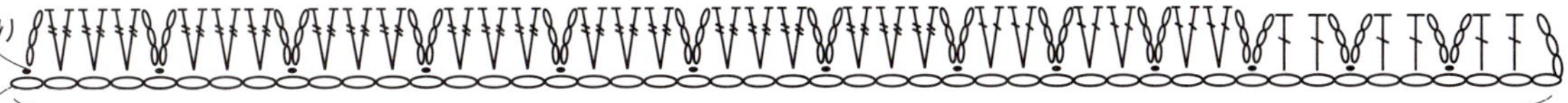

編み終わり
編み始め
作り目　47目
巻き方向

葉　薄茶糸で４枚編む

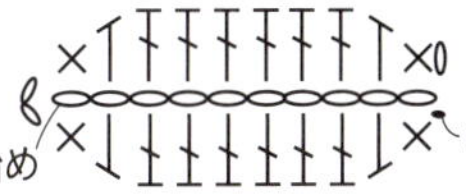

編み始め
編み終わり

巻きバラはくるくる巻いて足元をとじ、花の底に葉を2枚とじつける

方眼編みのスヌード

P.9

[目数と寸法図]

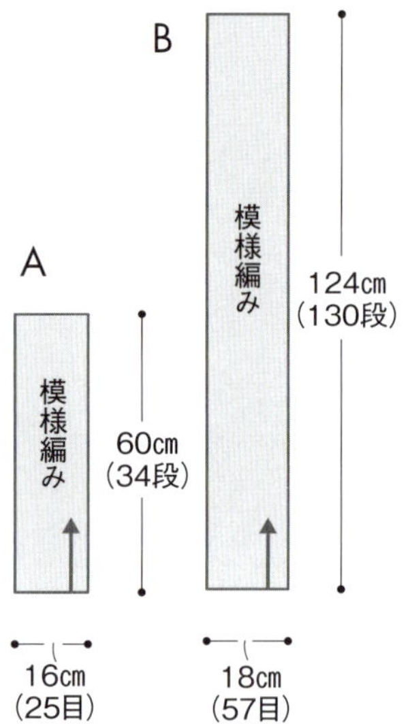

A
模様編み
60cm
(34段)
16cm
(25目)
B
模様編み
124cm
(130段)
18cm
(57目)

できあがりサイズ

A：縦60cm　横16cm

・ゲージ　16目6段

B：縦124cm　横18cm

・ゲージ　32目10.5段

用意するもの

● A

糸 ハマナカ『ソノモノループ』

生成り(51)――80g

針 かぎ針8/0号

● B

糸 ハマナカ『アルパカエクストラ』

赤系(7)――90g

針 かぎ針5/0号

作り方

● A

1 鎖25目の作り目をして、編み図のように34段編む。

2 両端を中表にして重ね、下の「輪のつなぎ方」を参照して編みながらつなぐ。

● B

1 鎖57目の作り目をして、編み図のように130段編む。

2 両端を中表にして重ね、下の「輪のつなぎ方」を参照して編みながらつなぐ。二重に巻いて使う。

[編み図]

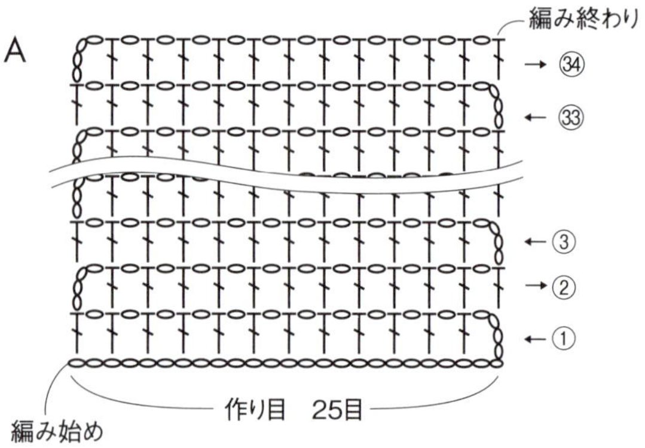

A
編み終わり
→ 34
← 33
← 3
→ 2
← 1
編み始め
作り目　25目

輪のつなぎ方

編み始めと編み終わりを中表にして重ねる。長編み部分は引き抜き編み、鎖編み部分は鎖編みを1目編みながらつないでいく。

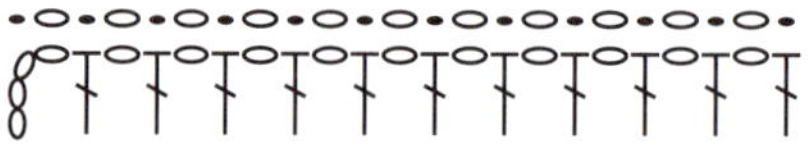

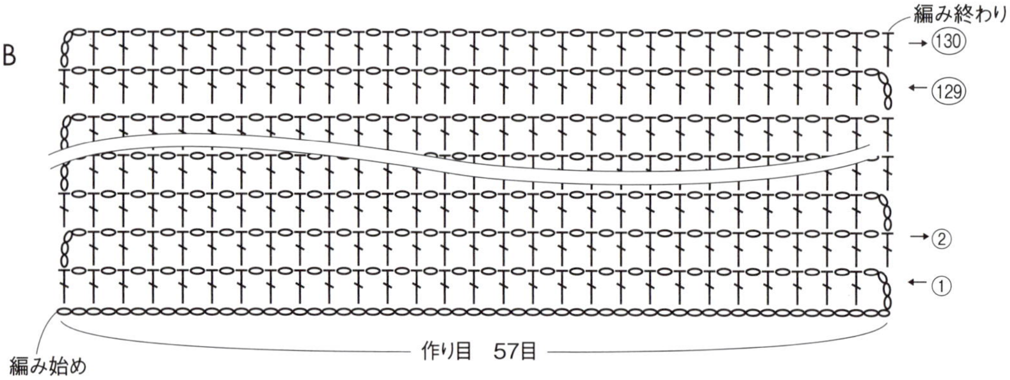

B
編み終わり
→ 130
← 129
→ 2
← 1
編み始め
作り目　57目

鎖編み
長編み
引き抜き編み

モチーフつなぎのショール

● P.11 ●

［寸法図］

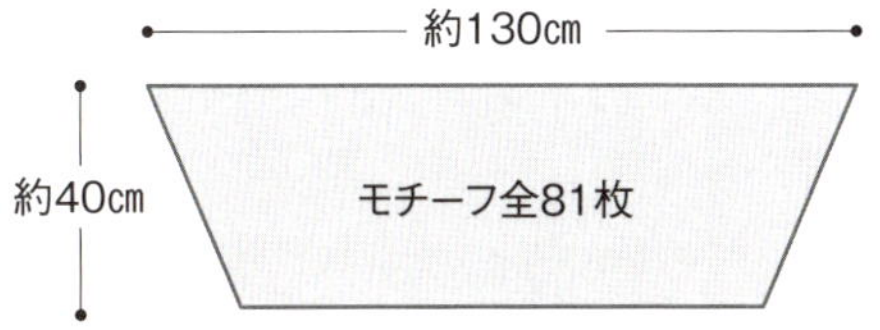
約130cm
約40cm
モチーフ全81枚

でき上がりサイズ

縦 約40cm　横 約130cm
モチーフ1枚　直径約8cm

用意するもの

糸 ハマナカ『モヘア』
薄茶（90）――――――145g
針 かぎ針5/0号

作り方

1. モチーフは輪から編み始め、8角形に編む。モチーフの2枚めからは、最終段2段めのピコットのところで、引き抜き編みにしてつないでいく。
2. P.73の図のように、モチーフを横に16枚、たてに6枚の台形の形につなぐ（全81枚）。
3. つないだモチーフの外周を、細編みと鎖編みで縁編みをする。

［編み図］ ※全81枚のつなぎ方はP.73参照

縁編みの
編み終わり
縁編みの
編み始め
②
①
②
①
①
Ⓐ
わ
わ
わ
わ
わ
鎖編み
細編み
長編み5目の玉編み
（束に編む）
長々編み3目の
玉編み
鎖3目の
引き抜きピコット
引き抜き編み

花のつけ衿

● P.12 ●

でき上がりサイズ

伸ばした状態：

長さ 約73cm　幅 最大8cm

輪にした状態：

縦 約32cm　横 約27cm

用意するもの

糸 ハマナカ『パーセント』

- グリーン（23）――― 22g
- 生成り（1）――― 19g
- パープルピンク（66）――― 2g
- ピンク（67）――― 6g
- 淡ピンク（68）――― 8g

ハマナカ『モヘア』

- 生成り（61）――― 3g
- パープル（71）――― 5g
- ピンク（72）――― 8g
- 薄茶（90）――― 7g

針 かぎ針6/0号

その他 化繊綿 ――― 少々

作り方

1 グリーン糸で土台となるストールを編む。鎖131目の作り目をし、細編みを1段編んだあと、編み図のように減らし目をしながら方眼編みを3段編む。まわりに縁編みを2段編む。

2 指定の糸でモチーフを指定枚数編む。モチーフBCDEFは、指定のモチーフを組み合わせとじておく。

3 配置図にしたがってモチーフをとじつける。

4 土台の先にくるみボタンをつける。

［目数と寸法図］

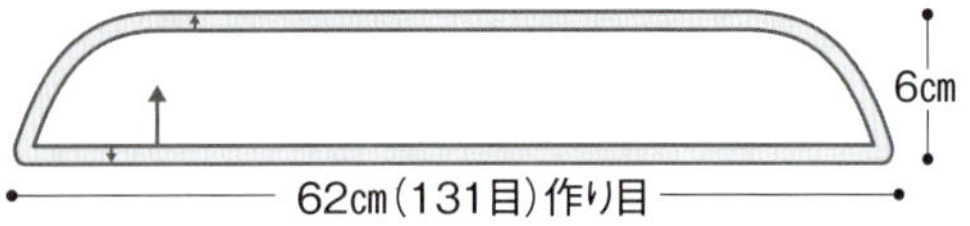
6cm
62cm（131目）作り目

［編み図］

土台 1枚

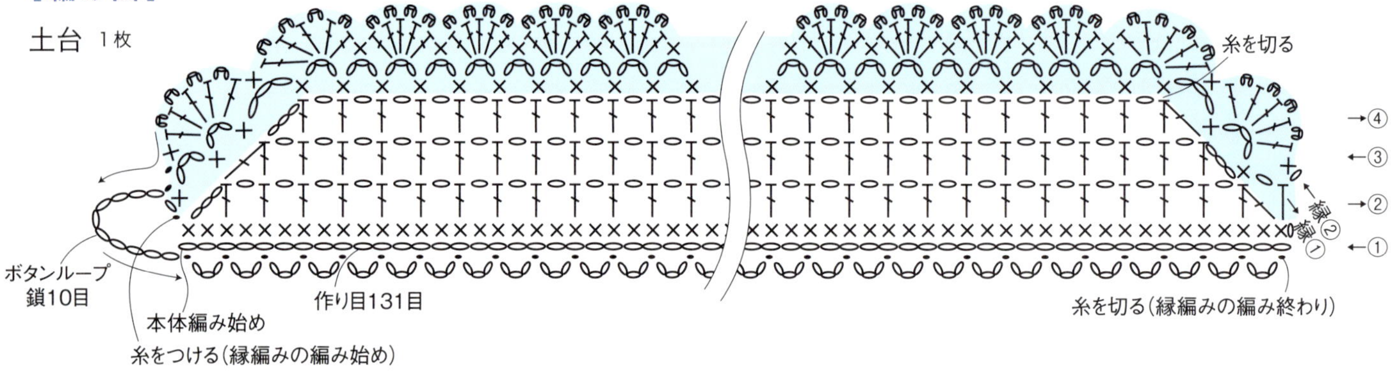
糸を切る
→④
←③
→②
←①
縁②
縁①
ボタンループ
鎖10目
作り目131目
本体編み始め
糸をつける（縁編みの編み始め）
糸を切る（縁編みの編み終わり）

花モチーフA 3枚編む

1～3段 モヘア 生成り（61）
4～7段 モヘア ピンク（72）
8段 モヘア 薄茶（90）

①
②
③
④
⑤
⑥
⑦
⑧
わ

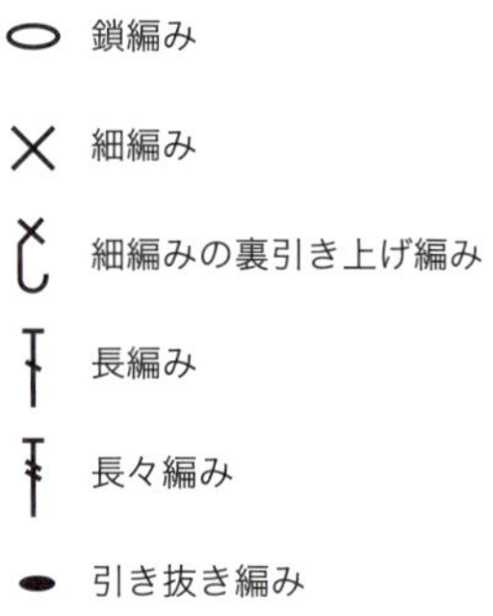
鎖編み
細編み
細編みの裏引き上げ編み
長編み
長々編み
引き抜き編み

花モチーフBCDEF

※花びらモチーフ①、花びらモチーフ②、花芯③の組み合わせ。下から①②③の順に重ね、とじつける。

花びらモチーフ①

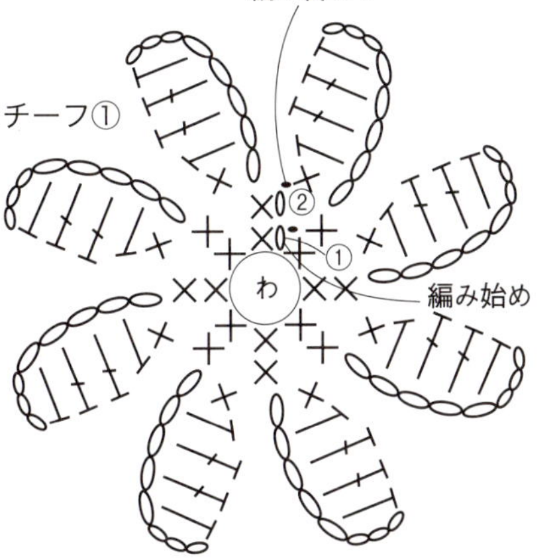

編み終わり
編み始め
わ

パーセント　生成り（1）で８枚編む

花びらモチーフ②

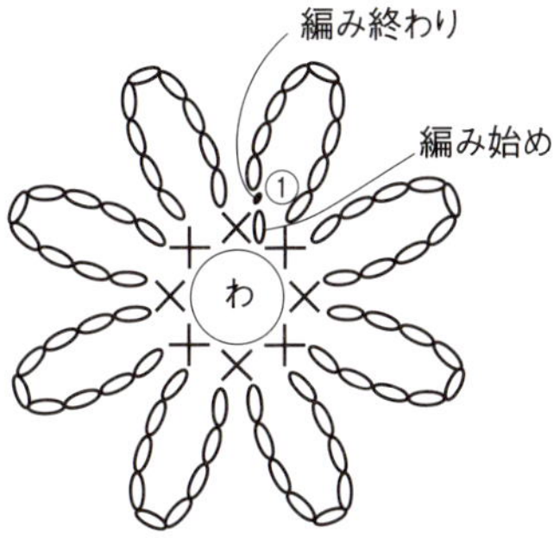

編み終わり
編み始め
わ

パーセント　生成り（1）で５枚
ピンク（67）で５枚
淡ピンク（68）で８枚編む

花芯③

パーセント　パープルピンク（66）で７枚
ピンク（67）で６枚
淡ピンク（68）で５枚編む

重ね方

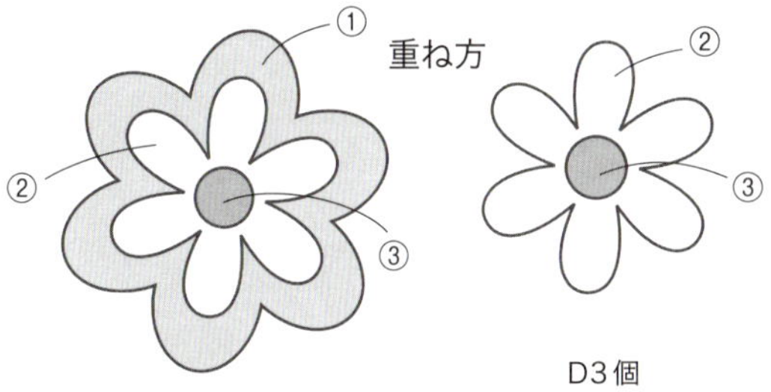

B4個
C4個

D3個
E2個
F5個

配色表

	①	②	③	個数
B	生成り（1）	淡ピンク（68）	パープルピンク（66）	4
C	生成り（1）	淡ピンク（68）	ピンク（67）	4
D	-	生成り（1）	パープルピンク（66）	3
E	-	生成り（1）	ピンク（67）	2
F	-	ピンク（67）	淡ピンク（68）	5

- 鎖編み
- 細編み
- 細編み２目編み入れる
- 細編み２目一度
- 中長編み
- 長編み
- 引き抜き編み

実モチーフG

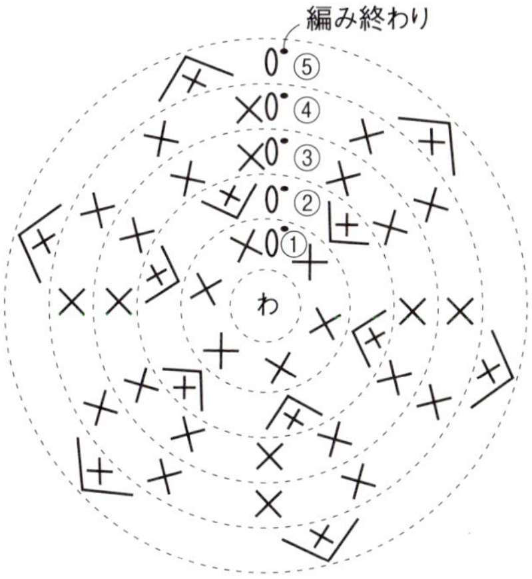

編み終わり
わ

モヘア　パープル（71）で５個編む
中に化繊綿を入れて、口を絞る
（口の絞り方はP.105を参照）

くるみボタン

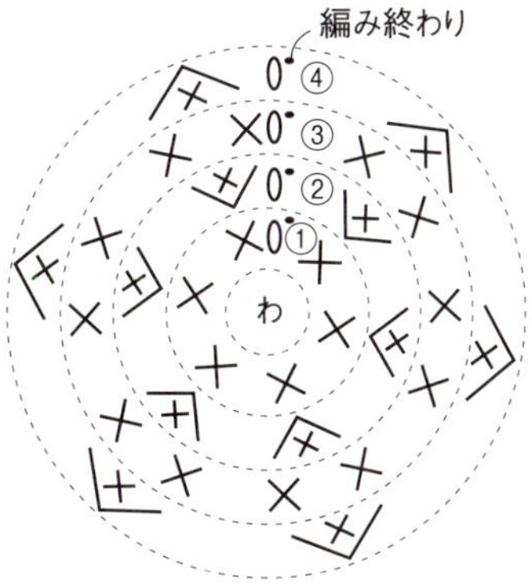

編み終わり
わ

パーセント　グリーン（23）で１個編む
中に化繊綿を入れて、口を絞る
（口の絞り方はP.105を参照）

[モチーフののせ方]

※写真のように土台にのせ、1つずつとじつける。

モチーフ&ブレードいろいろ

かぎ針編みに慣れてきたら、たくさん編んでみたいモチーフやブレード。
たくさん編んでつなぎ合わせたり、長く編んでみてください。

方眼編みのバラモチーフ

編み方ポイント

方眼編みの中を長編みで埋めて、模様を作りだしています。長編みの足の長さを揃えるときれいに見えます。長編みの間の鎖編みがきつくならないように注意を。鎖編みがきつくなると、長編みで方眼を埋めたとき、長編み部分がふくらんでしまいます。

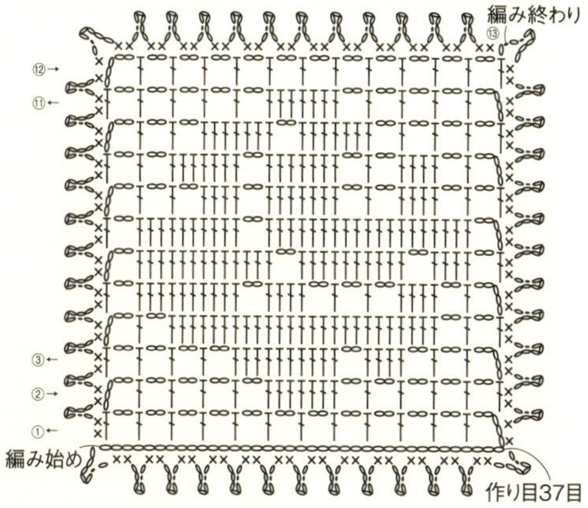

玉編みのスクエアモチーフ

編み方ポイント

長々編みの玉編みは前段の鎖編みを束に拾います。玉編みを編むときは、未完成の長々編みの3目を最後に引き抜くときに糸が伸びないようにしっかりきつめに引いてみましょう。メリハリのある玉編みが編めます。

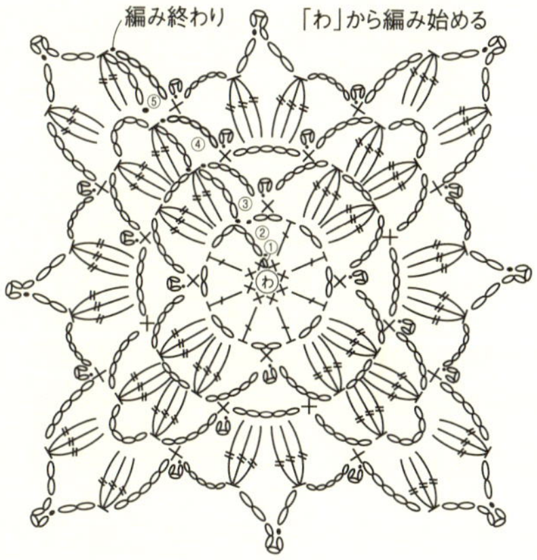

立体の花のモチーフ

編み方ポイント

立体モチーフでよく使われる引き上げ目は使っていませんが、花びらの土台となる5段めと7段めの細編みを、それぞれ2段下にある3段めと5段めの細編みに編むことで立体にしています。4段めと6段めで編んだ花びらをよけて、さらにその下の段の細編みに編みつけることがポイント。(実際には花びらを前に倒し、下の段の細編みをさがして編みます)

パイナップル模様のモチーフ

編み方ポイント

パイナップル模様とよばれる編み方を使ったモチーフです。鎖編みの大きさを揃えると形が整い、きれいです。パイナップル形を作っている細編みは、伸びないようにきゅっと引きしめて編むと模様にメリハリがつきます。

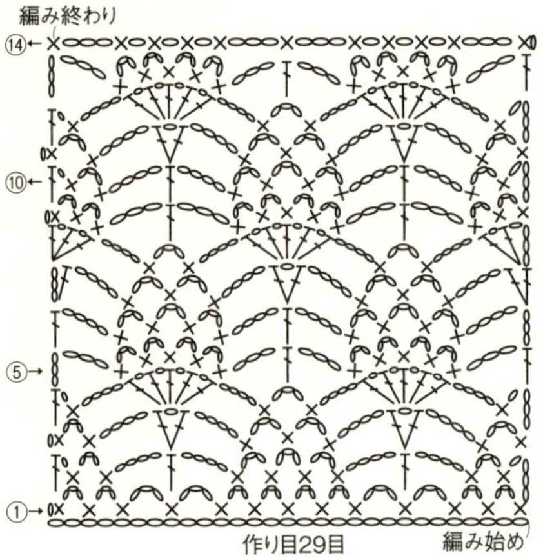

パプコーンのハート模様

編み方ポイント

パプコーン編みでハート模様を作っています。方眼編みの大きさを揃えるときれいに見えます。パプコーン編みは、奇数段では表側から編み、偶数段では裏側から編みます（P.135参照）。編み方が異なるので注意しましょう。

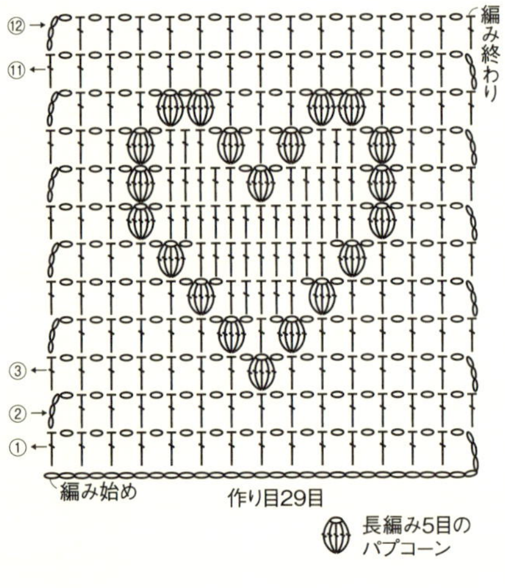

長編み2段のシェル模様

編み方ポイント

貝（シェル）のような模様編みのモチーフです。長編み2目一度の頭の目が伸びないように引きしめて編むと、きれいに仕上がります。鎖編みの上の長編みは束に拾います。

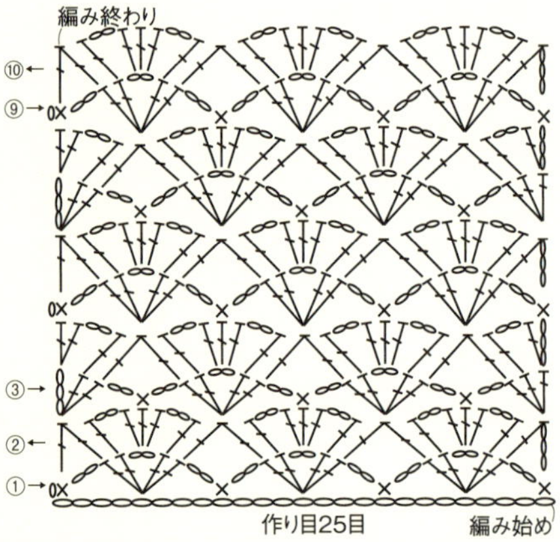

巻きリーフのブレード

編み方ポイント

リーフになる鎖編み３目と長編み２目は、土台の鎖編みの裏山に編みつけます。土台となる鎖編みはあまりゆるいときれいに巻かなくなるので、裏山を拾える程度にしっかり編みましょう。

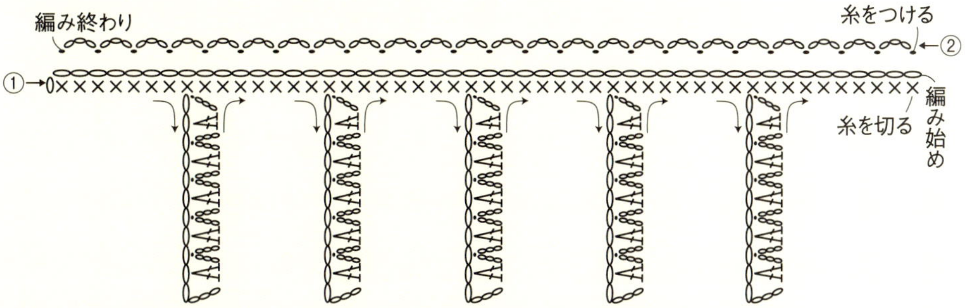

クローバーとビーズの実のブレード

編み方ポイント

あらかじめ必要な数のビーズを糸に通しておきます。クローバー模様の引き抜く土台の鎖編みはきつめに編み、葉は裏山を拾って編みます。

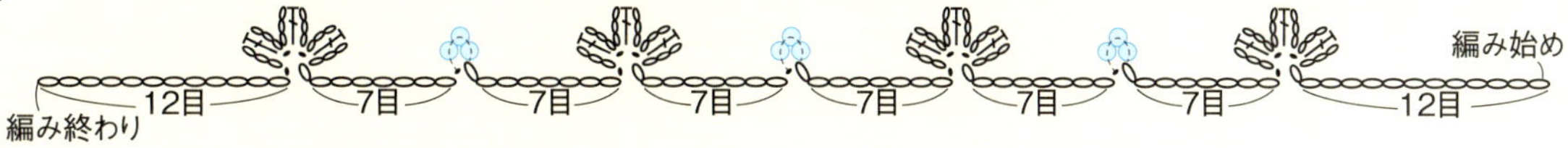

※編み図のように編んでいくと、クローバのモチーフは自然に上下交互に並びます。

ピコットのフラワーブレード

編み方ポイント

３段目の長編み＋ピコットは２段目の鎖編みを束に拾って編みます。ピコットの最後の引き抜きは、きゅっとしめるときれいに編めます。ブレードを長くしたいときは、作り目を６の倍数で増やします。

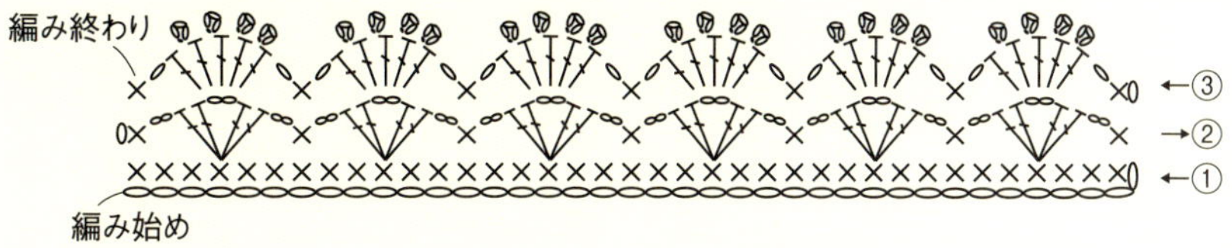

index

あ

合太（糸） …… 18,19
アイロン …… 16,108
アイロン用仕上げピン …… 16,108
アイロンをかける …… 16,108
アクセサリー（口絵作品）の作り方 …… 160
編み終わり …… 15,31
編み地 …… 14
編み図 …… 14
編み玉 …… 105
編み始め …… 15,22
編み目記号図 …… 14
編み目の高さ …… 37

い

市松模様を編む …… 82
糸 …… 16,17,18,19
糸が足りなくなったら …… 54
糸始末の仕方 …… 31
糸の替え方 …… 78
糸のかけ方 …… 22,23
糸の素材 …… 18
糸の通し方 …… 31
糸の留め方 …… 31
糸の引き出し方 …… 22
糸の太さ …… 17,18,19
糸番号 …… 17

う

ウール（糸） …… 18
裏側から編む長編み5目のパプコーン編み …… 135
裏山 …… 26,39
裏山を拾う …… 39

え

円編み …… 15,42
円を編む …… 42,43,44,50

か

かがりとじ …… 91
かがりはぎ（鎖の内側同士をすくう） …… 89
かぎ針 …… 16,18,19
変わり中長編み3目の玉編み …… 131
変わり中長編み3目の玉編み（束に編む） …… 131
変わり中長編み6目の玉編みのモチーフ …… 59
変わり長編み左上1目交差 …… 139
変わり長編み1目と2目の左上交差 …… 140
変わり長編み1目と2目の右上交差 …… 140
変わり長編み右上1目交差 …… 139
変わりバック細編み …… 147

き

逆Y字編み …… 142

く

鎖編み …… 24,114
鎖編みの作り目 …… 15,24,26
鎖編みの作り目（輪） …… 48
鎖5目の引き抜きピコット …… 152
鎖3目の細編みピコット …… 153
鎖3目の引き抜きピコット
（鎖編みから編み出す場合） …… 152
鎖3目の引き抜きピコット
（細編みから編み出す場合） …… 151
鎖3目の引き抜きピコット
（長編みから編み出す場合） …… 151
鎖と長編みのコード …… 100
鎖と引き抜きとじ …… 94
鎖と引き抜きはぎ …… 88
鎖とピコットのコード …… 100
鎖目 …… 38
鎖目の数え方 …… 38
鎖目の拾い方 …… 39
鎖目のゆるさ、きつさ …… 25
くるみボタン …… 104
クロス編み …… 141

け

ゲージ …… 17,54

こ

交差編み …… 137
号数 …… 17,19
コースター（口絵作品）の作り方 …… 158

コースターの作り方（練習編み地を作品に） ···· 109-111
コードを編む ··· 100
極太（糸） ··· 18,19
極細（糸） ··· 18,19
コットン（糸） ··· 18,22
コの字はぎ ··· 90
細編み ··· 14,20,26,30,37,115
細編み（円） ··· 42,44
細編み（だ円） ··· 52
細編み（筒） ··· 53
細編み3目編み入れる ··· 118
細編み3目一度 ··· 125
細編みのうね編み ··· 147
細編みの裏引き上げ編み ··· 143
細編みの表引き上げ編み ··· 143
細編みのコースター（円形） ··· 42,44,110
細編みのコースター（正方形） ··· 20,26,109
細編みのすじ編み（往復に編む） ··· 148
細編みのすじ編み（輪に編む） ··· 148
細編みのバリエーション ··· 146
細編み2目編み入れる ··· 118
細編み2目一度 ··· 125
細編みリング編み ··· 150

し
仕上げをする ··· 16,108
ジャンボかぎ針 ··· 18,19
シュシュが編めます ··· 106

す
すくいはぎ ··· 86
ストライプを編む（糸替え） ··· 80

せ
洗濯の仕方 ··· 108

そ
束に編み入れる ··· 40

た
台の目 ··· 15,32,35
だ円のコースター ··· 111
だ円を編む ··· 52
立ち上がりの（鎖）目 ··· 15,26,30,32,35,36
タッセル ··· 107
玉編み ··· 128,136
段 ··· 15,76,77
段から拾う ··· 77
段数リング ··· 16,46

ち
中長編み ··· 36,37,115
中長編みの裏引き上げ編み ··· 144
中長編み5目のパプコーン編み ··· 134
中長編み5目のパプコーン編み（束に編む） ··· 134
中長編み3目編み入れる ··· 120
中長編み3目編み入れる（束に編む） ··· 120
中長編み3目一度 ··· 126
中長編み3目の玉編み ··· 130
中長編み3目の玉編み（束に編む） ··· 130
中長編みの表引き上げ編み ··· 144
中長編みのすじ編み（輪に編む） ··· 149
中長編み1目交差 ··· 137
中長編み2目編み入れる ··· 119
中長編み2目編み入れる（束に編む） ··· 119
中長編み2目一度 ··· 126
中長編み2目の玉編み ··· 128
中長編み2目の玉編み（束に編む） ··· 128
中細（糸） ··· 17,18,19
超極太（糸） ··· 18,19
チョーカー（口絵作品）の作り方 ··· 160

つ
作り目 ··· 15,24,26
作り目（鎖編み） ··· 15,24,26,48
作り目（鎖編みを輪にする） ··· 48
作り目（輪） ··· 15,44
筒を編む ··· 53

と
とじ ··· 76,91
とじ針 ··· 16,18,31

な
長編み……14,21,32,35,37,116
長編み(円)……14,15,43,50
長編み(だ円)……52
長編み(筒)……53
長編み5目編み入れる……123
長編み5目編み入れる(束に編む)……123
長編み5目の玉編み……133
長編み5目の玉編み(束に編む)……133
長編み5目のパプコーン編み……135
長編み5目のパプコーン編み(束に編む)……136
長編み3目編み入れる……122
長編み3目編み入れる(束に編む)……122
長編み3目一度……127
長編み3目の玉編み……132
長編み3目の玉編み(束に編む)……132
長編み3目の玉編みのモチーフ……59
長編み3目の玉編み2目一度のモチーフ……59
長編みの裏引き上げ編み……145
長編みの表引き上げ編み……145
長編みのクロス編み……141
長編みのコースター
(円形)……43,50,110
長編みのコースター
(正方形)……21,32,109
長編みのすじ編み(輪に編む)……149
長編み1目交差……137
長編み2目編み入れる……121
長編み2目編み入れる(束に編む)……121
長編み2目一度……127
長編み2目の玉編み……129
長編み2目の玉編み(束に編む)……129
長編み4目+中央に鎖1目……124
長編み4目+中央に鎖1目(束に編む)……124
長々編み……36,37,116
長々編み1目交差……138
ナチュラルバッグ(口絵作品)の作り方……159
並太(糸)……17,18,19

に
二重鎖のコード……101

ね
ねじり細編み……146
ネット編み……14,41
ネット編みのコースター……41,110

は
配色糸の替え方……78
はぎ……76,85
はさみ……16
端で減らし目をする……156
端で増し目をする……155
バック細編み……146
花のつけ衿(口絵作品)の作り方……166
花モチーフ……66,111
葉の編み方……71,72
葉のいろいろなパターン……72
パプコーン編み……134,136
針(かぎ針)……16,18,19
針(ジャンボかぎ針)……18,31
針(とじ針)……16,18,31
針(レース針)……18,19
針の太さ……19
針の持ち方……23
ハンドウォーマー(口絵作品)の編み図と作り方……162
半目と裏山を拾う……39
半目を拾う……39

ひ
ピアス(口絵作品)の作り方……160
ビーズを編み入れる……98
引き上げ編み……138,143
引き抜き編み……114
引き抜き編みコード……100
引き抜きとじ……92
引き抜きはぎ……85
ピコット……151
ピコットを使ったブレードいろいろ……153

標準ゲージ ··· 17
平編み ··· 15
ピンクッションの作り方 ··· 112

ふ

縁編みをする ··· 96
フリンジ ··· 107
ブレード ··· 153,171
ブレスレット(口絵作品)の編み図と作り方 ··· 160

へ

ヘアゴム ··· 106
減らし目 ··· 125,156

ほ

方眼編み ··· 41
方眼編みのコースター ··· 41,109
方眼編みのスヌード(口絵作品)の作り方 ··· 164
ボーダーの段数に注意 ··· 84
ボーダーを編む(糸替え) ··· 78,84
ボタンのつけ方 ··· 112
ボタンホールを編む ··· 102
ボタンループを編む ··· 102
ポンポン ··· 107

ま

増し目 ··· 118
増し目(円形) ··· 46,51
増し目(端で) ··· 155
まち針 ··· 16

み

未完成の編み目 ··· 33,154
三つ巻き長編み ··· 117
ミニポーチの作り方 ··· 112

め

目 ··· 15,76,77
目から拾う ··· 77
目に編み入れる ··· 40

も

モチーフいろいろ ··· 169
モチーフつなぎのショール(口絵作品)の
作り方 ··· 73,165
モチーフのとめ方 ··· 58
モチーフの枚数が増えたとき ··· 65
モチーフを編む ··· 56
モチーフを編む(葉) ··· 71,72
モチーフを編む(花) ··· 66,111
モチーフを編む(立体) ··· 66
モチーフをつなぐ ··· 60,73,74
モチーフをつなぐ
(編み終わってから巻きかがりでつなぐ) ··· 64
モチーフをつなぐ
(引き抜き編みで鎖目に編み入れてつなぐ) ··· 62
モチーフをつなぐ
(引き抜き編みで束に拾ってつなぐ) ··· 60
モチーフをつなぐ
(引き抜き編みで針を入れ替えてつなぐ) ··· 63

よ

四つ巻き長編み ··· 117

ら

ラベルの見方 ··· 17

り

リストウォーマーの作り方 ··· 111
立体モチーフを編む ··· 66
リネン(糸) ··· 18
リング編み ··· 150

る

ループ(とじ針でできる) ··· 102,103

れ

レース(糸) ··· 18,22
レース針 ··· 18,19

ろ

ロール編み(3回) ··· 141
ロット ··· 17

わ

わ(輪) ··· 15,44
Y字編み ··· 142
輪の作り目 ··· 15,44
輪の引きしめ方 ··· 45,49

監修者 ● **川路ゆみこ**（かわじ・ゆみこ）

京都市生まれ。結婚をきっかけに幼いころから好きだったニットを本格的に学び、
次男を出産後、フリーのニットデザイナーとして仕事を始める。
著書に『かぎ針あみ　スイーツのこもの』『川路ゆみこ　キュートな花こもの』（高橋書店）
など多数。大阪府吹田市在住。
http://www.apricot-world.com/

教室案内

apricot　tel.06-7897-0173
大阪産経学園　tel.06-6373-1241
NHK文化センター　tel.06-6367-0880

材料提供

クロバー株式会社…………〒537-0025 大阪市東成区中道3-15-5　tel.06-6978-2277
https://www.clover.co.jp/

ハマナカ株式会社…………〒616-8585　京都市右京区花園薮ノ下町２番地の３　tel.075-463-5151（代）
http://www.hamanaka.co.jp

※本書に掲載の素材は、諸般の事情により
予告なく販売終了となる場合があります。

製作協力……………… 山本智美
アートディレクション…… 昭原修三
レイアウト……………… 植田光子
撮影（カバー、口絵）……… 中野博安
撮影（プロセス）………… 中辻 渉、李春湖（株式会社オウル）
スタイリング…………… 石井あすか
トレース………………… 大森裕美子（tinyeggs studio）
編集…………………… 加藤 彩、篠原真由美
プロデュース…………… 高橋インターナショナル

これならできる！　みんなの教科書

かぎ針編み
きほんの基本

監修者　川路ゆみこ
発行者　高橋秀雄
発行所　株式会社　高橋書店
〒170-6014　東京都豊島区東池袋 3-1-1 サンシャイン 60 14 階
電話　03-5957-7103

ISBN978-4-471-40080-4　©Takahashi International　Printed in Japan